기술이전 특론

암묵적 지식과 특허·혁신

박 검 진

한국기술교육대학교 교수
기술경영학(MOT) 박사

法 文 社

머리글

기술이전 특론으로 제목을 달았으나 너무 건방지고 거창한 것은 아닐지 조심스러운 마음이 먼저 든다. 본서는 필자가 11년간 대학현장에서 보고 느낀 기술이전의 실상과 산학협력을 가감 없이 보여주고 싶은 마음에서 진솔하게 쓰고자 했다. 또한 박사학위 논문을 준비하면서 여러 다양한 학자들의 이론을 연구한 결과를 사장시키지 않고 여러 대중들과 함께 하고픈 욕심에서 글을 쓰게 되었다. 그런 이유로 필자의 박사학위 논문인 "대학의 암묵적 지식이전 메커니즘에 관한 연구"를 주로 참조하면서 이론 및 산업체 인터뷰 부분을 집필에 주로 활용했다.

기술이전을 논하기에 앞서서 우선 기술이 무엇이며, 과학과의 차이점이 무엇인지에 대해서 고민을 해야 하며, 기술은 과학에 종속된다는 잘못된 관념을 바로잡고자 했다. 그리고 시중에 공개된 서적들은 대부분이 기술이전의 실무만을 주로 서술하지만 실무를 시작하기 전에 기술이전과 관련된 이론을 공부하는 것이 당연한 수순이다. 그러나 마땅한 이론서가 없음은 주지의 사실이다. 또한 기술이전과 함께 중요한 개념은 지식이전인데, 일반적으로 기술이전과 지식이전에 대한 차이점을 간과하는 경향이 있어서 바로잡고자 했다. 지식이전을 논하기에 앞서서 지식의 개념과 종류를 알아야 하며, 지식의 활용으로 개인화 전략과 문서화 전략의 개념을 이해해야 기업지식의 다양성을 이해할 수 있다.

본서는 학술적인 측면에서만 집필한 것이 아니라 기업CEO나 임직원 및 벤처창업을 앞둔 분들도 활용할 수 있도록 많은 기업사례를 다루고자 했다. 기술이전을 받는다는 것은 결국 기업의 상용화와 연계하여 매출증대에 기여하기 위함이므로 마케팅과 제품혁신을 함께 이해해야 함은 물론이다. 본서는 그런 측면에서 혁신의 이해도를 높이고자 노력하였다.

기업에 몸담고 있는 분들은 기업지식이 어떻게 형성되고 응용이 되는지를 이해하고 있어야 새로운 지식을 습득하기 위한 올바른 태도와 자세를 가질 수 있다. 본서는 그런 측면에서 기업에서 직접 응용이 가능하도록 여러 학자들의 기업지식의 창출과 관련한 학술적 이론을 통합하는 데 주력하였다. 또한 기업에서 일반적으로 알고 있는 정보와 노하우의 차이점을 규명함으로써 기업인들이 기술과 지식을 습득하고 활용하는 데 체계를 세울 수 있도록 했다.

무엇보다도 본서의 핵심은 암묵적 지식의 이해와 응용이다. 지식을 이해하려면 무엇보다 중요한 것이 암묵적 지식을 이해하는 것이다. 암묵적 지식이 무엇이고, 왜 암묵적 지식이 중요하고, 암묵적 지식이 동반되지 못하면 왜 기술이전이 어려운지를 여러 학자들의 의견을 통합하고 집대성하고자 했다. 그 일환으로 실제로 산업체에 근무하고 있거나 근무했던 CEO나 임원 같은 핵심인력과의 인터뷰를 통하여 학자들이 생각하는 것과 어떤 차이가 있는지를 비교하였다. 또한 기술이전이 되었다는 것은 암묵적 지식이 형식지화가 되었다는 것이므로 이것으로 인해 왜 타 기업에게 제품 모방을 쉽게 허락하는지에 대한 문제점을 기술했다.

암묵적 지식의 이동 채널과 결과물에 대해서 이해함으로써 대학과 기업에서 왜 암묵적 지식이 기술상용화에 도움이 되는지를 이해할 수 있도록 했고, 이러한 암묵적 지식을 어떻게 흡수할 수 있는지를 규명하기 위하여 노력했다. 또한 대기업과 중소기업이 암묵적인 지식 및 기술을 획득하기 위한 흡수역량과 상업화할 수 있는 자원과 역량을 보유하고 있는지에 대해서도 집필하였다.

본서에서는 혁신제품의 개발을 위한 방안 중에 하나인 오픈이노베이션의 정확한 정의와 활용방안을 여러 학자들의 의견을 토대로 이해의 폭을 넓히고자 했다. 가령, 기업의 혁신사례와 혁신을 시도한 기업가들을 연구하고 제품혁신의 성공과 실패사례를 제시하고자 했다. 또한 파괴적 혁신에 대한 정확한 이해와 응용사례를 집필했고, 마케팅의 의미와 활용을 심도 있게 기술했다.

본서에서는 기술혁신의 상징으로 볼 수 있는 특허를 원천특허, 실험특허, 개량특허로 나누어서 각각을 정의하고, 기업의 실제 사례를 접목하여 심도 있게 분석하고자 했다. 이와 함께 특허를 창출하고 기술사업화할 수 있는 능력을 보유한 해외대학의 사례를 접목하여 이해를 돕고자 했다. 가령, 미국의 UC Berkeley 대학의 기술사업화 과정과, 호주 그리피스 대학의 기술사업화 과정을 필자가 견학한 것을 토대로 실제 창업을 준비하는 분들에게 도움이 되도록 실 사례 위주로 정리했다.

또한 필자가 11년간 대학에서 경험한 기술이전 사례를 소개하고, 산학협력을 왜 해야 하는지에 대한 이유를 밝히고자 했다. 마지막 장에서는 미래의 기술과 변화하는 세상에 대해서 생각해 봄으로써 본서를 마무리하고자 했다.

그러므로 본서는 여러 계층의 다양한 분들에게 내재해 있던 다양한 잠재력에 윤활작용을 할 것으로 기대한다. 가령, 대학에서 기술경영을 공부하는 분들이나 기술경영학(MOT) 학위를 준비하는 분들에게는 암묵적 지식의 이론적인 배경을 습득할 수 있게 해주는 작은 역할을 할 것이며, 기업의 CEO와 임직원에게는 지식을 왜 창출해야 하는지와 혁신에 대한 사례를 제시해 줌으로써 오픈이노베이션의 중요성과 기업 간의 협업 그리고 마케팅과 영업의 차이점을 분명하게 해줌으로써 목표의식이 있는 기업인이 될 수 있도록 올바른 방향을 제시할 것이며, 대학과 기업에서 기술이전 관련 업무를 하는 분들에게는 기술이전을 왜 해야 하고, 어떻게 추진해야 성공 확률을 높일 수 있는지를 제시해 줄 것이다.

본서에서는 기술과 지식의 학술적 이론정립부터 산업체 핵심인력 인터뷰를 통한 현장의 소리 경청 및 다양한 혁신의 실패와 성공사례를 분석하는 방대한 작업을 했기 때문에 독자들이 읽고 이해하는 데 적지 않은 시간이 걸리고, 쉽지 않은 독서의 길이 될 것 같으나 전체 내용을 정독한 후에는 많은 도움이 되리라 기대한다. 이것이야말로 필자가 적지 않은 양의 글을 쓴 보람이 될 것이다.

끝으로 본서를 완성하는 데 아낌없는 지원을 해주신 법문사 편집부직원분들께 진심으로 감사의 말씀을 전한다. 그리고 본서를 완성하는 데 도움을 준 가족과 스승님들께도 감사의 말씀을 전한다. 비록 많이 모자라는 글이지만 진심과 성실로 쓴 글이기에 부끄럼 없이 출간하려 한다.

조용한 학교연구실에서 퇴고를 마치며

저자 씀

차 례

CHAPTER 01 기술의 이해

CHAPTER 02 지식의 이해

CHAPTER 03 지식이전과 기술이전

CHAPTER 04 국내 대·중소기업 산학협력 사례 인터뷰

CHAPTER 05 혁신의 사례 및 마케팅

CHAPTER 06 해외대학의 기술사업화 전략

표차례

그림차례

CHAPTER 01

기술의 이해

CHAPTER 01

기술의 이해

본장에서는 기술이전이 무엇인지 논하기에 앞서서 기술의 개념에 대해서 이해하고, 기술과 혼용되고 있는 과학과의 비교분석을 통하여 학문적으로 기술과 과학 간의 연관관계와 그 차이점에 대해서 분석하고자 한다.

제1절 기술의 개념

1. 기술의 정의

학자의 견해에 따라서 기술은 다양하게 정의되어 왔다. Wheelwright(1966)는 기술(technology)은 어원학적으로 용어 자체에 설명이 되어 있다고 했다. 그 용어는 그리스어인 technologia로부터 파생되었다고 한다. technologia는 기술(art) 또는 기능(craft)을 의미한다고 한다. “techne”의 어원은 기술(art)과 기교(technique)의 뜻을 결합하면서 관련되는 원리의 지식(knowledge)과 적절한 결과를 달성하는 능력(ability to achieve the appropriate results)을 포함한다고 한다. 다시 말해서 기교(technique)는 아는 것(knowing)과 행하는 것(doing)의 실질적인 스킬(practical skills)을 포함한다고 한다.

"logos"의 어원은 더 넓은 의미를 갖는다. 논의(argument), 설명(explanation), 그리고 원리(principle)를 포함하지만 아마도 가장 밀접한 사용은 사고하는 것(to reason)으로 추측하고 있다. 그러므로 technology는 사고하는 응용(reasoned application)을 포괄한다고 보았다.

Hall(1978)은 기술(technology)을 더욱 추상적인 연구(abstract study)로 의미를 부여하였다. 그 이유는 응용(application)과 행하는 것(doing)을 강조했기 때문이었다.

Willoughby(1990)는 프랑스인들은 더 정확하게 기술과 기교를 정의한다고 했다. "Technologie"는 기술적 과정과 사물(technical processes and objects)에 대한 연구로 언급했고, "technique"은 개인이 실질적으로 응용할 수 있는 기술적 수단(individual technical means)이라고 언급했다. 위에서 언급한 세 명의 연구자의 의견을 종합해 보면 기술(technology)이란 사물에 대한 지식과 그것을 달성하기 위한 행위로 정의할 수 있다. <표 1-1>에 기술(technology)에 대한 앞서 세 명의 정의를 정리했다.

영어에서 기술(technology)이란 용어를 사용한 것은 19세기 말부터이다. 당시에 인공물(artifact)을 만들거나 사용하는 데 있어서 과학의 응용(application of science)이란 개념으로 기술(technology)이 사용되었다. 20세기에 들어와서 비로소 공식적 지식(formal knowledge)은 과학과 기술의 발달과 불가분의 관계에 있다는 것을 인정했다. 많은 학자들(Layton, 1974; MacDonald, 1983; McGinn, 1978; Vincenti, 1984)이 기술(technology)을 정의하는데 지식(knowledge)의 중요성을 강조했다. 이러한 지식 중심의 인식은 기술을 인공물(artifact) 이상의 것으로 생각했고, 또한 기교(technique)와 과정(process) 그 이상의 것으로 생각했다.

| 표 1-1 | 기술(technology)의 정의

정의	연구자
기술(art)과 기교(technique)의 뜻을 결합하면서 관련되는 원리의 지식과 적절한 결과를 달성하는 능력을 포함하고 사고하는 응용력	Wheelwright 1966
응용(application)과 행하는 것(doing)을 강조하는 추상적인 연구	Hall 1978
기술(technology)은 기술적 과정과 사물에 대한 연구이고, 기교(technique)는 개인이 실질적으로 응용할 수 있는 기술적 수단	Willoughby 1990

2. 지식으로서의 기술

Charles Singer(1954)에 따르면 기술(technology)을 기교(technique)로, 그 기술을 취급하는 사람(technologist)을 기술자(technician)로 여겼고, 19세기가 되어서야 비로소 기술이 과학의 하나의 주제(scientific content)가 되면서 응용과학(applied science)으로 간주되었다. 즉, 과학자는 새로운 지식을 창조하는 사람이고, 기술을 취급하는 사람(technologist)은 단지 그 새로운 지식을 응용하는 것에 불과하다고 했다.

Layton(1974)은 두 가지 가정을 했다. 첫째로, 기술적 지식(technological knowledge)은 자연철학(natural philosophy)과 본질적으로 같다고 했고, 둘째로 이러한 지식은 1800년부터 과학자들에 의하여 창출되어 왔다고 했다. 이러한 두 개의 가정을 토대로, 1800년 이전에 기술이란 개념에는 전혀 지식이 수반되지 않았다는 모순이 있다고 주장했다.

Daumas(1962)는 기술의 역사는 기교의 역사(history of technique)와 이러한 기교에 의하여 생산된 사물의 역사(history of things)라고 보고 있다. Lynn White(1966)는 이러한 Daumas의 주장에 대하여 지적발달(intellectual development)에 있어서 과학적 리더십보다는 차라리 사회적 변화의 경제적 요인이 좌우한다고 주장했다. 이에 Layton(1974)은 결과는 둘 다 같다고 하면서 기술은 다른 종류의 사회적 활동과 지적인 활동의 종속된 관계이며, 사실상 기술 자체의 독립성을 인정받지 못했고. 특히 두 이론 모두 기술의 중요한 생각적인 요소(component of thought)를 부인하고 있다고 주장한다.

지식을 소유한 기술(technology with knowledge)의 개념은 매우 오래전부터 있었다. McKeon(1947)은 기술(art)에 대하여 아리스토텔레스의 정의를 인용하였다. "건축술은 하나의 기술이다. 그것은 본질적으로 무엇을 만들 수 있는 능력의 이성적인 상태(a reasoned state of capacity to make)의 결합이다." 즉, 기술(art)은 무엇을 만들 수 있는 능력이 있는 상태(a state of capacity to make)와 동일하며, 그것은 진정한 사고의 과정(a true course of reasoning)을 포함한다고 했다. 즉, 기술(technology)이란 아리스토텔레스의 기술의 정의에 포함됨을 의미한다고 했고, 또한 지식을 갖는 기술(art with knowledge)이라 했다. 또한 아리스토텔레스가 말한 이성이 있는 능력의 상태(reasoned state of capacity)는 인간의 자질이라고 한다.

Beaujouan(1957)은 중세의 철학교수들은 기술(technology)을 지식(knowledge)과

연계하면서 기술을 과학 분류(classification s of the sciences)에 포함시킨다고 했다. 이와 같이 기술은 지식을 포함한다는 논리는 Layton(1974)에 의하여 더욱 분명하게 전달된다. 또한 기교(technique)는 상세한 절차와 스킬 그리고 그것들의 응용을 의미한다고 한다. 그러나 복잡한 절차(procedures)들은 지식을 동원해야만 해결할 수 있다고 했다. 또한 스킬은 누군가가 지식을 효율적으로 사용할 수 있는 능력(ability to use one's knowledge)이라고 정의했다. 그리고 기술의 동의어는 노하우(technology is know–how)라고 하면서 지식 없는 노하우는 존재할 수 없다고 한다.

Parayil(1991)은 기술은 지식으로 구성된다고 하면서 모든 기술은 인간이 알 수 있는 지식의 형태로 구현된다고 한다. Herschbach(1995)는 기술적 지식은 인간 행위(human activity)로부터 유래되었다고 주장한 반면, 과학적 지식은 이 세상에 존재하는 현상을 표현한 것이라 한다. 그리고 기술적 지식의 범위는 그 행위가 이루어진 곳이라고 하면서 그 행위는 그 기술적 지식이 생성되고 활용된 그 체제 안에서 이루어진다고 하였다. 이렇게 형성된 기술적 지식은 특정된 활동과 연계되기 때문에 과학적 지식과 같이 분류나 문서화가 쉽지 않다고 한다. 이런 이유로 수학이나 물리학처럼 교과과정으로 만들기 어렵다고 한다.

Landies(1980)는 기술적 프로세스의 심장은 지식을 가진 사람(the intellectual)이라고 하면서 그 프로세스 자체는 기교(technique)에 관한 지식의 코퍼스를 획득하거나 응용하는 것으로 구성된다고 한다.

Skolimowski(1972)는 기술적 사고(technological thinking)는 하나의 패턴으로 존재하는 것이 아니며, 기술의 응용은 다양한 이질적인 요소들의 통합을 요구한다고 한다. 또한 이러한 요소들은 다채널과 다양한 수준의 기술을 포함하면서 특정분야의 특별한 형태의 사고를 요구한다고 한다. 반면에 과학적 지식의 목적은 자연의 현상과 법칙을 이해하는 것이라고 하면서, 과학은 바로 알고자 하는 것(knowing)이라 한다. 그러나 기술적 지식의 목적은 물리적 세계(physical world)를 효율적으로 조작하고 다루는 것이며, 기술은 하고자 하는 것(to do thing)이라 한다.

결국, 기술(technology)은 단순히 과학(science)에 종속되어서 존재하기 보다는 기술 자체의 지식(knowledge)이 존재한다는 것이다. 과학은 자연의 현상과 원리를 규명하고, 법칙을 세우는 것이라면, 기술은 실생활에서 유용한 도구나 장비를 과학이라는 자연의 법칙을 이용하여 인간이 경험한 여러 가지 노하우를 활용하여 현실화시키는 것이다. 즉, 인간이 만든 인공물(artifact) 자체가 기술뿐만 아니라 그러한 인공물

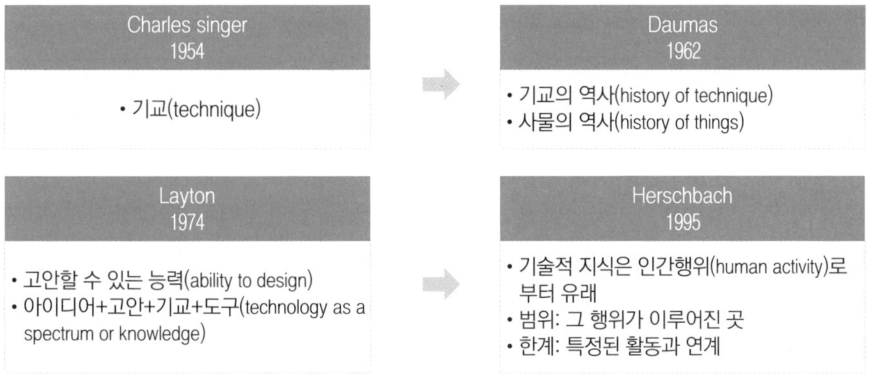

| 그림 1-1 | 기술(technology) 개념의 변천

을 만들기 위하여 그 분야에서 많은 경험과 스킬을 내재화(internalization)한 지식을 소유한 전문가들이 자신의 전문성을 발휘하는 것도 포함한다고 할 수 있다.

[그림 1-1]에서 기술 개념의 변천에 대해서 정리한다. 초기에 기술은 단순한 기교로 간주되다가 점차로 지식을 갖는 기술로 변화되었다. 즉, 기술은 과학에 종속되는 관계로 인식되다가 기술이 지식을 수반한다는 인식으로 전환이 되면서 점차 독립성을 가지게 된다. 위에서 살펴본 것처럼 기술은 단순한 스킬이나 기교가 아니라 지식(knowledge)을 수반하고 있다는 것을 알 수 있다. 이와 같은 지식을 수반한 기술은 필요에 의하여 어떤 사물을 제작하고자 할 때, 사고하고 기획하는 능력을 요구한다는 것을 알 수 있다.

Layton(1974)은 기술(technology)의 요체를 설명하면서 무언가를 고안할 수 있는 능력(ability to design)으로 보았다. 그는 이것을 아리스토텔레스가 기술(art)에 대해서 언급한 능력이 있는 이성의 상태(reasoned state of capacity)와 근본적으로 비슷한 것으로 본다. 그는 고안(design)을 기술(technology)의 주된 사상으로 취하면서 고안의 첫 번째 단계는 인간 마음속에 존재하는 개념 또는 관념을 상세한 계획으로 옮기는 것이며, 그 다음 단계로 청사진을 구현하는 것이라 한다. 또한 어떤 사물(thing)을 만들고자 했을 때, 아이디어와 기교 사이에 무엇을 하고자 하는 고안(design)이 매우 중요하며, 기술적 아이디어(technological ideas)의 실용적 완성을 위해서는 반드시 고안이 수반되어야 한다고 주장하면서, 꼭 필요한 것은 사물을 정교하게 만들기 위한 기교(technique)와 도구(tool)가 있어야 된다고 한다. 이런 일련의 과정을 스펙트럼으로서의 기술(technology as a spectrum)이라고 하면서 기술의 개념에는 고안과 같은 지식이 수반되면서 공동체 사회에서 필요한 사물을 생산할 수 있다고 한다.

무언가를 고안할 수 있는 능력은 아이디어를 기술 사상적으로 구체화하는 것으로 볼 수 있다. 이것은 특허등록을 받을 수 있는 영역으로 보인다. 그러나 상용화를 위해서는 특허등록만으로는 충분하지 않고 기술적 사상을 정교하게 할 수 있는 기교나 스킬이 필요하다. 이것은 암묵적인 지식의 영역으로서 아이디어의 상용화를 위하여 반드시 필요한 부분이다. 위에서 Layton은 스펙트럼으로서의 기술을 설명하고 있고, 이것은 필연적으로 암묵적인 지식까지 포함하는 개념이므로 지식으로서의 기술이라는 그의 주장과 맥을 함께한다. 결국, 아이디어로부터 기술적 개념의 구체화와 함께 상용 가능한 기교와 스킬까지를 포괄한 최종 제품이 기술이라는 범주에 포함되어야 한다.

제2절 기술과 과학

Pinelli(1997)는 과학과 기술 사이의 관계를 주로 기초연구(basic research)로부터 응용연구(applied research)까지 일련의 과정으로 설명하면서 기초연구는 과학(science)과, 응용연구는 기술(technology)과 관련이 깊다고 했다. 즉, 기초연구로 인해서 응용연구가 탄력을 받기 때문에 상호간에는 종속관계가 있다고 한다. 또한 기초연구를 하는 사람들을 과학자(scientists)라고 했고, 응용연구를 하는 사람들을 기술자(engineers)라 했다. 가령, 항공우주산업에 있어서 정보전파의 역할은 과학자들의 몫이라 하면서 모든 기술의 뿌리는 과학이므로 기술은 과학을 그 기초로 하고 있다고 한다.

Narin and Olivastro(1992)도 기초과학연구로부터 응용연구 그리고 기술로의 연속적 펴짐(continuum stretching)을 주장한다.

Feibleman(1972)은 순수과학(pure science)은 이론적 체계를 견고히 하도록 실험적 방법을 사용하여, 자연법칙을 명확히 하고자 노력하면서 지식을 팽창시키려고 한다고 주장한다. 그리고 응용과학(applied science)은 의도적으로 어떤 작업(activity)의 응용에 초점을 맞춘 반면에 기술(technology)은 무언가를 제작(to work)하는 데 있어서 응용과학 지식을 사용한다고 한다.

위와 같은 기술의 진보는 과학적 업적에 의존한다는 믿음이 도전을 받고 있다. Langrish(1972)는 기술적 진보는 수요에 따라서 존재하는 기술 개념을 적용하면서 증가되고 있다고 한다.

몇몇의 연구는 과학으로부터 기술로의 정보흐름에 대한 추적연구를 시도했으나 둘 간의 종속 관계를 지지할 아무런 실증적 증거물(empirical evidence)을 찾지 못했다. Price(1965)는 기술적 진보는 그 기술들 이전에 존재했던 기술로부터 유래된 것이지 결코 과학이나 응용과학으로부터 유래된 것이 아니라고 주장한다. 즉, 과학과 기술의 진보는 서로 독립적으로 존재한다는 결론을 내렸다. Shapley and Roy(1985)는 과학으로부터 기술이 성장했다는 일반적인 의견을 뒷받침하는 것은 존재하지 않았고, 둘 사이의 어떤 직접적인 소통도 없다고 주장하면서 차라리 직접적이든 간접적이든 서로 간의 필요성에 의하여 참고되고 있다고 했다. Latour(1987)는 행위자 수준(actor level)과 사회적 지위(societal level)를 관찰했을 때, 과학과 기술 사이의 차이는 점점 사라지는 것으로 분석했다.

몇몇의 기술에 대한 연구의 이론들에서 과학의 발달은 사회의 구조(the structure of societies)가 결정한다고 한다. Law and Callon(1988)은 엔지니어는 사회를 디자인하고 사회에 존재하는 시설들을 현존하는 기술에 맞추어서 시행하는 사회적 활동가(social activist)라는 것에 의문을 표시한다. Rip(1992)는 과학자들과 엔지니어들은 똑같은 많은 활동을 하지만 차이점은 서로 다른 방식(different way)으로 진행한다고 하면서 동시에 서로 다른 기준(reference points)을 갖는 춤추는 파트너(dancing partnership)로서 주장한다.

Allen(1977)은 과학과 기술 사이의 계속되는 관계(continuous relationship)를 지지할 만한 증거를 발견하지 못했다. 또한 과학과 공학(engineering) 사이의 관계는 과학으로부터 공학으로의 정상적인 진보(normal progression)라기보다는 차라리 서로의 필요에 입각한 일련의 상호작용(interaction)으로 결론을 내렸다. 또한 물리학과 같은 과학은 전자공학과 같은 공학과 밀접한 관련이 있다는 점에서 과학의 결과(the results of science)는 기술이 발전하는 데 기여했을지라도 종합적으로 보건데 과학과 기술 사이에는 넓은 변화(a wide variation)가 존재한다고 하면서도 과학과 기술 사이에는 직접적인 전달수단(communication system)은 존재하지 않는다고 한다.

또한 엔지니어와 과학자는 그들의 연구를 위하여 많은 정보를 찾고 있다고 하면서 이 둘은 정보의 입력이 필요하다는 점에서 강한 유사성(strong similarity)이 존재한다고 한다. 단지 이 둘의 차이점은 과학자는 정보의 생산을 위하여 다른 정보를 사용한다는 점이다. 즉, 시스템 견지에서 볼 때, 입력과 출력 둘 다 언어적(verbal)이며 서로 호환 가능하다고 보았다. 즉, 한 단계의 출력은 다음 단계에서 요구되어지는 형태라는 것이다. 반면에 엔지니어는 변화된 물질을 생산하기 위하여 정보를 이용한다고 한다. 즉, 엔지니어는 정보를 활용하여 제품(product)을 생산한다. 이것은 더 이상 언어적 형태(verbal form)로 존재하지 않는다.

반면에 과학자들은 정보를 활용하여 인간언어(human language) 형태로 새로운 정보를 생산해 낸다. 즉, 언어적 형태의 입력정보를 인간이 인식할 수 있는 언어(Verbally encoded)로 생산한다는 의미이다. 그러나 엔지니어는 인지적(visual or tacit) 형태의 입력 정보를 인간이 인지할 수 없는 물질적 언어(physically encoded) 형태로 바꾼다. 엔지니어들이 출력물로 만들어내는 언어적 정보(verbal information)는 단지 그들이 제조한 물질적 제품(hardware and other physical products)의 사용설명서와 같은 부산물(as a by-product to document)일 뿐이라고 한다. <표 1-2>에서 기술(technology)과 과학(science)에 대한 상호 종속적인 관계와 독립적인 관계에 대해서 논한 논문들을 정리한다.

위에서 살펴본 대로 기술과 과학에 있어서 시스템의 입력은 둘 다 인간이 인지할 수 있는 형태로 같으나 출력은 서로 간 다른 형태를 가진다. 그러므로 기술과 과학의 목적은 서로 다른 것을 알 수 있다.

Hindel(1966)은 과학과 기술은 서로 다른 목적을 가지고 있다고 하면서, 과학은 아이디어와 개념의 기본적인 이해를 찾는 데 있어서 언어적이며, 수학적인 용어로 표현하고자 하는 노력의 산물이라면, 기술은 사물을 만들거나(making things), 사물을 운용하는(doing things) 수단을 찾는 것으로 차별화한다.

결론적으로 기술과 과학은 종속적인 관계라기보다는 서로 독립적인 관계로 보는 것이 여러 학자들의 의견을 종합한 결론이다. 또한 이 둘 간의 관계는 서로 보완적인 관계로 봄이 타당할 것이다. 가령, Hall(1959)은 기술은 기구(instrumentation)를 통하여 과학에 영향을 주었고, 과학은 이론(theory)을 근거로 기술에 영향을 주었다고 주장함으로써 서로 간의 보완적인 관계를 구체적으로 설명해 주고 있다. 또한 Koyre(1948)도 과학과 기술의 상호관계(interaction)를 주장하고 있다. 그는 과학이 기술에 간접적인 영향을 미친다고 보았다. 가령, 추시계의 경우 진자의 등시성과 같은 과학적 원리도 이용하지만 추시계 이후의 시계 분야의 기술의 진보는 기술 자체의

| 표 1-2 | 기술과 과학의 관계

구분	기술과 과학	연구자
종속적 관계	기초연구는 과학과, 응용연구는 기술과 관련이 깊다.	Pinelli 1997
	기초과학연구로부터 응용연구 그리고 기술로의 연속적 퍼짐	Marin and Olivastro 1992
	순수과학은 이론적 체계를 견고히 하고, 응용과학은 어떤 작업의 응용에 초점을 맞추고, 기술은 무언가 제작하는 데 응용과학지식을 사용	Feibleman 1972
독립적 관계	기술적 진보는 그 기술들 이전에 존재했던 기술로부터 유래, 과학과는 독립적	Price 1965
	과학으로부터 기술이 성장했다는 증거는 없음. 서로 간의 필요에 의하여 참고되는 관계	Shapley and Roy 1985
	과학과 기술의 차이는 점점 사라짐	Latour 1987
	과학과 기술은 서로 다른 기준을 갖는 춤추는 파트너	Rip 1992
	과학과 기술은 서로의 필요에 입각한 일련의 상호작용, 과학은 언어적 형태의 입력 정보를 인간언어(verbally encoded)로 새로운 정보를 만들고, 기술은 인지적(visual or tacit) 형태의 입력정보를 인간이 인지할 수 없는 물질적 언어(physically encoded)로 형태를 변경함	Allen 1977
	과학과 기술은 서로 다른 목적을 갖음	Hindel 1966
	과학과 기술은 서로 간의 보완적 관계	Hall 1959

진화이기 때문에 과학은 단지 간접적인 영향을 준다고 믿는다.

이것은 과학적 이론이 단순히 기술에 접목된 것이 아니라 기술이라는 그 본연의 사고시스템(system of thought) 속에서 응용된 것으로 보고 있다. 그러므로 기술은 사고하는 시스템이고, 과학과 차별화되는 독립적인 시스템(independent system)이라고 주장하면서 사고하는 시스템은 상식(common sense)을 그 기반으로 한다고 주장한다.

제3절 기초연구와 연구개발

Bush(1947)는 기초연구(basic research)는 새로운 지식을 이끌며 실용적으로 응용하면 대박을 실현할 수도 있다고 한다. 새로운 제품과 공정은 새로운 원리와 새로운 개념을 근거로 생겼으며, 다음 단계에서는 진보된 연구개발이 이루어지는데 이것은 과학(science)의 영역이라고 한다. Layton(1974)은 만약 기초과학(basic science)이 모든 새로운 기술적 지식(technical knowledge)의 근원이라면, 기술(technology) 그 자체는 아무런 새로운 지식을 생산할 수 없고, 엔지니어들의 역할은 단지 과학에서 창출된 지식을 응용하는 것이기 때문에 자신이 생각하는 과학과 기술은 서로 독립적이라는 것에 모순이라고 생각한다.

Zilsel(1942)은 과학자는 기능공의 경험(craftsman's empiricism)과 학자의 체계적인 사고(the scholar's systematic thought)를 잘 결합하여 혼성(a hybrid)시키는 사람이라고 주장하면서 진정한 과학과 과학의 혁명은 우수한 기능공이 학문적으로 잘 훈련받은 학자에 의하여 채용되었을 때 발생된다고 한다. 또한 과학법칙은 기능공에 의하여 사용된 규칙들의 단순한 투영(projection)이거나 그것을 확장한 것에 불과하다고 한다.

그러나 이러한 Zilsel의 논리에 Hall은 무계획적(haphazard)이고 우연히(fortuitous) 이루어진 기능공의 기술진보(progress of the crafts)로부터 과학적 실험방법(the experimental method of science)이 전수되었다는 Zilsel의 주장을 부정했다. Hall의 주장이 타당하다고 보인다. 과학법칙은 기능공에 의하여 사용된 규칙들의 단순한 투영(projection)이라는 Zilsel의 주장은 상당히 비약된 논리로 보인다. 왜냐하면 과학법칙은 자연현상을 반복된 실험을 통하여 수학적인 방법으로 객관적으로 증명하는 것으로 이것은 과학자의 영역이지 기능공과는 밀접한 관련이 없기 때문이다.

Allen(1979)은 연구개발의 범위와 역할에 대해서 기술하면서 기초연구(basic research), 일반연구(general research), 개발(development), 기술적 서비스(technical service) 네 가지로 분류한다.

그에 따르면 연구개발을 하는 조직들의 보편적인 전략은 최근 기술에 능통한 자를 연구원으로 채용한다거나, 연구원들에게 잘 구성된 출판물을 구입 및 배포해서 새로운 지식을 습득하게 한다거나, 연구원들이 기술정보를 가지고 있는 외부정보원들과의 공식적 또는 비공식적 접촉을 통해서 기술정보를 습득하게 한다는 것이다. 특히, 연구를 진행하는데 외부정보원과의 대화의 중요성에 대해서 언급하면서 연구 프로젝트(research projects)를 수행 중에는, 외부전문가 그룹과의 깊은 직접적인 접촉(direct contact)에 의존하고, 개발 프로젝트(development projects)의 수행 중에는, 관련 기술 분야에 정통한 기술적 수문장(technological gatekeepers)에 의존하고, 기술적 서

| 표 1-3 | 기초연구와 연구개발의 구별

구분	기초연구와 연구개발	연구자
개념적 접근	기초연구는 새로운 지식을 이끌며 새로운 제품과 공정은 새로운 원리와 개념을 근거로 생겼으며, 다음 단계로 진보된 연구개발이 이루어짐	Bush 1947
	• 기초연구는 주로 일반적인 성질에 대한 연구를 주로하면서 새로운 지식의 개발을 수행 • 일반연구는 새로운 개념이나 새로운 구성품을 창안하거나 평가 • 개발은 기존지식과 존재하는 실현 가능한 개념을 결합하여 새로운 제품이나 새로운 프로세스를 창안 • 기술적 서비스는 기존 제품의 원가절감이나 성능개선을 통한 새로운 시장을 개척	Allen 1979
조직적 접근	연구개발을 하는 조직들은 최근기술에 능통한 자를 연구원으로 채용 즉, 최신기술 노하우를 지닌 사람을 채용	Alle & Cooney 1974 Burns 1969
	연구원들에게 잘 구성된 출판물을 구입 및 배포하여 새로운 지식 습득	Menzel 1966
	연구원들이 기술정보를 가지고 있는 외부정보원들과의 공식적 또는 비공식적 접촉	Allen 1979
	• 연구프로젝트 수행시 → 외부전문가 그룹과의 깊은 직접적인 접촉 • 개발프로젝트 수행시 → 관련 기술분야에 정통한 기술적 수문장(technological gatekeepers)에 의존 • 기초연구시 → 기술적 수문장의 역할은 별로 중요하지 않음	Allen 1979

비스 프로젝트(technical service projects)의 수행 중에는, 공식적인 채널을 통한 정보수집에 의존한다고 한다.

<표 1-3>에서는 기초연구와 연구개발에 대한 개념적인 접근과 조직적인 접근을 통하여 기초연구, 일반연구, 개발, 기술적 서비스에 대한 개념의 정리와 각 단계별로 어떤 조직적인 접근이 필요한지에 대해서 정리한다.

이번에는 위에서 언급한 기술적 수문장(technological gatekeepers)의 역할 및 개념에 대해서 상세히 살펴보도록 한다. Allen(1979)은 기술적 수문장은 기초연구(basic research) 과학자에게는 연구주제가 유사한 연구자들 간에 효율적으로 대화할 수 있는 채널이 있으므로 굳이 외부로부터 특별한 기술정보를 입수해주는 기술적 수문장의 역할이 축소되나, 제품 개발(product development) 프로젝트에서는 비공식적으로 관련 기술정보를 입수하여주는 기술적 수문장의 역할이 상대적으로 중요하다고 한다.

대부분의 기업에서는 제품 개발을 진행할 때, 소위 기술적 수문장들을 이용하여 대학 등 공공연구기관의 연구자들로부터 비공식적으로 지식을 습득하여 문제를 해결하는 경우가 많다. 특히, 대기업의 경우는 대학 선후배 간의 인적 네트워크를 활용하여 자신들이 몸담았던 대학의 연구실에서 오랜 기간 경험하고, 숙성된 암묵적 지식을 대가를 지불하지 않고 얻는 경우가 많다.

CHAPTER 02

지식의 이해

CHAPTER 02

지식의 이해

제1장에서는 기술과 과학의 차이점에 대해서 주로 살펴보았다. 기술이 단순히 스킬이나 기교를 넘어서 독립적인 지식을 갖는 것으로 많은 학자들이 분석하고 있음을 알 수 있다. 본 장에서는 지식의 종류와 지식을 기업에서 어떻게 창출하고, 암묵적인 지식과 형식적인 지식이 무엇인지를 집중적으로 연구한다. 특히 기업 내에서의 지식의 중요성과 위상 그리고 지식을 개념적으로 형상화하여 분류하는 방법도 연구한다.

제1절 지식의 개념

1. 지식의 흐름

지식(knowledge)은 공공재(public goods)로 오랜 세월 지속해 왔다. 그러나 현대는 지식이 없이는 어느 기업도 경쟁력을 가질 수 없고, 혁신에 의한 새로운 제품의 출현이나 연구개발도 어렵게 되었다. 이런 조류를 타고 지식은 재산적 가치로 자산화되고 있다. Samuelson(1955)은 지식은 공공선의 개념으로 사용되고, 반면에 토지, 노동

그리고 자본은 사적재(private goods)로 여겨졌으나 점차로 기업에서 지식을 노동스킬(labor skills) 또는 지적자본(intellectual capital)으로 여기면서 사유화의 개념으로 흐르고 있다고 한다.

Spender(1996)는 유용한 노동(useful labor)은 항상 스킬을 가지며, 자본(capital)은 항상 많은 정보를 갖는다는 것은 당연하다고 주장하면서 만약 이러한 스킬이나 정보가 사업을 영위하면서 명백히 위급한 상황을 성공적으로 대처하게 된다면 더 이상 사적 · 공적 재산을 구분할 필요도 없이 기업의 중요한 자산이 된다고 한다.

또한 그는 시장(market)에 대한 지식, 사건(events)에 대한 지식 그리고 기술적 지식은 항상 사업에 있어서 중요하고, 기업들이 정보를 모으고(information-gathering), 정보를 가공할 수 있는 능력(processing abilities)을 갖는다는 것은 중요한 전략적 경쟁(strategic competition)의 수단이라고 주장한다.

또한 공공재로서의 지식이 사유화가 되는 것은 지식을 재산적 가치로 인정하는 특허법(patent law)이 존재하기 때문이라고 한다. 특허법은 기술적 사상을 권리로 보호하는 것으로 Layton이 앞장에서 언급했던 고안할 수 있는 능력(ability to design) 부분이 특허의 권리범위가 되는 것이다. 이 부분은 기술적 아이디어를 산업상 이용 가능하도록 실현시킬 수 있는 기술적 사상이 되며, 핵심기술 부분이 되는 것이다. 이와 관련하여 Spender(1996)는 지식이 어떻게 경쟁적 이점(competitive advantage)을 이끌 수 있는지 설명할 수 있어야 하고, 기업이 매우 중요한 지식을 가지고 있다는 것을 충분히 기업 내부와 외부에 알려주어야 한다고 한다.

Learned(1965)는 기업들은 혁신과 조직적 학습(organizational learning)의 중요성을 알고 있으며 이것과 함께 전략적 지식경영(strategic management of the knowledge)을 수행하고 있다고 한다. 이러한 흐름에 있어서 중요한 것은 암묵적인 상명하복식의 경영자 특권이 변화되고 있다는 것이다(porter, 1979, 1980).

경영자 특권이 생긴 배경에는 기업에 자본을 투자한 주주들 입장에서는 당장 기업의 실적에 반영되는 눈에 보이는 자산(tangible assets)을 중요시 할 수밖에 없고, 이런 상황을 반영하여 지식과 같은 당장 실적에 반영되지 않는 것은 후순위로 밀리고, 우선적으로 그 기업을 대표하는 경영자의 뜻에 따를 수밖에 없었다고 보인다. 그러나 기업지식의 중요성과 함께 점차 개인의 가치를 중시하는 문화로 바뀌고 있다.

그러나 Weber(1968)는 다른 관점에서 관료(bureaucracy)는 권력(power)을 모태로 하기 보다는 지식(knowledge)을 모태로 하는 조직이라고 주장한다. 이러한 관료사회의 이론은 모든 필요한 지식이 전략적인 의도로 창출되고, 조직적인 고안(design)을 수반하기 때문에 조직의 경영자(the top of the organization)에게도 활용 가능하므로 권위가 있다고 한다.

관료사회의 지식경영을 기업의 최고경영자가 활용한다는 것의 의미는 관료사회도 전문지식이 없이는 더 이상 정책을 입안할 수 없음을 의미하고, 마찬가지로 기업의 최고경영자도 주먹구구식의 경영을 하는 것이 아니라 관료사회와 유사하게 조직적으로 기업의 전략을 기획하는 참모들의 도움에 의지한 지식경영에 근거해서 기업을 성장 · 발전시키므로 기업의 중추신경 역할을 하는 참모의 역량에 주안점을 둔 것으로 보인다.

이에 반하여 Spender(1996)는 참모들이 기업의 핵심두뇌이긴 하지만 만약 직위가 낮은 직원(lower-level employees)이 참모진(senior management)이 발의한 전략으로는 해결할 수 없었던 문제들(uncertainties)을 대신 해결한다면, 최고경영진으로부터 신뢰(power)를 가질 수 있다고 한다.

비슷한 시기에 Cohen and Sproull(1996)의 연구는 기업 내에서 조직적인 학습(learning)과 직원들의 적극적인 참여는 더욱더 기업을 민주적인 방향으로 흐르게 한다고 하면서 직원들의 자발적인 학습과 지식습득으로 인해 조직은 더 활력을 얻고 발전한다고 주장한다.

2. 지식의 종류

가. 묘사지식과 처방지식

Vincenti(1984)는 지식을 묘사지식(descriptive knowledge)과 처방지식(prescriptive knowledge)으로 나눈다. 묘사지식이란 사물의 있는 그대로의 사실을 묘사하므로 엔지니어나 디자이너가 의도적으로 변경할 수 없는 특징이 있다. 가령, 진실(truth)이나 사실(fact)과 같은 지식이므로 정확성(correctness)에 의하여 판단된다. 처방지식은 어떻게 하면 사물들이 목적하는 바를 달성하는가에 초점을 두고 있기 때문에 엔지니어나 디자이너가 임의로 효율적인 결과를 위하여 변경을 가할 수 있다. 가령, 절차(procedure)나 동작(operation)과 같은 절차적 지식이므로 효율성(effectiveness)에 의하여 판단된다.

Vincenti의 묘사지식은 비록 그 지식들이 디자인 단계에서 실행상의 목적(a practical purpose)으로 제공되더라도, 그 지식들은 사실의 묘사(statements of fact)이다. 가령, 어떤 형태의 리벳이 어떤 직경을 가지면 어떤 두께의 면(sheets)에 적당하다고 예시해 준다는 것이다. 이와 같은 지식은 많은 실험을 통하여 표준처럼 인용되는 지식이기 때문에 엔지니어가 임의로 변경을 가할 수 없는 성질이 있다. 그러므로 회사마다 이런 지식은 똑같이 공유된다.

반면에 처방지식은 서로 다른 형태의 리벳을 위하여 면 두께를 그 형태에 맞는 일정한 값으로 한정한다는 것이다. 다시 말해서 좀 더 구체적으로 리벳의 종류 및 리벳의 직경에 따라서 얼마의 두께를 갖는 면을 피해야 좀 더 효율적으로 결합시킬 수 있다고 제시한다는 것이다. 그러나 이러한 지식은 다양한 경우의 수가 있기 때문에 생산 엔지니어의 판단에 의존하여 회사마다 다를 수 있다는 것이다. 실무에서는 위에서 언급한 생산 엔지니어가 설정한 사용제한을 그 회사의 디자이너는 그대로 따를 수밖에 없다. 그러나 생산 엔지니어는 판단의 변화(changing judgment) 또는 경험의 증가(increasing experience)에 따라서 자신들이 설정해 놓은 사용제한에 변경을 가할 수 있다.

Vincenti(1984)는 묘사지식이나 처방지식은 둘 다 명시적인 기술적 지식(explicit technological knowledge)으로 볼 수 있다고 한다. 그러나 엔지니어링 판단이나 근로자의 스킬은 암묵적(implicit)이며, 단어로 표현할 수 없고(wordless), 그림으로도 표현할 수 없는(pictureless) 지식이 있다는 것을 고려해야만 한다고 한다. 이러한 지식들을 암묵적 지식(tacit knowledge)이라고 한다. 위에서 언급한 처방지식(prescriptive)은 실행 상에 있어서 절차(procedures)와 관련된다는 점에서 암묵적 지식에 가깝다고 하면서 절차적 지식(procedural knowledge)이라 한다.

나. 형식지와 암묵지

Miller(1998)는 지식을 형식적(explicit)과 암묵적(tacit)으로 넓게 분류 했다. 형식적 지식(explicit knowledge)은 사실(facts), 규칙(rules), 관계(relationship) 그리고 정책(policies)으로 구성된다고 하면서 이런 것들은 서류(paper), 전자형태(electronic form) 그리고 토론이 필요 없는 공유(shared without need for discussion)의 형태로 코드화(codified)가 가능하다고 한다.

Grant(1996)에 따르면 형식지는 소통(communication)에 의하여 나타난다고 하면서 소통의 쉬움(ease)은 형식지의 기본적 특성이라고 했다. 그러나 형식지의 단점으로 경제학자들은 지식이 공개되는 것을 거론한다. 즉, 지식이 공개되면 공공재(public goods)의 성격이 되기 때문에 대가 없이 사용할 수 있다는 점이다.

반면에 암묵지(tacit knowledge or intuition)는 개인적인 스킬(personal skill) 같은 것을 의미하며, 이러한 지식의 전달은 대면접촉(face-to-face contact)과 견습(apprenticeship)을 통하여 가능하다고 하면서 암묵지는 응용(application)에 의하여 나타난다고 한다. 만약, 암묵적 지식이 코드화(codified)가 되지 못하고 단지 응용을 통하여 관찰된다거나 실행(practice)을 통하여 확보된다면 정보체계에서 전달이 늦고, 비용(costly)이 들어가고, 불확실(uncertain)하다는 점(Kogut and Zander, 1992; Teece, 1981)을 지적한다.

Teece(1998)는 지식의 코드화와 비용 사이의 효용에 대해서 경험의 코드화가 더 많이 진행될수록 전달시 더 많은 경제적 이점을 볼 수 있다고 주장한다. 이 경우 잘 코드화된 예로 프린팅(printing), 무선통신(radio), 전신(telegraph) 그리고 데이터네트워크(data networks)를 들고 있다.

Jaeschke(1994)에 따르면 암묵적 지식은 형식적 지식 형태로 기록을 허용해야 지식의 내용을 분석할 수 있고, 분해할 수도 있다고 한다. 한 예로 진단테스트를 증거기반(evidence-based)으로 해석함에 있어서, 직관적 판단(intuitive judgement)보다는 이전의 개연성(prior probabilities)이나 두 개의 모델을 통계기법을 통하여 비교하는 방법(likelihood ratios)을 사용한다고 한다.

Wyatt(2001)는 현대의 많은 의학적 진보는 암묵적 지식을 형식적 지식으로 전환하는 작업을 통하여 환자나 대중이 그러한 형식적 지식을 효율적으로 공유하면서 발전되었다고 주장한다. 그는 Hansen(1999)의 논문을 중요한 것으로 평가한다.

Hansen(1999)은 두 종류의 지식경영전략(knowledge-management strategies)을 발표하는데 그 전략은 문서화(codification)와 개인화(personalization)이다. 전자는 지식이 무엇인지 확실히 알 수 있도록 배려해야 하고, 모인 여러 지식들을 쉽게 찾을 수 있도록 색인화(indexing)도 해야 하고, 다른 부서의 전문가들도 그 지식들을 쉽게 활용할 수 있도록 형식지화(available explicit knowledge)를 실현해야 일상의 문제에서 그 지식을 해결수단으로 활용할 수 있다. 반면에 후자는 단 하나의 문제(one-off problems)를 해결하기 위하여 개인의 암묵적 지식을 창의적인 문제 해결수단으로 사용하면서, 동시에 다른 전문가들과 효율적으로 소통을 병행해야만 하는 것으로 설명한다.

Hedlund and Nonaka(1993)는 지식은 제품이나 서비스 내에 체화된 스킬과 전문성뿐만 아니라 인지적 지각(cognitive perceptions)으로부터도 형성된다고 한다. 가령, 암묵적 지식은 직관적이며 비언어적 지식이나, 형식적 지식은 언어적으로 또는 글로 분명히 표현할 수 있다고 하면서 컴퓨터 프로그램 등이 이에 해당된다고 한다.

| 표 2-1 | 형식지와 암묵지의 특징

구분	특징	연구자
형식지 (explicit knowledge)	형식지는 사실, 규칙, 관계, 정책으로 구성되고 서류 또는 전자형태로 코드화가 가능함	Miller 1998
	형식지는 소통에 의하여 나타나며, 소통의 쉬움은 형식지의 기본적인 특성임	Grant 1996
	• 지식의 코드화와 비용 사이의 효용에 대해서 경험의 코드화가 더 많이 진행될수록 전달시 더 많은 경제적 이점을 볼 수 있다 함 • 그 예로는 프린팅, 무선통신, 전신, 데이터네트워크 등이 있음	Teece 1998
	암묵적인 지식은 형식적인 지식형태로 기록해야 지식의 내용을 분석할 수 있고, 분해할 수도 있다고 함	Jaeschke 1994
	현대의 많은 의학적 정보는 암묵적인 지식을 형식적 지식으로 공유하면서 발전했다 함	Wyatt 2001
	문서화(codification)는 색인화를 통한 형식지화가 되어야 일상의 문제에서 해결 수단으로 사용됨	Hansen 1999
암묵지 (tacit knowledge)	암묵지는 개인적인 스킬 같은 것을 의미하며, 지식의 전달은 대면접촉과 견습을 통하여 가능함	Grant 1996
	암묵지는 응용에 의하여 나타나며, 만약 암묵적 지식이 코드화되지 못하고 응용 또는 실행을 통하여 확보된다면 정보체계에서 전달이 늦어지고, 비용이 들어가고, 불확실하다고 함	Grant 1996 Kogut & Zander 1992 Teece 1981
	하나의 문제를 해결하기 위하여 개인의 암묵적 지식을 창의적인 문제해결 수단으로 사용하면서 동시에 다른 전문가들과 효율적으로 소통을 병행함	Hansen 1999
	지식은 제품이나 서비스에 체화된 스킬과 전문성뿐만 아니라 인지적 지각으로부터 형성되고, 암묵적인 지식은 직관적, 비언어적이라 함	Hedlund & Nonaka 1993
	순수한 암묵적 지식은 형식화할 수 없으나 많은 암묵적인 지식들은 기술적으로 형식화가 가능함	Lee 2012

Lee(2012)는 순수한(purely) 암묵적 지식은 형식화(codification)할 수 없다고 한다. 그러나 많은 암묵적인 지식들은 기술적으로 형식화할 수 있으나(technically codifiable), 암묵적인 상태로 놓여있다고(remain uncodified) 주장한다.

<표 2-1>에 형식지와 암묵지에 대한 연구자들의 견해를 정리한다.

3. 기업지식(knowledge in a firm)의 태동

가. 기업지식의 형성

기업이란 조직 속에서 지식 창출의 시작은 개인이다. Polanyi(1966)는 인간의 지식에 대해서 언급하면서 "우리가 말할 수 있는 것보다 우리는 더 많이 알고 있다(we can know more than we can tell)"는 것은 우리가 말로 표현하기 어려운 암묵적 지식(tacit knowing)이 인간의 뇌 속에 많이 잠재해 있다는 뜻이다. 또한 그는 암묵적 지식에 대해서 규칙을 찾는 것(search rules)과 스스로 발견하는 교수법(heuristics)을 활용하여 문제가 무엇인지 확실히 하는 것이 필요하며, 그 문제의 요소들은 그 문제의 해결책을 구성한다고 한다.

Kogut and Zander(1992)는 상술한 Polanyi의 견해에 대해서 문제를 해결하는 행위는 어떻게 현상(phenomena)이 기능했는지에 대한 이해를 통한 감각(a sense)에 의존한다고 한다. 즉, 문제해결에 대한 그들의 공식적인 표현은 이런 절차적 지식(procedural knowledge)을 전적으로 이해하는 것은 어렵다고 하면서 대신 자료(the data)나 정보(information or clues)가 그 문제의 해결을 이끌 수도 있다고 한다. 또한 그들은 작은 조직 내에서 노하우나 정보를 조직 구성원들에게 가르치기 위해서는 빈번한 상호작용(interaction)이 필요하다고 하면서 이러한 소통은 독특한 언어(a unique language)나 부호(code)의 개발을 통하여 가능하다고 한다.

이것은 대단히 중요한 의미를 내포한다. 절차적 지식 또는 노하우 같은 암묵적인 지식은 소통이 어렵기 때문에 기업 내에서 사용하기 위해서는 반드시 자료나 부호라는 형식적인 지식으로 변형을 해야 함을 제시한다고 볼 수 있다.

그들은 암묵적인 지식은 표현하기가 어렵기 때문에 누가 그 지식을 소유하고 있는지를 아는 것조차도 조직의 지식으로 본다고 주장하면서, 기업은 개인과 조직 내의 그룹들이 보유하고 있는 인적 지식을 전달하고 공유하도록 해야 한다고 한다. 이런 지식들은 누가 무엇을 아는지(who knows what)에 대한 정보(information)와 어떻게 연구팀을 조직할 것인가(how to organize a research team)에 대한 노하우(know-how)로 구성된다고 하면서, 기업은 지식을 조직 내에 내재시키는 조직적인 원리를 반드시 이해해야 하며 조직 내의 구성원들이 협조할 수 있도록 해야 한다고 주장한다.

또한 기업은 어떻게 새로운 지식을 창출할지에 대해서 더욱더 역동적인 견해를 가져야 한다고 하면서, 기업에서는 현재 조직 구성원들이 가지고 있는 능력을 재결합(recombining)할 수 있는 새로운 스킬을 배워야 한다고 한다.

Nelson and Winter(1982)는 기업은 지식의 몸체(a body of knowledge)라고 한다. 조직적인 표준(organizational routines)은 조직의 유전적 물질(genetic material)이며, 관료적 규칙 내에서 형식지로, 조직의 문화 내에서의 암묵지로 구성된다고 한다. 이러한 형식지와 암묵지 사이의 상호작용은 진화를 유발하며, 개인들의 선택은 경제적인 현실(economic reality)을 고려하여 그들의 사용빈도가 결정되고, 궁극적으로 조직적인 표준으로 체화된다고 한다. 그리고 조직적인 표준이 되면 개인의 선택은 제한을 받고, 조직의 통제를 받는다고 한다. 이것은 지식의 창출과 응용에 있어서 기업 조직은 개인보다 더 큰 영향력을 발휘한다는 것이며, 기업 자체는 더 나은 표준을 확보함으로써 스스로 배운다는 것이다. 그러므로 기업은 조직 구성원을 집단훈련 또는 집단교육을 시킴으로써 집단의 역량을 상승시켜서 새로운 지식창출을 통한 새로운 기업표준을 선순환 방식으로 재창출한다는 논리로 보인다. 또한 지식 생성의 주체는 조직이라는 것을 분명히 하고 있다. 지식 창출의 시작은 개인이라는 Polanyi의 주장과 다소 다르다.

Grant(1996)는 Polanyi와 비슷한 견해를 보인다. 지식의 창출(knowledge creation)은 개인의 활동(individual activity)이고, 기업의 주된 역할은 존재하는 지식의 응용(application)이라고 한다. 그 응용은 제품의 생산과 서비스에 적용된다고 한다. 또한 지식의 생산(knowledge production)이란 새로운 지식을 창출하는 것(the creation of new knowledge), 존재하는 지식을 확보하는 것(the acquisition of existing knowledge), 지식을 유지하는 것(storage of knowledge)이라 하면서, 개인은 특별한 어느 한 분야의 전문가가 되는 것이 바람직하다고 한다.

Teece(1998)는 Grant와 비슷한 견해를 보인다. 기업의 지식자산(knowledge assets)은 개인의 경험과 전문성(expertise)을 토대로 형성된다고 한다. 이와 함께 기업은 지식이 경쟁력을 더 갖도록 물질적(physical), 사회적(social), 자원할당(resource allocation) 등을 제공한다고 하면서 기업의 경쟁력은 시장 지위(market position)가 아니라 보유하고 있는 지식자산을 제3자가 복제하기 어렵도록 만드는 것(difficult to replicate knowledge asset)이라고 한다. 또한 기업은 기업가 정신과 전략적인 요소들을 잘 융화시키는 역동적인 능력(dynamic capabilities)이 특히 중요하다고 한다.

Nonaka and Takeuchi(1995)는 조직적 지식창출(organizational knowledge creation)의 이론을 형식지와 암묵지의 상호작용(interaction)을 통하여 개발했다. 그들은 Polanyi 주장처럼 모든 지식의 기원은 개인의 직관(intuition)이라고 한다. 그들의 이론은 이미 기업의 직원들에게 암묵적으로 알려진 지식의 형태를 형식지로 변형(transformation)하거나 소통(communication)함으로써 조직의 지식을 창출한다고 주장한다.

<표 2-2>에서는 기업지식의 창출과정에 대해서 앞서 여러 학자들의 견해를 통합 정리한다. 특히, 기업의 지식 창출의 근본이 개인으로부터 시작되는지 또는 기업이

| 표 2-2 | 기업지식 창출의 과정 및 지식의 원천

지식의 원천	지식 창출의 과정	연구자
개인	지식 창출의 시작은 개인이다. 우리는 우리가 말할 수 있는 것보다 더 많이 알고 있다(암묵적 지식의 중요성)	Polanyi 1966
	• 조직 내에서 노하우나 정보를 조직 구성원들에게 가르치기 위해서는 독특한 언어나 부호의 개발이 필요(암묵적 지식의 형식지화가 필요함) • 기업은 개인과 조직 내의 그룹들이 보유하고 있는 지식을 전달하고 공유하도록 해야 하며, 이런 지식은 누가 무엇을 아는지(정보), 어떻게 연구팀을 조직할 것인지(노하우)로 구성됨 • 기업은 어떻게 새로운 지식을 창출할지에 대한 역동적 견해와 현재의 능력을 재결합할 수 있는 새로운 스킬을 배워야 함	Kogut & Zander 1992
	지식의 창출은 개인의 활동이고, 기업의 주된 역할은 존재하는 지식의 응용이다. 그 응용은 제품의 생산과 서비스에 적용. 지식의 생산은 ① 새로운 지식을 창출, ② 존재하는 지식을 확보, ③ 지식을 잘 유지하는 것	Grant 1996
	기업의 지식자산은 개인의 경험과 전문성을 토대로 형성. 기업의 경쟁력은 보유하고 있는 지식자산을 제3자가 복제하기 어렵도록 만드는 것임	Teece 1998
	지식의 기원은 개인의 직관이라고 하면서 기업 직원의 암묵적 지식을 변형하거나 소통을 통하여 조직적 지식을 창출한다고 함	Nonaka & Takeuchi 1995
조직	• 기업은 지식의 몸체 • 조직적인 표준은 조직의 유전적 물질이며, 관료적 규칙 내에서 형식지와 조직의 문화 내에서의 암묵지로 구성됨 • 조직의 표준으로 체화되면, 개인은 조직의 통제를 받음 • 조직구성원의 집단 훈련과 교육으로 집단 역량을 향상시킴	Nelson & Winter 1982

지식의 몸체가 되고, 개인은 단지 기업지식의 표준 속으로 녹아드는지를 요약한다.

위에서 여러 학자들이 조직의 지식 창출의 시작점이 무엇인지를 알기 위하여 연구를 거듭했으나 결론은 개인으로 보는 것이 타당할 것 같다. 기업은 단지 개인들이 창의력을 발휘할 수 있도록 교육을 시키거나 훈련을 시켜서 그들이 창출한 결과를 응용하거나 제품이나 서비스에 활용하여 기업의 표준으로 만드는 역할로 귀결된다.

나. 기업지식의 통합

개인의 경험과 지식이 없이는 조직의 지식이란 무의미하다. 조직은 개인으로 구성되고, 그 조직들이 모여서 사회를 만든다. 그리고 그 사회들의 집합체는 국가가 될 수 있다. 그러므로 상호 유기적인 관계를 떠나서 조직과 개인은 존재할 수 없다. 이것이 문화이다. 국가라는 상징 테두리 내에 서로 다른 문화를 형성하여 집단이나 조직이 형성되고 발전되어 가는 것이다. 이러한 조직 발전의 기반에는 개인의 역량이 기본적으로 필요하고, 그 개인들을 어떻게 교육시키고, 훈련시킬지가 중요한 핵심 요소가 된다.

Lam(2000)은 기업의 지식기반(knowledge base)은 암묵적 지식(tacit knowledge)이라고 하면서 이러한 지식들은 사회적으로 체화된다고 한다. 이것을 가능하게 하는 것은 기업 내의 협력 메커니즘(coordination mechanism)과 조직적인 표준(organizational routines) 그리고 사회적 기구(societal institutions)에 의하여 강하게 영향을 받는다고 주장한다. Lam은 이러한 세 가지 요소의 상호작용의 틀을 다음과 같이 설명한다.

첫째로 지식과 조직적인 학습에 대한 이론들은 Polanyi(1962, 1966), Nelson and Winter(1982), Spender(1996) 그리고 Nonaka(1994) 등이 연구를 했는데 이들의 연구는 지식의 특성(nature of knowledge)과 조직적인 학습(organizational learning)을 다원적인 인식론(pluralistic epistemological)의 견지로부터 이해하려고 한다.

상기 연구자들은 암묵적 지식과 형식적 지식과의 차이점과 이 둘의 상호작용이 새로운 지식 창출에 효율적이었는지를 연구목표로 삼았으며, 그들의 연구결과로서 인간지식의 기원은 암묵적 지식이란 것과 이러한 암묵적 지식을 습득하기 위하여 사회적으로 필요한 상호작용을 통하여 학습한다고 한다.

둘째로 기업은 지식의 몸체라는 인식에서 조직 내에서 상호간의 협조, 소통 그리고 학습을 한다고 한다(Penrose, 1959; Nelson and Winter, 1982).

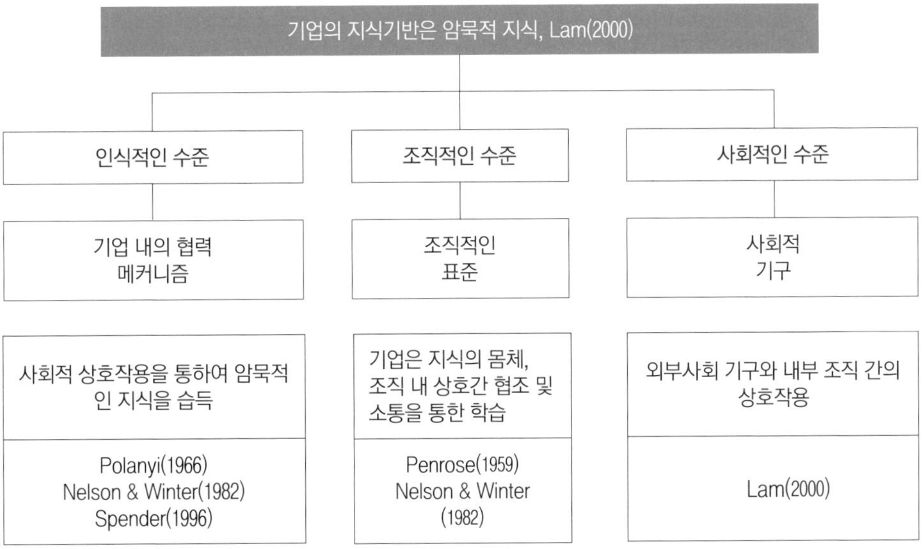

| 그림 2-1 | 기업지식의 통합 메커니즘 – Lam(2000)의 관점 재구성

셋째로 사회적 접근(societal approach)으로서 국가혁신시스템에 입각한 산업사회에서 외부사회기구(external societal institutions)와 내부조직(internal organizational structures) 간의 상호작용을 어떻게 하는지가 중요하다고 주장한다.

Lam(2000)은 [그림 2–1]에서 기업지식의 통합 메커니즘을 설명하면서 세 가지 요소의 상호작용의 틀을 시스템적인 개념적인 틀로 통합시키는 시도를 한다. 그 요소들은 인식적인 수준(cognitive level), 조직적 수준(organizational level), 사회적 수준(societal level)으로 나누어서 설명한다. 인식적 수준은 암묵적인 인간지식을 개인학습과 집단학습 사이의 역동적인 관계를 활용하여 사회적으로 체화시키는 개념이다. 인간 지식의 많은 부분을 차지하고 있는 암묵적인 지식들(스킬, 기교(technique), 노하우 그리고 표준(routines))은 코드화(codified)된 형태로 소통되기 어렵거나, 쉽고 명확하게 전달될 수 없는 특징을 갖는다. 이런 유의 지식들은 경험기반(experience–based)이며 사회적 네트워크를 통하여 전달되고 특별한 환경(in a particular context)에서 실행을 통하여 나타난다. 조직적 수준은 어떻게 기업의 조직화 원리가 사회적 협력의 구조(social structure of coordination)를 형성시키는지를 보여준다. 협력의 구조는 조직 내에서 서로 다른 형태의 지식을 통합시키고, 결집시키는(mobilize) 조직의 능력으로 결정된다. 사회적 수준은 사회적 기구들(societal institutions)이 어떻게 조직적인 표준들(organizational routines)과 협조 규칙들(coordination rules)을 형성시키는지를 말한다. 다시 말해서 조직 구성원들의 교육과 훈련을 시킬 수 있는 시스템에 초점을 맞춘다. 즉, 어떤 교육과 훈련을 시키느냐에 따라서 지식이라는 사회적 헌법(social constitution)을 구성하여 구성원들의 자질(basis of qualification)과 일의 지위(work status) 그리고 직업의 선택(job boundaries)이 달라질 수 있다고 한다.

다. 기업지식의 개념적 형상화 및 분류

Lam(2000)은 기업에서의 조직적인 지식을 인식론적(epistemological)과 존재론적(ontological)으로 나누어서 분석하였다. 전자는 지식의 표현(expression of knowledge)에 중점을 둔 것으로 Polanyi가 주장한 형식지와 암묵지로 나누어서 분석하는 것이고, 후자는 지식의 존재 장소(locus of knowledge)에 중점을 두어서 개인(individual)과 집단(collective)으로 나누어서 분석한다. 인식론적(epistemological)으로 형식지(explicit knowledge)는 공식화(formulated)할 수 있고, 추상화(abstracted)할 수 있으며 주제가 무엇인지와 상관없이(independently of the knowing subjects) 시공을 초월하여 전달되는 특징이 있다고 한다. 반면에 암묵지(tacit knowledge)는 직관적(intuitive)이고 명확히 전달할 수 없고, 실행경험(practical experience)을 통하여 획득되어지는 동작스킬(operational skills)이나 노하우가 여기에 해당되어 행동지향(action-oriented) 형태로 구분되고, 개인적인 특징 때문에 공식화하거나 소통이 어려운 특징을 가지고 있다고 한다. 그러므로 이런 유(類)의 지식은 밀접한 상호작용이 요구되어지고 대화자 사이에서 공유된 이해(shared understanding)와 신뢰(trust)가 요구된다고 한다. 그러므로 형식지와 암묵지는 개념상으로는 구분이 가능할 것으로 보이지만 실행 상으로는 분리하거나 개별화하기가 쉽지 않다고 한다.

Nonaka and Takeuchi(1995)는 새로운 지식은 형식지와 암묵지의 역동적인 상호작용과 결합을 통하여 생성된다고 하면서 둘 간의 관계가 상호보완적이라고 했다.

Nelson and Winter(1982)는 기업의 진화이론(evolutionary theory of the firm)을 통하여 기업은 형식지와 암묵지의 특정한 내용(special context)을 외부의 경제적인 현실을 고려하여 선택하도록 할 수 있다고 했으나, 궁극적으로 조직의 표준(organizational routines)으로 편입시킨다고 했다. 결국 조직의 학습능력(learning capability)과 혁신능력(innovative capability)은 얼마나 암묵적 지식을 효율적으로 활용하고, 형식지와 상호작용을 할 수 있도록 배양할 수 있느냐에 의존한다고 한다.

Lam(2000)은 존재론적(ontological)으로 기업 내의 지식은 개인(individual) 수준으로 존재할 수도 있고, 조직의 구성원들 사이에 공유(shared among members)되어질 수도 있다고 한다. 개인적 지식(individual knowledge)이란 조직 내의 지식 중에서 개인의 뇌(in the brains) 또는 개인에게 체화된 스킬(bodily skills)을 말한다. 그러므로 필연적으로 특정화(specialized)되고 특별한 영역(domain-specific)을 갖는다. 가령, 개인이 지닌 지식이므로 개인이 이직을 하면 함께 이동하기 때문에 조직 내에서 지식의 보유나 축적에 잠재적인 문제를 야기할 수도 있다고 한다. 집단적 지식(collective knowledge)이란 조직 내의 구성원 사이에 공유되고 널리 퍼져있는 지식을 말한다. 이런 유(類)의 지식은 규칙, 절차, 표준(routines), 공유된 표준(shared norms) 등으로 체화되는 조직의 축적된 지식이라고 한다. 이런 지식들은 문제해결(problem-solving)의 방향을 인도하고, 구성원 사이에서 상호작용의 형태를 갖는다고 한다. Glynn(1996)에 따르면 이런 종류의 지식은 개인적 지식으로부터 집단적 지식으로 이동하는 메커니즘을 갖는다고 한다.

Lam(2000)은 세로축으로 형식지와 암묵지(explicit-tacit) 그리고 가로축으로 개인적과 집단적(individual-collective)을 사분면을 활용하여 네 개의 범주로 지식의 그룹을 형성했다. Lam은 주로 Collins(1993)의 이론을 접목하여 통합을 시도했으나 Spender(1996)의 이론을 추가로 접목하여 Lam의 통합 논리를 보완하고자 한다.

첫 번째로 일사분면에 코드기반 지식(encoded knowledge)이란 집단적-형식적(collective-explicit) 지식을 묶은 것을 말하는데, 이것은 때때로 정보(information)로도 언급된다고 한다. 이것은 신호와 기호(signs and symbols)를 수단으로 지식이 전달되고, 이 지식은 문서화가 가능한 것으로서 청사진(blueprint), 사용법(recipes), 규칙(written rules) 그리고 절차(procedures) 등에 이 지식을 활용한다고 한다. 이 지식은 개인의 지식과 경험을 코드화(encoded)시켜서 조직 내에서 제어하는 집단지식의 형태를 가진다고 한다. Collins(1993)는 이와 같은 지식을 기호형태 지식(symbol-type knowledge)이라고 했으며, 플로피디스크의 정보를 누수 없이 전달할 수 있게 하는 지식(without loss on floppy disks and so forth)이라고 설명하고 있다. 가령, 컴퓨터에 입력되는 디지털 정보 같은 것들은 "1"과 "0"과 같은 숫자이기 때문에 그 정보 자체는 해석하기도 어렵고, 한정하기도 어렵다. 그러나 이런 기술들은 활자화되면 누구나 알 수 있는 출력물이 된다. Spender(1996)는 이와 같은 지식을 객관화된 지식(objectified knowledge)이라고 한다. 이것은 사회 메커니즘의 효율적 사용에 의존할 수 있다고 하면서 공공재 성격의 지식을 특허나 등록 디자인과 같은 법적 보호 수단을 통하여 효율적으로 사유화할 수 있다고 한다.

두 번째로 이사분면에 개념형성 지식(embrained knowledge)이란 개인적-형식적(individual-explicit) 지식을 묶은 것을 말하는데, 이것은 개인들의 개념적 스킬(conceptual skills)과 인지능력(cognitive abilities)에 의존하는 지식을 말하고, 공식적, 추상적, 이론적인 지식이라고 한다. 가령, 자연법칙처럼 과학적 지식을 다룬다. 개념형성 지식이란 용어는 Collins(1993)가 사용한 용어이다.

Spender(1996)는 거의 Lam과 동일한 메커니즘으로 사분면을 사용한 분석방법을 사용했다. 그는 개념형성 지식을 의식적 지식(conscious knowledge)으로 표현한다. 이것은 개인이 가지고 있는 지식을 의식적으로 제3자에게 표현해야 하는 지식이므로 대리권 문제(agency problem)가 발생할 가능성이 있다고 한다. 다시 말해서 과연 기업에 소속된 유능한 엔지니어가 기업의 이익을 위하여 자신이 보유한 스킬이나 노하우를 공개할지이다. 이런 경우에 직원의 협상력(bargaining power)이 커질 가능성이 있고, 직원의 카리스마를 조직은 어떻게 통제할지에 대한 문제가 발생한다고 한다.

Abidi(2005)도 유사한 문제를 지적한다. 전문가들이 그들의 지식을 기업 내 구성원들과 공유하도록 유도하기 위한 동기로서 아마도 인센티브가 필요할 것이라고 제안하면서 사전에 지적소유권(intellectual ownership)은 기업에 속한다는 것을 주입시킬 필요가 있다고 한다. 왜냐하면 전문가들은 그들의 암묵적 지식(tacit knowledge)이 노출되면 그들의 지적 경쟁력(intellectual competitive edge)을 잃을 것을 우려하기 때문에 내면으로 감추려고(reservations) 하는 속성이 있기 때문이라고 한다.

세 번째로 삼사분면에 행동기반 지식(embodied knowledge)이란 개인적-암묵적(individual-tacit) 지식을 묶은 것을 말하는데, 이것은 개인들의 실행(practical)에 중점을 두는 행동지향(action oriented)의 지식으로서 육체적(bodily) 경험과 실행 경험(practical experience)이 토대를 이룬다고 한다. 행동기반 지식이란 Collins(1993)가 사용한 용어이다. Spender(1996)는 행동기반 지식을 무의식적 지식(automatic knowledge)으로 표현한다. 이것은 기업 내의 능력 있는 사람들은 주로 암묵적 지식을 가지고 있는데 이것을 기업이 인정하는 방향으로 가는 것을 의미하며 이 경우 상술한 대리권 문제(agency problem)는 발생하지 않는다고 한다. 그렇지만 기업은 그 능력 있는 사람을 계속 고용해야 하는 부담을 가지기 때문에 더욱더 심리학적인 문제를 지닌다고 한다. 가령, 그 개인이 그 기업을 떠나게 되면 그의 지식도 함께 이동해야 하기

(moving with the person) 때문이라고 한다.

마지막 네 번째로 사사분면의 암묵기반 지식(embedded knowledge)이란 집단적–암묵적(collective–tacit) 지식을 묶은 것을 말하는데, 이것은 조직 내에 존재하는 개인의 암묵적 지식을 표준(routines)과 공유된 표준(shared norms)으로 집단 지식화한 것으로 정의한다. Collins(1993)는 이와 같은 지식을 문화공유 지식(encultured knowledge)이라고 했으며, 영국의 앨런 튜링의 "turing test"를 예로 들면서 슈퍼컴퓨터는 사회의 일부 계층과의 튜링테스트를 통하여 컴퓨터 자체의 지능을 인정받기 때문에 그 특정한 사회 속에서 참여자 간의 상호작용을 통하여 그 사회의 일원이 된다고 한다. 즉, 이러한 상태를 문화공유 지식을 소유한 것이라고 설명한다(Under this protocol, passing the test signifies social intelligence or the possession of encultured knowledge). Spender(1996)는 이와 같은 지식을 조직문화 지식(collective knowledge)이라고 한다. 이것은 지식재산의 소유권에 관심을 두기 보다는 지식의 생산 프로세스에 초점을 맞춘다고 한다(Teece, 1987). 이것은 그룹이나 작은 규모의 조직이 외부로 누설함이 없이 암묵적으로 지식을 생산하기 때문에 가장 안전하고 전략적으로 조직적 지식을 얻을 수 있다고 한다(the most secure and strategically significant kind of organizational knowledge).

<표 2–3>에서는 상술한 기업지식을 형상화시키는 여러 종류의 지식들을 통합하는 작업을 했다. 전체적인 틀은 Lam의 이론을 활용했고, 각 사분면에 해당되는 용어는 여러 학자의 이론을 찾아서 통합시키는 작업을 했다. Lam은 주로 Collins의 이론을 참고했다. Spender의 이론은 전반적으로 Lam의 이론과 비슷했기 때문에 기업지식을 개념적으로 형상화하고, 통합하는 데 많은 기여를 했다.

위에서 분석한 바와 같이 Lam, Collins, Spender 3명의 학자들은 기업에서 존재하는 지식을 인식론적(epistemological) 지식과 존재론적(ontological) 지식으로 나누어서 효율적으로 개념화했다고 보인다. 특히, 형식적 지식과 암묵적 지식만을 연구한 것이 아니라, 그 지식들이 개인에 속해 있는지 또는 집단에 속해 있는지에 따라서 지식을 분류함으로써 기업에서 존재할 수 있는 여러 지식의 태양을 연구했다는 점에서 학술적으로 중요한 의미가 있다고 생각한다.

기업에 존재하는 여러 형태의 지식들을 연구하는 목적은, 기업은 어떤 체제로 지식을 창출하고, 보유하는지 인식할 수 있어야, 기업의 새로운 지식 창출이나 기업 외부로부터의 지식의 흡수를 예측하고 대응하기 위함이다. 또한 기업의 수익과 기업의

| 표 2-3 | 기업지식의 개념적 형상화 및 통합(Lam 이론을 재구성)

구분		존재론적(ontological) 지식	
		개인(individual)	집단(collective)
인식론적(epistemological) 지식	형식지(explicit knowledge)	□ 개념형성 지식(embrained knowledge) – Collins(1993) • 개인들의 개념적 스킬과 인지능력에 의존 □ 의식적 지식(conscious knowledge) – Spender(1996) • 개인적 지식을 의식적으로 제3자에게 표현 → 대리권 문제(agency problem)	□ 코드기반 지식(encoded knowledge) – Lam(2000) • 신호와 기호를 수단으로 지식이 전달 → 문서화 가능 예) 청사진, 사용법, 규칙, 절차 □ 기호형태 지식(symbol type knowledge) – Collins(1993) • 플로피 디스크의 정보 □ 객관화된 지식(objectified knowledge) – Spender(1996) • 사회메커니즘의 효율적 사용에 의존
	암묵지(tacit knowledge)	□ 행동기반 지식(embodied knowledge) – Collins(1993) • 개인들의 실행에 중점을 두는 행동지향 지식 □ 무의식적 지식(automatic knowledge) – Spender(1996) • 기업 내의 능력 있는 개인들은 암묵적 지식을 보유	□ 암묵기반 지식(embedded knowledge) – Lam(2000) • 루틴과 공유된 표준과 같은 암묵적 지식 □ 문화공유 지식(encultured knowledge) – Collins(1993) • turing test □ 조직문화 지식(collective knowledge) – Spender(1996) • 지식생산 프로세스에 초점 • 가장 안정적인 조직 지식

연구역량을 높이고, 실질적으로 기업의 매출신장에 기여할 수 있는 가장 효율적인 방법은 결국, 기업 개개인의 역량이라는 점에서 기업지식을 이해하는 것은 중요하다. 그 일환으로 기존에 어떤 방법으로 산업계에서 지식경영을 했는지 실제 사례를 통한 연구를 제2절에서 진행한다.

제2절 지식의 응용

1. 문서화 전략과 개인화 전략

Hansen(1999)은 지식경영(knowledge management)이란 새로운 것이 아니라 수백 년 전부터 우리 선조들이 자신의 사업을 자손들에게 물려주면서 가업으로 발전했고,

장인(master craftsmen)은 자신의 기능을 견습공에게 전수함으로써 암묵적 지식을 계속 이을 수 있었다고 한다. 그럼에도 불구하고 현대의 경영에서 최고경영자들이 지식경영이란 용어를 사용한 것은 1990대부터라고 한다. 그는 지식경영을 가장 활발히 하고 있는 사업은 자문을 수행하는 기업이라고 생각하고, 그들 기업들을 대상으로 연구를 진행했다. 그는 크게 두 가지의 부류로 그 기업들의 전략을 분류한다.

첫 번째로 문서화 전략(codification strategy)이다. 이것은 기업의 지식을 컴퓨터에 집중시키는 전략이다. 즉, 그들의 지식을 주의 깊게 코드화하여 데이터베이스에 저장시킨다. 그 저장된 자료는 그 기업 내의 구성원이라면 누구든지 쉽게 정보에 접근해서 필요한 정보를 찾을 수 있도록 도움을 준다.

두 번째로 개인화 전략(personalization strategy)이다. 이것은 기업 내 지식이 공개되지 않고 개인에게 묶여있어서 개인별 접촉을 통해서만 소통할 수 있는 체제로서 컴퓨터 정보는 단지 누가 무엇을 자문 내지는 연구했다는 정도로서 관련분야의 전문가를 찾아주는 역할만 한다.

가. 기업의 지식전략 운영

Hansen(1999)의 연구에 의하면 Andersen Consulting과 Ernst & young 컨설팅 회사는 문서화 전략(codification strategy)을 따른다. 그 회사들은 컨설턴트들이 자문한 내용을 코드화해서 그 지식들을 재사용하도록 시스템을 개발했다. 코드화 과정에서 고객에게 민감한 부분(client-sensitive)은 제거한 후에 지식의 키워드를 사용하여 지식의 내용을 찾을 수 있도록 하는 지식활용 도구(knowledge objects)를 개발했다. 가령, 인터뷰 가이드, 일의 계획(work schedules), 벤치마크 자료(benchmark data), 시장분류(market segmentation)를 데이터베이스에 저장시켜놓고 누구든지 재활용할 수 있도록 했다. 이 시스템의 장점은 회사 내 컨설턴트들이 문제해결의 단서를 찾기 위하여 시간을 허비하는 것을 줄일 수 있고, 어떤 문제를 해결한 전문가를 직접 찾아가서 소통해야 하는 시간을 줄일 수 있었다. 이러한 시간 절약 전략은 고객의 자문비용을 줄여주는 역할도 했다. 이러한 효과를 발휘하는 배경에는 회사 내 전문가들이 헌신적으로 컨설팅 내용 및 결과를 정확히 그리고 신속히 컴퓨터 내로 입력하는 것이 주효했다.

반면에 Bain & Company와 Boston Consulting Group 그리고 McKinsey & Company와 같은 컨설팅 회사들은 개인화 전략(personalization strategy)을 따른다. 그

회사들은 상술한 지식활용 도구(knowledge objects)보다는 회사 내 전문가들 간의 대화를 중요시 한다. 그 이유는 전문가들 간의 면전 대화(one-on-one conversation)를 통하여 문제해결에 접근할 때(by going back and forth on problems) 깊은 통찰력을 얻기 때문이라고 한다. 그 전문가들은 정기적으로 미팅을 하거나 개인적인 전화통화 또는 전자 우편 또는 화상회의의 수단을 사용하여 정보를 얻거나 필요시 세계 각국에 퍼져있는 지사를 방문하여 정보를 얻다보니 동료 컨설턴트들과의 네트워크가 한층 강화되면서 실제 문제해결 장본인들과의 심층 대화를 통하여 많은 창조적인 정보를 개발한다고 한다.

Hansen(1999)은 문서화 전략(codification strategy)과 개인화 전략(personalization strategy)을 잘 활용하여 성공한 회사들을 분석해 보면 두 개의 전략에 모두 초점을 두기 보다는 어느 하나에 초점을 두고 다른 것은 보완하여 사용하는 것(supporting role)이 가장 좋은 전략이라고 한다.

나. 기업의 지식전략 운영 사례(Hansen(1999) 연구 재구성)

(1) Memorial Sloan-Kettering Cancer Center Case

뉴욕에 위치한 Memorial Sloan-Kettering Cancer Center에 대해서 분석한다. 이 병원의 설립은 1894년이다. 이 병원은 사업가였던 Sloan과 Kettering이 엄청난 액수를 기부하면서 일취월장한다. 그 자금으로 연구소를 설립하여 유능한 인재를 모은다. 젊은 의사들은 물론 나이든 경력이 많은 의사들을 그의 팀원들과 함께 채용한다. 이 병원의 특징은 사내 소통(communication)을 활성화해서 병원 내의 의사를 포함하는 전문가들의 지식(knowledge)을 사례별로 축적해 놓는다. 가령, 전문가들의 임상경험을 개인용 컴퓨터 내 소통 그룹에 정리를 하도록 한다. 그러면 다른 의사들이 어떤 증상에 대해서 서로 논의할 수도 있고, 새로 들어온 의사들은 경험 많은 의사들이 이미 진단해 놓은 임상기록을 활용할 수 있다. 이것을 암묵적 지식의 형식지화라고 한다. 엄밀한 의미의 암묵적 지식은 말이나 글로 표현할 수 없기 때문에 임상기록을 남길 수가 없어야 하나, 의사가 보유하고 있는 임상 노하우도 암묵적 지식으로 표현하고자 한다. 다시 말해서 의사가 노하우로 본인만이 임상결과를 알고 있다면 암묵적 지식으로 간주할 수 있으나 다른 사람들도 그 결과를 공유하도록 문서화를 했다면 형식적 지식으로 표현할 수 있다.

이 병원에서는 이런 임상 노하우를 병원 내 전문가들만 사용하는 것이 아니라 병원의 컨설턴트들이 전화로 잠재적인 외부 고객인 환자들의 증상을 듣고 병원에 축적된 정보에 입각하여 환자들에게 조언을 해줄 수 있다. 그러면 환자는 한 통화로 이 병원, 저 병원을 찾는 노력과 비용을 줄일 수 있다. 뿐만 아니라 보험회사에서도 고객을 유치할 때 이 병원의 컨설팅을 받는다. 그러나 이것은 무료는 아니고 유료다. 그렇다고 해도 비용이 저렴하고 이 병원의 암 치료에 대한 명성이 높아서 이용할 수밖에 없다. 이것은 좋은 사업모델이 될 수 있다.

이 병원은 또 다른 사업모델을 가지고 있는데 병원 내에 특급 호텔을 들여 놓았다는 것이다. 이 병원의 상층에는 실제로 호텔이 있다. 전 세계의 부호들이 이 병원을 이용하도록 독려하기 위함이다. 하루에 입원비만 300만원이 넘으니 일반인들은 꿈도 꿀 수 없다. 비록 비싼 입원비이지만 들어갈 공간이 모자라서 입원을 못하는 실정이라고 한다. 이 병원에 입원해서 퇴원하려면 최소 1억에서 3억은 보통으로 들어간다고 한다. 미국의 의료비가 비싼 탓도 있지만 유독 이 병원은 비싸다. 그 대신 최고의 의료진과 시설이 있으니 돈을 아까워했다는 사람은 거의 없다고 한다. 그만큼 환자 관리에 철저하고 프로정신이 있다는 것이다.

또 흥미로운 것은 MPEG LA라는 특허괴물 회사가 이 병원의 특허와 다른 병원들의 특허를 매입하여 전 세계를 여행하면서 특허 라이선싱을 하고 있다. 놀라운 일이다. 결국, 이 병원의 수익모델을 보면 일반병원의 수익모델에 추가로 전화 컨설팅을 통한 수익, 호텔식 입원비를 통한 수익 그리고 특허를 양도하거나 실시료를 얻는 수익 등 우리가 쉽게 생각할 수 없는 수익모델로 돈을 벌고 있다는 것이다.

Hansen(1999)은 상술한 사례에 대해서 문서화 전략(codification strategy)을 활용하기 위하여 소프트웨어 개발 및 활용에 엄청난 자금을 들인 반면에 코드화된 지식을 재사용(reusing)함으로써 많은 수익을 창출한 경우라 했다. 앞서 Teece(1998)는 지식의 코드화와 비용 사이의 효용에 대해서 연구하면서 경험의 코드화가 더 많이 진행될수록 전달시 더 많은 경제적 이점을 볼 수 있다고 한 것과 맥락을 같이 한다.

Hansen이 본 사례를 중요하다고 보는 것은 재사용 전략과 잘 개발된 개인화 모델(highly developed personalization model)을 함께 사용했다는 점이라 한다. 가령, 대부분의 진료의 경우는 이미 많이 치료된 고객지향의 치료와 충고(customized treatment and advice)이고, 그 외 다양한 환자의 증세에 맞추어서 다양한 전문가들의 컨설팅이 진행된다. 여러 분야의 전문가들은 같은 공간 내에서 전문가 간의 소통과 대면 미팅을 일주일에 한 번은 실시한다. 그들이 경험한 임상 내용을 서로 공유하고 토론하는 회합의 장이다. 그들은 그러한 활동을 통하여 최고의 전문성을 보유하고 있기 때문에 그 병원의 직원들에게는 최고의 대우를 해주고 있다.

(2) Dell Case

1984년 텍사스대학에 재학 중이던 마이클 델은, Dell을 설립하고 대학을 중퇴한다. 스티브 잡스, 빌 게이츠, 마크 저커버그, 엘론 머스크도 대학을 중퇴했기에 이들 사이에는 비슷한 DNA가 있는 것 같다. Dell은 전화와 팩스를 이용한 판매 방법으로 매출을 신장시킨다. 그러나 1994년에 적자 위기를 맡는다. Dell은 그 이유를 분석해 보았다. 부품입고, 생산, 출고, 마케팅&판매, 서비스는 하버드대학의 마이클 포터가 제시한 value chain인데 이 중에서 공급망 관리(supply chain management)인 SCM에 문제가 있다는 것이었다. 일반적으로 SCM의 비용은 판매가의 62~79%[1]로 보고 있으니 물류의 통제와 관리가 얼마나 기업 수익에 중요한 위치를 차지하는지 알 수 있는 대목이다. 그는 창고와 중간 판매업자를 없애면 수익을 올릴 수 있다고 생각하고, 궁리하다가 인터넷을 생각하게 된다. 인터넷을 통하여 고객으로부터 주문을 받고, 인터넷으로 공장에 생산을 요청하면 48시간 내에 고객에게 배달까지 할 수 있으니 정말 중간 상인과 창고가 필요 없게 되었다. 거기에 고객의 요구에 따라서 맞춤형 PC를 조립하니 고객은 싼 값에 자신의 취향에 맞는 PC를 구입하게 되어서 일석이조의 효과를 보는 셈이었다. 이러한 Dell의 천재성은 바로 매출에 반영되고, 당시에 전 세계 PC 매출 1위를 차지하게 된다. Dell은 1억7천만 불의 억만장자가 되었다. 그의 나이 30대였다.

Hansen(1999)은 Dell 사례를 재사용 모델(reuse model)의 성공 전략으로 본다. 델은 전자저장소(electronic repository) 구축에 많은 투자를 한다. 그 시스템에서 고객이 직접 컴퓨터 사양(configurations)을 결정하도록 하여 고객이 선택한 부품만으로 PC를 조립하도록 한다. 필요한 부품은 PC상에서 즉시 확인되면서, 고객이 원하는 제품을 빨리 그리고 저렴한 가격에 출고하게 했다. 본 사례에서 무엇보다도 중요한 것은 조립 가능한 환경설정 항목이 무려 40,000개나 되었다는 사실이다. 당시에 경쟁사는 100개의 환경설정 항목이 있었다. 그리고 각 환경설정은 평균 275번 재사용되었다고

1 Pearson Education, Inc. Publishing as Prentice Hall, 2011: Automobile(67%), Food(60%), Lumber(61%), Paper(55%), Petroleum(79%), Transportation(62%), All industry(52%).

하니 그만큼 델은 원가를 낮출 수 있었다.

(3) Hewlett Packard Case

Hansen(1999)에 따르면 Hewlett Packard는 1990년대에 상술한 두 사례 기업의 전략과는 다른 개인화 전략(personalization strategy)을 사용했다고 한다. 당시에 그 회사의 엔지니어들은 회사 소유의 비행기를 타고 다른 지역 및 나라의 사업부를 방문하여 새로운 제품 개발 아이디어를 공유했다. 당시에 120,000명의 직원들이 있었던 거대한 기업에서 개인화 전략을 사용한다는 것은 무리한 것처럼 보였다. 당시에 HP는 윈도우 기반 전자식 오실로스코프를 매우 성공적으로 개발했고, 중역들은 다른 사업부에서도 이 신제품을 이해하고 응용하기를 기대했다. 그래서 획득된 노하우를 코드화하려고 계획까지 수립했으나 그 지식은 너무도 기술 내용이 풍부하고 섬세하여 코드화하는 것에 한계를 느끼고 대신 엔지니어들이 각 사업부를 방문하여 미팅을 통하여 제품 기술을 이해시키는 방법을 사용했다. 그러나 이 회사는 대면 소통 비용으로 연간 백만 불을 소모했다.

Hansen은 상술한 사례들을 통하여 각 기업의 경영자들은 공통된 패턴(common pattern)을 보이고 있다고 하면서 주문조립식(assemble-to-order) 제품 또는 서비스에 사용되는 전략은 코드화(codification) 내지는 지식의 재사용(reuse of knowledge)을 활용했고, 지극히 고객 지향적인 제안(highly customized service offerings) 또는 제품 혁신 전략(product innovation strategy)에는 전문가 간의 지식 공유 방법(person-to-person knowledge sharing)을 사용하여 대처했다고 한다.

상기 사례들을 통하여 기업들은 암묵적인 지식을 형식지화하기 위하여 노력한다는 것과 암묵적인 지식을 더욱 효율적으로 활용하여 기업의 체질을 강화하려고 한다는 것을 알 수 있다.

2. 기업 내에서 지식의 활용(utilization)

가. 지식의 특성

(1) 이동성(transferability)

지식의 자원 기반 견해(resource-based view)에 입각하여 기업의 지속적인 경쟁력의 가치 보유를 인정받을 수 있는 중요한 결정 요인은 그 기업의 자원(resources)과

능력(capacity)의 이동성이다(Barney, 1986). 지식의 이동성은 기업들 간뿐만 아니라 그 기업 내에서도 중요한 의미를 갖는다. Grant(1996)는 암묵적 지식과 형식적 지식의 중요한 차이점은 이동성과 지식 전달 체계에 있다고 한다.

(2) 집성능력(capacity for aggregation)

Grant(1996)는 전달되는 지식의 효율성은 지식의 집성(aggregation)을 위한 잠재력에 달려있다고 한다. Cohen and Levinthal(1990)은 지식의 전달은 그 지식을 수령하는 사람의 흡수능력(absorptive capacity)에 좌우된다고 한다. Grant(1996)는 지식의 흡수는 지식을 수령하는 사람이 보유하고 있는 지식에 새로운 지식을 부가(to add)할 수 있는 능력에 좌우된다고 하면서 이것을 위해서는 서로 다른 지식 요소의 가산성(additivity)을 요구한다고 한다.

(3) 재산적 가치(appropriability)

Teece(1987)는 재산적 가치를 가치 있는 자원을 창출한 그 자원의 소유자가 그 가치만큼의 보답을 받을 수 있는 권리라고 정의한다. Grant(1996)는 재산적 가치를 인정받아야 하는 자원(resource)은 지식(knowledge)이라고 하면서 암묵적 지식(tacit knowledge)은 직접 전달할 수 없기 때문에 즉시 재산적 가치를 산정하기 어렵다고 한다. 반면에 형식적 지식(explicit knowledge)은 재산적 가치를 산정함에 있어서 두 가지 중요한 문제점이 있다고 한다. 첫 번째로 형식적인 지식은 공개가 되는 지식이므로 누구나 경쟁 없이(nonrivalrous) 그것을 획득해서 재판매(resell)를 할 수도 있다고 한다(Arrow, 1984). 두 번째로 지식을 마케팅하는 단순한 행위는 자칫 잠재적 지식 구매자가 대가 없이 활용할 수 있도록 만들 수도 있다는 것이다(Arrow, 1971). 그러므로 법적으로 보호를 받을 수 있는 특허법(patents)이나 저작권법(copyrights)을 활용하여 보호해야 하는 필요성을 주장한다.

나. 지식의 통합(integration)

Grant(1996)는 공식적인 형식적인 지식과 비공식적인 암묵적인 지식을 기업 내에서 통합하는 방법을 네 가지 메커니즘으로 설명하고 있다.

(1) 규칙(rules)과 지시 · 명령(directives)

이 방법은 다소 비인격적인(impersonal) 협력(coordination)을 강제하기 위한 접근방법으로 볼 수 있다. 규칙이란 개인 사이의 상호작용(interaction)을 규제할 수 있는 표준(standards)으로서 간주된다. 그러므로 조직 내에서 규칙은 조직 구성원 간의 예의나 공손함 그리고 사회적 표준(social norms)을 확립함으로써 조직 구성원 간의 상호작용에 효율적이다. 또한 규칙과 같은 메커니즘이 효율적인 다른 이유는 직접적인 개인 간의 소통을 최소화(to minimize communication)함으로써 상호협조를 이끌어 낼 수 있다는 점이다(Galbraith, 1973).

규칙과 지시 · 명령은 조직 내에서 암묵적 지식을 쉽게 형식적 지식으로 변경(tacit knowledge can be converted into explicit knowledge)할 수 있는 수단을 제공한다. 개인의 지식을 조직의 표준틀로 변경할 수 있는 하나의 방법은 암묵적인 지식을 가지고 있는 개인으로 하여금 일련의 생산 절차(a set of procedures) 또는 품질관리(quality control)를 위한 규칙을 만들도록 책임을 부여하면 그의 암묵적인 지식이 자연스럽게 생산과정(product process)으로 통합될 수 있다고 한다.

(2) 순서화(sequencing)

개인이 소유하고 있는 전문적 지식을 개인적 소통을 최소화하면서 통합시키는 데 가장 단순한 수단은 시간형태(time-patterned)의 일련작업(sequence)으로 생산 활동(production activities)에 전문지식이 포함되도록 하면 계속적인 협조(continuous coordination) 관계가 유지될 것 같다고 한다. 가령, 전문가의 투입은 독립적으로 분리된 시간 부분에 할당된다. 또한 많은 부품으로 구성되는 제품일수록 계속적인 공정(continuous processes)에 의하여 생산되는 상품(commodity)보다도 더 순서화를 활성화시킨다.

(3) 표준화(routines)

Winter(1986)의 조직적인 표준(organizational routines)이란 비교적 복잡한 형태(complex pattern)의 행위를 비교적 자동적인 방식(automatic fashion)으로 비교적 적은 수의 시작신호로 작동시키는 것으로 정의한다. 표준의 흥미로운 특징은 중요한 대면대화 없이 또는 규칙이나 지시 없이도 개인 사이의 복잡한 태양(complex patterns)을 지탱해줄 수 있는 능력인 단순한 일련과정(simple sequences)이라 할 수 있을 것이다.

가령, 패스트푸드 음식점의 운영(Leidner, 1993)을 예로 들 수 있다.

(4) 집단 문제해결 및 결정(group problem solving & decision making)

위에 언급한 통합의 수단들은 비용이 많이 들어가는 소통방법을 지양하는 방법으로 효율화를 추구하는 방법들이었다. 그러나 Hutchins(1991)는 위기 시에는 표준모드(routine-mode)에서 집단 문제해결 모드(group problem-solving mode)로 바뀔 수 있다고 주장한다. 가령, 암묵적 지식으로 소통하는 것은 비용이 많이 들어가는 결정과정이지만 문제해결을 위하여 부득이 그룹 결정 방법을 택할 수 있다고 한다. 그러므로 조직의 효율성을 제고시키기 위해서는 규칙이나 표준 등을 사용하여 경제적으로 소통(communication)하거나 지식을 전달(knowledge transfer)할 수 있고, 반면에 비교적 평범하지 않은(unusual) 문제나 복잡한(complex) 문제 또는 중요한 과업(important tasks)에 대해서는 집단 문제해결을 통한 결정 방법을 사용할 수 있다.

3. 정보(information)와 노하우(know-how)

Kogut and Zander(1992)는 조직적 지식은 정보와 노하우 기반으로 나누어진다고 한다. 정보는 서술적 지식(declarative knowledge)이고, 노하우는 절차적 지식(procedural knowledge)이라고 한다. 앞서 Vincenti(1984)는 지식을 묘사지식(descriptive knowledge)과 처방지식(prescriptive knowledge)으로 나누었다. 묘사지식이란 사물의 있는 그대로의 사실을 묘사하므로 엔지니어나 디자이너가 의도적으로 변경할 수 없는 특징이 있다고 한다. 가령, 진실(truth)이나 사실(fact)과 같은 지식이므로 정확성(correctness)에 의하여 판단된다고 한다. 위에서 언급한 서술적 지식인 정보와 성격이 매우 비슷하다. 처방지식은 어떻게 하면 사물들이 목적하는 바를 달성하는가에 초점을 두고 있기 때문에 엔지니어나 디자이너가 임의로 효율적인 결과를 얻기 위하여 변경을 가할 수 있다고 한다. 가령, 절차(procedure)나 동작(operation)과 같은 절차적 지식이므로 효율성(effectiveness)에 의하여 판단된다고 한다. 위에서 언급한 절차적 지식인 노하우와 성격이 매우 유사하다.

Kogut and Zander(1992)에 따르면 지식을 정보와 노하우로 나누고 있는데, 정보(information)는 원래의 정보를 변경 없이(without loss of integrity) 그대로 전달하는 특징이 있다고 한다. 그래서 정보는 사실(facts)과 자명한 전제(axiomatic propositions) 그리고 부호(symbols)를 포함한다고 한다. 또한 정보는 공중에 전파되는 목적을 가지고 있기 때문에 필요한 훈련(requisite training)을 최소화하도록 이해하기 쉽게 배포되는 특징이 있다. 그러나 종종 정보가 기업 내 소유의 개념(proprietary)이 되는 경우가 있다. 가령, 기업은 정보를 두 가지 종류로 분리하는데, 회계자료(accounting data) 같은 것은 외부 용도로 사용되는 것이고, 보고 자료는 경영판단(to aid managerial decisions)을 위한 참고자료로 활용하기 위함이다.

노하우(know-how)는 자주 사용되지만 용어를 정의하기가 쉽지 않다. Von Hippel(1988)은 노하우란 축적된 실행스킬(practical skill) 또는 어떤 것을 무리 없이(smoothly) 효율적으로 할 수 있도록 허락하는 전문성(expertise)이라고 정의한다. Kogut and Zander(1992)는 노하우에 대해서 복합적인 단어로서 어떤 것을 어떻게 하는지 아는 것(knowing how to do something)으로 묘사한다.

Kogut and Zander(1992)는 표준(routine)이란 그 자체로 통찰력을 가지지만 지식의 특징으로는 불완전성을 가진다고 한다. 그 이유는 "routine"이란 용어 자체가 너무 넓은 범위를 포함하고 있기 때문이다. 그러므로 "routine"은 정보 또는 노하우로 규정하기가 어렵다. 한 예로 청사진(blueprint)은 노하우보다는 정보로 더 많이 묘사된다. 다른 예로서 요리법(recipe)은 어떻게 하는지(how to do something) 절차를 보

| 표 2-4 | 정보와 노하우의 비교

구분	정보(information)	노하우(know-how)
특징	• 조직적 지식은 정보와 노하우 기반으로 나누어진다 – Kogut and Zander(1992)	
	• 서술적 지식(declarative knowledge) → 원래의 정보를 변경없이 그대로 전달하는 특징 → 사실(fact), 자명한 전제, 부호를 포함 → 공중에 전파되는 목적을 가짐 – Kogut & Zander(1992)	• 절차적 지식(procedural knowledge) → 어떤 것을 어떻게 하는지 아는 것으로 묘사 – Kogut and Zander(1992) → 축적된 실행스킬 또는 어떤 것을 무리없이 할 수 있도록 하는 전문성 – Von Hippel(1988)
다른 지식과의 대응	• 묘사지식(descriptive knowledge) → 사물의 있는 그대로의 사실을 묘사 → 진실(truth)이나 사실(fact) 같은 지식 → 정확성(correctness)에 의하여 판단 – Vincenti (1984)	• 처방지식(prescriptive knowledge) → 어떻게 하면 사물들이 목적하는 바를 달성 하는가에 초점 → 절차(procedure)나 동작(operation)과 같은 절차적 지식임 → 효율성(effectiveness)에 의하여 판단 – Vincenti(1984)
표준(routine)과의 관련성	• 표준(routine)은 그 자체로 통찰력을 가지지만 지식의 특징으로는 불완전성을 가진다 – Kogut & Zander(1992) • 조직적인 표준들은 암묵적인 성격을 띠므로 모방이 쉽지 않다 – Teece(1998)	

여주는 것이기 때문에 노하우로 더 많이 묘사된다. 표준(routines)의 경우에 대해서 Teece(1998)는 지식자산(knowledge assets)은 일반적으로 복제하기가 어렵다고하면서 많은 조직적 표준들(many organizational routines)은 암묵적인 성격(tacit in nature)을 띠므로 모방은 쉽지 않다고 한다. 왜냐하면 표준이 홀로 독립적으로 존재하는 경우는 거의 없기 때문이다. 그러므로 경쟁자가 표준의 일부만을 모방하면 성능향상(enhance performance)에 거의 영향을 줄 수 없다고 한다.

<표 2-4>에서는 앞서 여러 학자들의 분석한 정보와 노하우의 특징을 살펴보고, 정보와 노하우를 다른 지식과 대체할 수 있는 것은 무엇인지 그리고 정보와 노하우가 표준(routine)과의 관련성이 있는지에 대해서 통합적으로 정리한다.

4. 지식자산(knowledge asset)

가. 지식창출(knowledge creation)

기업에서는 새로운 지식을 창출하는 것만 중요한 것이 아니라, 외부로부터 기술이전을 받거나 외부로부터 기술을 모방하는 경우도 있다. 이러한 유의 지식들도 기업의 매출에 기여할 수 있다. 그러나 이 경우 특허침해로 인한 손해배상 소송을 당할 수도 있다는 것을 염두에 두고 있어야 한다. 그러므로 안정적으로 기업의 매출에 기여하고 기업의 경쟁력을 유지하기 위해서는 새로운 지식을 창출하는 것이 중요하다고 할 수 있다.

지식창출을 논하기 전에 기술이전과 모방과의 관계에 대해서 분석한다.

Winter(1987)는 기술이전(technology transfer)과 모방(imitation)은 같은 가위의 날들(blades of the same scissor)이라고 했다. 이것은 기술이전이 되면 모방은 필연적으로 따라옴을 의미한다. Kogut and Zander(1992)에 따르면 기술이전은 반드시 복제(replication)를 수반해야 함을 주장한다. 가령, 기술의 복제가 이루어졌다는 것은 이미 코드화(codification)되거나 단순화(simplification)되었다는 의미이기 때문에 제3자에 의한 기술의 모방(imitation)이 따른다는 것이다. 즉, 기업 입장에서는 매출의 증대를 꾀하기 위해서 복제가 반드시 필요하기 때문에 모방은 피할 수 없는 걸림돌이 된다는 것이다.

기업에서 지식의 전달(transfer)과 창출(creation)은 어떤 이동경로로 발생되고, 그 과정에서 어떤 문제를 야기하는지에 대해서 분석한다. Kogut and Zander(1992)는 사회적 지식(social knowledge)은 조직(organizations)에 의하여 전달되고, 새로운 지식도 조직에 의하여 전달되며, 학습(learning)도 조직에 의하여 창출된다고 주장한다. 앞서 Nelson & Winter(1982)의 "기업은 지식의 몸체"라는 것과 맥락이 같다.

그러나 조직의 지식창출과 학습의 이론적인 문제점으로 만약 회사의 지식이 경쟁적으로 조직원 간에 영향을 미친다든지, 조직의 학습이 현재의 능력(current capabilities)과 독립적으로 발생되지 않는다면 지식을 통합하는 데 문제를 야기할 수 있다고 한다. 이러한 문제를 해결하기 위하여 현재의 지식(current knowledge)과 획득된 지식(acquired knowledge)을 합성(synthesize)하거나 응용(apply)하는 결합능력(combinative capability)의 중요성을 주장한다. 이것은 앞서 Grant(1996)가 주장한 "지식의 흡수는 지식을 수령하는 사람이 보유하고 있는 지식에 새로운 지식을 부가(to add)할 수 있는 능력에 좌우된다."는 것과 맥락이 같다.

Kogut and Zander(1992)는 기업이 무엇을 만들고(what a firm make), 무엇을 구입할 것(what it buys)인지는 기업마다 각각 다른 전략을 구사할 수 있으나 이러한 것들은 기업이 새로운 지식을 생성시키는 중요한 능력이라고 한다. 그러므로 기업은 현재의 능력(current capabilities)과 미래에 가능성이 보이는 기술을 결합(combination)시킬 수 있도록 그러한 자산(assets)에 투자를 해야 한다. 또한 기업지식의 성장 프로세스를 현재 시장에서 판매되는 제품 가격에 대한 정보와 노하우의 분석에 의존하여 어떻게 새로운 지식을 내부학습(internal learning)과 외부학습(external learning)을 통하여 재결합(recombined)할 수 있는지 탐구해야 한다. 내부학습이란 재조직화(reorganizing), 사건(accidents), 실험(experiments) 등을 의미하고, 외부학습은 획득(acquisition), 공동개발(joint ventures), 새로운 엔지니어 영입(new people)을 들 수 있다. 이러한 투자는 어떤 새로운 시도(in new ways of doing things)를 하는 방법이며, 이것은 미래에 대한 플랫폼과 불확실한 시장의 기회를 창출할 수 있을 것으로 제시한다.

Kogut and Zander(1992)는 대단히 중요한 오픈이노베이션 개념을 제시한다. 즉, 기업이 성장하려면 내부학습과 외부학습의 재결합을 시도해야 한다는 것이다. 이것은 특히, 기업 외부에서 성장 동력을 찾는데 노력해야 함을 의미한다. 가령, 대학 등 공공연구기관으로부터 기술이전을 받는다든지, 공동연구 개발을 수행하거나 대학의 박사과정 및 석사과정 학생들을 채용하여 대학의 암묵적인 지식을 흡수해야 함을 의미한다고 볼 수 있다.

Teece(1998)는 기업 내에서 새로운 지식을 창출하는 방법으로 새로운 지식창출(creation of new knowledge)과 상업화(commercialization)는 구분이 되어야 한다고 주장한다. 즉, 지식의 창출은 자율적인 혁신(autonomous innovation)으로 이루어져야 함을 강조한다. 가령, 개인적인 규모(the domain of the individual), 연구실(research laboratory), 자율적인 사업부(autonomous business units)로서 복잡한 조직을 요구하지 않는다고 한다. 또한 지식의 창출은 점차적으로 더 작은 규모의 조직 단위가 적절하다고 주장한다. 반면에 새로운 기술의 상업화는 복잡한 조직 규모(the domain of complex organization)가 바람직하다고 한다. 그 이유는 새로운 상업화의 도전에는 새로운 조직의 형성이 필요하고, 역동적 역량(dynamic capabilities)을 갖춘 빈틈없는 훈련(astute exercise)과 개발(development)이 필요하기 때문이라고 한다.

Teece(1998)는 역동적 역량(dynamic capabilities)이란 기회를 감지하는 능력으로서 지식자산을 재설정(reconfigure)하고 경쟁력을 다지면서 보완재(complementary assets)를 개발하고 경쟁적인 이득(competitive advantage)을 계속 유지하기 위하여 기술을 확보하는 것으로 정의하고 있다. 부연하면 기존 제품의 계속적인 생산(inherent

| 표 2-5 | 기업에서 지식창출의 과정

구분	지식창출의 과정	연구자
조직의 역할	• 사회적 지식과 새로운 지식은 조직에 의하여 전달되고, 학습도 조직에 의하여 창출됨	Kogut & Zander 1992
	• 현재의 지식과 획득된 지식을 합성하거나 응용하는 결합능력(combinative capability)이 중요하다 함 • 기업은 현재의 능력과 미래에 가능성이 보이는 기술을 결합시킬 수 있는 능력과 그러한 자산(assets)에 투자를 함	
새로운 지식의 창출	• 새로운 지식을 내부학습과 외부학습으로 재결합할 수 있는지 탐구 → 내부학습: 재조직화, 사건, 실험 → 외부학습: 획득, 공동개발, 새로운 엔지니어 영입	
	• 새로운 지식창출과 상업화는 구분 → 지식창출: 개인적인 규모, 연구실, 자율적 사업부 → 상업화: 복잡한 조직 규모, 빈틈없는 훈련, 개발이 필요함	Teece 1998
역동적 역량 (dynamic capabilities)	• 기회를 감지하는 능력으로서 지식자산을 재설정하고 경쟁력을 다지면서 보완재를 개발하고 경쟁적인 이득을 계속 유지하기 위하여 기술을 확보하는 것 → 기업의 기본적인 경쟁력을 위한 가격 경쟁력, 제품품질의 우수성, 표준제품의 적절한 교체, 보완재의 개발 및 새로운 기술창출을 통하여 수익 창출	

replicability of the product)을 위한 지식재산권의 확보, 기업의 기본적인 경쟁력(basic competences of the firm)을 위한 가격 경쟁력과 제품품질의 우수성, 표준 제품의 적절한 교체, 보완재의 개발 및 새로운 기술 창출을 통하여 지식자산으로부터 수익창출을 하는 것을 역동적 역량이라 한다.

<표 2-5>에서는 앞서 분석한 기업에서 지식 창출의 과정에 대한 여러 연구자들의 주장을 조직의 역할, 새로운 지식의 창출 그리고 역동적 역량으로 구분하여 통합 정리한다.

나. 무형자산(intangible asset)

무형자원(intangible resources)에 대해서 Hall(1993)은 특허, 상표, 저작권, 디자인권 같은 지식재산권과, 영업비밀, 계약과 라이선스, 데이터베이스, 공중에게 공개되는 정보(information in the public domain), 개인적 · 집단적 네트워크, 직원의 노하우, 전문적인 어드바이저(professional advisers), 공급자와 유통업자(suppliers and distributors), 제품과 기업에 대한 평판, 조직문화(the culture of the organization), 도전에 응전하는 조직의 능력, 변화에 대처하는 조직의 능력 등이 있다고 한다. 특히, 평판이나 노하우가 중요한 것으로 인식은 되고 있으나 그것에 대한 가치평가가 잘 이루어지지 못하고 있는 것은 평판이나 노하우 같은 무형자원(intangible resources)들은 상품기반모델(commodity-based models)에 비해서 교환가치(exchange value)를 산정하기가 어렵기 때문에 경제학자나 회계사들은 전통적인 평가(orthodox valuation)로 할당하는 것을 어려워한다고 한다.

Johnson and Kaplan(1987)은 기업의 경제적 가치는 유형자산만을 계산해서는 안 되고, 측정 가능한 취득원가(historic cost), 대체원가(replacement cost), 현재의 시장 가치 가격(current market value prices) 등을 고려해야 하며, 무형자산의 가치도 포함시켜야 한다고 하면서 혁신제품의 평판(the stock of innovation products), 유연하고 높은 성능을 내는 제품공정에 대한 지식(the knowledge of flexible and high-quality production processes), 직원의 재능(employee talent),도덕률(morals), 고객충성도(customer loyalty), 제품인지도(product awareness), 신뢰할 만한 공급자(reliable suppliers), 효율적인 유통망(efficient distribution networks) 등을 포함시킨다고 한다.

Hall(1993)은 사립대학의 주주의 펀드 가치는 단지 그 대학이 소유하고 있는 토지와 건물의 가치에 의하여 산정된다고 하면서 전략적으로 중요한 자원들은 평판

(reputation)이나 연구에 대한 열정(research momentum)이라고 주장한다. 이러한 요소들은 미래의 수익 잠재력(earning potential)을 이끌 것이라고 한다.

Itami and Roehl(1987)은 기업의 전략적 자원들은 축적된 경험과 정보라고 주장한다. 기업의 무형자산(invisible assets)은 정보(information)에 근거하고 있다고 하면서 기업의 지속적인 경쟁력의 원천이라고 한다. 그 종류로는 영업비밀, 데이터베이스, 정보, 개인과 조직의 네트워크, 노하우, 브랜드 네임(brand name), 평판, 기업문화 등이 있다고 한다. 이러한 자산들의 특징은 돈만으로는 얻을 수 없다는 것(unattainable with money alone)과, 시간을 많이 필요로 한다는 것(time-consuming to develop), 다양하게 동시에 사용할 수 있다는 것(capable of multiple simultaneous uses), 동시 다발적으로 수익을 낼 수 있다는 것(able to yield multiple, simultaneous benefits) 등이 있다고 하면서 기업의 무형자산(invisible assets)의 핵심은 정보의 흐름(information flow)이라고 한다.

<표 2-6>에 무형자원의 종류를 전술한 학자들의 견해를 인용하여 표로 정리한다.

Hall(1993)은 무형자원(intangible resources)을 소유할 수 있는 능력, 실행하는 능력, 사람에 의존하는 것, 사람에 독립적인 것, 법에 의하여 보호받는 것, 법에 의하여 보호받지 못하는 것으로 분류해서 분석한다. [그림 2-2]에서 그 내용을 재구성한다. 소유할 수 있는 능력(having capabilities)으로는 특허 등 지식재산권, 실행하는 능력(doing capabilities)으로는 기능적 스킬(functional skills)과 문화적 능력(cultural capabilities)으로 구분할 수 있다고 한다. 기능적 스킬로서는 직원 노하우, 공급자 노하우, 유통업자 노하우, 서비스업자 노하우(광고 대행업자) 등이 있고, 문화적 능력으

| 표 2-6 | 무형자원의 종류

구분	무형자원의 종류	연구자
무형자원 (intangible resources)	• 특허, 상표, 저작권, 디자인권 • 영업비밀, 계약과 라이선스, 데이터베이스, 정보, 개인과 집단적 네트워크, 직원의 노하우, 전문적인 어드바이저, 공급자와 유통업자, 제품과 기업에 대한 평판, 조직 문화, 도전에 응전하는 조직의 능력, 변화에 대처하는 조직의 능력	Hall 1993
무형자산의 가치	• 혁신제품의 평판, 제품공정에 대한 지식, 직원의 재능, 도덕률, 고객 충성도, 제품 인지도, 신뢰할 만한 공급자, 효율적인 유통망	Johnson & Kaplan 1987
무형자산(invisible assets)	• 영업비밀, 데이터베이스, 정보, 개인과 조직의 네트워크, 노하우, 브랜드 네임, 평판, 기업문화	Intami & Roehl 1987

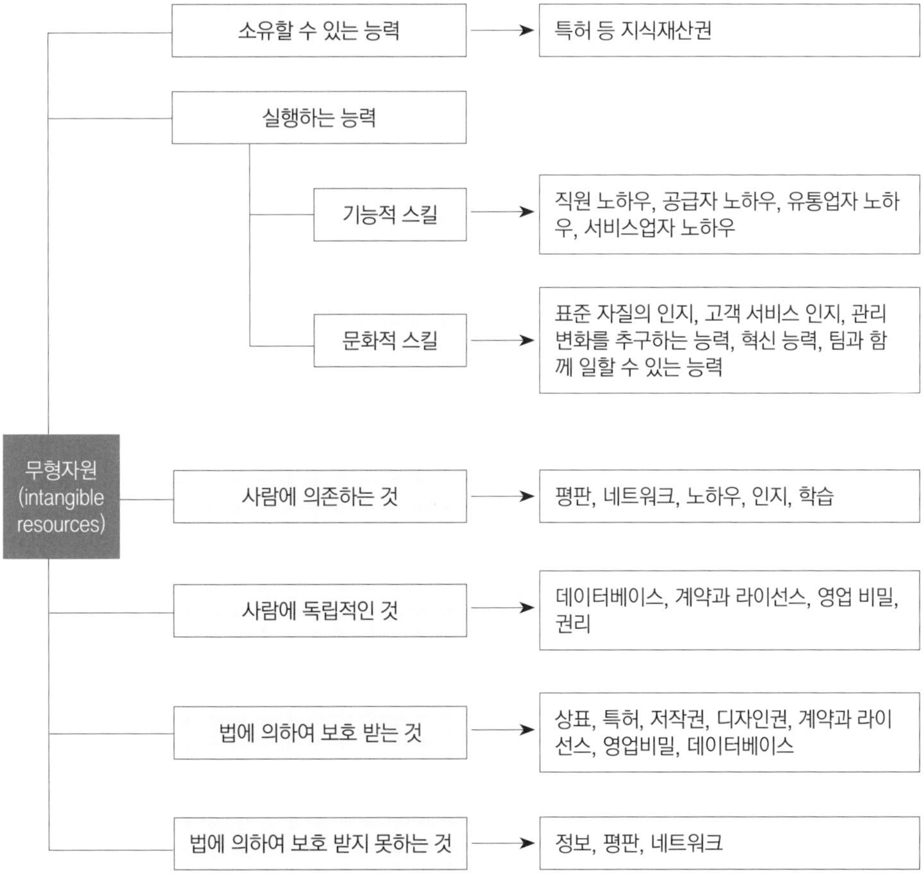

| 그림 2-2 | 무형자원의 체계도 – Hall(1993)

로는 표준 자질의 인지(perception of quality standards), 고객 서비스 인지(perception of customer service), 관리 변화를 추구하는 능력(ability to manage change), 혁신능력(ability to innovate), 팀과 함께 일할 수 있는 능력(team working ability) 등이 있다고 한다. 사람에게 의존하는 것(people dependent)은 평판, 네트워크, 노하우, 인지, 학습 등과 같은 스킬(skill)이 포함되며, 사람에 대해서 독립적인 것(people independent)은 데이터베이스, 계약과 라이선스, 영업비밀, 권리 등과 같은 자산(assets)이 포함된다고 한다. 법에 의하여 보호를 받는 것(legally protectable)은 상표, 특허, 저작권, 디자인권, 계약과 라이선스, 영업비밀, 데이터베이스 등이 있고, 법에 의하여 보호를 받지 못하는 것(not legally protectable)은 정보, 평판, 네트워크 등이 있다고 한다.

제3절에서는 무형자산 형성의 기반이 되는 암묵적 지식에 대해서 설명하고자 한

다. 즉, 암묵적 지식이 무엇이고, 암묵적 지식이 왜 중요하며, 암묵적 지식은 어떻게 창출되는지와 암묵적 지식과 형식적 지식의 차이점과 그것들의 활용 등에 대해서 상세하게 분석한다.

제3절 암묵적 지식의 응용

1. 암묵적 지식의 태동

Polanyi(1966)는 인간 지식(human knowledge)은 다음의 인식으로부터 시작된다고 한다. "우리는 우리가 말할 수 있는 것보다 더 많이 알 수 있다(we can know more than we can tell)." 가령, 우리는 수많은 사람들의 얼굴을 알 수 있다. 그럼에도 불구하고 우리는 어떻게 그렇게 많은 사람들의 얼굴을 인식할 수 있는지 말로 설명할 수는 없다고 한다. 이런 유(類)의 지식은 언어로 표현하기도 어렵다. 이런 것을 암묵적 지식(tacit knowledge)이라고 한다. 일례로 수사관들은 이런 유의 지식과 대화할 수 있는 방법을 제시했다고 한다. 그들은 다양한 코와 입 그리고 그 외 얼굴의 다른 특징의 사진들을 다량으로 모은 데이터베이스를 만들었다. 이 자료를 범죄 현장에 있었던 목격자에게 보여주고 그가 목격한 가해자의 얼굴의 특징부위(particulars)를 선택하도록 했다. 그리고 그런 부분들을 모아서 얼굴의 형상을 만들었다고 한다. 이것은 범인 몽타주를 작성하는 것과 같다고 보면 된다.

위에서 언급한 얼굴의 형상을 구현하는 방법에 대해서 만약 우리 스스로가 표현할 수 있는 적절한 수단을 가지고 있다면 얼굴모습(physiognomy)을 구현하는 지식과 우리는 대화할 수도 있다고 한다. 그러나 상기한 데이터베이스를 보면서 우리가 기억하고 있는 특징을 어떻게 대응시킬지(how to match)에 대한 지식(knowing)이 있어야만 데이터베이스를 활용할 수 있다고 한다. 그러나 우리는 어떻게 대응했는지에 대해서는 말로 설명하기가 어렵다고 한다.

Polanyi(1966)는 게슈탈트심리학(Gestalt psychology)을 인용하면서 그 사건의 목격자는 가해자 얼굴의 특징부위(particulars)를 확실하게 무엇인지 인식하지 못한 상태에서 그가 인식한 특정부위들을 통합시킴으로써 아마도 얼굴모습(physiognomy)

을 찾아내는 것으로 추측한다. 지식(knowledge)에 대한 Polanyi의 분석은 게슈탈트심리학(Gestalt psychology)의 발견과 근접하게 연결된다. 게슈탈트심리학(Gestalt psychology)에서는 인간의 망막이나 뇌가 인식한 특징부위를 자발적인 평온(spontaneous equilibration)을 통하여 얼굴모습의 통찰력이 생겼다고 추측한다. 그러나 Polanyi는 이와 다른 견해로 지식 추구의 과정에서 활발한 경험 형성(active shaping of experience)의 결과로 본다. 이러한 형상화(shaping) 또는 통합(integrating)은 필요불가결한 암묵적 힘(tacit power)이라고 주장한다. 또한 게슈탈트(형태)의 구조는 논리적인 암묵적인 사고(tacit thought)를 만들어 내고, 이것은 사물을 보는 통찰력의 범위를 변화시킨다. 또한 이것은 과학과 예술에서 암묵적 힘의 천재성을 나타낸다고 한다.

Polanyi(1966)는 우리가 안다는 것(knowing)은 지적(intellectual)으로 또는 실행(practical)상으로 안다는 것을 의미한다고 한다. 이것은 무엇을 알고(knowing what) 있으며, 어떻게 하는지를 아는 것(knowing how)과 같은 의미라고 한다. 가령, 진단의 기술(the art of diagnosing)은 전문가의 관찰(expert observation)과 정교한 시험(skillful testing)을 결합함으로써 가능하다고 한다. Polanyi는 "나는 항상 내가 아는 것(knowing)을 말한다." 이 말은 실행적인(practical) 지식과 이론적인(theoretical) 지식을 모두 가지고 있다는 것을 의미한다고 한다.

우리는 알고자 하는 기술(the art of knowing)의 예로써 기구, 탐침 또는 포인터를 사용하여 무언가를 분석하고 해석할 수 있고, 이렇게 실행을 통하여 획득한 암묵적 지식을 언어로 표현함으로써 형식화(verbal pointing)할 수 있다고 한다. 중요한 것은 무엇을 알고(knowing what) 있는지는 말로 표현할 수 있으나, 어떻게 하는지를 아는 것(knowing how)은 말로 표현할 수 없는 암묵적인 지식이라고 한다. 즉, 전자는 정보로, 후자는 절차적 지식이라고 보이고, 전자는 형식적 지식이고 후자는 암묵적 지식으로 사료된다.

Spender(1996)는 마이클 폴라니가 주장한 과학적 창의성(scientific creativity)이란 어떤 현상에 대한 깊은 몰입(deep immersion)을 통하여 이루어진다고 한다. 그러나 대부분의 연구는 실증주의자에 의한 이성적이며 실증적(경험적)인 연구를 통하여 이루려고 한다고 비판한다. 그의 비판의 근거는 인간은 실제로 자기가 말할 수 있는 것보다도 훨씬 많이 알고 있다는 것이다. 심리학적으로 표현하자면 의식(conscious), 전의식(preconscious), 무의식 또는 잠재의식(subconscious)이 인간 내면에 존재하기 때문에 이러한 것으로부터 개인이 인지하는 것보다도 수많은 지식이 인간의 뇌 속에 내재되어 있다고 한다. 그러므로 과학적 창의성은 개인의 몰입을 통한 직관(intuitive)을 다른 연구자와 서로 상호교환(interaction)하면서 나타난다고 한다. 결국, 마이클 폴라니의 이론은 잠재적인 학습으로부터 추진되는 암묵적 상태의 직관을 외부로 형상화하는 과정(a process of explicating the tacit intuitive understanding)이라고 해석한다.

2. 암묵적 지식의 활용

가. 조직적 지식창출

Grant(1995)는 기업의 지식기반 선행 논문들을 분석하면서, Kogut and Zander(1992)는 개인 지식을 조직의 지식으로 변형하는 것에 대한 조직의 능력을 연구했고, Spender(1992)는 지식의 창출과 지식의 활용의 차이점을 연구했으며, Demsetz(1991)은 지식 통합을 위한 기관으로서의 기업에 관하여 연구했다고 한다. 또한 Nonaka(1994)는 암묵적 지식과 형식적 지식의 상호작용으로 조직적 지식이 창출된다고 했다. 특히, Nonaka는 암묵적 지식과 형식적 지식의 상호작용을 활용한 조직의 지식창출 체제를 연구했기 때문에 지식창출의 방법론적인 측면에서 중요성을 제시한다.

<표 2-7>에서는 Nonaka(1994)의 지식변환 모드에 대해서 정리한다.

Nonaka(1994)는 개인과 조직이 공동으로 지식창출을 해야 지식의 상승적인 팽창(synergetic expansion)이 가능하다고 한다. 조직은 개인이 가지고 있는 암묵적 지식을 모으는 중요한 역할을 한다. 그리고 사회화(socialization), 결합화(combination), 외부화(externalization), 내부화(internalization)를 통하여 나선 지식 창출(spiral of knowledge creation)을 달성할 수 있다고 한다. 상술한 네 가지 변환모드는 지식창출 과정을 이끌기 위하여 동적이며 계속적으로 서로 엮어지면서 상호 작용을 한다.

Nonaka의 이론에 따르면 관찰과 모방 등을 통하여 공공연구기관의 암묵적인 지식이 기업으로 흘러들어갈 수 있음을 추측할 수 있게 한다. 가령, 대학교수 연구실의 암묵적인 지식을 선후배 간의 네트워크로 가능한 범위 내에서 기업 내로 흡수하여 기업의 암묵적 지식으로 활용할 수도 있을 것이다. 이것의 이론적 토대는 Nonaka의 이론 중에 사회화와 내부화가 적용될 수 있다.

Nonaka(1994)의 조직적 지식(organizational knowledge)은 형식적 지식과 암묵적 지식의 계속적인 대화를 통하여 창출되고, 새로운 지식은 개인에 의하여 개발되어지는

| 표 2-7 | 지식변환의 네 가지 모드 – Nonaka(1994)

구분	암묵적(tacit) 지식	형식적(explicit) 지식
암묵적 지식 (tacit knowledge)	• 사회화(socialization) → 관찰, 모방, 실행을 통하여 학습 → 암묵적 지식을 얻는 열쇠는 '경험'이다 → 실무를 통하여 구성원들의 경험과 통찰력 공유	• 외부화(externalization) → 암묵적 지식과 형식적인 지식은 서로 보완적 관계이므로 상호작용으로 확장 → 의미있는 대화를 통하여 지식이 촉진됨
형식적 지식 (explicit knowledge)	• 내부화(internalization) → 시행착오(trial and error) 및 실험(experimentation)을 수행함으로써 획득 → 이러한 과정을 경험에 의한 학습(learning by doing)	• 결합화(combination) → 미팅, 전화, 대화를 통하여 지식을 교환 → 기존재하는 형식적인 지식들을 분류, 추가, 재유형화, 새로운 문맥형성 → 존재하는 자료와 외부지식을 결합하여 서로 간 공유

반면, 조직은 그러한 지식을 분명히 하고, 확장하는 데 중요한 역할을 한다고 한다.

Grant(1995)는 기업이 조직 내에서 접근가능하고, 이전가능하며, 응용가능한 특별한 지식을 활용하는 효율적인 통합 메커니즘(integration mechanism)을 설명하면서 형식적 지식의 경우에 전문적인 지식은 반드시 소통을 위하여 보통지식(common knowledge)으로 변형되어야 한다고 한다(Demsetz, 1991). 보통지식으로 변형되는 방법에는 컴퓨터에 활용(computerization), 국부적인 네트워크(local area networks), 응용 소프트웨어(applications software), 전문가 시스템(expert systems) 등을 활용하여 형식적 지식을 통합한다. 반면에 암묵적 지식은 소통의 어려움 때문에 제품 프로세스에 개인의 지식이 바로 반영될 수 있도록 해야 하며, 조직적인 표준(organizational routines)을 통한 모듈방식의 조립(modularization)이 되어야 한다고 한다.

Nonaka(1994)는 정보와 달리 혁신은 조직적 지식창출이 주된 형태이나 정보가공이나 문제해결만으로 충분히 설명될 수 없다고 한다. 혁신은 조직이 문제를 정의하고 그것을 해결하기 위하여 새로운 지식을 적극적으로 개발하는 과정으로 더 잘 이해될 수 있다고 한다. 가령, 한 조직이 혁신을 창출하면 차례로 관련된 일련의 정보와 지식이 창출되고, 그것은 조직 전체적으로 더 큰 지식시스템으로 변화를 유도한다. 조직적 지식창출(organizational knowledge creation)은 형식적 지식과 암묵적 지식 사이의 끊임없는 대화를 통한 것이고, 이것들은 새로운 개념과 생각을 창출한다. 또한 그것은 개인들이 가지고 있는 지식을 공유하고 개발하는 사회적 상호작용과 관련이 깊다고도 한다.

"개인들이 가지고 있는 지식"이란 것은 개인이 가지고 있는 암묵적인 지식일 가능성이 크다. 왜냐하면 형식적인 지식은 이미 문서화되어서 조직의 지식으로 체화되어 있을 가능성이 크기 때문이다. 앞서 Lam은 개인의 암묵적인 지식을 조직에서 어떻게 결집시킬 수 있는지가 기업의 지식창출에 있어서 중요하다고 했다.

Nonaka(1994)에 의하면 지식창출 프로세스는 암묵적과 형식적 지식으로부터 이끌어진다고 Michael Polanyi(1966)의 주장을 인용한다. 가령, 형식적 지식은 부호화된(codified) 지식이라고 하면서 공식적이고 시스템적인 언어로 전달 가능한 언어로 언급했고, 반면에 암묵적 지식은 공식화하거나 소통하기 어려운 개인적 성질을 갖는 것으로 설명하고 있다. 다시 말해서 인간 마음과 육체에 내재된 것이라고 하면서 인지적인 요소와 기술적인 요소를 포함하고 있는데, 인지적인 요소로는 정신적 모델 안에 실무적 모형(working model)을 포함하는데 그 종류로는 패러다임, 믿음, 견지 등이 있다. 부연하면 개인의 현실 이미지(image of reality)와 미래의 비전(visions for the future)을 나타내는 반면에 기술적인 요소로는 노하우, 기능, 스킬 등을 포함한다고 한다.

Nonaka(1994)에 의하면 Bateson(1973)이 암묵적 지식은 알고자 함과 구체화하는 계속적인 활동이라고 주장했다고 한다. 이것은 아날로그 성격(analog quality)으로 언급된다. 개인 사이의 소통은 아날로그 프로세스로 보일 수 있다고 한다. 이것은 상호이해를 위한 암묵적 지식을 공유하는 것을 목적으로 한다. 반면에 형식적 지식은 개별적(discrete) 또는 디지털(digital)로 본다. 이러한 것들은 과거의 기록으로 보관되는데 가령, 도서관(libraries), 기록보관소(archives), 데이터베이스(databases) 등을 말한다.

앞서 Grant는 조직적 지식의 통합(the integration of knowledge)을 위해서는 규칙을 만들거나, 가이드라인을 활용하거나, 지시(directives) 등이 있고, 특히 이런 것들은 암묵적 지식을 형식적 지식으로 코드화하는 데 도움을 준다고 했다. 또한 다른 사람들의 전문적인 지식을 조직 구성원 모두가 소통을 통하여 습득하기는 어렵기 때문에 조직적인 표준(organizational routines)을 만들면 도움이 된다고 했다.

앞서 Nonaka(1994)에 의하면 조직적 지식창출은 개인적으로 창출된 지식을 확장하고, 조직의 지식 네트워크의 한 부분으로 확고히 하는 프로세스로 이해되어야 한다고 하면서 지식변환의 네 가지 모드는 사회화(socialization), 결합화(combination), 외부화(externalization), 내부화(internalization)로서 표현했다.

사회화(socialization)는 암묵적 지식에서 암묵적 지식으로 변환되는 것을 말하며 개인들은 암묵적 지식을 언어 없이 획득할 수 있다고 한다. 마치 견습공이 멘토로부터 말로 배우지 않고, 관찰(observation), 모방(immitation), 실행(practice)으로 솜씨를 배우는 것으로 이해하면 쉽다. 암묵적 지식을 얻는 열쇠는 경험이라고 한다. 다른 사람의 사고체계(thinking process)를 공유한다는 것은 지극히 어려운 일이다. 암묵적 지식을 창출하는 과정은 공유된 경험을 통하여 가능하다고 한다. 부연 설명을 하면 팀(team) 또는 실무(field)의 상호작용(interaction)으로 시작된다. 실무(field)는 구성원들의 경험(experience)과 통찰력(perspectives)을 공유하도록 촉진해주는 역할을 한다.

결합화(combination)는 형식적 지식에서 형식적 지식으로 변환되는 것을 말하며 개인들에 의하여 만들어진 서로 다른 형식적 지식을 결합하는 과정으로 이해하면 쉽다. 개인들은 서로 미팅이나 전화 대화를 통하여 서로 간의 지식을 교환하거나 결합할 수 있다고 한다. 이러한 교환 메커니즘을 결합화라 한다. 즉 이미 존재하는 형식적인 지식들을 분류(sorting), 추가(adding), 재유형화(recategorizing), 새로운 문맥형성(recontextualizing)을 통하여 변환을 시도하는 것이 새로운 지식이 된다는 것이다. 이와 같이 형식적인 지식을 통하여 새로운 형식적인 지식을 창출하는 것을 결합화라 한다.

부연 설명하면 팀에 의하여 창출된 개념을 존재하는 자료(existing data)와 외부지식(external knowledge)을 결합하여 견고하며 공유가능한 명세서로 만든다는 것이다. 이것을 달성하기 위하여 팀 구성원과 다른 조직의 구성원이 협력(coordination)을 해야만 더욱 촉진될 수 있다. 이 과정에 존재하는 지식의 문서화(documentation)도 중요하다. 이것은 앞서 Kogut & Zander(1992)의 "현재의 지식과 획득된 지식을 합성하거나 응용하는 결합능력(combinative capability)"과 Grant(1996)의 "지식의 흡수는 지식을 수령하는 사람이 보유하고 있는 지식에 새로운 지식을 부가(to add)할 수 있는 능력에 좌우된다"는 이론과 흡사하다. 이와 같은 개념들은 조직에 존재하는 지식뿐만 아니라 조직 외에 존재하는 지식도 중요하다는 것으로 대학과 같은 공공연구기관으로부터 지식을 습득할 수도 있음을 의미한다.

외부화(externalization)는 암묵적 지식에서 형식적 지식으로 변환되는 것을 말하며 암묵적 지식과 형식적 지식은 서로 상호보완적인 관계이고, 상호작용(mutual interaction)을 통하여 확장될 수 있다고 한다. 부연 설명하면 의미 있는 대화(dialogue)에 의하여 촉진(trigger)된다고 한다. 대화를 통하여 팀 구성원이 가지고 있는 통찰력(perspective)을 정확하게 전달할 수 있다.

반면에 형식적인 지식을 암묵적인 지식으로 변환하는 것을 내부화(internalization)라고 하며, 이것은 시행착오(trial and error) 및 실험(experimentation)을 수행한다고 한다. 이러한 과정을 경험에 의한 학습(learning by doing)이라 한다.

조직적인 지식창출 모델의 핵심은 서로 다른 지식의 변환 모드 사이의 역동적인 상호작용(dynamic interaction)이라고 한다. 지식창출은 암묵적 지식과 형식적 지식 사이의 교환(interchange)을 내부화(internalization)와 외부화(externalization) 과정을 통하여 한다는 것이다. 개인에 의하여 창출된 암묵적 지식은 지식창조 프로세스의 핵심이라고 한다. 그것이 실익(practical benefit)을 얻도록 현실화하는 것이 외부화(externalization)이다.

또한 앞서 설명한 네 가지 지식변환 모드 사이의 역동적인 상호작용을 통하여 더욱 지식이 확장되어 나간다고 한다. 이와 같이 지식변환을 통하여 동적으로 서로 얽히게 됨으로써 암묵적 지식들이 동원되어지는 것이다. 이러한 과정을 나선모형(spiral model) 이라고 한다. 이러한 암묵적 지식과 형식적 지식 사이의 상호작용은 더 크고, 빠르게 조직 내부에 관여된다. 이러한 나선모형은 조직적인 지식창출의 과정으로 개인수준에서 그룹수준으로 그리고 조직수준으로 확대된다고 한다.

Nonaka(1994)는 조직적 지식 창출의 과정은 개인 지식의 확대(enlarging individual knowledge), 암묵적 지식의 공유(sharing tacit knowledge) 및 개념화(conceptualization), 구체화(crystalization), 표준화(justification) 그리고 지식의 네트워크화(networking knowledge)를 통하여 체계화된다고 한다. 이러한 일련의 과정을 시장 환경에서 지식과 정보의 생산 과정이라 한다.

<표 2-8>에서 조직적 지식의 창출 과정을 표로 정리한다.

개인 지식의 확대(enlarging individual knowledge)를 위하여 조직적 지식 창출 활동은 중요하다고 한다. 조직의 지식창출 활동에서 개인의 역할은 필수적이다. 개인은 암묵적 지식을 직접적인 경험을 통하여 축적한다고 한다. 암묵적 지식의 수준은 개인 경험의 다양성이 중요한 요소라고 한다.

조직의 지식 창출의 과정은 조직 내 개인의 지식을 확대함으로써 시작된다. 그러므로 조직은 개인의 통찰력(perspective)을 사회적 상호작용을 통하여 공유해야 한다. 만약 공유할 수 없다면 개인의 지식으로만 머물 것이다. 이러한 개인의 지식을 조직적인 차원에서 실행하기 위하여 실무(field) 또는 자생력 팀(self-organizing team)을 만들어서 그 속에서 개인들이 새로운 개념을 창출하고 협조하는 과정을 암묵적 지식의

| 표 2-8 | 조직의 지식과 정보의 창출 과정 – Nonaka(1994) 재구성

과 정	내 용
개인 지식의 확대 (enlarging individual knowledge)	• 조직의 지식창출 활동에서 개인의 역할은 필수적임 • 개인은 암묵적 지식을 직접적인 경험을 통하여 축적함 • 암묵적 지식의 수준은 개인 경험의 다양성에 의존함
암묵적 지식의 공유 (sharing tacit knowledge)	• 개인 지식은 실무 또는 자생력 팀(self-organizing team)을 만들어서 그 속에서 활성화 됨 • 자생력 팀: → 다양한 기능을 하는 부서로부터 합류 → 이러한 복합 기능팀은 경험을 공유하고, 계속적인 대화를 통해 지식을 창출 • 팀구성원 간의 상호신뢰와 협조가 필요함 → 개인의 암묵적인 지식을 공유
개념화 (conceptualization)	• 상호신뢰를 통한 경험 공유 → 팀은 끊임없는 대화를 통하여 개인의 통찰력(perspective)을 구체화 → 외부화의 과정과 유사함
구체화 (crystallization)	• 자생력 팀에서 창출된 지식은 구체화되어야 함 → 제품 또는 시스템으로 구현 → 내부화의 과정과 유사함 → 실험(experimentation)에 의하여 현실화
표준화 (justification)	• 창출된 지식이 가치가 있는지 마지막 단계의 조율(final convergence)과 검사(screening)를 통하여 검증하는 과정 → 표준(standards) 가능성을 판단
네트워크 지식 (networking knowledge)	• 조직 속에서 발생한 개념화, 구체화, 표준화 등은 조직의 지식기반이 되어 조직지식의 전 네트워크를 구성

공유(sharing tacit knowledge)라고 한다.

자생력 팀은 다양한 기능을 하는 부서로부터 합류한 구성원으로 구성된다. 이러한 복합기능 팀(cross-functional team)은 경험을 공유하고, 계속적인 대화를 통하여 조직적인 지식 창출 과정을 구축해 갈 것이다. 이 팀은 구성원 간의 상호신뢰(mutual trust)를 우선 구축해야 한다. 상호신뢰는 건설적인 협조(collaboration)를 촉진하는 데 필요한 요소이다. 상호신뢰가 있어야 개인의 원초적인 경험인 암묵적 지식을 공유할 수 있다. 공유된 경험(shared experience)은 팀 구성원에 의하여 공통인식(common perspectives)된 지식창출을 촉진할 수 있다.

개념화(conceptualization)란, 상호신뢰를 통한 경험을 공유하면서 형성되는데, 팀은 끊임없는 대화를 통하여 개인의 통찰력(perspective)을 구체화할 수 있다. 이것은 외부화의 과정과 유사하다. 가령, 대화(dialogue)는 개인 간의 대면소통(face-to-face communication)이고, 이것을 통하여 개인은 다른 사람과 협조하며 개념을 만들어 나

갈 수 있다고 한다. 즉 언어는 사회적으로 창조적인 활동이며, 대화를 통하여 개념을 현실화할 수 있다고 한다(reality created through dialogue).

자생력 팀에서 창출된 지식은 구체화(crystalization)되어야 한다. 가령, 제품(a product) 또는 시스템(a system)과 같이 견고한 형태(concrete form)로 구체화되어야 한다. 이것은 내부화와 비슷하다고 한다. 자생력 팀에서 창출한 개념의 현실화와 응용(reality and applicability)을 조직 내부의 다양한 부서에서 시험을 거쳐서 구체화를 시도하려 한다. 이러한 내부화 과정은 실험(experimentation)에 의하여 현실화된다. 지식 창출의 새로운 과정이 구체화에 의하여 촉진된다.

"조직 내부의 다양한 부서에서 시험을 거쳐서 구체화를 시도한다"라는 말은 제품의 상용화를 위해서는 여러 부서의 도움이 필요하다는 의미로 Teece(1998)는 앞서 기술의 상업화는 복잡한 조직 규모에서 바람직하다고 했다. 그 이유는 지식자산을 재설정하고, 경쟁력을 다지면서 보완재를 개발하고 경쟁적인 이득을 계속 유지하기 위해서는 새로운 기술을 확보해야 하는데 이 모든 과정을 역동적 역량(dynamic capabilities)이라 하면서 이러한 능력을 보유하기 위해서는 다양한 부서의 협조가 필요하다고 한 것과 맥락이 같다.

표준화(justification)는 창출된 새로운 지식이 정말로 가치가 있는지 마지막 단계의 의견조율(final convergence)과 검사(screening)를 통하여 검증하는 과정이라고 한다. 다시 말해서 창출된 지식의 수준을 결정하고, 표준(standards) 가능성을 판단하는 과정이다.

네트워크 지식(networking knowledge)은 조직 속에서 발생한 개념화, 구체화, 표준화 등은 조직의 지식기반이 되어서 조직 지식의 전 네트워크(whole network)를 구성한다고 한다.

앞서 "기업지식의 개념적 형상화 및 분류"에서 Lam, Collins 그리고 Spender의 이론을 통합하면서 형식적 지식과 암묵적 지식을 의미하는 인식론적 지식과 개인과 집단을 의미하는 존재론적 지식의 네 가지 그룹으로 분할하여 지식 형성 과정의 각 그룹의 특징과 문제점을 분석했으나(<표 2-3> 참조) Nonaka는 암묵적 지식과 형식적 지식의 변환과정을 네 그룹으로 분류하면서 인식론적인 접근만을 한다는 것이 차이점이다.

Nonaka의 인식론적인 접근은 주로 개인 간의 지식 상호작용을 통하여 지식이 새로운 형태로 나선형으로 돌면서 창출되는 과정을 구체적으로 설명하는 반면에 Lam,

Collins 그리고 Spender는 존재론적인 접근을 추가하여 개인 외에 집단의 지식형성 개념을 구체적으로 제시함으로써 지식의 팽창을 논리적으로 설명하려고 시도한다.

Nonaka(1994)에 따르면 지식변환(knowledge conversion)은 Anderson의 ACT 모델[2]을 응용했음을 밝힌다. ACT 모델에서 지식은 서술적 지식(declarative knowledge)과 절차적 지식(procedural knowledge)으로 나누어지는데, 서술적 지식이란 실질적 지식(actual knowledge)으로서 진술(proposition)의 형태로 표현되고, 절차적 지식은 방법론적 지식(methodological knowledge)으로서 어떻게 자전거를 타고, 어떻게 피아노를 치는지와 같은 방법에 주로 사용된다고 한다. 전자는 형식적 지식(explicit knowledge)을 의미하며, 후자는 암묵적 지식(tacit knowledge)을 의미한다고 설명하면서 Anderson의 ACT 모델은 서술적 지식을 절차적 지식으로 변형하는 일방(unidirectional)만을 묘사하고 있으나 양방향(bidirectional)의 변환을 할 수도 있을 것이라고 인정하면서 자신이 주장하는 네 가지의 지식창출 프로세스가 ACT모델을 상당히 응용하고 있음을 암시한다.

앞서 Kogut and Zander(1992)는 조직적 지식은 정보와 노하우 기반으로 나누어진다고 하면서 정보는 서술적 지식(declarative knowledge)이고, 노하우는 절차적 지식(procedural knowledge)이라고 했다. 또한 Vincenti(1984)는 지식은 묘사지식(descriptive knowledge)과 처방지식(prescriptive knowledge)으로 나뉜다고 하면서 묘사지식이란 사물의 있는 그대로의 사실을 묘사한다고 했으므로 위에서 언급한 서술적 지식인 정보와 성격이 매우 유사하다고 판단되고, 처방지식은 절차(procedure)나 동작(operation)과 같은 절차적 지식이므로 위에서 언급한 절차적 지식인 노하우와 매우 성격이 유사한 것으로 판단된다.

<표 2-9>에서 지식 용어에 대해서 상호 간 비교 정리를 한다.

위에서 언급한 내용들을 통합 정리해 보면, 서술적 지식(declarative knowledge)은 묘사지식(descriptive knowledge)과 유사하며, 형식적 지식(explicit knowledge)이면서 정보적 성격을 갖는 반면, 절차적 지식(procedural knowledge)은 처방지식(prescriptive knowledge)과 유사하며, 암묵적 지식(tacit knowledge)이면서 노하우적

---

2 Wikipedia, ACT-R (pronounced act-ARE; short for "Adaptive Control of Thought—Rational") is a cognitive architecture mainly developed by John Robert Anderson at Carnegie Mellon University. Like any cognitive architecture, ACT-R aims to define the basic and irreducible cognitive and perceptual operations that enable the human mind. In theory, each task that humans can perform should consist of a series of these discrete operations.

| 표 2-9 | 지식 용어의 상호 간 비교

형식적 지식 (explicit knowledge)	암묵적 지식 (tacit knowledge)	연구자
• **서술적 지식**(declarative knowledge) → 실질적 지식(actual knowledge)으로 진술의 형태로 표현	• **절차적 지식**(procedural knowledge) → 방법론적 지식(methodological knowledge)	Anderson ACT모델
• **정보는 서술적 지식**	• **노하우는 절차적 지식**	Kogut & Zander 1992
• **묘사지식**(descriptive knowledge) → 사물의 있는 그대로의 사실을 묘사	• **처방지식**(prescriptive knowledge) → 절차(procedure)나 동작(operation)과 같은 절차적 지식	Vincenti 1984

성격을 갖는다.

나. 암묵적 지식의 종류

Grant(1996)에 따르면 암묵지(tacit knowledge or intuition)는 개인적인 스킬(personal skill)이기 때문에 대면접촉(face–to–face contact)과 견습(apprenticeship)을 통하여 전달 가능하며, 응용(application)으로 구현된다고 한다.

Kogut and Zander(1992)는 문제를 해결하는 행위는 어떻게 현상(phenomena)으로 기능하는지에 대한 이해를 통한 감각(a sense)에 의존한다고 하면서 이것을 절차적 지식(procedural knowledge)이라 한다.

Lam(2000)은 암묵적인 지식들(스킬, 기교(technique), 노하우 그리고 표준(routines))은 경험기반(experience–based)이며 사회적 네트워크를 통하여 전달되고 특별한 환경(in a particular context)에서 실행을 통하여 나타난다고 하면서 직관적(intuitive)이고, 실행경험(practical experience)을 통하여 획득되어지는 동작스킬(operational skills)이나 노하우가 여기에 해당되어 행동지향(action–oriented) 형태로 구분되고 개인적인 특징 때문에 공식화하거나 소통이 어려운 특징을 가지고 있다. 그러므로 이런 유의 지식은 밀접한 상호작용이 요구되어지고 대화자 사이에서 공유된 이해(shared understanding)와 신뢰(trust)가 요구된다고 한다.

Grant(1996)는 재산적 가치를 인정받아야 하는 자원(resource)은 지식(knowledge)이라고 하면서 암묵적 지식(tacit knowledge)은 직접 전달할 수 없기 때문에 즉시 재산적 가치를 산정하기 어렵다고 한다.

Teece(1998)는 지식자산(knowledge assets)은 일반적으로 복제하기가 어렵다고 하면서 많은 조직적 표준들(many organizational routines)은 암묵적인 성격(tacit in nature)을 띠므로 모방은 쉽지 않다고 한다.

Nonaka(1994)에 의하면 암묵적 지식은 인간 마음과 육체에 내재된 것이라고 하면서 인지적인 요소와 기술적인 요소를 포함하고 있다고 한다. 인지적인 요소로는 패러다임, 믿음, 견지 등이 있고, 반면에 기술적인 요소로는 노하우, 기능, 스킬 등을 포함하면서 이런 요소들을 아날로그 성격(analog quality)으로 언급한다.

사회화(socialization)에 대해서 언급하면서 개인들은 암묵적 지식을 언어 없이 획득할 수 있다고 한다. 마치 견습공이 멘토로부터 말로 배우지 않고, 관찰(observation), 모방(immitation), 실행(practice)으로 솜씨를 배우는 것과 같다고 했고, 또한 내부화(internalization)에 대해서 언급하면서 시행착오(trial and error) 및 실험(experimentation)을 수행하고, 이러한 과정을 경험에 의한 학습(learning by doing)이라 한다.

Abidi(2005)는 암묵적 지식은 전문가의 본유의 지식(innate knowledge)이라고 하면서 아직 분명히 드러나지 않거나 형식화되지 않은(not yet articulated and made explicit) 지식이라고 설명한다. 그것의 예로는 경험적 노하우(experiential know-how), 개인적 스킬(personal skills), 직관적인 판단(intuitive judgment), 어떻게 일을 수행할 것인가(how to make it work) 등이 있다고 한다.

Galbraith(1990)는 기술 공급자의 생산시설에서 계속적으로 생산을 진행(continuing production at the source site)하고, 관련 전문가를 파견하면(moving personnel) 기술수령자가 암묵적 지식(tacit knowledge)에 접근할 수 있게 되어서 기술이전을 활성화시킨다고 하면서, 암묵적 지식이란 필기할 수 없거나(not written), 체화된 문서(embedded in documents), 계획(plans), 도구(tools), 제품(products) 등을 말한다고 한다.

Saint-Onge(1996)는 암묵적 지식은 사람 또는 부서로부터 전파되는 일과 관련된 실질적인 노하우(work-related practical know-how), 일의 경험(work experience)의 형태로 저장되는 것, 주관적인 통찰력(subjective insights), 관점(perspective), 믿음(beliefs), 사람에 의하여 수행되어진 일을 통하여 획득되어지는 가치 있는 모든 것(value all of which are acquired through works performed by people), 절차(procedures) 등을 예로 든다(Wagner & Sternberg, 1985).

Dutta(1997)는 암묵적 지식의 예로써 눈에 보이지 않고(intangible), 직관적(intuition)이며, 주관적인 통찰력(subjective insights), 믿음(beliefs), 전문성(expertise)을 제시한다(Wagner & Sternberg, 1985).

Dinur(2011)은 암묵적 지식을 스킬, 원인과 결과(cause-effect), 인지(cognitive), 합성(composite), 문화(cultural), 학습해소(unlearning), 터부(taboo), 인간(human), 감성적(emotional) 등 아홉 가지로 나열하고 있다.

Lee(2012)는 암묵적 지식은 인쇄된 서류 안에 존재하지 않고, 사람(people), 기관(institutions) 그리고 표준(routines)에 존재한다고 한다.

| 표 2-10 | 암묵적 지식의 종류

암묵적 지식(tacit knowledge)의 종류	연구자
• 개인적 스킬→ 대면접촉과 견습을 통하여 전달, 응용으로 구현됨 • 암묵적 지식은 직접 전달할 수 없기 때문에 즉시 재산적 가치를 산정하기 어려움	Grant 1996
• 문제를 해결하는 행위가 어떻게 현상으로 기능하는지에 대한 이해→ 절차적 지식(procedural knowledge)	Kogut & Zander 1992
• 스킬, 기교(technique), 노하우, 표준(routines)→경험기반(experience-based), 직관적(intuitive), 실행경험(practical experience)을 통하여 획득되는 동작스킬, 행동지향(action-oriented)	Lam 2000
• 지식자산은 일반적으로 복제하기 어렵다고 하면서 조직적 표준들(organizational routines)은 암묵적 성격(tacit in nature)이므로 모방이 어렵다고 함	Teece 1998
• 인지적인 요소: 패러다임, 믿음, 견지 • 기술적인 요소: 노하우, 기능, 스킬 • 사회화(socialization): 관찰, 모방, 실행 • 내부화(internalization): 시행착오, 실험, 경험에 의한 학습	Nonaka 1994
• 아직 분명히 드러나지 않거나 형식화되지 않은 지식 → 경험적 노하우, 개인적 스킬, 직관적인 판단, 어떻게 일을 수행할 것인가?	Abidi 2005
• 필기할 수 없거나(not written), 체화된 문서(embodied in documents), 계획, 도구, 제품	Galbraith 1990
• 사람이나 부서에서 전파되는 일과 관련된 실질적 노하우, 일의 경험, 주관적인 통찰력, 관점, 믿음, 사람에 의하여 수행되어진 일을 통하여 획득되는 가치 있는 모든 것	Saint-onge(1996), Wagner & Stern berg(1985)
• 눈에 보이지 않고(intangible), 직관적(intuition), 주관적인 통찰력, 믿음, 전문성(expertise)	Dutta(1997), Wagner & Stern berg(1985)
• 스킬, 원인과 결과(cause & effect), 인지(cognitive), 합성(composite), 문화, 학습해소(un learning), 터부(taboo), 인간(human), 감성적(emotional)	Dinur 2011
• 인쇄된 서류 안에 존재하지 않고, 사람, 기관(institutions), 표준(routines)에 존재함	Lee 2012

<표 2-10>에서 앞서 학자들이 언급한 암묵적 지식의 종류에 대해서 통합 정리한다.

다. 암묵적 지식의 형식적 지식으로 변환

Grant(1996)는 암묵적 지식이 코드화(codified)가 되지 못하고 단지 응용을 통하여 관찰된다거나 실행(practice)을 통하여 확보된다면 정보체계에서 전달이 늦고, 비용(costly)이 들어가고, 불확실(uncertain)하다는 점을 지적한다.

Teece(1998)는 지식의 코드화와 비용 사이의 효용에 대해서 경험의 코드화가 더 많이 진행될수록 전달시 더 많은 경제적 이점을 볼 수 있다고 주장한다.

Jaeschke(1994)에 따르면 암묵적 지식은 형식적 지식 형태로 기록을 허용해야 지식의 내용을 분석할 수 있고, 분해할 수도 있다고 하면서 직관적 판단(intuitive judgement)보다는 종래의 개연성(prior probabilities)이나 두 개의 모델을 통계기법을 통하여 비교하는 방법(likelihood ratios)을 사용해야 한다고 주장한다.

Wyatt(2001)는 현대의 많은 의학적 진보는 암묵적 지식을 형식적 지식으로 전환하는 작업을 통하여 환자나 대중이 그러한 형식적 지식을 효율적으로 공유하면서 발전되었다고 주장한다.

Kogut and Zander(1992)는 절차적 지식(procedural knowledge)을 전적으로 이해하는 것은 어렵다고 하면서 대신 자료(the data)나 정보 또는 실마리(information or clues)가 그 문제의 해결을 이끌 수도 있다고 한다. 또한 작은 조직 내에서 노하우나 정보를 조직 구성원들에게 가르치기 위해서는 빈번한 상호작용(interaction)이 필요하다고 하면서 이러한 소통은 독특한 언어(a unique language)나 부호(code)의 개발을 통하여 가능하다고 한다.

Lam(2000)은 코드기반 지식(encoded knowledge)을 설명하면서 신호와 기호(signs and symbols)를 수단으로 지식이 전달되므로 청사진(blueprint), 사용법(recipes), 규칙(written rules) 그리고 절차(procedures) 등에 이 지식이 활용되고 개인의 지식과 경험을 코드화(encoded)시켜서 조직 내에서 제어할 수 있는 집단지식의 형태를 가진다고 한다.

Grant(1996)는 규칙과 지시 · 명령은 조직 내에서 암묵적 지식을 쉽게 형식적 지식으로 변경(tacit knowledge can be converted into explicit knowledge)할 수 있는 수단을

제공한다고 한다.

Polanyi(1966)는 실행을 통하여 획득한 암묵적 지식을 언어로 표현함으로써 형식화(verbal pointing)할 수 있다고 한다.

Spender(1996)는 마이클 폴라니의 이론은 잠재적인 학습으로부터 추진되는 암묵적 상태의 직관을 외부로 형상화하는 과정(a process of explicating the tacit intuitive understanding)이라고 해석한다.

Nonaka(1994)에 따르면 외부화(externalization)는 암묵적 지식에서 형식적 지식으로 변환되는 것을 말하며 암묵적 지식과 형식적 지식은 서로 상호보완적인 관계이고, 상호작용(mutual interaction)을 통하여 확장될 수 있다고 한다. 또한 개념화(conceptualization)란, 상호신뢰를 통한 경험을 공유하면서 형성되는데, 팀은 끊임없는 대화를 통하여 개인의 통찰력(perspective)을 구체화할 수 있고, 이것을 외부화 과정이라고 한다. Lam(2000)은 개인적 형식지의 개념을 설명할 때, 개인이 가지고 있는 개념적 스킬을 활용하여 추상적 표현을 가능하게 할 수 있다고 하면서 개인의 내면적 지식을 형식화할 수 있다고 한다.

Maitland(1999)는 기업의 경쟁적 이점을 결정하는 중요한 요소는 조직적인 학습(organizational learning)을 통하여 암묵적인 지식을 형식지로 변환하는 능력이라고 주장한다.

지식(knowledge)은 인간이 명확히 설명할 수 있는 인공물(artefact)이고, 주로 형식적인 지식으로 획득되어 지고, 획득하기 쉽지 않은 암묵적인 지식들은 점점 형식화되질 수 있는 것으로 연구되고 있다(Busch & Richards, 2003; Goldman, 1990; Grant & Gregory, 1997; Howells, 1995; Nonaka, Takeuchi, & Umemoto, 1996; Pylyshyn, 1981; Raghuram, 1996). 가령, 리플다운룰(ripple down rules(RDR))은 지식의 상황적 견해(a situated view)를 기반으로 암묵적(tacit)과 형식적인(codified) 지식을 획득하는 방법을 제공하는 것인데, "RDR"은 전문가들이 이미 형식화한 지식(codified knowledge)에 입각하여 그들의 암묵적 지식(tacit knowledge)을 추가로 형식화(codification)하거나 분명하게 하는 것(articulation)을 의미한다(Compton & Jansen, 1990).

Noh(2000)는 인식지도(cognitive map, CM)를 도구로 활용하여 암묵적 지식을 형식지화한다고 하면서 사례기반 추론(case-based reasoning, CBR)을 예로 들면서 새로운 상황에 직면하게 되면, 인식지도에 의하여 대표되는 암묵적 지식을 재사용(reusing)한다고 한다.

또한 암묵적 지식을 관리하는 세 가지 양상의 방법론을 제시한다. ① 암묵적 지식은 CM의 도움으로 형식지화된다. ② CBR을 활용하여 가장 적절한 인식지도가 검색되어 진다. ③ 이전 단계(in the previous phase)에서 검색된 CM은 새로운 의사결정(decision-making)에 응용된다. CM은 암묵적 지식을 이해하기 위한 매우 유망한 기교(technique)로서 알려져 있다(Lenz & Engledow, 1986). CBR은 인공지능 분야에서 문제해결(problem-solving)을 위한 모범(paradigm)으로서 이전의 유사한 상황을 검색해서 새로운 문제 해결에 사용되어지는 기법을 말한다(Kolodner, 1993).

Numata(1997)에 따르면 암묵적 지식과 같은 표현할 수 없는 것(the inexpressible)을 표현하기 위하여 비유 언어(figurative language) 또는 상징성(symbolism)에 의하여 종종 끌어내진다고 한다.

Mowery(1996)는 형식적 지식(codified knowledge)인 특허(patents)는 인용 분석(citation)이 가능하나 암묵적 지식을 인용 분석하기는 어렵다고 하면서 특허와 암묵적 지식은 서로 대체 관계(substitutes)라기보다는 보완 관계(complements)라고 한다. 즉, 형식적 지식의 흐름과 암묵적 지식의 관계는 서로 밀접하게 연결(closely linked)되어 있다고 한다. 그 이유는 암묵적 지식은 기업의 특정한 능력을 위한 기반(the basis for firm-specific capabilities)을 형성하기 때문에 특허와 같은 형식적 지식과 떨어져서는 존재할 수 없다는 것이다(Patel and Pavitt, 1994).

Lee(2012)는 발명과 관련되는 암묵적 지식은 형식지화하는 것이 항상 어려운 것은 아니라고 하면서, 특히 부수적인 문제해결(side-by-side problem solving)과 상호 간의 대화(conversation)를 위해서는 특허실시권자(licensee)가 특별한 기술적 질문을 확실히 하거나, 발명자가 자신이 소유한 특허와 관련되는 노하우의 가치를 상호인식하기 위하여 암묵적인 지식을 형식지화할 필요성이 있다고 한다.

<표 2-11>에서는 위에서 여러 학자들이 언급한 암묵적 지식을 형식적 지식으로 변환할 수 있다는 관점들을 개념과 활용으로 나누어서 표로 통합 정리한다.

암묵적 지식을 형식적 지식으로 바꾼다는 개념은 특히, 기업입장에서는 대단히 중요하다. 개인들이 소유한 암묵적 지식을 조직이 사용하기 위해서는 형식지화는 필수이다. 앞서 Maitland(1999)는 기업의 경쟁적 이점을 결정하는 중요한 요소는 조직적으로 암묵적인 지식을 형식적인 지식으로 변환하는 능력이라고 했듯이 암묵적인 지식은 기업의 성과에 영향을 준다는 것을 추측할 수 있다. 그러므로 암묵적인 지식이 무엇인지를 이해하고 그것을 기업 내에서 활용할 수 있도록 하는 방법이 무엇인

| 표 2-11 | 암묵적 지식의 형식적 지식으로 변환

구분	암묵지의 형식지화 개념 및 활용	연구자
개 념	• 암묵적 지식이 코드화되지 못하고 응용 또는 실행을 통하여 확보된다면 정보전달이 늦고, 비용이 소요되고, 불확실한 지식이 됨	Grant 1996
	• 경험이 코드화가 진행될수록 전달시 더 많은 경제적 이점을 볼 수 있음	Teece 1998
	• 조직 내에서 구성원들에게 노하우를 가르치기 위해서는 빈번한 상호작용이 필요하고, 이러한 소통은 독특한 언어나 부호의 개발을 통하여 가능함	Kogut & Zander 1992
	• 실행을 통하여 획득한 암묵적 지식을 언어로 표현함으로써 형식화(verbal pointing)할 수 있음	Polanyi 1966
	• 암묵적 지식과 형식적 지식은 서로 상호보완적인 관계이고, 상호작용을 통하여 확장될 수 있음 • 개념화란 상호 신뢰를 통한 경험을 공유하면서 끊임없는 대화를 통하여 개인의 통찰력을 구체화할 수 있음(외부화)	Nonaka 1994
	• 기업의 경쟁적 이점을 결정하는 중요한 요소는 조직적 학습을 통하여 암묵적 지식을 형식적 지식으로 변환하는 능력	Maitland 1999
	• 암묵적 지식은 비유언어(figurative language) 또는 상징성(symbolism)에 의하여 끌어내어짐	Numata 1997
	• 특허와 암묵적 지식은 서로 대체(substitutes)라기보다는 보완관계(complements)임. 즉, 형식적 지식과 암묵적 지식은 서로 밀접하게 연결됨	Mowery(1996), Patel & Pavitt(1994)
	• 발명과 관련되는 암묵적 지식에 대해서 노하우의 가치를 상호인식하기 위하여 암묵적 지식을 형식지화할 필요가 있다고 함	Lee 2012
활 용	• 현대의 많은 의학적 진보는 암묵적 지식을 형식적 지식으로 전환하면서 이루어짐	Wyatt 2001
	• 청사진, 사용법, 규칙, 절차 등에 신호와 기호를 활용함으로써 개인의 지식과 경험을 코드화(encoded)시켜서 조직 내에서 제어할 수 있는 집단 지식 형태를 가짐	Lam 2000
	• 규칙과 지시 · 명령은 조직 내에서 암묵적 지식을 쉽게 형식적 지식으로 변경할 수 있는 수단을 제공함	Grant 1996
	• 리플 다운 룰(ripple down rules)에 대해서 언급하면서 암묵적 지식과 형식적 지식을 획득하는 방법을 제공함	Richards & Busch(2003), Compton & Jansen(1990)
	• 인식지도(cognitive map)를 도구로 활용하여 암묵적 지식을 형식적 지식화함 • 사례기반 추론(case-based reasoning)을 활용하여 가장 적절한 인식지도가 검색되어짐 • 인식지도는 암묵적 지식을 이해하기 위한 매우 유망한 기교임 • 사례기반 추론은 문제해결을 위하여 이전의 유사한 상황을 검색함	Noh(2000), Lenz & Engledow(1986), Kolodner (1993)

지 아는 것은 매우 중요하다.

기업은 암묵적인 지식을 대학 등 공공연구기관으로부터 개인 간의 비공식적인 소통으로 입수하는 경우가 많다. 그러므로 특히, 대학의 암묵적인 지식에 초점을 맞추어서 기업의 구성원과 대학의 교수 및 연구원이 어떻게 암묵적인 지식을 공유해서 기업의 성과에 연계시키는지를 아는 것은 중요하다.

만약 암묵적인 지식을 형식지화할 수 없다면 기업과 공공연구기관의 암묵적 지식은 영원히 암묵적인 상태로 남을 수밖에 없고, 이런 경우 공공연구기관의 암묵적인 지식은 기업의 성과에 아무런 영향을 줄 수 없을 것이다.

그러나 다행히 여러 학자들은 암묵적인 지식들이 형식적인 지식으로 변환이 가능하다고 주장하고 있기 때문에 일반적으로 인식하고 있는 암묵적인 지식은 말이나 글로 표현할 수 없는 지극히, 개인적인 지식으로서 형식지화는 어려울 것이라는 우려를 회피할 수 있다. 그러므로 기업은 공공연구기관이나 외부의 암묵적인 지식을 효율적으로 기업 내로 기술이전 내지는 지식이전받음으로써 기업의 성과에 기여해야 한다.

CHAPTER 03

지식이전과 기술이전

CHAPTER 03

지식이전과 기술이전

제1절 지식이전의 개념

1. 지식이전 및 지식공유의 정의

Richards & Busch(2003)에 의하면 지식이전(knowledge transfer)이란 인간으로부터 기계로 이전된다는(transfer from human to machine) 초기의 개념들보다는 차라리 개인 사이의 이전(transfer between individuals)으로 이해하는 것이 중요하다고 한다. 초기의 개념들이란 지식을 일종의 물질(stuff)으로 다루면서 그 물질은 전문가의 머릿속에 존재하며, 기계 속으로 이전되어질 수 있다고 보았다(Newell & Simon, 1976).

Dougherty(1999)는 지식이전은 수집(collection)이라기보다는 연관성(connection)에 관한 것이고, 연관성은 궁극적으로 개인의 선택에 의존한다고 한다.

Li-Hua(2003)는 지식이전은 지식공여자(the transferor)와 지식수령자(the transferee) 사이의 양방향 프로세스(two-way process)로 진행된다고 한다. 또한 지식이전은 지식경영(knowledge management)을 강조하면서 점차적으로 대중용어(popular term)로 되고 있다고 한다. 또한 지식이전은 자연스러운 이전(natural transfer)이며, 체계가 없는 교환(unstructured exchanges)이며, 비공식적인 교환(informal exchanges)이지만 기업의 성공을 위하여 중요하다고 한다. 그러므로 조직의 장은 이러한 지식을 습득하고 활용할 수 있어야 조직이 성장한다고 한다.

Argote & Ingram(2000)은 지식이전이란 한 조직의 경험은 다른 조직에 영향을 줄 수 있는데 이러한 조직을 통한 지식전달과정이라고 정의한다. 앞서 Kogut & Zander(1992)는 사회적 지식 및 새로운 지식은 조직에 의하여 전달되며, 학습도 조직에 의하여 창출된다고 하면서 지식의 전달에는 개인보다 조직이 중요하다고 한 점에서 서로 맥락이 같다.

또한 조직적 지식(organizational knowledge, 예: routine, best practice)의 이전은 지식을 수령받는 조직에서의 지식의 변화(changes in knowledge) 또는 실적 개선(changes in performance)을 통하여 관찰가능하다고 하면서 그러한 지식이전은 최대의 성과(best practice)를 달성하기가 어렵다고 한다. 또한 지식이전은 개인들이 다른 사람들의 경험을 통하여 더 나은 제품을 생산하기 위하여 어떻게 소프트웨어를 개량할지 배운다고 하면서, 그 소프트웨어는 조직의 다른 부서로 이동하여 실적을 개선시킨다고 한다.

실적 개선의 측정은 개인을 통하기보다는 그 기술을 수령받은 부서를 통하여 검증(the recipient unit being able to articulate why the performance improved)된다고 한다. 또한 지식이전(knowledge transfer)의 주된 근원은 개인 상호작용이라기보다는 조직적 수준의 지식이라고 하며, 그러한 조직적 수준의 지식으로는 역량(competencies), 능력(capabilities), 표준(routines), 혁신(innovations) 등이 있다고 한다.

앞서 "기업지식의 개념적 형상화 및 분류"에서 Lam, Collins 그리고 Spender의 이론을 통합하면서 조직적인 지식을 인식론적(epistemological) 지식과 존재론적(ontological) 지식으로 나누어서 통합 분석한 바 있는데, 그 분석을 토대로 판단하건데 상술한 Li-Hua(2003)는 지식이전에 대하여 자연스러운 이전(natural transfer)이며, 체계가 없는 교환(unstructured exchanges)이며, 비공식적인 교환(informal exchanges)이라고 정의하는 것으로 보아 형식적인 지식보다는 암묵적인 지식에 초점을 맞춘 것으로 보이며, Lam과 Collins가 주장한 행동기반 지식(embodied knowledge)과 Spender가 주장한 무의식적 지식(automatic knowledge)과 성격이 비슷한 것으로 판단된다.

또한 Lam의 암묵기반 지식(embedded knowledge)과 Collins의 문화공유 지식

| 표 3-1 | 지식이전의 정의

지식이전의 정의	연구자
• 지식이전은 개인 사이의 이전(transfer between individuals)	Richards & Busch 2003
• 지식이전은 수집(collection)이라기보다는 연관성 (connection)에 관한 것이고, 연관성은 궁극적으로 개인의 선택에 의존함	Dougherty 1999
• 지식이전은 지식공여자와 지식수령자 사이의 양방향 프로세스로 진행됨 • 지식이전은 자연스러운 이전(natural transfer)이며, 체계가 없는 교환(unstructured exchanges)이며, 비공식적인 교환(informal exchanges)임	Li–Hua 2003
• 한 조직의 경험은 다른 조직에 영향을 줄 수 있는데 이러한 조직을 통한 지식 전달의 과정이 지식이전임	Argote & Ingram 2000
• 지식이전의 주된 원인은 개인 상호작용이라기보다는 조직적 수준의 지식이전이라 하며, 그러한 조직적 수준의 지식으로는 역량(competencies), 능력(capabilities), 표준(routines), 혁신(innovations) 등이 있음	

(encultured knowledge) 그리고 Spender의 조직문화 지식(collective knowledge)과 성격이 유사한 것으로 판단된다. 특히, 앞서 Argote & Ingram은 한 조직의 경험은 다른 조직에 영향을 줄 수 있는데 이러한 조직을 통한 지식전달 과정이 지식이전이라고 하면서 조직적 지식인 표준(routine)을 하나의 예로 든 것으로 보아 상술한 암묵기반 지식과 문화공유 지식 그리고 조직문화 지식과 더 성격이 유사한 것으로 판단된다. 그러므로 지식이전(knowledge transfer: KT)은 개인적보다는 주로 조직적으로 암묵적인 형태의 지식을 이전하는 것으로 분석된다.

<표 3-1>에서는 위에서 언급한 학자들의 지식이전에 대한 정의를 정리한다. 지식이전은 개인 간의 이전으로 보는 경우도 있으나, 주로 조직 간의 이전으로 분석하는 연구자가 주류다.

Paulin & Suneson(2012)는 지식이전(knowledge transfer)과 지식공유(knowledge sharing: KS) 그리고 지식장벽(knowledge barriers: KB)에 대해서 각각의 차이점을 규명하는 연구를 했으나 결과는 모호(blurry)하다는 결론을 내렸다.

Attewell(1992)은 KB(knowledge barriers)에 대해서 기술(technology)에 관한 지식의 결여(lack of knowledge)와 어떻게 지식이 조직적인 차원(an organizational setting)에서 응용될 수 있는지의 결여라고 주장한다.

Jonsson(2008)은 지식공유와 지식이전은 서로 호환(interchangeable)될 수 있는 것이며, 둘 사이에 차이점이 있다는 것이 명확하지 않은 상황에서는 서로 호환해서 사용되어도 무방함을 주장한다.

Liyanage(2009)도 많은 학자와 연구자들이 지식이전에 관한 명쾌한 정의를 내리려고 했으나 결국 실패하고 말았다면서 지식공유와 아직도 함께 토론되고 있다고 한다.

Schwartz(2006)는 지식공유란 개인 사이(between individuals) 또는 개인들 간(among individuals)의 지식교환(the exchange of knowledge) 및 팀(조직 포함) 내 또는 팀 간의 지식교환이라고 하면서, 개인 사이의 지식의 교환이란 한 사람은 지식을 소통(communicate)하고자 하고, 상대방은 그것을 소화하는(assimilate) 과정이라고 한다. 그러나 지식은 결코 공유되어질 수 없다고 한다(knowledge can never be shared). 그 이유는 지식을 받는 사람은 그가 가지고 있는 지식의 배경에 의존하여 해석을 하기 때문이라고 한다.

Paulin & Suneson(2012)은 지식공유에 대해서 많은 학자들은 개인수준(individual level)으로 초점을 맞추어 분석하는 것 같고, 지식이전에 대해서는 그룹, 부서, 조직의 수준에서 분석하는 것 같다고 주장 한다(Argote & Ingram, 2000).

Dinur(2011)는 여섯 가지 지식이전(knowledge transfer) 사례로부터 암묵적 지식(tacit knowledge)의 실증적 연구를 수행했다. 각 사례 당 최소한 3명의 관련자와 심층

| 표 3-2 | 지식이전과 지식공유의 차이점

지식이전과 지식공유	연구자
• 지식이전(knowledge transfer)과 지식공유(knowledge sharing) 그리고 지식장벽(knowledge barriers)에 대해서 차이점을 규명하는 연구를 했으나 모호하다는 결론을 냄	Paulin & Suneson 2012
• KB(knowledge barriers)는 기술에 관한 지식의 결여(lack of knowledge)와 어떻게 지식이 조직적인 차원에서 응용될 수 있는지의 결여라 함	Attewell 1992
• 지식공유와 지식이전은 서로 호환(interchangeable)될 수 있는 것이며, 둘 사이에 차이점이 있다는 것이 명확하지 않은 상황에서는 서로 호환되어도 무방하다함	Jonsson 2008
• 많은 학자와 연구자들이 지식이전에 관한 명쾌한 정의를 내리려 했으나 결국 실패하고, 지식공유와 함께 사용되고 있다함	Liyanage 2009
• 지식공유란 개인 사이(between individuals) 또는 개인들 간(among individuals)의 지식교환 및 팀 내 또는 팀 간의 지식교환이라 함 • 개인 사이의 지식교환은 소통(communication)과 그것을 소화(assimilation)하는 과정이라 함	Schwartz 2006
• KS(knowledge sharing)은 개인수준으로 초점을 맞추어 분석하는 것 같고, KT(knowledge transfer)는 그룹, 부서, 조직 수준에서 분석하는 것 같다고 함	Poulin & Suneson (2012) Argote & Ingram(2000)

인터뷰(in-depth interviews)를 수행했다. 관련자로는 기업매니저(corporate), 지식이전을 공급해주는 측의 책임자(source), 지식이전을 수령받는 쪽의 책임자(recipient) 등으로 구성했고, 관련자 당 60분~120분의 인터뷰를 수행했다. 또한 사례 연구를 위하여 주된 인터뷰 질문항목을 구성했고, 왜 암묵적 지식으로 생각하는지 확인하도록 구성했다. 그리고 각 사례마다 어떤 암묵적 지식이 이전되었는지 그 과정 및 항목을 알 수 있도록 했다.

<표 3-2>에 앞서 분석한 지식이전과 지식공유의 차이점에 대해서 통합 정리한다.

2. 지식이전에 관련되는 주요 요소들

Pennings and Harianto(1992)는 기업은 지식의 이전을 통하여 다른 기업의 스킬(skills of others)을 보완함으로써 혁신능력(innovative capacity)을 크게 개선시킨다고 한다. 앞서 Lam(2000)도 암묵적인 지식들(스킬, 기교(technique), 노하우 그리고 표준(routines))은 인간 지식의 많은 부분을 차지하고 있다고 강조하면서 스킬과 같은 암묵적인 지식의 활용이 필요함을 암시하고 있다.

Darr & Kurtzberg(2000)는 한 장소로부터 다른 장소로의 지식의 이전(transfer of knowledge)은 조직학습(organizational learning)을 증가시킬 수 있다고 하면서 이러한 새로운 지식은 새로운 방법과 실행으로 혁신을 촉진시키고, 조직의 표준(routines)으로 흡수되고 조직의 문화가 된다고 한다.

Dove(1996)는 이전받을 적절한 지식이 선정되었더라도 지식의 이전은 불확실한 과정이라고 주장하면서 성공적으로 지식을 이전하기 위해서는 지식이전에 관련된 당사자들 간의 지식 내용의 이해(a context of understanding)가 필수적이라고 한다. 즉, 지식의 이해는 지식의 기여(knowledge contribution)와 채용(adoption)이라는 메커니즘을 포함한다고 한다. 앞서 Attewell(1992)의 KB(knowledge barriers)를 연계시킬 필요가 있다. 즉, 성공적으로 지식이전이 되지 않으면 지식의 장벽이 형성되어서 기술에 관한 지식의 결여(lack of knowledge)와 어떻게 지식이 조직적인 차원(an organizational setting)에서 응용될 수 있는지의 결여라고 주장한 것과 맥락이 같다.

Darr & Kurtzberg(2000)는 사업전략이 유사한 분야(business strategy similarity)는 지식이전을 활성화할 수 있음을 주장한다. 실례로 같은 프랜차이즈를 사용하는 업체끼리 단위생산비용(unit cost of production)을 줄이는 방법에 대한 지식이전이 많은 도움을 주고 있는데 이미 같은 문제에 직면했던 업자로부터 얻는 지식이기 때문이라 한다. 그러나 다른 프랜차이즈와는 상관이 없었다고 한다.

Szulanski(2000)는 지식의 출처(the source of knowledge), 지식수령자(the recipient), 내용(the context) 그리고 지식 그 자체(the knowledge itself)의 특징이 어떻게 지식이전에 영향을 주는지를 분석했다. 그는 이러한 요소들의 중요성은 이전되는 전 과정을 통하여 다양화(varied)되고 있다고 분석했다. 가령, 출처의 신뢰도(the reliability of the source)는 지식을 이전하는 데 있어서 기회의 인지(the perception of an opportunity)에 영향을 주는 요소라 했고, 이러한 요소는 초기 시작단계(the early initiation stage)에서 이전의 어려움을 예측할 수 있다고 한다. 또한 지식을 흡수하는 지식수령자의 능력은 지식이전을 실행(execution)하는 데에 영향을 주는 요소라 했고, 이러한 요소는 실행 단계(the implementation phases)에서 이전의 어려움에 영향을 미친다고 한다.

Argote & Ingram(2000)은 사회적 네트워크의 특징이 어떻게 지식이전에 영향을 주는지에 대한 질문이 증가되고 있다고 하면서 지식이전은 독립된 조직(independent organizations)보다는 네트워크 내에 내재되어 있는(embedded in a network) 조직을 통하거나 또는 프랜차이즈(franchise), 사슬(chain), 제휴(alliance)와 같은 상위관계(superordinate relationship)를 통하여 손쉽게 된다고 한다(Baum & Ingram, 1998; Darr, Argote & Epple, 1995; Greve, 1999; Ingram & Simons, 1999; Powell, Koput & Smith−Doerr, 1996). 가령, Baum & Ingram(1998)은 같은 사슬(the same chain)에 속하는 현지 호텔(local hotels)의 경험으로부터 다른 같은 계통의 호텔들은 수혜를 받았다고 한다. 또한 Ingram & Simons(1999)는 이스라엘의 키부츠(Kibbutz)[1]는 같은 연합에 속해있는 다른 키부츠의 경험에 의하여 많은 긍정적인 영향을 받는다고 한다.

Hansen(1999)은 부서(units) 간의 만남이 잦지 않고(infrequent), 먼(distant) 관계로 특징되는 약한 유대(weak ties)는 다른 부서에서 보유한 지식을 찾는 것을 활성화시킨다고 하면서 만약, 지식이 복잡하지 않으면(not complex) 프로젝트 완료시간을 감소시키면서 형식화(codified)된다고 한다. 반면에 지식이 암묵적(not codified)이면서, 강한 유대(strong ties)는 반복되는 상호작용(repeated interaction)과 지식획득(knowledge acquisition)을 촉진하여 프로젝트 완료시간을 짧게 한다고 한다.

Argote & Ingram(2000)은 만약 이전될 지식이 새로운 제품 내용물(the new

---

1 키부츠(Kibbutz)는 이스라엘의 집단 농경 공동체이다. 농업뿐만 아니라 식품가공 · 기계부품제조 등의 경공업을 포함하는 경우도 많다. [출처: 두산백과]

context)에 부적절하고, 적용되지 못할 때, 제품 성능에 부정적인 효과를 미칠 수 있다고 한다(Baum & Ingram, 1998; Greve, 1999). 가령, Greve(1999)는 라디오 방송국의 지역시장 외부(outside the local market)로부터 획득한 지식은 어떻게 실적에 부정적인 영향을 미치는지에 대한 증거를 제시하면서 외부시장으로부터 채용한 일상표준(routines imported from other markets)은 그들과 다른 경쟁자를 보유한 지역시장(the local markets)에는 적절하지 못했다는 점을 지적한다.

Kogut(1988)는 회사 간 제휴(alliance)는 지식이전의 기회를 제공하는데 특히, 파트너들 사이에 암묵적 지식이전(the transfer of tacit knowledge)을 가장 효율적으로 전달하는 수단은 지분기반 공동투자(equity-based joint ventures)라고 한다.

Mowery(1996)는 회사 간 제휴에서, 한 기업이 다른 기업의 핵심 지식기반 능력(key knowledge-based capabilities)에 접근해서 수혜를 얻을 수 있다고 한다. 가령, 진화된 반도체 디바이스를 제휴를 통하여 개발할 때, 한 기업은 설계(designs)를 맡고, 다른 기업은 생산(manufactures)을 맡는 경우가 있는데, 이 경우 회사 간 제휴는 구성원으로 하여금 다른 기술에 대한 전문성을 허여하지만, 기술이 상호 보완적인(complementary) 기업은 제휴의 과정을 통하여 기술적 능력에 있어서 경험의 확산(experience divergence)을 꾀할 수도 있다고 한다.

다른 경우로 경험의 수렴(experience convergence)도 있을 수 있는데, Nakamura(1996)는 그의 실증 연구를 통하여 공동투자(joint venture)의 파트너들은 집중개발(convergent development)에 더 초점을 둔다는 사실을 발견했다.

그러므로 어떤 회사 간 제휴는 기술적 공통부문(technological overlap)을 증가시키는 데 관심이 있는 반면, 또 다른 회사 간 제휴는 비 공통기술의 전문성 확보(promote specialization)에 관심을 더 가지고 있다는 것을 알 수 있다. 가령, 기술적 공통부문은 지식이전(knowledge transfer)을 통하여 더 집중개발을 한다고 한다.

<표 3-3>에서는 위에서 분석한 학자들의 지식이전에 영향을 주거나 받는 요소를 조직적 측면, 사업적 측면, 그리고 제휴적 측면으로 나누어서 정리한다.

일반적으로 기업에서는 기술이전을 혁신을 위하여 중요한 요소로 생각하는 경향이 있으나 지식이전이 더 중요할 수도 있다. 지식이전은 기술이전보다도 포괄하는 영역이 더 넓다고 보면 된다. 가령, 기술이전은 특허로 대표되는 발명 아이디어를 기업에 체화시키고자 노력하는 수단이라면, 지식이전은 기술 이외에 영업이나 경영 노하우도 지식의 범주에 포함되기 때문에 그 활용범위는 더 다양하다. 특히, 지식이전

| 표 3-3 | 지식이전에 관련된 요소

구분	지식이전에 관련된 요소	연구자
조직적 측면	• 기업은 지식의 이전을 통하여 다른 기업의 스킬을 보완함으로써 혁신 능력을 개선함	Pennings & Harianto 1992
	• 지식의 이전은 조직학습을 증가시켜서 혁신을 촉진시키고, 조직의 표준(routines)으로 흡수되고, 조직의 문화가 됨	Darr & Kurtzberg 2000
	• 성공적인 지식이전을 위해서는 당사자들 간의 지식 내용 이해(a context of understanding)가 필수적임 → 지식의 이해는 지식의 기여와 채용이라는 메커니즘을 포함함	Dove 1996
	• 지식이 암묵적이고, 부서 간 강한 유대(strong ties)는 반복되는 상호작용과 지식의 습득을 증진하여 프로젝트 완료시간을 단축시킴	Hansen 1999
사업적 측면	• 사업전략(business strategy)이 유사한 분야는 지식이전을 활성화함	Darr & Kurtzberg 2000
	• 출처의 신뢰도는 지식을 이전하는 데 기회의 인지(the perception of opportunity)에 영향을 주고, 지식수령자의 능력은 지식을 이전하는 데 실행(execution)에 영향을 미침	Szulanski 2000
	• 만약 이전될 지식이 새로운 제품 내용물(the new context)에 부적절하고, 적용되지 못할 때, 제품 성능에 부정적인 효과를 미칠 수 있다고 함 → 라디오 방송국의 타 지역시장 등 외부로부터 획득한 지식은 동일 지역시장에 그 표준(routines)을 사용하기에는 다른 경쟁자들과 대응하기 어려웠음을 인정함	Argote & Ingram(2000), Baum & Ingram(1998), Greve(1999)
제휴적 측면	• 회사 간의 제휴(alliance)는 지식이전의 기회를 제공함. 특히 암묵적 지식의 이전은 지분기반 공동투자(equity – based joint ventures)가 효율적임	Kogut 1988
	• 회사 간의 제휴는 한 기업이 다른 기업의 핵심지식기반 능력(key knowledge – based capabilities) 에 접근해서 수혜를 얻음 → 반도체 디바이스 개발에 한 기업은 설계(design)를 맡고, 다른 기업은 생산(manufactures)을 맡음	Mowery 1996
	• 회사 간의 제휴는 기술이 상호 보완적인 기업에 대해 기술능력에 있어서 경험의 확산(experience divergence)을 꾀할 수 있음 • 제휴는 기술적 공통부문(technological overlap)을 증가시키는 것과 다른 기술의 전문성 확보(promote specialization)에 목적을 두는 경우가 있음	
	• 공동투자(joint venture) 파트너들은 집중개발(convergent development)에 초점을 둠	Nakamura 1996

은 암묵적 상태의 지식을 조직 혁신 차원에서 이전하는 경우가 많고, 수용된 지식은 기업의 표준(routines)으로 바로 적용할 수 있기 때문에 기술이전보다도 혁신이 더 빠르고 효율적인 수단이 될 수 있다.

3. 지식이전과 기술이전의 관계

Li-Hua(2003)는 지식이전(knowledge transfer)이 수반되지 않은 기술이전(technology transfer)은 발생할 수 없다고 주장한다. 그 이유는 전반적으로 기술을 통제하는 열쇠는 지식이라는 것이다. 그러므로 지식이전은 기술이전의 과정에서 중요하다고 한다. 또한 기술이전이 경제성장에 중요한 영향을 미치는 것으로 주장했고, Grosse(1996)도 경제성장과 발전에 중요한 기본은 기술(technology)이라고 한다. Lee(2012)도 기술혁신(technological innovation)은 잘 인식된 경제발전의 추진요인이라고 한다. 즉, 경제가 발전되기 위해서는 기술이 발전해야 하고 기술의 효율적인 발전을 위해서는 지식이 수반되어야 함을 의미한다고 볼 수 있다.

Li-Hua(2003)는 기술이전 공여자와 수령자 사이에 너무도 큰 경제성장의 차이(gap)가 존재한다면 기술이전은 이루어질 수 없다고 한다. 또한 수반되는 지식이전 그 자체는 수많은 구성요소(components)를 가지고 있기 때문에 암묵적 지식과 형식적 지식은 대단히 중요하다고 한다. 그럼에도 불구하고 암묵적인 지식이전(tacit knowledge transfer)은 무계획적(haphazard)이기 때문에 결국 지식이전을 불안정하게 할 수 있고, 이것 때문에 기술이전(technology transfer)이 방해받을 수도 있다고 한다. 이것은 대단히 중요한 의미를 갖는다. 지식이전이 효율적으로 되지 않으면 기술이전도 어렵다는 것이다.

Li-Hua(2003)는 기술이전은 전통적으로 하드웨어 물건(hardware objects)을 이전하는 것으로 개념화되었지만, 컴퓨터 프로그램 또는 새로운 아이디어와 같은 정보를 기술이전하는 경우가 있고, 심지어 하드웨어 없이 정보만으로 되는 경우도 있다고 한다. 또한 기술이 소프트웨어적인 성격이 강할수록 그 기술은 암묵적인 지식을 더 많이 가질 수밖에 없다고 한다. Tsang(1995)은 암묵적인 지식은 코드화하기 어려운 성질 때문에 친밀한 개인 간의 상호작용(intimate human interactions)을 통하여 전달되어진다고 한다.

Lee(2012)는 대학의 시장지향형의 특허에 기반을 둔 기술이전은 암묵적(tacit), 개인적(personal) 지식을 이전하는 데 서툴다고 하면서 특허의 실시권자는 대학의 특허 등록된 발명을 상용화하기에 유용한 암묵적, 개인적 지식을 획득하기 위하여 발명자와 직접적인 관계를 형성하기를 기대하고 있으며, 이것을 달성하기 위하여 발명자를 라이선스를 실시하고자하는 기업의 조직에 관여하게 하는 조직적인 통합

(organizational integration)을 시도한다고 한다. 이것은 일종의 수직적 통합이다.

Li-Hua(2003)는 지식이전에 대한 연구는 거의 행해진 것이 없다고 하면서 특히, 암묵적 지식이전은 더욱 그렇다고 한다(little has been done in the research area of knowledge transfer, in particular, tacit knowledge transfer).

Richards & Busch(2003)도 지식이전의 중요성에 대해서 많은 토론이 있음에도 불구하고, 어떻게 암묵적 지식을 확실히 하고, 측정할 수 있는지에 대한 연구는 거의 없고, 암묵적 지식을 어떻게 이전할지(how to transfer tacit knowledge)에 대한 연구는 더욱 부족하다고 한다.

Li-Hua(2003)의 연구결과는 경제발전이 잘된 지역일수록 지식이전(knowledge transfer)의 요구가 많았고, 그런 지역일수록 형식적 지식(hard technology, 제품 생산에 대한 특별한 기술)보다는 암묵적 지식(soft knowledge, 노하우)을 얻는 데 더 열의가 있었다고 한다.

Galbraith(1990)는 기술이 이전될 당시의 자원(source)의 생산성(productivity)과 수령자(recipient)의 생산시설에서의 생산성을 비교했다. 그 결과는 기술이 복잡하지 않거나, 기술이전될 자원과 기술의 수령자가 지리적으로 가까울수록, 기술공급자가 계속하여 함께 생산할 때, 그리고 자원에 대한 지식을 소유한 엔지니어 팀이 시의 적절하게 기술의 수령자의 생산지로 이동할 때 기술수령자의 생산성은 빠르게 회복되는 것을 발견했다. 부연하면 기술 공급자의 생산시설에서 계속적으로 생산을 진행(continuing production at the source site)하고, 관련 전문가를 파견하면(moving personnel) 기술의 수령자가 암묵적 지식(tacit knowledge)에 접근할 수 있게 되어서 기술이전을 활성화시킨다는 것이다.

Teece(1977)는 기술이 이미 상용화(commercialized)된 경우라면, 이전(transmission)은 단순히 존재하는 도면(drawings)이나 명세서(specifications)를 최소한의 수정과 함께 전달하면 된다고 하면서 흡수의 과정(the process of absorption)이 아마도 더 어렵고, 필요한 자문(considerable consulting)이나 자문을 위한 자원(advisory resources)의 활용을 요구한다고 한다.

Mowery(1996)는 기업의 지식기반(knowledge-based) 견해들은 핵심이 되는 경쟁적 자산으로서 지식에 초점을 두면서 암묵적 지식을 통합(to integrate tacit knowledge)할 수 있는 능력을 강조한다(Grant and Baden-Fuller, 1995; Conner and Prahalad, 1996). Lee(2012)도 발명자의 암묵적 지식은 기본적인 기술 아이디어 내용으로 구성된 특허

| 표 3-4 | 기술이전 시에 암묵적 지식의 중요성

기술이전과 암묵적 지식의 연관성	연구자
• 지식이전은 수많은 구성요소를 가지고 있기 때문에 암묵적 지식과 형식적 지식은 중요하고, 특히 암묵적인 지식이전은 무계획적이기 때문에 지식이전을 불안정하게 할 수 있고, 이것은 기술이전을 어렵게 할 수도 있음	Li-Hua 2003
• 대학의 특허에 기반을 둔 기술이전은 암묵적, 개인적 지식을 이전하는 데 서툴기 때문에 특허의 실시권자는 발명자와 직접적인 관계를 형성하기를 희망하면서 발명자가 특허를 실시코자하는 기업의 조직에 직접 관여하는 조직적인 통합(organizational integration)을 시도함	Lee 2012
• 기술이전을 활성화하기 위해서는 기술공급자의 생산시설에서 계속적으로 생산을 진행하고, 관련 전문가를 파견하면, 기술의 수령과 암묵적인 지식에 접근할 수 있게 되어서 기술수령자의 생산성이 향상된다 함	Galbraith 1990
• 기술이 이미 상용화된 경우라면, 이전은 단순히 존재하는 도면이나 명세서를 전달하면 되지만 흡수의 과정(the process of absorption)은 더 어렵고 추가의 자문활동을 요구함	Teece 1977
• 기업의 지식기반 핵심은 경쟁적 자산으로 지식에 초점을 두면서 암묵적 지식을 통합할 수 있는 능력이라 함	Mowery 1996
• 암묵적 지식과 발명자의 관여는 특허된 대학의 발명을 기술이전받은 기업에서 효율적으로 상용화시키는 데 중요한 역할을 함	Lee 2012

된 발명을 기업이 채용하는 것을 가속화시킨다고 한다. 이러한 암묵적 지식들은 특허에 공개된 핵심적인 발명내용을 초월하여 기술을 확장한다든지(extending), 적용한다든지(adapting), 세련되게(refining) 하는 데 매우 도움을 줄 수 있다고 한다. 또한 암묵적 지식(tacit knowledge)과 발명자의 관여(faculty involvement)는 특허 등록된 대학의 발명을 기술이전받은 기업에서 효율적으로 상용화(commercialization)시키는 데 중요한 역할을 한다고 한다.

<표 3-4>에서는 위에서 기술이전 시에 지식이전의 중요성을 주장한 학자들의 연구결과를 표로 통합 정리한다.

Li-Hua(2003)는 기술이전과 지식이전을 결합하는 이전(transfer)의 개념을 [그림 3-1]과 같이 제시한다. 기술(technology)은 기교(technique)와 조직(organization)이 관여하고, 지식(knowledge)은 형식적 지식(explicit knowledge)과 암묵적 지식(tacit knowledge)이 관여하여 서로간의 상호작용으로 기술이전과 지식이전이 함께 진행되어서 제품(product)을 생산한다. 이 과정에서 암묵적 지식의 형식적 지식으로의 변환을 위해서는 장애물(blockage)이 존재하고 그것을 어떻게 해결할지가 관건이라고 한다.

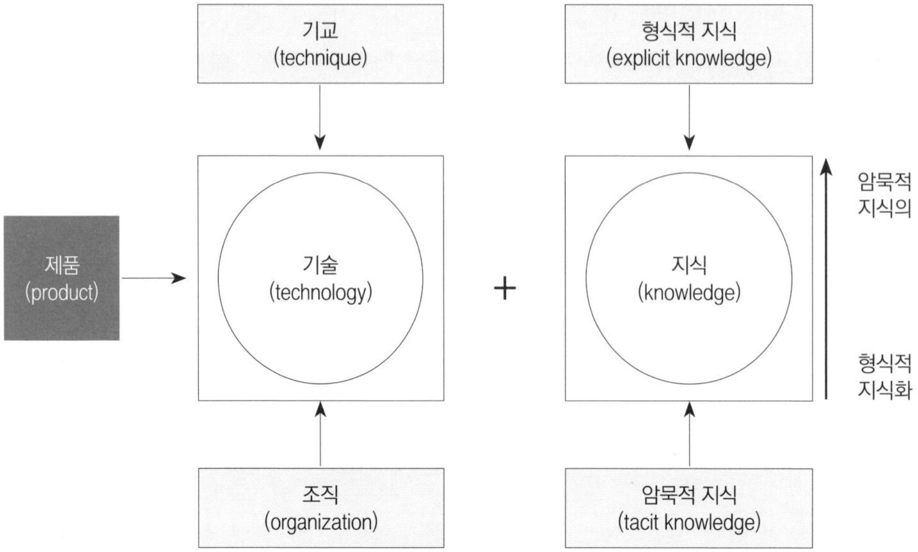

| 그림 3-1 | 기술이전과 지식이전의 결합 메커니즘 – Li-Hua(2003)

Li–Hua(2003)가 제시하고 있는 [그림 3–1]의 기술이전과 지식이전의 결합 메커니즘은 기업이 대학과 같은 공공연구기관의 기술(technology) 또는 기교(technique)를 기술이전받을 때, 기업에서는 대학의 특허에 기반을 두거나 또는 특허가 아닌 경우는 대학에 위탁연구과제 등을 수행하도록 하면서 그 결과를 기술이전받는 경우가 있을 것이다. 이 경우, 대학의 연구결과(암묵적인 경우로 가정)를 기업에 전달하기 위해서는 기술이나 기교와 함께 수반된 암묵적인 지식을 어떻게 형식지화할지가 관건이 된다는 것이다.

앞서 Winter(1987)는 기술이전(technology transfer)과 모방(imitation)은 같은 가위의 날들(blades of the same scissor)이라고 하면서 기술이전이 되면 모방은 필연적으로 따라온다고 했다. Kogut & Zander(1992)도 기술이전은 반드시 복제(replication)를 수반해야 함을 주장하면서, 기술의 복제가 이루어졌다는 것은 이미 코드화(codification) 되거나 단순화(simplification)되었다는 것으로 설명하고 있다.

Arrow(1969)는 기술이 전 세계적으로 확산되는 데 영향을 주는 근본적인 요소(fundamental factor)는 소통의 비용(the cost of communication) 또는 정보 이전(information transfer)이라고 주장한다.

Teece(1977)는 이전의 비용(the cost of transfer)은 전달비용(transmission costs)과 흡

수비용(absorption costs)을 포함한다고 하면서 만약 기술이 복잡(complex)하거나 기술수령자(recipient)가 그 기술을 흡수할 수 있는 능력을 가지고 있지 않을 때 고려되어질 수 있다고 한다.

또한 기술이 이전되는 기본적인 형태는 ① 기구(tooling), 장비(equipment), 청사진(blue prints)과 같은 물질적 항목(physical items)들이 우선 고려되고, 이때 기술(technology)은 이러한 물질적 항목들에 내재화(embodied)되어 진다. 내재화(embodied)라는 의미는 앞서 Lam(2000)이 조직적 지식의 개념화를 설명하면서 개인의 암묵적인 지식으로 기술했고, Spender는 무의적인 지식으로 기술하면서 개인이 소유하고 있는 지식으로서 개인의 협상력을 높일 수 있는 수단으로 사용된다고 한다.

비록 Teece는 기구나 장비 등에 내재된 것을 기술(technology)로서 설명하고 있으나 이것은 개인의 암묵적인 지식으로 해석할 수 있고, 이러한 개념은 앞서 Layton(1974)의 지식으로서의 기술로서 설명되어질 수 있다. 즉, 기술은 독립적으로 지식을 소유함으로써 과학과 별개임을 알 수 있었다. 결국, 기구나 장비와 같은 물질적인 사물은 암묵적인 지식의 결정체임을 알 수 있다.

② 물질적 장비(physical equipment) 또는 하드웨어가 효과적으로 활용되기 위해서는 기술(technology)이라는 정보(information)가 확보되어야 한다고 한다. 앞서 정보(information)는 사실에 근거한 확실성에 중요성을 두는 형식적인 지식에 가깝다고 설명했다. 이런 지식은 코드화가 가능해야 한다. 결국, 물질적인 장비 그 자체는 사람이 인지할 수 없는 지식이므로 사람이 알 수 있도록 코드화가 되어야 하는데 이것을 기술(technology)로 설명하고 있다. 즉, 물질적인 사물은 암묵적인 지식의 결정체라고 위에서 정의했기 때문에 지식으로서의 기술로써 해결해야 함을 의미한다고 해석할 수도 있다.

또한 정보(information)는 조직화의 방식(methods of organization), 작동(operation), 품질관리(quality control), 다양한 생산 절차(manufacturing procedures)와 관련된다고 한다. 또한 이러한 주변부(peripheral)의 효과적인 전달(conveyance)은 기술이전 과정의 핵심(the crux of the process of technology transfer)이라고 한다. 부연하면, 기술이전 비용은 관련되는 체화되지 않은 지식(unembodied knowledge)의 모든 것을 전달(transmitting)하거나 흡수(absorbing)하는 비용으로 정의된다. 그 비용은 기술적 노하우(technological know-how)의 전달을 확실히 하기 위한 다양한 활동비용을 포함

| 표 3-5 | 기술이전의 비용

기술이전 시 관여되는 비용	연구자
• 기술이전이 전 세계적으로 확장되는 데 영향을 주는 근본적인 요소는 소통의 비용(the cost of communication) 또는 정보의 이전(information transfer)이라함	Arrow 1969
• 이전의 비용(the cost of transfer)은 전달비용(transmission costs)과 흡수비용(absorption costs)을 포함한다고 하면서, 만약 기술이전이 복잡하거나 기술수령자가 그 기술을 흡수할 수 있는 능력을 가지고 있지 않을 때 고려되어짐	Teece 1977
• 물질적 장비 또는 하드웨어가 효과적으로 활용되기 위해서는 기술(technology)이라는 정보가 확보되고, 작동, 품질관리, 다양한 생산 절차와 같은 주변부의 효과적인 전달은 기술이전 과정의 핵심이라 함	

한다고 한다. 앞서 정보와 노하우를 비교하면서 작동(operation)과 다양한 생산 절차(manufacturing procedures)를 절차적 지식으로 간주하여 노하우적 성격이 강하다고 했다. 그러나 Teece는 이것을 정보(information)로 설명하고 있다. 그러나 이론적인 체계를 위해서는 노하우로 봄이 타당할 것이다. 단지, 코드화의 문제이다.

<표 3-5>에서는 기술이 이전되는 데 소요되는 비용에 대해서 정리한다.

제2절 기술이전의 개념

1. 기술이전의 정의

기술이전은 정부나 대학 또는 과학적 기술개발을 수행한 기관의 연구결과인 스킬, 지식, 기술, 생산방법, 생산 샘플, 설비 등을 이전하는 과정으로 정의되고 있다(Grosse, 1996). 이런 연구결과물을 이전받은 조직이나 개인은 그것을 더 개발하고, 발전시켜서 새로운 제품, 공정, 응용, 물질, 서비스 등에 활용한다. 이러한 과정은 지식이전과 밀접한 관련이 있다고 한다. 또한 Amesse(2001)는 기술이전을 대인 간, 다수의 사람 간, 그룹 간, 조직 간의 기술적 지식 또는 인공물(artefacts) 또는 권리(rights)를 교환하도록 의도적이며, 목표 지향적인 상호작용이라고 제시하고 있다.

기술이전은 그 주체와 내용에 따라, 국내 및 국제적 이전, 정부 간 또는 민간 사이의 기술이전, 하드웨어와 소프트웨어 기술이전, 수직적 및 수평적 기술이전으로 구분할 수 있다(박우용, 1996). 수평적 이전은 한 지역에서 다른 지역으로 기술이 이동하는 것을 말하며 수직적 이전은 응용연구센터로부터 하부의 연구개발 부서로 기술이 이동하는 것을 말한다(Brooks, 1996).

Grosse(1996)는 기술이전은 최소한 세 종류가 존재한다고 한다. ① 제품 기술은 제품 생산에 사용되는 지식으로 제품의 특징을 기술하는 정보를 말하며, ② 공정 기술은 입력되는 내용을 관리하고, 관련 기계류를 동작시키는 데 사용되는 지식으로 특정된 제품이나 서비스를 생산하는 과정과 관련되고, ③ 관리기술은 사업을 수행하는 데 사용되는 지식으로 관리스킬은 기업이 소유하고 있는 자원을 효과적으로 사용함으로써 경쟁력을 가질 수 있도록 하는 것을 말한다. 특이한 것은 세 번째, 관리기술인데 Li–Hua(2003)의 연구결과는 경제발전이 잘된 지역일수록 지식이전(knowledge transfer)의 요구가 많았고, 그런 지역일수록 형식적 지식(hard technology, 제품 생산에 대한 특별한 기술)보다는 암묵적 지식(soft knowledge, 노하우)을 얻는 데 더 열의가 있었다고 연구한 결과로 볼 때, 관리기술은 관리 노하우와 관련된 컴퓨터 프로그램 등의 기술 또는 ERP(Enterprise Resource Planning, 전사적 자원관리)[2]처럼 기업이 보유하고 있는 자원들을 통합 관리하는 시스템도 포함한다고 사료된다.

2. 기술이전의 속성

Amesse(2001)는 기술이전은 다른 조직 간의 합의 또는 계약적 합의를 통하여 해결할 수 있는 문제(a problem to be solved)라고 한다. 이것을 해결하는 방법으로 기술이전을 <표 3–6>과 같이 네 가지의 범주로 나누어서 분석을 하였는데, 첫 번째로 일사분면(조직 간–기술창출)에서는 청부 연구개발과 아웃소싱(contracting out & outsourcing)으로 정의되고, 주된 기술이전의 문제점은 많은 전문화된 공급자(specialized suppliers)의 공헌을 어떻게 효율적으로 관리할지이다(Pavitt, 1984). 가령, 전문화된 연구실(specialized labs), 시험연구실(test labs), 장비와 기구 생산자(equipment and instrument manufacturers), 소프트웨어 개발자(software developers), 엔지니어링 기업(engineering firms) 등은 자주 혁신개발에 연루된다. 특히, 공정기술

2 ERP(Enterprise Resource Planning, 전사적 자원관리)란 기업 내 생산, 물류, 재무, 회계, 영업과 구매, 재고 등 경영 활동 프로세스들을 통합적으로 연계해 관리해 주며, 기업에서 발생하는 정보들을 서로 공유하고 새로운 정보의 생성과 빠른 의사결정을 도와주는 전사적 자원관리시스템 또는 전사적 통합시스템을 말한다(노규성 · 조남재, 2010; Laudon & Laudon, 2006).

(process technologies)의 경우가 여기에 해당된다.

두 번째로 이사분면(조직 내-기술창출)에서는 혁신관리(managing innovation)로 정의되고, 주된 기술이전의 문제점은 어떻게 효율적으로 연구실(lab)로부터 시장으로 창출된 기술을 전달할 것인 지라고 한다(Souder, 1987). 만약 같은 회사 내에서 서로 다른 그룹 간 또는 부서 간에 상호작용(interaction)이 결여되면, 정보와 지식의 상호의존도(mutual dependencies)가 떨어져서 혁신은 실패로 될 가능성이 있고, 다양한 혁신 사이클(multiple innovation cycles)이 존재하고, 비용이 증가되고, 시장진입이 늦어지게 된다. 결국 혁신관리에서 중요한 것은 시의 적절하게 성공적으로 어떻게 기술적 인공물(technological artefact)을 생산할지이다. 즉, 창출된 기술이 혁신으로 된다는 것은 상용화 성공여부이다.

세 번째로 삼사분면(조직 내-기술의 재생산)에서는 하부조직 또는 자회사로 기술전달(transferring to divisions or subsidiaries)로 정의되고, 주된 기술이전의 논점은 조직적 합의(organizational arrangements)이다. 조직적 합의를 통한 기술이전의 과정은 장황하고(lengthy), 사람이 집중(people-intensive)되는 작업이다. 이러한 작업은 장비(equipment), 디자인(design), 서류작업(documentation), 훈련(training), 사람(people) 그리고 관리표준(management routines)과 시스템(systems)을 통하여 구현된다. 이와 같은 작업을 통한 성공적인 기술이전을 위해서는 기술의 원천(technology source)을 방사(emitting)하는 능력과 하부조직이나 자회사에서 기술을 접수하는 능력(the receiving capacity)이 중요하며, 기업에서는 기술적 지식(technological knowledge)이 한 방향 또는 여러 방향으로 흐를 수 있도록 지원해주는 능력이 있어야 한다.

네 번째로 사사분면(조직 간-기술의 재생산)에서는 입증된 기술의 매매(buying or selling proven technology(licensing, turnkey, BOT etc.)로 정의되고, 기술이전의 경로로는 선진국 기업 간의 거래와 선진국과 개발도상국 간의 거래로 구분된다. 만약, 기술매매 당사자 간에 방사 또는 접수 능력이 결여되면, 기술매매 당사자들의 지식기반(knowledge base)에 차이가 생겨서 상호작용이 한계에 달하며, 상호작용을 위한 시간이 부족하게 되고, 또한 지식이전(knowledge-transfer)을 지원하기 위한 일괄계약(packaged contracts, turnkey, product in hands)조차 활용할 수 없다면 BOT[3]나 합작투자를 활용하여 기술이전을 보완할 수 있다. 중요한 것 중 하나는, 기술판매자의 기술

3 build, operate, transfer: 정부 등에서 민간투자를 유치하는 방법으로 사회간접자본(SOC)을 건설한 후, 일정기간 운영을 통하여 수익을 발생시킨 후, 발주처에 무상으로 기부하는 방식

| 표 3-6 | 기술이전의 속성

구분	조직의 내부(internal)	조직간(external)
기술창출 (innovation process)	• **혁신관리로 정의됨** • **문제점**: 어떻게 효율적으로 연구실로부터 시장으로 창출된 기술을 전달할 것인가? → 같은 회사 내에 서로 다른 부서 간에 상호작용이 결여되면 정보와 지식의 상호의존도가 떨어져서 혁신은 실패로 될 가능성이 존재 또한 다양한 혁신 사이클이 존재하고, 비용이 증가, 시장진입 늦어짐 • 시의 적절하게 기술적 인공물(technological artefact)을 생산하는 것이 중요함	• **청부 연구개발과 아웃소싱으로 정의됨** • **문제점**: 많은 전문화된 공급자의 공헌을 어떻게 효율적으로 관리할 것인가? → 전문화된 연구실, 시험 연구실, 장비와 기구 생산자, 소프트웨어 개발자, 엔지니어링 기업 등 → 공정기술(process technologies)이 해당됨
기술의 재생산 (diffusion process)	• **하부조직 또는 자회사로 기술의 전달로 정의됨** • **문제점**: 조직적 합의(organizational arrangements)를 어떻게 이룰 것인가? → 기술이전의 과정은 장황하고, 사람들이 집중됨 → 장비, 디자인, 서류작업, 훈련, 사람, 관리표준(management routines), 시스템을 통하여 구현됨 → 기술의 원천을 방사하는 능력과 하부조직과 자회사에서 기술을 접수하는 능력이 중요함	• **기술의 매매로 정의됨** • **문제점**: 기술매매 당사자 간의 방사 또는 접수 능력이 결여되면, 기술매매 당사자들의 지식기반에 차이가 생겨서 상호작용이 한계에 달하며, 상호작용을 위한 시간이 부족하게 됨 → BOT 또는 합작투자를 활용하여 기술이전을 보완 → 기술판매자의 기술수령자에 대한 근접한 상호 작용이 요구됨

출처: Amesse(2001) 논문내용 재구성

수령자에 대한 오랜 기간의 헌신 또는 근접한 상호작용(close interaction)은 더욱더 기술이전을 효율적으로 하게 할 수 있다(Killing, 1980; Inkpen, 1996)는 것이다.

Galbraith(1990)는 기술이 이전될 당시의 자원의 생산성과 수령자(recipient)의 생산시설에서의 생산성을 비교하면서 기술이 복잡하지 않거나, 기술이전될 자원과 기술의 수령자가 지리적으로 가까울수록, 기술공급자가 계속하여 함께 생산할 때, 그리고 자원에 대한 지식을 소유한 엔지니어 팀이 시의 적절하게 기술의 수령자의 생산지로 이동할 때 기술수령자의 생산성은 빠르게 회복되는 것을 발견했다는 것과 맥락이 유사하다는 것을 알 수 있다.

Amesse(2001)는 기술이전 시의 흡수 능력에 대해서 더 이상 기업 내의 특정 팀(연구개발 부서)에 한정되지 않고, 다양한 부서로 흡수되어야 한다고 한다. 가령, 기술을 수령받는 기업 내에 그룹, 팀, 공동체 등 기술을 흡수하는 개체수가 많을수록 외부로부터 기술을 효과적으로 흡수할 수 있는 기회는 많아진다고 한다.

기업 내에서 기술이전 관리는 흡수능력(absorptive capacities)뿐만 아니라 방사능력(capacities of emission) 모두를 갖추어야 한다고 한다. 이때, 기업이 자사의 기술을 외부로 방사(emission)할 때 형식화된 형태(codified form(특허))나 암묵적인 형태(tacit form) 또는 둘을 함께 사용하는 방식을 사용한다고 한다.

3. 기술이전의 형태 및 적용분야

기술이전은 체화된 형태와 비체화된 형태로 나누어지며 전자는 외국인 직접투자, 기계류 수입, 턴키베이스 플랜트가 있고, 후자는 특허실시권, 노하우, 기술 및 출판물이 있다고 한다(박우용, 1996). 여기에 다른 의견을 제시하면, 체화된 형태는 '노하우'와 '기술'도 포함될 수 있다는 것이다. 가령, '노하우'는 절차적 지식(procedural knowledge)이면서 처방지식(prescriptive knowledge)이므로 체화된 암묵적 지식으로 볼 수 있다(Kogut and Zander, 1992; Vincenti, 1984) 또한 '기술(technology)'에 대해서 Allen(1977)은 인지적(visual or tacit) 형태의 입력 정보를 인간이 인지할 수 없는 물질적 언어(physically encoded)로 변형출력 된다고 했으니 이것 또한 체화된 것으로 볼 수 있다. 즉, 보는 관점에 따라서 여러 가지로 해석이 가능하다는 것이다.

지식기반경제하에서의 기술이전은 단순히 기술만을 이전하는 것이 아니라 거기에 수반되는 지식도 함께 이전되며, 지식의 생산자와 사용자의 구분이 모호해진다(Amesse and Cohendt, 2001).

대학에서 기업으로의 지식의 이전은 지식이 형식화될수록 쉽게 이전되지만 지식의 순환은 학문세계와의 교류로부터 많은 영향을 받는다(Hicks, 1995).

조직 속에서 개인은 사회화 과정을 통하여 학습을 하고, 조직 간 교류를 통하여 지식의 공유 및 교환을 한다. 지식기반 사회에서는 이러한 개인 및 조직 간의 교류를 통하여 더 많은 지식을 공유하고 학습함으로써 일방적으로 기술 또는 지식이 이전되는 것이 아니라 상호 작용하는 형태로 변화되고 있다(Carayannis et al., 2000).

4. 기술이전의 메커니즘

기술이전은 기술제공자와 기술도입자 그리고 기술이전 대상물이 있어야 한다. 그리고 전달수단도 있어야 하며, 기술도입자의 흡수역량이 중요하다(석금경, 1994). 기술이전이란 기술적 이전(technological transfer)이며, 기술이전을 받는 기업의 흡수역량(absorptive capabilities)과 공급기관에서의 지식전달(knowledge-transmission) 전략이 중요하다(Amesse & Cohendet, 2001).

Rogers et al.(2000)은 미국 연구중심대학의 기술이전의 메커니즘을 발명공개, 특허신청, 기술 라이선스 취득, 신생기업에 기술이전을 통한 수입 창출, 기술 라이선스 양도 수입 또는 라이선스 수입, 고용창출 과정으로 설명한다.

넓은 의미의 기술이전 메커니즘은 지적재산권 보호부터 상업화지원 및 변화대응 전략까지 포괄하는 개념으로서 지적재산권 보호로서 특허출원, 라이선스 계약, 협상, 산학프로젝트 계약을 말하며, 기술이전 초기화로서 기술마케팅, 기술검색, 기술중개, 시장조사 등을 예로 들 수 있으며, 기술이전 과정지원으로서는 기술이전 계획과 의사 소통지원을 예시할 수 있으며, 상업화 지원으로는 상업화 검토 및 평가, 기술보육, 자금지원을 예로 들 수 있고, 운영지원으로는 행정지원, 회계지원 그리고 변화대응으로는 트랜드 분석, 국제화 지원을 예시할 수 있다(조규갑 · 문병근, 2000).

제3절 공공연구기관의 기술이전

1. 공공연구기관의 기술이전 메커니즘

공공연구기관의 기술이전 메커니즘은 구체적으로 기술이전대리인(transfer agent), 전달수단(transfer media), 전달물(transfer object), 수요환경(demand environment), 전달받는 사람(transfer recipient) 등으로 구성된다([그림 3-2]).

<표 3-7>에서 제시된 바와 같이 기술이전대리인은 기술이전을 시도하는 기관 또는 조직, 전달수단은 공식 또는 비공식적으로 기술이전되는 수단, 전달물은 전달되어지는 내용이나 형태, 전달받는 사람은 전달물을 수령받는 조직이나 기관, 그리고 수요환경은 전달물의 필요성과 관련되는 시장(비시장) 관점의 요소들을 의미한다.

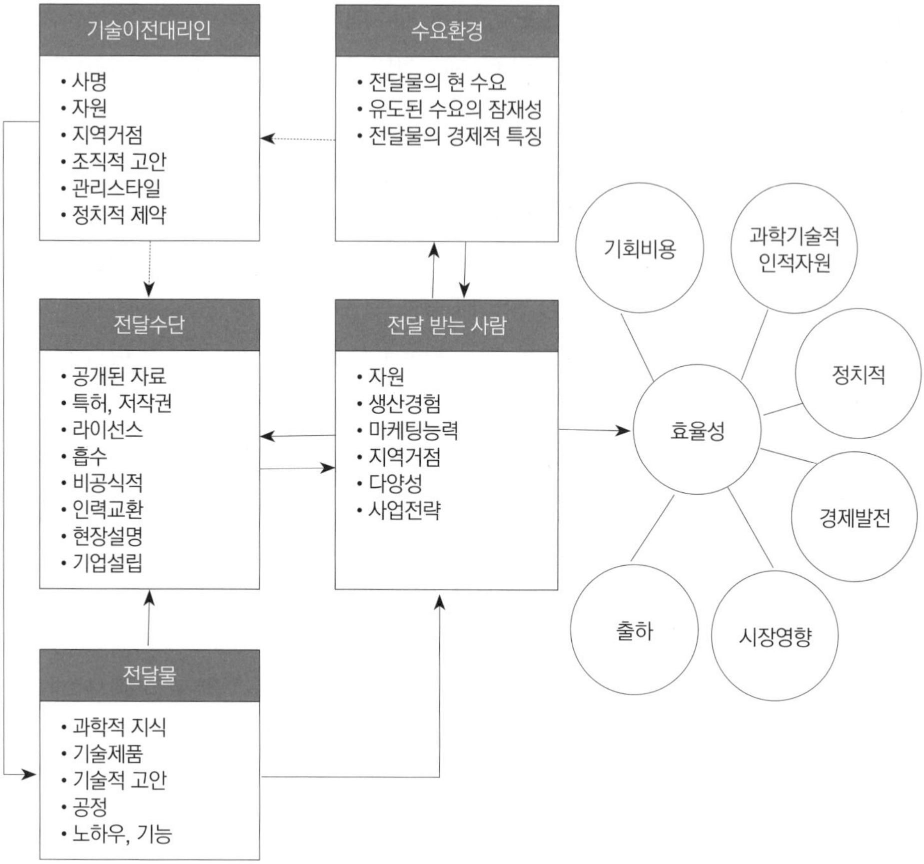

출처: Bozeman(2000) 재구성, p.636

| 그림 3-2 | 기술이전의 메커니즘

| 표 3-7 | 기술이전 메커니즘

관점	초점	예시
기술이전 대리인	기술이전을 시도하는 기관 또는 조직	정부기관, 대학, 기업
전달수단	공식 또는 비공식적으로 기술이전되는 수단	라이선스, 저작권, 개인적 접촉, 공식문서
전달물	전달되어지는 내용이나 형태	과학적 지식, 기술제품, 공정, 노하우
전달받는 사람	전달물을 수령받는 조직이나 기관	기업, 에이전시, 조직, 소비자, 비공식적 그룹
수요환경	전달물의 필요성과 관련되는 시장(비시장) 관점의 요소들	기술의 가격, 대체성, 현재 사용 중인 기술과 관련성, 정부 보조금

출처: Bozeman(2000) 재구성, p.637

| 표 3-8 | 기술이전의 효율성 표준

효율성 기준	초점	연구와 실행
출하	다른 사람에 의하여 제공된 기술을 수령받는 조직에서 있는 그대로의 사실에 입각	실행에 있어서 지극히 일반적이나 평가 측정에 있어서는 비범함
시장영향	해당 기술이전은 상업적 영향, 제품의 수익 창출, 시장 점유율 변화에 영향을 미쳤는가?	연구와 실행 둘 다 관련
경제적 발전	시장영향과 유사하나 유일 기업이나 산업이라기보다는 지역경제나 국가경제에 기여하는 영향을 측정	연구와 실행 둘 다 관련
정치적 보상	기술이전에 참여함으로써 얻게 되는 정치적 보상의 기대치에 입각(예, 증가된 투자)	실행에서는 만연 그러나 연구는 거의 조사되지 않음
기회비용	자원의 대체 사용자뿐만 아니라 기술이전이 되지 않았을 경우, 영향을 줄 수 있는 것. 기술이전대리인과 전달받는 사람의 사명을 조사할 필요가 있음	전문가들 사이에서 관심이 많은 항목이나 공식적인 비용절감 연구 외에 조사된 것 없음
과학적, 기술적 인적자원	과학적, 기술적 과업을 지탱하는 기술이전의 영향과 증가된 과학적, 기술적 스킬, 기술적, 사회적 자본 그리고 인프라스트럭처(예, 네트워크, 사용자 그룹)	전문가들 사이에서 관심이 많으나 연구 측면에서 거의 조사되지 않음

출처: Bozeman(2000) 재구성, p.638

2. 기술이전의 성과

기술이전의 성과를 <표 3-8>과 같이 기술이전의 효율성으로 평가할 수 있다. 가령, 기술이전을 받음으로써 생산제품의 이익이 증가하고, 시장 점유율이 높아진다면 기술공급자나 기술수령자 모두가 바라는 바일 것이다. 이와 함께 과학적, 기술적 스킬이 향상되고 사회적인 인적 네트워크 형성을 통한 기술거래의 기반을 구축할 수 있다면 궁극적으로 지역 및 국가 산업발전에 이바지할 것이다. 그러나 만약 기술이전이 실패로 귀결되면 기회비용을 생각하지 않을 수 없기 때문에 기술이전 시에는 '왜?'라는 질문을 통하여 우선 기술이전의 당위성을 찾는 것이 필요할 것이다.

<표 3-9>에서 주체별 기술이전의 성과를 협의와 광의로 크게 나누고, 유형과 무형으로 구분하여 분석하였다. 기술이전의 협의의 성과로는 기술공급자 입장에서는 보유하고 있는 기술을 외부에 전달함으로써 기술이전료의 획득으로 연구비를 얻는 결과가 되어 연구역량을 강화할 수 있는 토대를 마련할 수 있고, 또한 기술력을 인정받음으로써 평판이 제고되는 효과가 있다. 기술수요자 입장에서는 외부로부터 기

| 표 3-9 | 주체별 기술이전의 성과

구분	협 의		광 의	
	유 형	무 형	유 형	무 형
기술공급자 (대학)	연구역량 강화	평판의 제고	지역발전에 기여	산학협력을 통한 사회적 효율 달성
기술수요자 (기업)	기술의 획득	기업 경쟁력 제고	지역경제성장 촉진	
소비자 (지역사회)	지역 경제 성장		사회적 후생 증대	

출처: 이성근 외(2005), p.34

술을 획득함으로써 신기술을 개발할 수 있는 기술적 기반을 구축하여 매출액이 증대되고, 수익이 증가하여 기업경쟁력의 강화를 꾀할 수 있다. 결국, 기술이전을 통하여 기업들에게 유무형의 효과가 발생되어 지역경제 발전에 기여할 수 있다. 광의의 개념으로는 산학협력을 통한 사회적 인맥 네트워크를 구축하여 국가경제 발전에 기여한다(이성근 외, 2005)는 것이다.

3. 산학 기술이전 모델

산학 기술이전 모델을 단순하게 표현하면 [그림 3-3]과 같다. 기술이전 프로세스

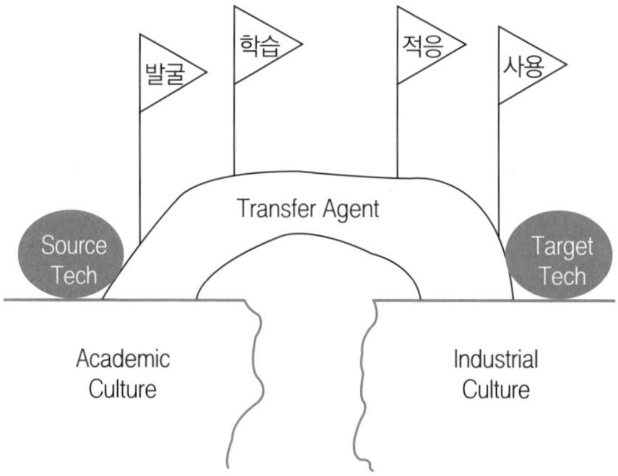

출처: Goldhor & Lund(1983) 재구성, p.144

| 그림 3-3 | 산학 기술이전 모델

| 표 3-10 | 출처기술과 표적기술의 종류와 정의

Tech	종류	정 의
출처기술	확장 가능한 기술	기술수령자가 자신의 연구를 통하여 더 넓은 응용범위의 제품과 공정을 달성하기 위하여 기반기술의 범위가 넓어야 한다.
	숙성된 기술	상업적 활용(commercial exploitation)이 가능하도록 충분한 기본연구가 되어야 한다.
	방어 가능한 기술	기술공여자는 기술수령자에게 자신과 경쟁관계에 있는 제3자에게 기술을 허여하지 않을 것을 요구할 수 있다.
	이동 가능한 기술	대학으로부터 물리적으로 이동이 가능해야 한다. 가령, 추가의 장비를 요구한다든지 훈련을 요구해서는 안 되고, 법적이나 정책적으로 방해를 받지 않아야하고 적절한 문서화(documentation)가 결여되어서도 안 된다.
표적기술	응용성	기술이전되는 기술이 다른 특별한 필요성에도 적용 가능하도록 응용성이 있어야 한다.
	시장성	기술이전의 비용과 어려움을 고려하여 기술이 적용되는 시장이 커야한다.
	권리성	기술은 특허 또는 영업비밀 등으로 보호가 되어야 한다.
	확장성	제2, 제3의 제품과 같은 후속 제품에도 기술이전된 기술이 유효해야 한다.

출처: Goldhor and Lund(1983), pp.144–146 재구성

의 중요한 요소는 기술공여자와 기술수령자 조직 사이의 이질적인 문화를 서로 연결해주는 다리(bridge)인데, 이것은 기술이전 에이전트(transfer agent)의 역할이다. 기술이전 에이전트는 견고한 기술이전의 핵심적 역할을 한다. 기술이전메커니즘은 출처기술(source tech)이 다리(기술이전 에이전트)의 역할로 표적기술(target tech)로 연결되는 과정으로서 발굴, 학습, 적응과 사용의 절차를 포함하는 일련의 프로세스로서 다리를 건너기 전 기술(source tech)은 다리를 건넌 후에 꽤 다른 어떤 것(something quite different) 즉, 건넌 후 기술(target tech)로 최종적으로 변해 있을 수도 있다(Goldhor & Lund, 1983)는 것이다.

<표 3–10>에서 다리 건너기 전 기술(source tech)과 건넌 후 기술(target tech)에 대한 종류와 정의를 기술한다. 단, M.I.T[4]의 진보된 기술의 사례연구를 기반으로 정의하므로 일반적인 정의는 아니다.

기술이전 시에 이전 에이전트(transfer agent)의 경험이 중요한데 기술이전 당사자 외에 제3자의 가치가 제기되고 있으며 제3자로는 주로 개인 또는 기술자, 혁신가

4 미국 매사추세츠에 위치한 MIT(매사추세츠 공과 대학, Massachusetts Institute of Technology)는 1861년 지질학자인 W. B. 로저스가 세계 최초의 공과 대학으로 창립했다.

(innovator), 어드바이저, 중개인(broker), 촉매자(catalyzer)의 역할을 할 수 있는 조직이 여기에 해당 된다(Bucy, 1976).

[그림 3-3]의 산학 기술이전 모델의 프로세스에서 발굴(searching)은 출처기술과 표적기술들이 잘 맞도록 찾는 과정이고, 학습(learning)은 기술공여자와 기술수령자 사이에서 관련되는 인력의 상호교환 등을 포함하기 때문에 시간과 돈이 많이 소요되는 중요한 이전 메커니즘 단계이다. 적응(adaptation)은 기술수령자가 출처기술에 관한 지식들이 조직의 내부에 스며들 수 있도록 해야 한다. 사용(utilization)은 기술이전되는 기술이 적용되는 범위는 특정제품뿐만 아니라 일련의 관련되는 제품들에도 적용 가능해야 하며, 전문성(expertise) 확보나 인력 확보(acquisition of personnel)에도 도움이 될 수 있어야 한다(Goldhor and Lund, 1983; Rogers et al., 2000; Amesse, 2001).

제4절 대학의 암묵적 지식이전 채널

1. 대학의 기술이전전담부서(TLO)의 기능 및 역할

대학은 본연의 교육과 연구에만 그치지 않고, 대학의 연구결과물을 활용하여 자산화하는 아카데믹 캐피털리즘(Slaughter and Leslie, 1997)이 등장했고, 대학 기술의 상용화를 위하여 더 많은 대학기반의 연구센터가 형성되고 있다(Cohen et. al., 1994). 연구중심대학은 이러한 대학의 연구 성과물을 기업에 이전하는 정책을 수행하게 되고, 연구중심대학으로부터의 기술이전은 점차적으로 미국 경제 성장의 엔진으로 인식하게 된다(Slaughter and Leslie, 1997).

우리나라에서도 "산업교육진흥 및 산학연협력촉진에 관한 법률" 규정에 2003년부터 대학 연구 성과물 관리에 대한 조항(제27조)이 신설되었고, 각 대학마다 제27조에 근거하여 산학협력단을 설립하여 대학 내의 연구결과물에 대한 관리를 하고 있다. 주요업무로는 ① 산학연협력계약의 체결 및 이행, ② 산학연협력사업과 관련한 회계의 관리, ③ 지식재산권의 취득 및 관리에 관한 업무, ④ 대학의 시설 및 운영의 지원, ⑤ 기술의 이전과 사업화 촉진에 관한 업무, ⑥ 직무발명과 관련된 기술을 제공하는 자 및 이와 관련된 연구를 수행하는 자에 대한 보상, ⑦ 산업교육기관의 교원

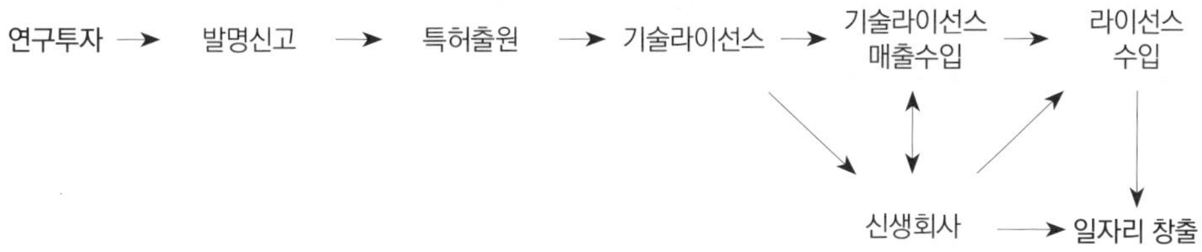

출처: Rogers et al.(2000), p.60

| 그림 3-4 | 연구중심대학의 기술이전 프로세스

과 학생의 창업지원 및 기업가정신 함양 촉진 등에 관한 업무 등이 있다.

우리나라 대부분의 4년제 대학에서는 산학협력단 내에 서로 다른 기능을 하는 부서를 두고 있다. 가령, 상기 ①과 ② 그리고 ④는 연구 지원실에서 관할하고, ③과 ⑤ 그리고 ⑥과 ⑦은 기술이전 지원실에서 관할한다.

기술이전 지원실에 대한 기능 및 기술이전 성과에 영향을 주는 요인 분석 및 효율성에 대한 분석은 이미 많은 연구가 진행된 상태이다(이윤준, 2008; 박검진 외, 2011; 옥주영 · 김병근, 2009; 한동성, 2009; 현만석, 2008; Thursby and Kemp, 2002; Siegel et al., 2003; Debackere and Veugelers, 2005; Chapple et al., 2005; Powers, 2003; Thursby and Thursby, 2002; Link et al., 2007).

Geisler and Clements(1995)는 기술이전 활동이 성공적인지를 측정하는 항목으로 ① 기업과 대학 간의 공동연구개발의 수, ② 기술라이선스 체결 건수, ③ 이전된 기술이 상업화에 기여한 영향력으로 평가한다고 한다.

Rogers et al.(2000)은 [그림 3-4]에서 연구중심대학의 기술이전 과정에 대해서 설명하고 있다.

스탠퍼드 대학의 기술라이선싱 부서(OTL)[5]의 미션은 스탠퍼드 기술을 사회에서 사용하도록 기술이전을 촉진하고, 창출된 수입으로 연구와 교육을 위하여 재투자 및 지원을 하는 것이다(Sandelin, 1994).

대학의 기술이전전담부서에서는 특허와 같은 형식적인 지식을 주로 기술이전하게 되는데, 대학 내에는 암묵적 성격의 연구성과물이 많다. 가령, 특허로 보호가 가능하지 않아서 비밀로 유지되는 프로세스 기술(process technology), 코드화할 수 없는 노하우와 같은 암묵적인 지식, 소프트웨어 기술 등은 특허로 보호하기가 어렵다.

5 OTL: Office of Technology Licensing.

이러한 기술들은 과학에 의존하기 보다는 누적된 고안(cumulative design)이나 공학 스킬에 더 많이 의존 한다(Pavitt, 1991). 이러한 기술들은 기술이전전담부서에서 관리하기가 어렵다. 연구자가 자발적으로 신고하지 않으면 이런 지식들이 있는지조차 모를 것이다.

2. 대학과 기업의 공식적인 계약으로부터 파생된 암묵적 지식이전

Link et al.(2007)은 공식적인 기술이전은 재산권(property rights)과 법적인 의무(obligations)에 초점을 두는 반면, 비공식적인 기술이전은 재산권은 이차적인 역할을 하고, 법적인 의무 보다는 규범적인 의무라고 한다.

Grant & Gregory(1997)는 생산기술이전(manufacturing technology transfer)의 효율성에 대한 연구에서 주된 영향을 미치는 것은 일정 수준의 암묵적 지식(tacit knowledge)이라고 하면서 암묵적 지식이 효율적으로 전달되기 위해서는 이동성(transferability)이 중요하고, 이동성은 축적된 지식의 특성에 따라서 결정된다고 한다.

Schartinger et al.(2002)는 대학과 기업 간의 지식 상호작용(knowledge interaction)을 네 개의 범주로 기술한다. ① 공동연구(joint research)와 공동출판, ② 계약연구와 자문 그리고 기업으로부터 도움을 받는 연구, ③ 이동(mobility)과 대학과 기업 간의 직원파견 그리고 학생들의 공동감독, ④ 훈련(training)과 교육협조(대학에서 기업직원의 훈련과 기업직원에 의한 강의) 등이 있다.

공동협력(collaboration)이 하나의 조직에서 체화된 학습이라면 기업의 학습은 그러한 공동체에 참여함으로써 발생된다. 또한 이동(mobility)은 특별한 공동협력 프로젝트 내에서 발생되는 고유한 관계며, 인력이동(human mobility)은 대학원생의 채용처럼 포괄적인 스킬의 이전을 의미한다(Perkmann and Walsh, 2007).

Meyer-Krahmer and Schmoch(1998)는 독일 대학의 산업체와의 연계 수단에 대한 연구에서 공동연구(collaborative research)와 비공식적인 접촉(informal contacts)은 매우 가치가 있다고 한다. 유사하게, D'Este and Patel(2007)는 영국의 산학협력 채널로 자문(consultancy), 계약연구(contract research), 공동연구(joint research), 훈련(training), 모임과 회의(meetings and conferences), 자회사 설립(spin-off) 등이 있다고 한다.

Adams et al.(2001)은 미국 산학협력 연구를 하면서 활동의 영역으로 공동연구(collaborative research), 학술적 자문(academic consulting), 응용연구개발(applied R&D), 전통적인 기술이전인 특허라이선스, 자회사 설립(spin-off companies) 외에 교육성과(educational outputs)가 있다고 한다. 외부고객을 위한 공동연구나 학술적 자문은 유료로 진행한다(Perkmann and Walsh, 2007).

3. 대학의 연구자와 기업의 비공식적인 계약으로부터 파생된 암묵적 지식이전

비공식적인 기술이전 메커니즘은 비공식적인 소통 과정을 통하여 기술적 지식(technological knowledge)들이 이동한다. 그 종류로는 기술지원(technical assistance), 자문(consulting), 공동연구(collaborative research) 등이 있다. 일부 기업들은 대학의 과학자들을 직접 접촉하여 비공식적인 기술이전 형태로 프로젝트를 진행한다(Link et al., 2007; Siegel et al., 2003, 2004).

많은 기술들이 실제로 비공식적으로 빠져나간다. 이러한 비공식적 기술이전의 채널은 일반적이다. 대학의 행정가들은 이런 비공식적인 행위들을 공식적이 되도록 하는 것이 필요하다(Markman et al., 2006).

사회적 자본(social capital)은 대학의 과학자와 기업 간의 성공적인 협력에 영향을 미치고, 인적 자본(human capital)으로 되고, 인적 자본은 암묵적인 지식과 관련이 깊고, 결국 암묵적인 지식이 기업으로 흘러들어간다(Murry, 2004). 오픈 이노베이션을 수행하는 데 사회적 자본인 외부출처와 지속적인 관계를 유지하는 것은 중요하다(Chesbrough et al., 2006; Vrande et al., 2009).

비공식적인 연구원 간의 접촉이 공식적인 계약으로 이루어지는 경우도 많고, 공식적인 계약을 맺으면서 비공식적인 연구원 간의 접촉이 자연스럽게 이루어지는 경우도 있다. 이 경우 특허 라이선스 같은 형식적 지식이전과 대학의 과학자와 산업체의 개인 사이의 상호작용에 의한 암묵적 지식이전이 동시에 발생된다(Perkmann and Walsh, 2007).

Siegel et al.(2003)은 산학협력 활동의 주요성과로 노하우의 비공식적 이전이 있다고 한다. 또한 산학협력 활동을 위한 인적교류와 네트워크 측면의 개인적인 관계가 중요하다고 한다.

Bozeman(2000)은 인적 자본(human capital)과 기술이전에 있어서 훈련의 역할은 더욱 더 넓게 인식되어가고 있다고 하면서 컨설턴트의 활용(Bessant and Rush, 1995), 학생의 훈련(Nataraajan and Chawla, 1994), 인력교환(Hicks, 1993), 과학자 사이의 비공식적 관계(Bozeman et al., 1995) 예를 들고 있다.

Link et al.(2007)은 대학의 과학자와 엔지니어 대상으로 비공식적 기술이전 관련 설문조사를 했는데 그 내용은 다음과 같다: ① 나는 기술을 이전하거나 기술을 상용화하거나 응용연구를 함에 있어서 기업의 개인(industry personnel)과 함께 직접적으로 일한 적이 있다. ② 나는 학회지에 출간할 목적으로 기업의 개인과 공동저자로 일한 적이 있다. ③ 나는 기업과 비공식적으로 계약을 맺고 유료자문(paid consultant)을 한 적이 있다.

연구개발 제휴와 조직 간 네트워크는 조직의 개인 간의 사회적 관계(social relationships)를 근간으로 한다(Oliver and Liebeskind, 1998). 이와 유사하게, 대학과 산업 간의 연계는 비공식적과 공식적인 사회적 연계(social links)이다(Audretsch and Stephan, 1996; Jaffe, 1989; Owen-Smith and Powell, 2004; Zucker and Darby, 1996).

Cohen et al.(2002)은 산업체 연구개발 부서의 중역들의 설문조사 결과를 바탕으로 산업혁신에 관련되는 채널은 특허, 비공식적인 정보 교환(informal information exchange), 출판물, 보고서, 공개만남(public meetings), 회의, 대학원생 채용(hired graduates), 라이선스, 공동연구개발, 계약연구, 자문, 일시적 인적교류(temporary personnel exchanges) 등이 있다고 한다.

정보가 이동되는 수단으로는 공개연구(public research)와 산업영역(industrial realms)의 출판물과 특허가 있고, 다른 수단으로는 사회적 과정(social processes)에 의한 공동연구와 비공식적 네트워크가 있다(Perkmann and Walsh, 2007).

미국 대학의 많은 과학자들은 공식적으로 그들의 발명을 신고하지 않는 경우가 있다(Siegel et al., 2003; Thursby et al., 2009). 일부 기업들은 대학의 과학자를 개인적으로 접촉하여 그들과 직접적으로 프로젝트를 기획한다(Hall et al., 2003). 그러므로 의도적으로 대학의 기술이전전담부서를 배제시킨다(Hertzfeld et al., 2006). 이러한 과정들은 비공식적인 지식과 기술의 이전이라고 해석되며, 이 경우 기업은 대학의 과학자와 비공식적인 계약을 맺고 진행할 것으로 추측된다(Grimpe and Hussinger, 2013). 실제로 특허괴물(patent troll)[6]로 불리어지는 기업들은 재정난을 겪고 있는 벤처 · 중

6 개인 또는 기업으로부터 특허기술을 사들여 로열티 수입을 챙기는 회사를 일컫는 말이다. 특허권을 침해한 기업에게 소송을 제기하여 막대한 이익을 창출하기도 한다. 제품을 제조하거나 판매하

소기업이나 대학 등으로부터 특허를 매입하여 특허소송 등을 통하여 수익을 창출하고 있는데, 그들 기업 중에는 대학의 유명교수를 찾아가서 그들이 대학의 이름으로 특허를 출원하기 전에 아이디어 상태의 개념을 매입하여 자체적으로 가공하여 특허등록을 취득한 후, 특허소송을 제기하는 경우도 있다. 이런 경우가 발생된다면 대학의 자산이 교묘한 방법으로 외부로 누출되므로 대학의 입장에서는 결코 바람직하지 않다.

4. 대학의 연구자와 기업의 개인과의 비공식적 암묵적 지식이전

Grimpe & Hussinger(2013)는 비공식적 지식기술이전(knowledge and technology transfer)은 주로 계약이 수반되지 않는 대학의 과학자와 기업의 개인과의 상호작용에 초점을 둔다고 하면서 대학의 개인과 기업의 개인 간의 비공식 접촉은 공식계약을 통한 연구원들 간의 비공식적인 접촉보다 훨씬 발생빈도가 적다고 한다.

개인 사이의 비공식적인 소통은 주로 무역박람회, 산업회의(industry conferences), 세미나, 대화(talks), 사회적 활동(social activities), 공식적인 연구계약을 통한 대학과 기업의 전문 인력 간의 상업적 개발(commercial ventures)을 위한 공동참여(joint participation)에서 발생 된다(Acs et al., 1999).

Schartinger et al.(2002)는 암묵적 지식의 이동통로는 개인 간의 대면(face-to-face) 접촉에 의존한다고 한다.

Faulkner & Senker(1994)는 산학협력의 채널로는 문서(literature), 개인적인 접촉(personal contacts) 그리고 채용(recruitment)이 있다고 한다.

어떻게 새로운 제품이 창출되고, 상업화되는지를 이해하는 중요한 제공수단은 다른 조직의 직원과의 비공식적인 연결(informal ties)이다(Chesbrough et. al., 2006).

지식이전(knowledge transfer)은 주로 개인에 체화된 상태(person-embodied)이고 개인적 접촉(personal contacts)을 통하여 이동(movements)하고 국내외 네트워크 참여를 수반한다(Gibbons and Johnston, 1974).

대학과 기업 간의 상호작용이 경제적 성장에 영향을 주고 있으나 계량화하기에는 어렵다. 특히, 대학의 연구가 산업혁신에 기여한 것을 평가한다는 것이 어렵다. 왜냐

지 않고 특허권 또는 지식재산권만을 집중적으로 보유함으로써 로열티(특허권 사용료) 수입으로 이익을 창출하는 특허관리 전문회사를 가리키는 말이다. [출처: 두산백과]

| 표 3-11 | 독일 대학의 연구자의 관점에서 산업체와의 상호작용 메커니즘

순위	상호작용 메커니즘	관련지수
1	공동연구	74
2	비공식적 접촉	71
3	산업체에 대학원생의 취업	60
	박사학위 논문	60
	계약연구	56
	회의	56
	자문	52
4	산업체 연구원과의 세미나	39
	과학자 교환	39
	출판	35
5	위원회	31

출처: Schmoch(1999), p.64

하면 주로 기초연구(basic research)나 지식교환(knowledge exchange)과 같은 비공식적인 형태(informal forms)를 띠기 때문이다(David et al., 1992). 주요 미국 기업들의 제품혁신의 11%는 대학지식(academic knowledge)과의 직접적인 접촉 때문이다(Mansfield, 1991).

지식의 아이디어(the idea of knowledge)를 교환한다는 것은 계약연구(contract research)와 같은 공식적인 관계 외에 비공식적인 접촉을 포함하는 지속적인 과정이다(Schmoch, 1999).

<표 3-11>에 독일 대학에서 연구자 관점에서 산업체와의 상호작용 메커니즘에 대해서 연구한 결과, 공동연구와 함께 비공식적 접촉의 비중이 큼을 알 수 있다.

대학과 산업체 연구자들이 참석하는 기술-과학 공동체는 종래의 과학 공동체와 비교해서 더 높은 비공식적인 연계를 갖는 지식 네트워크로 특징지어진다. 이러한 네트워크는 계약이 수반되지 않는 것을 의미 한다(Schmoch, 1999).

5. 암묵적 지식이전 메커니즘 상호비교

앞서 분석한 대학과 기업의 공식적인 계약으로부터 파생된 암묵적 지식이전과

| 표 3-12 | 공식적 · 비공식적 암묵적 지식이전 메커니즘 모델 상호비교

구 분		전달수단	전달물	효 과
공식적 암묵적 지식이전		• 이동성 • 자문 • 공동연구 • 공동출판 • 계약연구 • 상호간 직원파견 • 학생공동감독 • 훈련 • 강의 • 교육협조 • 공동협력 • 모임과 회의 • 자회사 설립	• 공동연구 결과물 • 공동출판물 • 계약연구 결과물 • 인력이동 • 대학원생 채용 • 교육성과	• 법적인 의무 • 기업연구원의 자질 향상 • 대학원학생 채용을 통한 암묵적 지식 이동 • 경영층의 관리로 인한 제품 생산성 향상
비공식적 암묵적 지식 이전	개인적 계약(有)	• 기술지원 • 자문 • 공동연구 • 사회적 자본 • 인적 자본 • 노하우 • 훈련 • 컨설턴트 • 학생의 훈련 • 인력교환 • 회의 • 계약연구 • 자문 • 일시적 인적교류	• 신고하지 않은 발명 • 공동연구 결과물 • 노하우 • 인력이동 • 채용	• 법적인 의무 • 개인 책임 연구로 인한 연구생산성 향상 • 인적 자본의 네트워크 구축 • 기업 연구원 자질 향상 • 노하우를 통한 제품 성능 향상
	개인적 계약(無)	• 무역박람회 • 산업회의 • 세미나 • 대화(talks) • 사회적 활동 • 채용 • 기초연구 • 지식교환	• 노하우 이동 • 채용 • 기초연구 결과물 • 기술인맥 형성	• 암묵적 지식 획득 • 개인적 친분 강화 • 과학기술 인맥 강화

대학의 연구자와 기업의 비공식적인 계약으로부터 파생된 암묵적 지식이전 그리고 대학의 연구자와 기업의 개인과의 비공식적 암묵적 지식이전 내용을 토대로 <표 3−12>에 전달수단, 전달물, 효과로 정리한다.

<표 3−12>에서 공식적과 비공식적인 암묵적 지식이전 메커니즘은 공식적인 이전과 비공식적인 이전으로 구분할 수 있다. 첫째, 공식적인 경우는 공식적인 계약을 통하여 비공식적으로 암묵적 지식이 대학으로부터 기업으로 흘러가는 경우로써 공식

적인 계약을 맺은 상태이기 때문에 기업과 대학 상호간에 법적인 책임으로 인해서 비록 비공식적인 만남이라도 목표의식이 서로 간에 있다. 그렇다보니 경영층에서도 관심을 가질 수밖에 없어서 제품 상용가능성을 높일 수 있다. 또한 개인적으로 많은 접촉을 시도하다보니 함께 연구한 대학원생을 자연스럽게 기업으로 스카우트할 수 있는 여건이 된다. 이것은 채용을 통하여 대학연구실의 암묵적인 지식이 기업으로 이동됨을 의미한다.

둘째, 비공식적이지만 대학의 연구자 개인과 기업이 계약을 맺고 연구를 진행하는 경우에는 상기의 경우와 마찬가지로 법적인 책임이 있기 때문에 연구결과물에 열성을 쏟게 되고 결과적으로 제품 상용화에 긍정적인 영향을 줄 수밖에 없다. 그러나 이 경우는 연구결과물을 대학에 공식적으로 신고하지 않고 기업의 명의로 특허 등 지식재산권이 출원될 가능성이 있다.

셋째, 비공식적으로 대가 없이 대학의 연구자 개인과 기업의 연구자 개인이 개인적인 친분으로 만나서 대화하는 과정에서 대학의 암묵적인 지식이 이동하는 경우로서 상호 법적인 책임은 없기 때문에 자연스러운 상태에서 서로 간의 경험을 주고받을 수 있다. 이 경우는 평소에 대학 선후배 관계 등으로 알고 지내는 사이이므로 의외로 문제해결이 되는 경우가 많다. 이런 인적 네트워크는 비용을 들이지 않는 기업의 자산이라고 할 수 있다.

제5절 대기업과 중소기업의 기술이전

1. 기술이전 사업화 애로요인

우리나라의 중소기업들의 개발기술의 사업화 애로사항을 조사한 자료인 [그림 3-5]에 따르면 사업화자금부족(28.7%), 개발제품의 높은 가격 수준(17.4%), 판매시장 부족(13.7%), 유사제품 출현(13.1%), 제품의 완성도 미흡(11.5%), 원료/설비 등 확보의 어려움(8.5%), 사업화를 위한 전문 인력 부족(6.4%), 기타(0.7%) 순으로 나타났다.

이중에서 제품의 완성도 미흡과 설비 확보의 어려움, 사업화를 위한 전문 인력

개발기술 사업화 애로사항

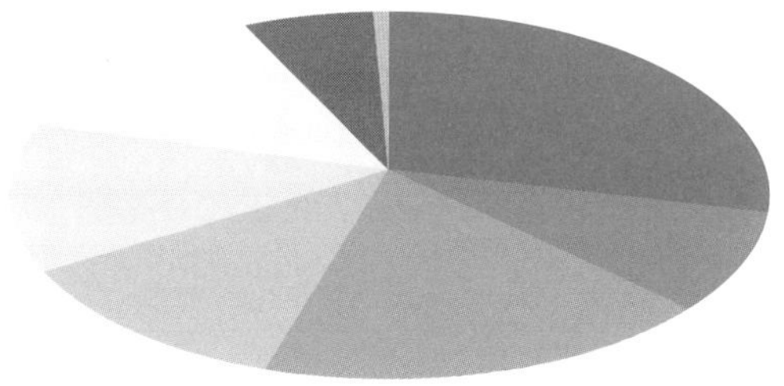

출처: 통계청(e-나라지표) – 2013년 자료기준, 2015

| 그림 3-5 | 중소기업의 개발기술 사업화 애로사항

부족은 대학과의 산학협력을 통하여 미진한 부분을 보완하도록 해야 할 필요성이 있다.

또한 사업화를 위한 자금부족이 현실적으로 당면한 가장 어려운 점으로 꼽히고 있는데 정부와 금융기관에서 이러한 어려운 점을 해결해주기 위한 정책 및 지원활동을 많이 하고 있다. 가령, 정부는 각 부처 등을 통하여 중소기업을 위한 연구개발 사업이나 사업화 지원 사업을 병행하고 있다. 금융기관에서도 특허를 기술담보로 금융대출을 해주거나 기술이전계약서를 담보로 금융대출을 지원해주고 있다.

| 표 3-13 | 주체별 대학 기술이전 계약 및 기술료 현황

구분		대기업	중소벤처 기업	개인, 타대학, 연구소	해외	합계
2006년	계약 건수	44건 (8.1%)	472건 (86.7%)	16건 (2.9%)	12건 (2.2%)	544건 (100%)
	기술료	13.3억 (14.7%)	73.6억 (81.5%)	1.2억 (1.4%)	2.2억 (2.4%)	90.3억 (100%)
2007년	계약 건수	44건 (4.6%)	856건 (90%)	42건 (4.4%)	9건 (0.9%)	951건 (100%)
	기술료	35.7억 (23.2%)	112.4억 (73.1%)	1.7억 (1.1%)	4.1억 (2.7%)	153.8억 (100%)

출처: 지식경제부, 한국기술거래소, 2008년판 기술이전 · 사업화 백서, 2009

<표 3-13>에서 우리나라의 주체별 대학 기술이전 계약 및 기술료 현황을 보면 우리나라 대학의 연구결과물은 중소 · 벤처기업에 주로 기술이전되고, 대기업에는 낮은 비율로 기술이전된다는 것을 알 수 있다. 기술이전 액수도 상당히 낮기 때문에 기술이전이 낙후되었다는 것을 알 수 있다. 또한 해외 기술이전은 더욱 실적이 좋지 않다는 것을 알 수 있다.

2. 중소기업의 기술이전 장애요인

중소기업들의 기술혁신의 장애요인으로는 기술혁신의 결과를 활용하여 수요자 요구를 충족시킬 수 있는 기술경영 능력이 부족하고, 인적자원의 부족과 축적된 경험 · 지식 부족으로 외부에 존재하는 다양한 기술자원을 활용할 수 있는 흡수 능력이 부족하다. 그리고 운영자금이 넉넉하지 않아서 자체 연구개발 또는 외부의 기술혁신 결과를 획득하기도 어렵다(Buratti and Penco, 2001).

임채윤(2010)은 정부정책의 기조가 대학 및 공공연구기관을 중심으로 하는 공급자 측면의 기반조성 및 역량 강화에 초점을 맞추다보니 기술혁신 성과의 주요 사용자인 중소기업이 안고 있는 기술이전의 장애요인과 문제점, 기술이전 과정에 대한 충분한 이해가 부족했다고 하면서 국내 중소기업이 인식하고 있는 기술도입의 장애요인으로 ① 기술도입비의 과다, ② 기술도입을 위한 정보 부족, ③ 도입 후, 유지보수 곤란, ④ 도입 기술의 실용성 저하, ⑤ 기술도입 기간의 장기성, ⑥ 기술에 대한 적정 가치평가의 어려움, ⑦ 기술도입 절차의 복잡성을 예시하고 있다(중소기업청(2010), 2009년 중소기업 기술통계 조사 참고).

Jones & Jain(2002)은 중소기업 내부의 기술이전 장애요인으로 첫째, 새로운 기술을 습득하기 위한 정보와 그 정보를 적절하게 사용할 수 있는 전문 인력이 부족하다. 둘째, 자금이 넉넉하지 않은 중소기업은 기술도입시의 위험과 이익을 심도 있게 사전 조사해야 한다: ① 기술을 도입함으로써 기업의 능력이 얼마나 개선될 것인지? ② 기술을 도입하면 초기고객의 수요를 만족시킬 것인가? ③ 새로운 기술을 습득하고 실행하는 데 기업 내부와 외부에서 필요한 자원을 확보할 수 있는가? ④ 조직문화가 기술이전 및 적용을 지지하는가? ⑤ 기존기술과 새로운 기술을 조합시키는 데 기업의 내부와 외부의 전문가를 활용할 수 있는가? 이것은 Kogut & Zander(1992)가 주장한 현재의 지식과 획득된 지식을 합성하거나 응용하는 결합능력(combinative

| 표 3-14 | 이전 기술사업화의 성공요인과 실패요인

구 분	요 인
사업화 성공요인	기존 고객의 요구에 대응하여 고객 요청에 따라 개발
	선행기술조사 및 시장조사 수행 후, 개발 분야 선정
	실용화 또는 상용화 전 단계 수준의 기술을 이전받음
사업화 실패요인	이전기술이 기초기술 수준으로 상용화에 시간 필요
	목표고객 또는 판매 계획 없이 기술개발 우선 추진
	테스트 환경 미비 상태에서 개발 추진
	대기업으로부터 샘플 테스트 기회 미확보
	대체 신기술 출현의 인지 실패
	시장 판도변화의 포착 실패
	개발된 소재기술의 용도와 응용분야 개척 실패

출처: 주석정 외(2010), p.79

capability)의 중요성과 일맥상통한다. ⑥ 새로운 기술을 적용하는 데 법적 규제는 없는지? 셋째, 기술 습득 이후에 발생하는 기술경영을 할 수 있는 능력이 있는지가 기술이전 활동을 활성화시키는 데 제약조건이 된다고 한다.

Morrissey & Almonacid(2005)는 효율적인 기술이전 시스템 설계를 위하여 종래의 정적인 순차모델보다는 동태적인 모델로 전환할 것을 강조한다. 즉, 연구개발 기획 단계부터 아이디어와 문제점을 대학 및 공공연구기관과 함께 공유하고 해결방안을 찾아보는 노력이 중요하다고 한다. 이것은 활발한 지식의 상호교환을 통한 지식의 창출을 의미한다고 보인다.

주석정 외(2010)는 중소기업의 성공적인 기술이전 방안에 대한 113개 중소기업과의 설문조사와 방문조사를 통하여 다음과 같은 시사점을 얻는다. ① 고객의 요청과 판로를 고려한 명확한 기술개발 목표를 정한다. ② 초기단계의 기술이전 보다는 완성도가 높은 기술을 이전받아야 한다. ③ 개발기간 중에 시장동향을 파악하여 개발목표를 조정해야 한다. ④ 잠재적인 고객 대상으로 지속적인 마케팅이 필요하다. ⑤ 중소기업 기술개발 전반에 걸친 개발 분야 선택에서부터 시장 진입까지 자문을 해줄 수 있는 자문관제도의 도입이 필요하다. <표 3-14>에서 이전 기술사업화의 성공요인과 실패요인에 대해서 정리했다.

3. 국내 대기업과 중소기업의 연구개발 현황

우리나라 기업의 매출액 대비 연구개발비 비중은 2.83%인데, 제조업은 3.41%로 높은 편이다. 그 중에서도 전자부품, 컴퓨터, 영상, 음향 및 통신장비 제조업이 7.32%로 높다.

기업의 총 연구개발비 중에서 제조업은 41조 2,540억원으로 88.6%를 차지하고 있으며, 서비스업은 3조 9,382억원으로 8.5%를 점유하고 있어서 우리나라에서는 기업들의 대부분이 제조업에 연구개발 비중을 높이고 있다는 것을 알 수 있다.

참고로 퀄컴은 1985년, 캘리포니아 대학교 샌디에이고 교수로 재직 중이던 어윈 M. 제이콥스(前 회장)와 MIT 동창생인 앤드루 비터비, 하비 화이트, 아델리아 코프만, 앤드루 코헨, 클라인 길하우젠 그리고 프랭클린 안토니오, 총 7명이 모여 설립했다. 이중 제이콥스와 비터비는 이전에 링커비트를 설립한 경험이 있었다. 1985년부터 2005년까지 20년 동안 제이콥스가 CEO를 맡았으며, 그의 아들 폴 E. 제이콥스가 그 자리를 이어받았다. 퀄컴은 CDMA[7]기술을 우리나라에서 세계최초로 상용화한 기업으로 잘 알려져 있다. 이 기업은 매출액 대비 연구개발비를 20%를 사용할 정도로 지식집약적인 기업이다. 이 기업은 7만건이 넘는 특허를 보유하고 있으며 수익의 30% 이상은 특허로열티인 특이한 기업이다.

폴 제이콥스 CEO에 따르면 퀄컴의 성공은 남들이 다하는 기술을 따라한 것이 아니라 남들이 하지 않는 기술에 도전했고, 그것이 결국 성공하면서 세계적인 기업이 될 수 있었다고 한다.

<표 3-15>에 대기업과 중소기업 그리고 벤처기업의 연구개발비 비중 및 매출액

| 표 3-15 | 대 · 중소기업 연구개발 현황표

구 분	대기업	중소기업	벤처기업
연구개발비	35조 7,782억(76.8%)	5조 8,645억(12.6%)	4조 9,173억(10.6%)
매출액 대비 연구개발비 비중	2.66%	2.70%	5.88%
연구원 수	147,123명(52.2%)	71,984명(25.5%)	62,767명(22.3%)

출처: 미래창조과학부, 「2013년 연구개발 활동조사 보고서」, 2014.12

7 코드분할다중접속(Code Division Multiple Access, CDMA)은 이동 통신에서 코드를 이용한 다중접속 기술의 하나이다. 1996년 한국에서 최초로 상용화되었다. [출처: 위키 백과]

대비 연구개발비 비중 그리고 연구원 수를 비교한다.

4. 대기업과 중소기업의 기술이전 역량

가. 기업이 대학으로부터 암묵적인 지식을 획득하는 목적

기업이 대학과 협력하는 목적은 그 기업의 특성에 따라서 다를 것이다. 가령, 기업 간의 협력 메커니즘을 살펴보면 ① 하나의 중소기업이 다른 중소기업과 수평적으로 협력하여 R&D단계에서 서로 다른 핵심기술을 보유한 기업들이 자신들이 가지고 있는 기술적 역량을 공유하여 신제품을 생산할 수 있도록 R&D 역량을 협업을 통하여 보완할 수 있다. 만약, 생산단계에서 협력을 한다면 역량이 뛰어난 상보적 기술을 공유하여 양산기술 및 공정기술을 보완할 수 있다. 이것을 "기술융합형"이라 한다. ② R&D단계를 주도기업이 담당하고 협력기업이 생산을 담당하는 형태로 연구개발 인력이나 기술은 상대적으로 높은데 생산기술의 효율성이 낮은 경우에 응용할 수 있다. 이것을 "연구개발 주도형"이라 한다. ③ 생산단계를 주도기업이 담당하고 협력기업이 R&D를 담당하는 형태로 주도기업이 기존 기술이나 충분한 생산설비를 갖추고 있으나 신제품을 개발하기에 충분한 인력 및 기술력에 한계가 있을 경우에 응용할 수 있다. 이것을 "생산주도형"이라 한다. ④ 제품 개발 기획단계를 주도기업이 담당하고 협력기업은 R&D나 생산을 복합적으로 담당하는 형태로 소비자 수요조사, 시장조사, 유망한 기술을 추출하는 데 전문성을 가졌으나 R&D나 생산력은 없는 경우에 응용할 수 있다. 이것을 "서비스 주도형"이라 한다(윤병운 · 이성주, 2010).

대학과 중소기업 또는 대기업은 "기술융합형"과 "생산주도형" 그리고 "서비스 주도형"으로 서로 협력할 수 있을 것이다.

<표 3-16>에 상기한 각각의 유형의 협력형태, 협력목적, 혁신형태, 혁신원천, 정보공유 형태를 정리한다.

<표 3-16>는 중소기업 간에만 해당되는 것이 아니라 중소기업과 대학 간에도 얼마든지 응용가능하다고 보여 진다. ① "R&D 기술융합형"의 경우 중소기업의 특정분야 기술과 대학 연구실의 특정분야 지식을 융합하여 신제품을 개발하고자 할 때 유용할 것이다. 이 경우, 협력 참가자들의 관계는 수평적이고, 정보공유는 양방향, 협력하는 목적은 새로운 융합기술이나 신제품 개발 아이디어 확보, 혁신의 형태는 제

| 표 3-16 | 변수를 활용한 오픈 이노베이션 유형 비교

유형	설명 변수				
	협력형태	협력목적	혁신형태	혁신원천	정보공유 형태
융합형	Parallel	Design	Product	Competitors	Two–way
R&D 주도형	Vertical	Performance	Product	In–house	One–way
생산 주도형	Vertical	Design	Process	Production	One–way
서비스 주도형	Vertical	Performance	Mixed	Suppliers, Customers	One–way

출처: 윤병운 · 이성주(2010), p.173

품혁신, 혁신의 원천은 중소기업과 대학의 기술과 지식으로 볼 수 있다. ② "생산주도형"의 경우 중소기업의 생산기술력과 대학의 특정분야 기술과 지식을 융합하여 신제품을 개발하고자 할 때 유용할 것이다. 이 경우, 협력 관계자들의 관계는 수직적이고, 정보공유는 일방향, 협력하는 목적은 신제품 개발의 아이디어 확보, 혁신의 형태는 새로운 프로세스 개발, 혁신의 원천은 중소기업의 생산기술력과 대학의 특정분야 지식으로 볼 수 있다. ③ "서비스 주도형"의 경우 중소기업의 유통 · 마케팅 능력과 대학의 연구능력 그리고 다른 중소기업의 개발과 생산 능력을 결합하여 신제품을 개발할 수 있을 것이다. 이 경우, 협력 관계자들의 관계는 수직적이고, 정보공유는 일방향, 협력하는 목적은 상호 간의 핵심역량을 극대화하여 제품 경쟁력을 강화하는 것이고, 혁신의 형태는 경쟁력 있는 신제품 및 공정개발, 혁신의 원천은 중소기업의 유통 · 마케팅 능력과 개발 및 생산기술력 그리고 대학의 특정분야 연구개발 지식으로 볼 수 있다.

단, "R&D 주도형"의 경우는 중소기업이 연구개발을 주도하고, 대학이 생산을 협력하는 방식으로 되기에는 현실적으로 맞지 않다. 그러나 중소기업 간 또는 중소기업과 대기업 간에 성립이 가능하다고 사료된다.

Schartinger et al.(2001)은 기업이 대학과 상호작용(interactions)하는 목적은 대학의 문제해결(problem solving) 능력, 대학의 과학기술과 상보적인 노하우(complementary know–how), R&D의 아웃소싱과 비용절감 그리고 연구 네트워크와 새로운 연구 영역을 견고히 하기 위함이라고 한다.

(1) 중소기업 관점

실리콘벨리의 신생기업들을 대상으로 대학의 연구결과물이 어떤 효과를 주었는지의 연구에서 전기전자의 장비 분야는 통계적으로 긍정적인 영향을 주었으나 측정 · 기구 분야에서는 효과적이지 않은 것으로 조사되었다. 이것은 신생기업에게는 대학의 연구가 순수한 R&D 연구보다는 제품에 적용되는 결과물이 더 중요하다는 것을 시사한다. 왜냐하면 신생기업은 새로운 사업에서 수익을 얻어야 하기 때문이다(Bania et al., 1993; Jaffe, 1989).

신생 중소기업은 대학으로부터 상용가능성이 있는 연구결과물을 희망하고 있다는 것을 알 수 있다. 그러므로 대학의 연구는 특정 상용화와의 사이에 파이프라인으로 연결 된다(Bania et al., 1993).

외부 네트워크는 공식적인 협력 프로젝트 외에 비공식적인 네트워크 활동도 포함하는데 이러한 외부 네트워크를 구성하는 목적은 많은 양의 시간과 돈을 소비하지 않고, 특별한 지식을 빠르게 기업 내에 채우기 위함이다(Vrande et al., 2009).

(2) 대기업 관점

기업들이 산학협력을 하는 동기들 중에는 학생채용이 있다. 학생을 채용하는 것은 특별한 상업적인 혁신을 하기 위한 것보다는 차라리 그 기업의 기초지식(knowledge base)을 견고히 하고 대학연구실의 체화된 기술을 얻는 창구로서의 역할을 기대하기 때문이다(Caloghirou et al., 2001; Feller, 2005).

P&G(Procter & Gamble)의 경우는 차세대 먹거리를 찾기 위해서(to seek out new ideas) 개방된 네트워크를 활용하는데 가령, 개인들(individuals), 조직(organizations)을 활용한다. 이들은 정부, 사설연구실, 대학이나 다른 연구기관과 접촉한다. 또한 공급자, 소매상, 경쟁자, 무역 파트너, 벤처캐피탈 기업, 개인 기업가 등과 교류를 갖는다(Huston and Sakkab, 2006).

P&G의 경우는 일 년에 한 번씩 직원들을 대상으로 소비자가 원하는 것이 무엇인지 설문조사를 시행한다. 이것은 P&G가 풀어야 할 과학적 문제점(science problems)이 된다. 이러한 문제들을 들고서 전 세계에 퍼져있는 70명의 기술기업가는 연계개발(connect & develop)할 곳을 찾는다. 가령, 대학과 모임을 갖기도 하고, 산업체 연구원들과 모임을 갖고, 가장 적절한 공급처를 찾아서 P&G의 경영진에게 적극적으로 연계 개발할 것을 보고한다(Huston and Sakkab, 2006).

나. 기업의 흡수역량

[그림 3-6]에서 기업은 자체 연구개발(Own R&D)을 통하여 직접적으로 새로운 지식을 생성하거나 외부 경쟁자 또는 정부산하 연구기관이나 대학연구실과 같은 곳으로부터 교외지식(extramural knowledge)을 얻는데 이것들은 기업의 지식에 공헌하게 된다. 즉, 기업의 흡수 능력은 자체 연구능력으로부터 얻어지는데, 이러한 흡수 능력이 있어야 교외지식을 활용할 수 있다(Cohen and Levinthal, 1990).

오픈 이노베이션을 성공적으로 수행하기 위해서는 외부 지식 및 기술의 흡수 능력이 중요하다. 흡수 능력이란 외부 지식을 내부화하는 데 드는 비용을 낮추는 것이며, 특히, 외부 지식을 체계적으로 탐색할 수 있는 능력이 요구된다. 기업은 시장에 대한 이해와 시장 변화의 방향을 파악하기 위하여 고객, 경쟁자, 대학, 연구소, 공급자 등의 상태를 수시로 모니터해야 한다(윤병운 · 이성주, 2010).

Cohen & Levinthal(1989)은 R&D는 두 개의 얼굴을 갖는데 R&D를 통하여 새로운 지식을 생성하기도 하지만, 기업이 외부에 존재하는 지식을 소화하고 상용화할 수 있는 능력을 배양하는 역할도 한다고 한다(Lee, 2012).

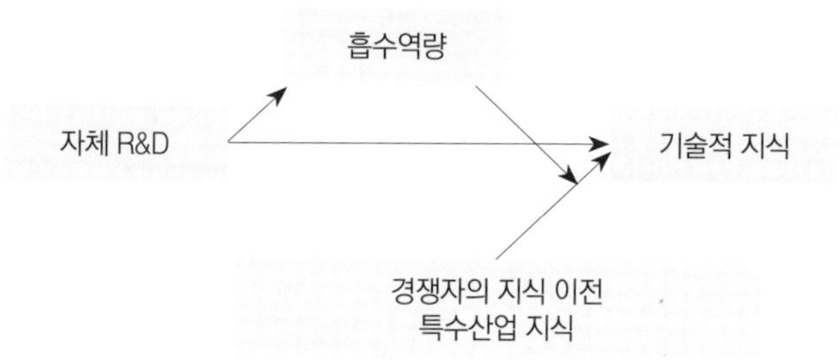

출처: Cohen & Levinthal(1990), p.141

| 그림 3-6 | 기업의 기술적 지식(technical knowledge) 출처의 모델

(1) 중소기업의 흡수역량

중소기업들은 기본적으로 자신의 기업에 맞는 핵심역량을 지니고 있으나 특정영역 외에는 역량이 현저히 떨어지는 약점이 있다(윤병운 · 이성주, 2010).

중소기업이 대기업에 비해서 주된 경쟁력은 유연성(flexibility)이다. 그러므로 더 효율적으로 외부 네트워크를 활용 한다(Nooteboom, 1994; Rothwell and Dodgson,

1994). 이것은 행동이점(behavioural advantage)을 가지고 있기 때문에 물질적인 이득(material advantage)을 갖는다(Rothwell and Dodgson, 1994). 이러한 외부에서 창출된 지식을 활용하여 혁신할 수 있는 능력을 가지고 있기 때문에 대기업보다도 더 높은 R&D 생산성을 갖는다(Audretsch and Vivarelli, 1996). 또한 중소기업은 매우 혁신적인 산업에서 혁신할 수 있는 이점을 가지고 있다(Acs and Audretsch, 1991).

중소기업은 재정적인 자원의 결여뿐만 아니라 외부에서 획득한 노하우를 통합하거나 소화할 수 있는 스킬이 있는 직원이 결여되어 있다(Vossen, 1998). 또한 NIH신드롬(not-invented-here syndrome)은 중소기업의 외부 R&D활동을 저해하는 요소이다(Chesbrough and Crowther, 2006).

중소기업은 시장요구에 빠르게 반응하고(Dahl and Moreau, 2002), 조직적인 유연성을 가지고 있고(Sivadas and Dwyer, 2000), 덜 관료적이다(Cassiman and Veugelers, 2006). 반면에 자원이 한정되어 있고(Dahlander and Gann, 2010; Hausman, 2005), 혁신능력에 제약이 따른다는 단점도 가지고 있다.

중소기업은 외부 아이디어나 기술을 흡수하는 능력이 결여되어 있다. 이러한 외부 결과물들은 상업화하기 전에 실질적인 수정(substantial modification)을 요구한다. 그리고 이것을 수행하기 위한 인력도 부족하다. 가령, 대학 연구실 또는 대기업으로부터의 과학적 발견물과 기술을 흡수하고, 활용하는데 흡수 능력(absorptive capacity)의 한계를 가지고 있다(Cohen and Levinthal, 1990).

(2) 대기업의 흡수역량

대기업은 혁신성이 있고, 유연한 연구조직을 가지고 있는 중소기업을 찾아서 함께 혁신을 추진할 수 있는 조직과 역량을 보유하고 있다. 그러므로 대기업은 다양한 기술을 융합하는 추세에 대응할 수 있는 유리한 입장에 있다(Narula, 2001).

슘페터는 대기업은 독점력(monopoly power)을 가지고 있기 때문에 중소기업보다도 혁신으로부터 더 많은 혜택을 볼 수 있다고 주장한다. 그리고 이러한 독점력은 새로운 제품과 서비스 혁신에 투자할 수 있는 추동력을 제공한다고 한다. 또한 대기업은 규모의 경제(economies of scale)와 연구개발 활동의 다양함으로 인해서 많은 수혜를 받고 있다(Cassiman and Veugelers, 2006).

대기업은 다양한 정보원을 가지고 있기 때문에 새로운 제품이나 서비스에 적용할 수 있는 기회가 많다. 가령, 전도유망한 대학의 연구그룹과 연계 구조를 가지고 있다. 이것은 탐색 전략(search strategies)을 가능하게 하여 대학과 같은 외부 연구기관과의 연계와 개발(Connect and Develop)을 위한 사업모델을 가능하게 한다. 좋은 예가 Proctor & Gamble이다(Huston and Sakkab, 2006; Dodgson et al., 2006). 그러므로 대기업은 새로운 제품과 서비스에 탐색 전략이 유용하고(Laursen and Salter, 2006), 대기업 내의 많은 다른 부서들에서 같은 외부의 기술을 동시에 사용하다보니 많은 제품에 응용하게 됨으로써 외부기술의 활용범위가 중소기업보다 훨씬 광범위할 수 있다(Huston and Sakkab, 2006).

다. 기업의 상용화 자원과 역량

(1) 중소기업 관점

중소기업은 공식적인 연구개발 활동보다는 자문활동(consulting activities)이 더 적절하다(Perkmann and Walsh, 2007). 그러므로 정부로부터의 생산 확장을 위한 보조라든지 대학으로부터 봉사(outreach activities)를 받아야하는 근거가 된다. 이러한 외부지원은 지역기업이 혁신활동을 하는 데 긍정적인 영향을 주게 된다(Shapira, 2001; Macpherson and Ziolkowski, 2005).

중소기업은 기술혁신을 개선시키는 데 기여하는 현대경제의 추동력이며, 역동적이고 유연하여 경제의 변화에 빠르게 적응하는 혁신할 수 있는 힘을 가지고 있다(Zulkepli et al., 2015).

Herliana(2015)는 중소기업의 혁신은 홀로는 안 되고, 대학과 정부의 지원이 삼중나선으로 엮이는 구조로 진행되어야 한다고 주장하면서 중소기업은 지역 혁신 클러스터를 형성하고 국가 혁신 시스템의 한 부분으로 존재해야 한다고 주장한다. 이때 대학의 역할은 과학기술을 전파하고 실현시키는 주체로서 창조적인 산업사회의 발전을 위한 건설적인 가치를 만들어서 중소기업에 연결시켜주는 것이라고 한다.

중소기업의 혁신은 재정자원의 결여 및 전문적인 인력채용 기회의 적음 때문에 방해를 받고, 또한 적은 혁신 포트폴리오는 혁신 실패의 위험성 때문에 널리 전파되지 못한다는 약점이 있다(Vrande et al., 2009).

그러나 대부분의 실증적 연구결과는 중소기업이 대기업보다도 R&D를 수행하는 데 더 효율적이라고 한다(Vossen, 1998). Acs and Audretsch(1990, 1991)에 따르면 중소기업과 대기업의 직원 1인당 혁신에 공헌하는 비율은 2.4배 정도로 중소기업이 높고, 비록 R&D의 밀도에 있어서는 대기업이 중소기업보다 앞설지라도 R&D의 생산성에 있어서는 명백히 중소기업이 앞선다고 한다. 그러나 Cohen and Klepper(1996)는 대기업의 R&D 프로젝트가 많다보니 평균 R&D 생산성에서 중소기업보다 처지는 것으로 조사되지만 이것은 대기업의 R&D 고정비용이 많기 때문이므로 서로 간의 비교는 의미가 없다고 한다.

중소기업의 연구개발은 대학의 연구결과를 활용하는데 대기업보다도 적극적이고, 대학으로부터의 지식을 더 효율적으로 이용한다(Acs et al., 1994). 또한 대기업은 대학의 연구결과에 더 밀착되는 경향이 있으나 연구개발을 통한 보답에 있어서는 중소기업이 더 높다고 한다(Link & Rees, 1990). 그러나 비록 대기업이 연구개발에 달러당 소비되는 비율에 비해서 혁신의 수는 중소기업보다 적으나 더 높은 품질을 갖는 혁신을 하기 때문에 혁신의 경제적 가치는 대기업이 더 높다(Cohen & Klepper, 1992). 이것은 R&D 혁신은 중소기업이 앞설지 모르나 상용화에서 대기업에게 뒤처진다는 의미가 된다.

(2) 대기업 관점

연구소들은 주어진 기술을 상용화하기 위한 최고의 수단은 대기업이라고 항상 여긴다. 또한 대기업들은 중소기업처럼 역동적이지도 혁신적이지도 않다(Carr, 1992).

독점력을 가진 대기업은 혁신으로부터 보답을 받을 수 있는 유리한 입장에 있기 때문에 혁신에 관심을 기울인다. 또한 독점으로 얻은 이익을 R&D에 재투자할 수도 있다(Vossen, 1998). 그러나 독점기업은 경쟁자가 없기 때문에 혁신을 할 동기가 없다고 다른 견해를 피력 한다(Scherer, 1980).

대기업은 R&D에 많이 투자한 만큼 비례해서, 매출 규모가 크기 때문에 큰 보답을 받는다. 특히, 공정혁신(process innovation)을 통하여 많은 이득을 본다. 또한 대기업은 다양한 R&D를 수행하기 때문에 특정 R&D가 실패했다고 해서 피해를 크게 입지는 않는다(Vossen, 1998).

대기업은 연구의 결과를 활용하는 데 더 좋은 입지를 가지고 있다. 또한 대기업의 견고한 상표(established name)와 평판 때문에 새로운 시장에 진입하기도 좋다. 이것은 대기업이 가지고 있는 잘 형성된 시장채널(well- developed marketing channels) 때문이기도 하다(Vossen, 1998).

<표 3-17>에 대기업과 중소기업의 상대적인 이점에 대해서 표로 정리한다.

대기업은 상당히 스킬이 있는 전문가를 유치하기에 유리하다(Rothwelland

| 표 3-17 | 중소기업과 대기업의 상대적인 이점들

중소기업	대기업
비관료주의적 문화	공식적인 경영 스킬
신속한 의사결정	복잡한 조직을 제어하는 능력
위험분산(risk taking)	제품 포트폴리오로 위험 분산
동기화되고 열성적인 경영	직원 중에 기능적 전문가 많음
동기화된 노동력(motivated labour)	더욱 숙련된 노동력
신속하고, 효율적인 내부소통 채널	외부의 과학 및 기술인력 네트워크 구축
좀 더 빠른 결정을 위한 결재선	종합적인 유통망과 서비스 시설
시장요구의 변화에 빠른 반응	판매 제품에 대한 높은 시장 점유력
좁은 틈새시장에서 주도권	R&D의 규모의 경제성
R&D 효율성	규모가 큰 R&D연구소 설립 가능
주문제작을 위한 능력(capacity for customization)	외부 자본(external capital)에 접근 가능
빠른 학습과 루틴에 적응하는 능력	다양한 자금 동원력
암묵적 지식(tacitness of knowledge)을 통한 혁신으로부터 받는 보상	새로운 지식과 기술의 흡수능력

출처: Vossen(1998), p.90

Dodgson, 1994). 그러나 중소기업은 더 효율적인 계약조건을 제시할 수 있다. 가령, 대기업보다도 높은 실적보상(reward performance)을 제시하면 상당히 능력 있고 스킬이 있는 엔지니어를 보유할 수 있고, 실적보상 계약을 통하여 대기업보다도 더 높은 수준의 노력을 유도할 수 있다(Zenger, 1994).

5. 대기업과 중소기업의 기술(지식)이전 메커니즘

지식이 축적되고, 그것이 새로운 제품과 기술에 기여하면서 경제발전을 위한 엔진 역할을 하는 시대가 되었다. 단순히 기업 내부에서 모든 것을 해결하는 시대는 지나갔다. 이것이 오픈 이노베이션이 존재해야 하는 이유이다.

오픈 이노베이션은 일방적인 지식흡수만으로는 안 되고 상호작용이 수반되어야 한다. 지식이 축적되는 과정은 개인 수준의 지식 축적(학습), 여기서 학습은 개인적인 경험주의(individual experientialism)로서 경험기반 학습을 의미한다. 그 다음 과정으로 상호 간의 협조(interpersonal co-operation)를 통하여 지식을 확장한다. 이때

| 표 3-18 | 기업이 대학으로부터 얻는 일반적인 수혜

수혜의 종류	기업 직원의 수(명)			자체 연구소 보유	
	1~50	51~200	201 이상	Yes	No
아주 숙련된 인력(대학원생)	2.22	**2.52**	**3.26**	**3.05**	2.18
새로운 제품과 공정 아이디어	2.53	2.40	2.04	2.19	2.05
일반적이고 유용한 정보	2.32	2.24	2.33	2.29	2.31
개발과정의 직접적 지원	2.08	2.28	2.67	2.37	2.25
새로운 기구와 기능	2.22	2.20	2.42	2.39	2.17
기초연구의 결과	2.19	**2.04**	**1.96**	**2.18**	**1.98**
자문 서비스	1.86	1.96	2.33	2.02	2.04

출처: Schartinger et al.(2001), p.258

상호작용을 통하여 관찰하면서 배우게 된다(Schartinger et al., 2001). 이것이 전형적인 암묵적인 지식을 얻는 방법이다. 상호 간의 협조는 외부 지식(external knowledge)의 획득뿐만 아니라, 소통 과정을 통한 지식의 확장을 이끌게 된다(Schartinger et al., 2001).

<표 3-18>에서 대기업과 중소기업이 대학으로부터 얻는 일반적인 수혜(benefits)에 대해서 표로 정리한다. 본 조사는 오스트리아의 기업과 대학을 대상으로 CATI(Computer Aided Telephone Interview)방법을 사용하여 설문조사를 수행했다.

<표 3-18>에서 대기업(201명 이상)의 경우, 자체 연구소를 보유하고 있으면 대학의 고급인력인 대학원 학생을 필요로 하고 있다. 또한 중견기업(51명~200명)인 경우도 비슷한 결과를 보였으나 중소기업(1명~50명)의 경우는 새로운 제품과 공정 아이디어를 더 선호하고 있다.

기초연구 결과에 대해서는 기업의 크기에 상관없이 선호하지 않는 것으로 조사되었다. 이것은 상대적으로 제품 개발에 영향을 줄 수 있는 응용연구 쪽에 관심을 더 많이 가지고 있다는 것이고, 실제로도 개발과정의 직접적인 지원이나 새로운 기구와 기능 등이 높게 나타난 것이 그 예이다.

그러나 자문서비스는 의외로 중소기업(1명~50명)의 경우가 다른 대기업이나 중견기업보다도 낮게 조사되었다. 일반적으로 중소기업은 연구개발보다는 자문을 더 선호하는 것으로 알려져 있기 때문이다.

가. 중소기업의 오픈 이노베이션

오픈 이노베이션은 주로 대기업에서 수행하는 것으로 알고 있으나 실상은 중소기업이 더 필요하다(윤병운 · 이성주, 2010). 그 이유는 중소기업은 외부자원에 접근할 수 있는 능력이 미흡하고, 기업 간에 교류할 수 있는 기술자산이 적기 때문이나, 그럼에도 불구하고 중소기업은 제휴나 외부 네트워크를 통하여 혁신을 이루어내는 것이 대기업보다도 많다(Edwards et al., 2005).

많은 중소기업은 실제로 유통, 마케팅, 서비스, 판매 등 혁신의 후반부를 외부에 의존하는 경우가 많으나, 대부분의 선행문헌들은 연구개발 및 생산과 같은 전반부나 중반부의 부분에 집중하고 있다(Vanhaverbeke and Cloodt, 2006). 그러나 전체적인 혁신 프로세스를 포괄한다는 관점에서는 상업화 단계까지 포함시키는 전방위적인 오픈 이노베이션에 대한 연구가 필요하다(윤병운 · 이성주, 2010).

오픈 이노베이션은 내부의 혁신을 촉진하면서 내부의 혁신을 외부와 연계하기도 하고, 외부의 혁신을 내부와 연계하여 시장을 확대할 목적성을 갖는다(Chesbrough et al., 2006). 이와 유사하게 외부의 기술과 자원을 내부화하는 지식흡수(Inbound) 혁신과 내부의 기술과 자원을 외부로 보내는 지식방출(Outbound) 혁신이 있다. "Inbound 혁신"으로는 아이디어 확보, 공동연구, 벤처투자 등이 있고, "Outbound 혁신"은 기술자산 판매, 분사 등의 방법이 있다(Bok and Lee, 2008). 기업이 산학협력을 하는 것은 대학으로부터 새로운 아이디어를 확보하고, 공동연구를 통하여 학술적 이론이 겸비된 완성된 제품기술을 확보하려고 하는 Inbound 혁신의 목적이 있다고 볼 수 있다.

중소기업의 외부 네트워크를 연구개발 단계와 상용화 단계로 나누어서 분석해 볼 때, [그림 3-7]에서 나타내는 것처럼 크게 세 가지 종류로 메커니즘을 설명할 수 있다. 연구개발 단계에서 중소기업은 내부역량을 강화하기 위한 외부 파트너십을 고려하면서, 경쟁자인 중소기업 보다는 대학과 같은 공공연구기관을 선호 한다(Narula, 2004; Tidd and Trewhella, 1997).

상용화 단계에서 중소기업은 대기업과 공급자-고객 관계를 형성하거나 다른 중소기업과 아웃소싱 계약 또는 전략적 제휴를 고려한다(Luukkonen, 2005; Edwards et al., 2005). 중소기업에서는 전략적 제휴가 실적(performance)이나 혁신성(innovativeness)에 긍정적인 영향을 준다(Kogut et al., 1992; Lee, 2007; Rothwell, 1991). 중소기업이 대기업과 전략적 제휴를 맺으면 분명히 한편으로는 이익을 보면서도 다

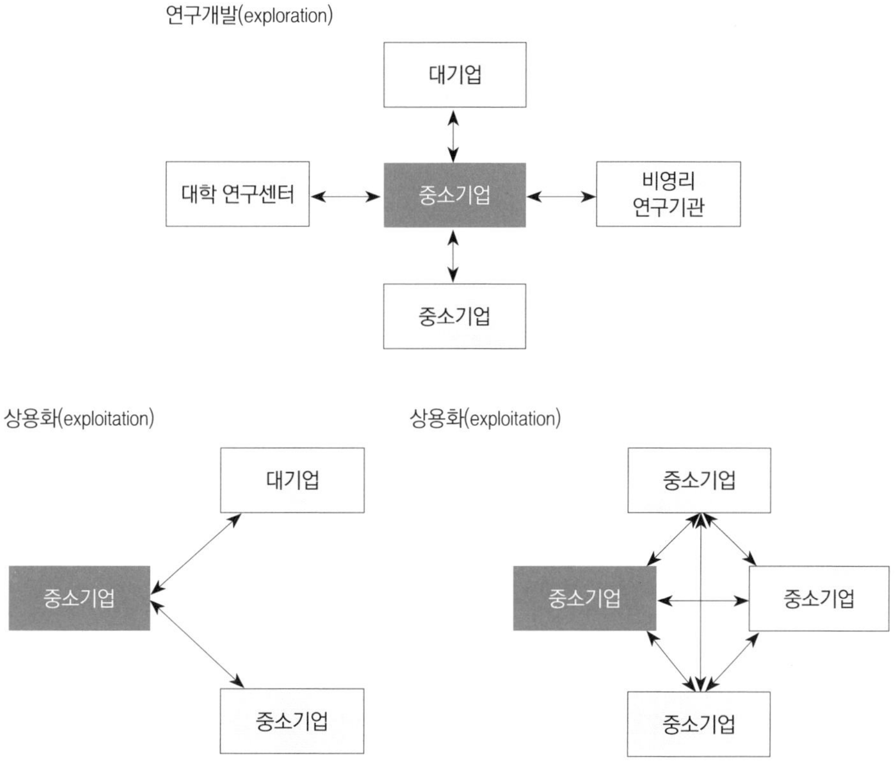

출처: Lee et al.(2010), p.293

| 그림 3-7 | 중소기업의 개방형 혁신 모델

른 면으로는 중소기업이 가지고 있는 기술적 역량을 공유해야만 하는 문제를 내포한다. 이것은 대기업과 대항할 수 있는 경쟁력을 잃는다는 것을 의미한다. 또한 대기업은 중소기업이 낮은 사양의 값싼 제품을 납품하도록 강요함으로써 중소기업들은 점점 혁신을 지체하게 된다는 문제점도 있다(Narula, 2002; Lee et al., 2010).

Vrande et al.(2009)은 네덜란드의 중소기업을 대상으로 한 연구에서 기술 활용(technology exploitation)과 기술탐사(technology exploration)에 대해서 표현하면서 전자는 지식유출(outflows of knowledge) 후자는 지식유입(inflows of knowledge)이라 한다. <표 3-19>에서 오픈 이노베이션 항목과 각 항목에 대한 정의를 한다. 가령, 혁신의 외부에 있는 비 R&D직원의 아이디어를 실행시키는 것은 조직적 성공을 양성하는 수단이 된다(Van de Ven, 1986).

설문조사 결과, 중소기업의 제조업과 서비스업에서 Outsourcing R&D와 Inward

| 표 3-19 | 오픈 이노베이션 항목 및 정의

구분	항목	용어 정의
기술활용 (technology exploitation)	Venturing	새로운 조직으로 시작- 내부지식(재정, 인적 자본, 해당기업으로부터 다른 지원수단) 활용
	Outward IP licensing	양도, 실시제안, 다른 기관에 실시료계약(해당 기업의 지식재산권으로부터 더 많은 이익향유)
	Employee involvement	비 R&D직원의 아이디어를 실행시키는 것
기술탐사 (technology exploration)	Customer involvement	해당 기업의 혁신에 직접적으로 고객이 포함(고객의 스펙에 입각한 제품을 개발)
	External networking	혁신 프로세스를 위하여 외부 네트워크 파트너와 협조(외부 지식 또는 인적 자본)
	External participation	새로운 기업을 설립하면서 외부의 지식 또는 다른 사람들의 시너지를 확보하기 위한 지분투자
	Outsourcing R&D	다른 조직으로부터 R&D를 구입(대학, 공공연구기관, 직업적인 엔지니어, 공급자로부터)
	Inward IP licensing	사용 가능한 지식재산권 구입(외부 지식으로부터 이익향유 목적)

출처: V. van de Vrande et al.(2009), p.428

IP licensing이 통계적으로 유의했다. 중소기업은 연구개발을 위한 자원이 부족하고 새로운 제품을 상용화할 수 있는 역량이 부족하기 때문에 다른 조직과의 협력이 요구 된다. 또한 중소기업들은 기술 활용 또는 기술탐사 중 어느 하나에 집중하기보다는 개방형 혁신을 위하여 두 가지를 조합하는 방법을 택한다. 중소기업이 개방형 혁신을 하는 목적은 새로운 시장을 창출하거나 매출액을 증진하고, 기업의 성장을 유지하기 위함이다. 무엇보다도 중소기업의 주된 문제는 발명(invention)보다는 상용화(commercialization)에 있다(Vrande et al., 2009; Gans and Stern, 2003).

중소기업과 대기업 간의 혁신과정은 차이점을 보인다. <표 3-20>을 보면 한국의 중소기업과 대기업에 대해서 혁신과정을 비교했는데 대기업이 중소기업보다 더 혁신적이라는 결과를 얻었다. 특히, 마케팅에 있어서 중소기업의 혁신역량이 낮은 이유는 필요성이 없거나 필요성은 있는데 투자가 어렵다는 것이다. 그 근거는 한국의 중소기업은 대기업의 주문형 부품을 만들어서 그 대기업에 납품을 하는 구조이다 보니 굳이 마케팅이 필요 없다. 이것은 혁신을 어렵게 만든다. 아무리 그 중소기업들이 새로운 제품을 개발해도 대기업이 외면하면 판로가 막히기 때문이다. 이 경우 다른 선택은 다른 중소기업과 연합하여 상용화하는 것이다. 다행스럽게 한국의 벤처기업

| 표 3-20 | 한국 대기업과 중소기업의 혁신활동

혁신 활동의 종류	대기업	중소기업
혁신을 위한 훈련	84%	63%
혁신을 위한 마케팅	61%	47%
외부 지식의 도입	67%	53%
혁신을 위한 외부 R&D	59%	46%
조직적 혁신	78%	67%
제품/공정 혁신을 위한 지원	75%	68%
혁신을 위한 내부 R&D	92%	85%
자본재의 도입(시설, 기계, 기구 등)	78%	73%

출처: Lee et al.(2010), p.294

은 규모는 중소기업보다도 작지만 주문형 제품 보다는 그들의 아이디어 상품을 시장에 내놓는다. 그들이 혁신에 공헌하는 바는 매우 크다(Lee et al., 2010).

한국 중소기업의 기술혁신을 위한 정보출처에 대해서 <표 3-21>에 정리했다. 특이한 것은 회사의 내부, 공개된 정보, 다른 회사나 시장, 대학과 연구기관 순으로 정보를 얻고 있는 것으로 나타났다. 그러나 정보 출처의 중요성 인식에서는 고객이나 사용자 그리고 경쟁자를 높게 보고 있다.

Cohen et al.(2002)은 산업연구개발에서 사용되는 지식의 원천 중, 새로운 지식에 사용되는 정보 출처의 원천은 고객, 직원, 공동연구자, 부품공급자, 경쟁자, 대학 등 공공연구기관, 자문단 순이고, 또한 프로젝트 완료에 공헌한 정보출처는 직원, 부품공급자, 고객, 공동연구자, 대학 등 공공연구기관, 자문단 순이었는데 <표 3-21> Lee et al.(2010)과의 차이점은 한국 중소기업은 정보의 출처로 다른 회사(경쟁자)나 시장(고객)보다는 인터넷이나 잡지 같은 공개된 자료에 많이 의존하나 Cohen et al.(2002)은 고객을 중시하고 있다는 점이다.

Laursen and Salter(2006)도 영국 2,707개의 제조업체 설문조사 결과, 장비와 부품 그리고 소프트웨어의 공급자, 고객으로부터 정보를 많이 얻고 있으나 대학이나 다른 높은 수준의 교육기관으로부터는 상대적으로 정보를 많이 얻고 있지 못하고 있다고 한다.

상기 세 가지 연구결과로부터 얻는 공통점은 상대적으로 대학은 지식의 정보출처로는 높지 못한 평가를 받고 있다는 점이다.

| 표 3-21 | 한국 중소기업의 기술혁신을 위한 정보 출처

항목	정보의 출처	정보출처의 사용 비율	정보출처의 중요성
기업 내부	**개발**	**77%**	**3.51**
	생산	**74%**	**3.28**
	연구	69%	3.68
	마케팅 & 판매	68%	3.26
	구매	64%	2.88
경쟁사 또는 시장	**고객과 사용자**	**59%**	**3.59**
	산업 경쟁자	**56%**	**3.22**
	공급자(원재료, SW)	49%	3.06
	공급자(기계/시설)	48%	2.98
	산업 비경쟁자	43%	2.88
	비즈니스서비스 제공자	40%	2.73
	계열사(affiliates)	31%	3.31
대학 또는 연구기관	**대학**	**43%**	**3.02**
	정부기관	33%	3.01
	비영리기관	31%	2.61
	사설 연구기관	26%	2.54
공개된 정보	**전시회**	**72%**	**3.23**
	인터넷	**71%**	**3.23**
	잡지	66%	2.98
	회의 또는 모임	**61%**	**2.92**
	신문/TV	59%	2.62
	특허	56%	2.99

출처: Lee et al.(2010), p.295

<표 3-21>에서 주목할 항목은 "회의 또는 모임"이 61%의 비율로 정보출처로 많이 사용되고 있다는 점이다. "회의 또는 모임"은 비공식적이든 공식적이든지 개인의 암묵적인 지식이 공유될 가능성이 높기 때문에 많은 시사점을 준다. 또한 고객이나 경쟁자의 정보출처의 중요성은 인지하고는 있으나 실제로 정보출처의 사용비율은 공개된 정보인 전시회나 인터넷보다도 낮다. 이것은 우리나라 중소기업이 기술혁신을 위한 고급정보를 얻지 못하고 있다는 현실을 반영한다고 보인다.

| 표 3-22 | 한국의 대기업과 중소기업의 혁신 장애요인

혁신 장애 요인	중소기업		대기업	
	순위	점수	순위	점수
노동시장에서 적절한 인력 확보의 어려움	1	3.12	3	3.00
기업 내 적절한 인력의 결여	2	3.10	11	2.71
혁신제품에 대한 시장 반응의 불확실성	3	3.00	18	2.20
기술혁신 제품에 대한 타사의 모방 가능성	4	2.95	16	2.39
R&D를 기획하고 관리하는 능력의 부족	5	2.91	23	1.75
기술 정보의 부족	6	2.87	9	2.79
기술 불확실성에 의한 자금투자의 어려움	7	2.85	26	1.55
높은 수준의 혁신과 상용화에 투입되는 자금 확보의 어려움	8	2.79	2	3.06
시장 정보의 결여	9	2.78	7	2.84
R&D 인력의 잦은 이직	10	2.66	5	2.94
외부서비스(기술과 사업 서비스)를 사용하는데 어려움	14	2.49	10	2.79
사내 R&D 부서의 입지 약화	16	2.37	8	2.82
독과점 시장지배 구조	18	2.33	1	3.14
고객의 대금지급 지연으로 인한 자금운영의 어려움	23	2.02	6	2.84
추가 혁신의 불필요성	25	1.97	4	2.96

출처: Lee et al.(2010), p.296

한국의 중소기업과 대기업이 겪고 있는 혁신의 장애요인에 대해서는 <표 3-22>에 정리한다. 중소기업은 노동시장에서 적절한 인력 확보의 어려움과 혁신제품에 대한 시장 반응의 불확실성, 기술혁신 제품에 대한 타사의 모방 가능성, R&D를 기획하고 관리하는 능력의 부족을 주로 꼽은 반면, 대기업은 독과점 형태의 시장구조에 따른 추가 혁신의 불필요성, 고객의 대금지급 지연으로 인한 자금운영의 어려움, R&D부서의 사내 입지 약화, 외부서비스(기술과 사업 서비스)를 사용하는 데 어려움 등이 있었다.

Tiwari and Buse(2007)는 중소기업 혁신의 장애요인으로 높은 혁신 비용과 높은 경제적 위험성, 혁신과정을 효율적으로 관리할 수 있는 내부 인력의 부족, 고객의 니즈를 충족하는 시장의 부재 등을 제시한다.

중소기업은 주로 인력난과 혁신제품의 판로개척 그리고 R&D역량의 부족 등에 초점을 두고 있고, 대기업은 주로 시장구조와 사내 R&D 부서의 입지 약화 등을 문제시하고 있다는 점에서 차이가 있다.

중소기업과 대기업이 공통적으로 안고 있는 혁신의 문제점은 노동시장에서 적절한 인력 확보의 어려움, 높은 수준의 혁신과 상용화에 투입되는 자금 확보의 어려움, R&D 인력의 잦은 이직, 시장 정보의 부족 등이 있었다.

나. 대기업의 오픈 이노베이션

기업들이 지식의 외부출처에 강하게 의존하는 시대에 진입하면서 혁신을 위한 내부출처와 결합하는 방식으로 진행하고 있고, 외부 자원을 찾는 전략은 기업의 혁신 활동에 영향력을 주는 것으로 확인되고 있다(Katila and Ahuja, 2002; Laursen and Salter, 2006).

외부출처로는 고객, 공급자, 경쟁자, 대학, 공공연구기관, 컨설턴트, 전문적인 외부자문 등이 있다(Leiponen and Helfat, 2010).

지식흡수(inbound) 오픈 이노베이션에 많이 관여하는 기업은 자칫 내부에서 강한 기술적 역량을 개발하는 것을 소홀히 하여, 결과적으로 외부의존성을 더 키우게 될지도 모른다(Vanhaverbeke et al., 2002).

역으로 지식방출(outbound) 오픈 이노베이션에 많이 관여하는 기업은 시장에서 경쟁자로 하여금 관련되는 제품의 노하우를 습득하게 하여 높은 경쟁력을 갖는 기업으로 키울지도 모른다는 위험에 직면할 수도 있다(Fosfuri, 2006). 이런 문제는 대기업보다는 중소기업이 더 도전받을 수 있을 것이다.

지식방출(outbound) 오픈 이노베이션의 프로세스는 기업에 의하여 개발된 기술을 활용하여 돈을 버는 데(to monetise) 초점을 두는 것으로 이것을 수행하는 방법으로는 특허(patenting), 자회사설립(spin-offs), 투자회수(divestments) 등의 방법이 있다(Chesbrough, 2003). 이중에서 가장 돈을 버는 데 특출한 것은 특허(patenting)이다(Gassmann, 2006; Pisano and Teece, 2007; Van de Vrande et al., 2009; Bianchi et al., 2010). 특허는 기술의 선구자로서 기업의 평판에 기여한다(Lichtenthaler and Ernst, 2007).

오픈 이노베이션 협력계약에서는 지식의 전유성(appropriability)이 중요하다. 왜냐하면 외부인에 의한 무임승차 문제를 줄일 수 있기 때문이다(Martin, 2002). 협력연구는 혁신파트너에게 내재된 상호보완적인 지식에 접근 가능하게 하나, 암묵적인 지식과 노하우를 수반하고 있기 때문에 쉽게 시장거래를 통하여 계약된다거나 전파시킬 수 없는 특징이 있다(Katsoulakos and Ulph, 1998).

지식의 전유성(appropriability)은 산업계에서 대단히 중요하다. 기술을 발명한 사람에게 일정기간 동안 독점할 권리가 주어지지 않는다면 발명인은 존재하지 않을 것이다. 이것이 특허법제도가 존재하는 이유일 것이다. 그러나 산업에 따라서 전유성의 기간이 다를 수 있다. 가령, 가전산업보다는 바이오나 제약산업 분야가 더 생명력이 길다(Chesbrough et al., 2006)

그러나 전유성과 함께 존재하는 것이 외부성(externalities)이다. 가령, 국가의 입장에서는 산업발전을 위하여 발명자에게 무한한 독점배타적 권리를 줄 수는 없다. 비발명자도 생각해야 하고 그들에게도 혜택이 돌아가야 궁극적으로 국가의 산업이 발전하기 때문이다. 이것은 전유성에 한계가 있음을 의미한다. 만약 발명자가 외부성에 영향을 덜 받고 싶으면 원천특허를 얻는 것이다. 원천특허는 수반되는 많은 개량특허와 파생특허를 만들기 때문에 외부성의 불합리를 보완할 수 있는 수단이 될 것이다.

제6절 대학의 암묵적 지식 전달 및 메커니즘 개발

1. 대학의 암묵적 지식의 전달 방법

대학의 암묵적 지식이전은 주로 다음의 방식으로 진행된다: 1) 수직적 통합을 통한 암묵적 지식의 전달, 2) 개인적인 관계를 통한 암묵적 지식의 전달, 3) 정보출처로서의 암묵적 지식의 전달, 4) 산학협력을 통한 암묵적 지식의 전달, 5) 회사규모에 따른 암묵적 지식의 전달, 6) 자문 계약을 통한 암묵적 지식의 전달, 7) 지분허여를 통한 암묵적 지식의 전달, 8) 내부화를 통한 암묵적 지식의 전달.

가. 수직적 통합

김상태 외(2013)는 대학에서 생산되는 지식은 일부만이 논문이나 계약서(설명서)로 전달되며, 암묵지(tacit knowledge)는 지식 생산자에 내재되어 쉽게 전달될 수 없는 특성을 지니고 있다고 하면서 Zucker(2002), Owen-Smith & Powell(2004)의 예를 들어 대학에서 창출된 지식과 기술은 현장에서의 오랜 경험을 통한 지식이 많기 때문에 대면협력을 통해서 전달될 수 있다는 점을 강조한다. 특히, 미국 보스턴 지역의 진단 바이오 기업들이 하버드대학교의 지식을 이전받기 위해 가장 우선적으로 시행하는 것이 대학의 박사학위를 마친 학생 채용이라고 한다.

Bercovitz(2006)는 대학으로부터 창업(spin-off)을 하든지, 연구에 참여했던 그 대학 학생을 채용하는 것은 인력의 이동을 통한 더 직접적인 기술이전이 되는 것이라고 한다. 그는 새로운 기술은 형식지(codified data)와 암묵지(know-how)와의 합성된 복합체라고 한다(Mowery and Rosenberg, 1989). 이러한 새로운 지식의 암묵적(tacit) 구성요소의 성공적인 기술이전을 위해서는 발명자와 수요자 사이에 좀 더 가까이(close), 지속적인(on-going) 상호관계가 필요하다(Teece, 1985).

Lee(2012)도 대학의 발명자를 기술을 실시하는 기업의 기술고문이나 임원으로 합류시키는 경우가 있다고 한다. 가령, recombinant DNA 기술의 특허를 보유한 University of California, San Francisco(UCSF)의 Herbert Boyer와 Stanford의 Cohen은 특허기술을 라이선스하면서 단순히 특허에 대한 실시권만을 허여한 것이 아니라, Cohen은 Cetus라는 회사의 과학기술 고문으로 채용되었고, Boyer는 Genentech이라는 회사의 임원으로 채용되었다. 기업에서 그들을 채용한 목적은 특허된 발명과 관련된 암묵적인 지식의 전달(the transfer of tacit knowledge)을 활성화하기 위함이었다고 한다. 실제로 생명공학 분야의 성공에는 초기에 대학 과학자를 합류시키는 경우가 많다고 한다. 특히, 스타급 교수(top professors)의 합류는 자본시장(capital markets)에도 좋은 영향을 준다고 한다.

Lee(2012)는 기술판매자는 기술수요자에게 기술을 공개하고 싶지 않으나 마지못해 공개하는 경우, 만약 협상이 결렬되면 기술수요자에게 무료로 기술을 허여하게 되는 두려움을 가지게 된다고 한다. 이것을 수용의 위협(threat of expropriation)이라고 하며 이 경우 기술거래(technology transactions)를 위태롭게 한다고 하면서 이러한 것을 회피하기 위해서는 시장 기반 계약(market-based contracting)을 추진하기보다는 수직적 통합(vertical integration)을 권유한다.

또한 기술거래의 위험을 회피하기 위해서는 기술을 특허로 등록한 후에 기술이전을 시도하는 것이 좋다고 한다. 그러나 이 경우, 특허와 관련된 암묵적인 지식을 전달하기가 어려운 것을 문제로 삼는다. 가령, 협상 상대방이 암묵적인 지식을 전수받을 수 있는 능력이 되지 못하는 경우(inability of parties)라 한다.

대학의 암묵적인 지식을 이전하기에 실제로 어려운 점이 많다. 암묵적인 지식 자체는 이전하기가 매우 어렵기 때문에 기업에서도 대학의 암묵적인 지식을 어떻게 이전받을지 고민할 수밖에 없다. Lee(2012)는 이것을 해결하기 위하여 대학과 기업 사이에 강한 연계(stronger linkages)를 형성할 것을 요구하는데 이것은 수직적 통합(vertical integration)으로 구현된다고 하면서 수직적 통합의 예로써 가령, 생명공학 기업(biotechnology firms)이 제약기업(pharmaceutical firms)을 흡수하는 전방통합(integrating forward)을 시도하여 생명공학 제품의 생산과 마케팅을 직접 수행하는 경우도 있고, 반대로 제약기업에서 생명공학 기업을 흡수하는 후방통합(integrating backward)을 시도하여 선진화된 연구를 수행하는 경우도 있다고 한다. 이러한 수직적 통합(vertical integration)은 시장 기반 생산(market-based production)의 거래비용을 줄여준다고 한다. 가령, 기술전문가를 기업 내로 영입하는 노력은 공동투자(joint ventures)의 한 방법이 되며, 네트워크를 활용하는 방법이라고 하면서 산학협력에서 이러한 수직적 통합이 기술이전에 영향을 주면서 암묵적인 지식을 전달하는 데 효율적일지 연구가 필요하다고 한다.

나. 개인적인 관계

Lee(2012)는 특허 등록된 대학의 발명을 기업에 라이선스하기는 힘들다고 하면서, 단순히 기술이전을 시장 관점에서 접근하기 위하여 마케팅 인력을 늘리는 것은 바람직하지 않다고 한다. 특허의 제품 상용화를 위해서 기업 파트너와 특허발명자는 지속적인 관계를 유지하면서 특허와 관련된(patent-related) 기술적 지식(technical knowledge)을 전달해 주는 것이 중요하다고 한다. 가령, 아무리 특허등록이 허여된 발명이더라도 발명자의 암묵적(tacit)이며 개인적인(personal) 지식은 특허명세서 내에 모두 표현될 수 없기 때문에 별도의 지식전달이 중요하고, 특히, 대학의 발명은 주로 초기 상태(early-stage nature)의 발명이 많기 때문에 원활한 기술이전을 위해서는 암묵적 지식의 전달이 필요하다고 한다.

기업과 대학 간의 기술이전에 있어서 기술이전 후에도 발명자의 지속적인 관여는 대단히 중요하다. 특히, 대학과의 기술이전의 성과로 조사자의 70% 이상의 기업가들은 노하우의 비공식적인 이전으로 보고 있다. 또한 다른 조사에서는 대학으로부터 라이선스받은 발명의 71%는 추가의 제품개발을 위하여 특허발명자의 협조가 없이는 상용화에 성공할 수 없었다(Lee, 2012).

만약 발명정보가 특허와는 달리 비공식적인 암묵적인 것이라면 개인적인 접촉을 통하여 기술이전되어야 하며, 이 경우 기술상용화를 꾀하는 주체는 이전된 기술을 상용 가능하도록 기술공여자와의 좋은 관계를 계속 유지해야 한다. 그러나 자칫 협상중단을 이끌 수도 있다. 이것이 암묵적 지식의 단점이다(Pisano, 1991).

대학 발명을 위한 기술이전 라이선스 시장은 좁다. 그러므로 산업계와 대학 사이의 개인적인 관계(personal relationships)에 많이 의존한다. 이러한 개인적인 관계는 기술이전에서 상당히 중요하며, 특히 발명자는 발명에 대한 암묵적인 지식을 소유하고 있기 때문에 발명자와의 직접적인 관계(direct relationships)는 발명 수령자에게 암묵적인 지식을 전달받기 위한 가장 효율적인 통로가 된다는 점에서 개인적인 관계가 특히 중요하다(Lee, 2012).

발명자의 상용화에 지속적인 참여(ongoing participation)는 상업적인 성공에 매우 중요하다. 그러나 특별한 경우에 대학의 교수가 직접 그의 발명을 활용하여 신생기업을 설립하는 경우가 있는데, 이 경우는 대학의 앞선 지식(upstream academic)과 다소 어눌한 기업가 정신(downstream entrepreneurial)이 만나서 완벽하게 통합(completely integrated)을 이룬다. 실제로 많은 과학적인 지식은 암묵적인(tacit) 경우가 많기 때문에, 대학의 과학자가 직접 기업가가 되어서 상업적으로 그의 지식을 활용하는 것이 필요하다(Lee, 2012).

다. 정보출처

산업체의 연구개발에서 사용되는 지식의 원천 중, 새로운 프로젝트에 사용되는 정보출처는 고객(Customers, 90.4), 직원(Own Mfg Operations, 73.7), 공동연구자(Joint/Cooperative Ventures, 49.6), 부품공급자(Independent Suppliers, 45.6), 경쟁자(Competitors, 40.5), 대학 등 공공연구기관(Univs/Gov't R&D Labs, 31.6), 자문단(Consultants, 22.8) 순이다.

또한 프로젝트 완료에 공헌한 정보출처는 직원(Own Mfg Operations, 78.2), 부품공급자(Independent Suppliers, 60.6), 고객(Customers, 59.1), 공동연구자(Joint/Cooperative Ventures, 47.2), 대학 등 공공연구기관(Univs/Gov't R&D Labs, 36.3), 자문단(Consultants, 34.2), 경쟁자(Competitors, 11.7) 순이다(Cohen et al., 2002).

또한 산업체의 연구개발 시, 공공연구 결과를 얻는 정보출처 및 지식의 흐름은 특허, 비공식적 정보교환(informal information exchange), 공개물(publications), 보고서(reports), 공공미팅(public meetings), 회의(conferences), 최근에 고용된 대학원생(recently hired graduates), 실시계약(license), 공동연구자(joint or cooperative ventures), 계약연구(contract research), 자문(consulting), 임시직원 교환(temporary personnel exchanges) 등이다(Cohen et al., 2002).

라. 산학협력

Price(1984)는 공공연구(public research)가 어떻게 산업체의 연구개발(industrial R&D)에서 기술적 발전(technical advance)에 기여했는지 연구하면서 눈에 보이지 않거나(the less tangible), 분명히 표현할 수 없는 지식(disembodied knowledge)에 초점을 둔다. 가령, 새로운 기구의 개발(the development of new instruments)이나 기교(techniques) 등이다.

많은 대학들은 지역산업 발전에 더 많은 역할을 맡기 위하여 연구능력(research capabilities)에 구조조정을 가해왔다. 가령, 특별연구단(specialized research units)을 설립하여 공동협력벤처(joint cooperative ventures)와 산업체의 요구에 부응하는 학제 간 프로젝트(interdisciplinary projects)를 설치하여 운영하고 있다(Bercovitz, 2006). 이러한 대학의 역할 변화에 대해서 일부에서는 대학이 본연의 연구와 교육의 자세로부터 벗어나고 있는 것은 아닌지 질문한다. 가령, 증가되고 있는 아카데믹캐피털리즘(academic capitalism)에 따른 상업적 요구는 대가없이 공개되어야 하는 과학기술의 공공성을 파괴시키는 것은 아닌지 의문을 표시 한다(Nelson, 2001).

Jeannette(2002)는 대학의 기술이전(technology transfer)은 지식재산권 없이 발생되지는 않았을 것으로 추측하면서, 사례연구를 통하여 특허나 독점사용권(exclusive licenses)은 즉시 상용 가능한 발명("ready to use" out of the laboratory)을 위해서는 중요하지 않다고 한다. 왜냐하면 기업은 특허에 상관없이 생산으로 연결하여 수익을 창출하면 되기 때문이라고 한다. 그러나 산업계에 잘 알려지지 않은 발명이거나, 상용가능성을 초기에 보유하고 있지 못한 발명이거나, 대학과 기업 간에 기술 분야의 네트워크가 잘 형성되지 못한 분야의 발명에 대해서는 대학의 기술이전전담부서의 기술마케팅 능력이 중요하다고 한다.

Debackere(2005)는 산학협력을 대학의 관점에서 보면 다학제적인 특징(a multidisciplinary character)을 가지고 인간중심의 상호의존적인 관계(people-centered interactions)인 암묵적인 지식(difficult-to-codify)이 증가되고 있고, 이것과 함께 대학은 기초연구 외에 응용연구를 결합하는 방법으로 진화하고 있다고 한다(OECD, 2001). 그러나 불확실하고 암묵적인(non-codifiable) 노하우(know-how)는 시장에서 높은 이전 비용(high transaction costs) 때문에 치명적인 실패를 야기할 수도 있으므로 투명하고 형식적인(well-articulated) 지식재산권(intellectual property rights)의 중요성을 주장 한다(Link et al., 2003).

기업의 대학 연구에 대한 상업적인 지원(commercial sponsorship)은 암묵적인 지식을 전달하거나 대학과 기업 간의 기술이전을 가속화하기 위한 중요한 통로 역할을 한다. 이러한 상업적인 지원은 대학과 기업의 연구자 간의 공동연구(joint research)를 수반하여 암묵적인 지식을 상호 교환(exchanging tacit knowledge)할 수 있는 핵심이 되는 메커니즘을 구축할 수 있다(Lee, 2012).

기술에 기반을 둔 기업들(technology-based firms)은 대학 근처에(proximity to a university) 위치하기를 희망하는 경우가 많다. 그 이유는 대학은 가치 있고 상용 가능한 기술적 지식을 생산할 수 있는 능력이 있기 때문이다. 또한 혁신의 얼리어답터(early adopters of innovation)가 되어서 새로운 대학 지식을 신속히 소화함으로써 경쟁적인 이점을 얻기 때문이다. 그러므로 기업은 먼 곳에 위치한 대학보다는 가까이에 있는 대학과 위탁연구(sponsor research)를 진행한다. 가령, 연구중심 대학의 리더격인 스탠퍼드, 하버드 그리고 MIT 대학의 주변에 벤처투자 기업들이 많이 위치하고 있다. 이러한 상황 때문에 많은 기술벤처 기업들이 연구중심 대학 주변에 모이게 되고, 이것은 결국 클러스터(cluster)를 형성한다. 이러한 클러스터 내의 기업들과 대학은 더 직접적인 관계(direct relationship)를 형성하여 기술이전을 활성화한다. 이러한 직접적인 관계는 특허 등록된 발명과 관련이 되는 암묵적인 지식(tacit knowledge)을 전수하게 되므로 상용화와 관련된 가치 있는 기술이전을 할 수 있도록 해준다. 그러므로 기업가나 대학의 기술이전 전담부서 그리고 교수들은 개인적인 관계(personal relationship)가 특히 중요하다(Lee, 2012).

또한 기업에서 대학과 연구 협력관계를 유지하는 목적은 대학과의 연구를 통하여 기업의 흡수능력(absorptive capacity)을 키워서 시장에 접근된 상용화 가능한 기술을 이전받기 위함도 있다(Lee, 2012).

Debackere(2005)는 산업혁신 분야의 연구계약(contract research)을 잘 관리하고, 감시하는 것은 중요하다고 한다. 즉, 연구계약으로 끝나는 것이 아니라 그것이 결국 기술이전으로 연결되므로 대학의 수익창출에 기여할 수 있음을 함의한다. 반면에 비공식적인 접촉은 기업과 공공연구 기관과의 지식교환의 방법인데, 이것의 빈도를 수량화하기에는 너무도 어렵지만 비공식 접촉은 지극히 중요하다고 한다. 왜냐하면 이것은 공식적 접촉을 촉진하는 촉매 역할을 할 수 있기 때문이다(Allen, 1977; Matkin, 1990). 또한 대학의 노하우(know-how)는 빠른 속도로 상용화(commercial activities)를 이끌 수 있기 때문에 산업체로의 기술이전을 활성화하는 방안 마련이 필요하다고 한다.

마. 회사규모

작은 회사의 연구개발은 대학의 연구개발(university research)을 활용하는데 큰 규모의 회사보다도 적극적이다. 그러므로 작은 회사들은 대학 연구실(university laboratories)로부터 지식의 파급(spillover)을 활용하는 데 비교우위(comparative advantage)를 갖는다(Acs, 1994).

대기업은 대학의 연구 결과에 더 밀착되는 경향이 있으나 연구개발을 통한 보답(rate of return to R&D)에 있어서는 소규모 기업이 대기업보다 더 높다. 그 이유는 작은 회사는 대학 연구실로부터 부가가치가 있는 지식(knowledge gained from university)을 보다 효율적으로 지원받을 수 있기 때문이다(Link and Rees, 1990).

그러나 Cohen & Klepper(1996)는 대기업의 평균 R&D 생산성(productivity)이 낮은 이유는 대기업의 경우, 작은 규모의 기업들보다 더 많은 R&D 프로젝트를 수행하다 보니 R&D 고정비용(the fixed costs of R&D)이 높기 때문이라고 하면서 소기업과 R&D 효율성을 다투는 것은 의미가 없다고 한다.

바. 자문 계약

자문계약(consulting agreements)은 대학교수 개인과 기업 간의 비공식적인 기술이전의 과정으로 그 기업은 교수에게 시간 투자에 따른 자문료를 지급하고, 생산된 지식재산권을 소유한다. 이때 대학은 지식재산권에 대해서 어떤 권리도 주장할 수 없고, 결국 대학의 입장에서는 잠재적인 자금획득의 자원을 잃게 된다. 교수의 입장에서는 대학본부의 통제를 받는 계약에 의한 위탁연구 보다는 통제를 받지 않는 자문을 선호한다. 그러나 이러한 자문들은 대학의 위상을 줄어들게 한다(Bercovitz, 2006).

비공식적인 메커니즘의 예로 심포지엄에서의 발표, 자문계약, 비공식적 미팅, 기업에서 학생 채용, 연구용역 계약, 대학과 기업 간의 연구원 교환 등은 대학의 기술적 지식을 기업에 전파시키고 상업화시키는 데 중요한 역할을 한다(Lee, 2012).

비공식적인 메커니즘의 예로 대학원생이 산업체로 흘리는 지식과 출판(publications) 그리고 회의(conferences)는 산업체로 하여금 대학에서 창출된 새로운 지식을 감시할 수 있게 하고, 활용하게 한다. 또한 교수의 자문(faculty consulting)은 산업체로 직접적인 지식의 이전(transfer of knowledge)을 이끈다(Goldfarb, 2003). 실례로 미국 대학에서는 기술이전전담부서에 처음 제출되는 중요한 아이디어는 암묵적(tacit)인 것이 많고, 발명의 상업적 성공을 위하여 71%는 발명자의 추가 연구를 요구하고, 48%는 개념증명(proof of concept)이며, 29%는 연구실 수준의 상용화(prototype)이고, 단지 8%만이 생산에 바로 적용 가능한 지식이다(Jensen and Thursby, 2001).

대학의 연구결과물인 지식이 암묵적(tacit)이라면, 대학의 연구를 지원하는 기업(the sponsoring firm)은 연구결과에 만족하지 못할 수도 있다. 기업에서 활용하기 위하여 형식화시키는 데 추가의 시간과 돈이 필요하기 때문이다. 이런 암묵적인 지식의 경우에는 자문(consulting)과 같은 방식으로 보완할 수 있다(Goldfarb, 2001).

특허로 기술이전을 시도 시에는 암묵적 지식을 전달할 때 소요되는 비용을 줄일 수 있는 효과가 있으나 암묵적인 지식의 특성상 특허로 표현하기 어려운 경우가 있기 때문에 특허와 암묵적인 지식을 상호 보완적인(complementary) 관계로 생각하여 이 둘을 묶어서 특허 실시를 위한 계약과 노하우라는 암묵적인 지식을 자문계약으로 함께 일괄적(package)으로 체결하는 것도 하나의 방법이다(Lee, 2012).

사. 지분허여

암묵적 지식을 가지고 있는 발명자 입장에서는 만약 기업에서 고의적으로 지식이 전받는 것을 지연시키면 거의 인센티브를 받지 못할 수도 있다. 이런 경우 최고의 수단은 그 기업의 주식을 발명자가 받는 것이다. 이 방법은 신생기업이나 작은 규모의 기업일 경우, 발명자의 강력한 협조를 얻을 수 있는 인센티브를 제공하는 것이다.

만약 암묵적인 지식이 일단 기업으로 흘러 들어가면 발명자는 기업으로부터 한 푼도 받지 못할 수도 있는 협상중단 문제(hold-up problem)가 발생할 수 있는데 이것을 해결하기 위해서는 잠재적인 기술도입자(potential licensee)와 발명자 간의 지속적 관계를 개발해야 한다.

지식재산권으로 보호(intellectual property protection)되는 강도가 약한 경우에는 기술이전전담부서(TLO)를 무시하고 기업과 교수 간의 비공식적인 자문(consulting arrangements) 등이 발생될 가능성이 크고, 암묵적인 지식의 발현으로 대학의 수익을 약화시킬 수 있으니 특허와 같은 형식적인 지식으로 이끌어낼 필요가 있다(Arora, 1995).

신생기업(new firms)에서는 기술료계약(royalty agreements)을 체결하는 대신 기업의 일정 지분(equity)을 대학에 줄 수 있다. 만약, 실시계약을 맺으면 일반적으로 실시료(royalty payments)를 매출이 발생되기 전에 지불해야 하기 때문에 신생기업에게 부담이 될 수 있으니 현금 대신 그 기업의 일정지분을 허여하면 신생기업에게 발생할 수 있는 자금 유동성의 문제(liquidity constraints)도 해결가능하다(Gregorio and Shane, 2000).

Shane(2001)은 발명자입장에서 해당기업과 기술료계약(royalty arrangements)을 맺을 가능성이 적다면 차라리 그 기업의 지분을 확보하는 것이 더 효율적이라고 주장한다(Jensen and Thursby, 2001). Lee(2012)도 대학은 기업에 특허 라이선스의 형태로 계약을 하면서 동시에 조직적인 통합(organizational integration)과 암묵적인 지식의 교환(tacit knowledge exchange)을 기대할 수 있는 기업 지분(equity stakes)의 확보를 하고 있으며, 이것은 과거 수십 년 전부터 일상적인 것으로 되고 있으며, 특히 이것은 현금이 부족한 신생기업들(start-ups that lack cash)에게 유리하다고 한다.

아. 내부화

Goldfarb(2003)는 지식재산을 활용한 대박(windfall of intellectual property)을 이끌기 위하여 대학에서는 실용적으로 가능하도록 실험(experimentation)을 계속적으로 시도해야 한다고 한다. 이것을 세부적인 것부터 시행(bottom up)하는 방식이라 한다. Nonaka(1994)는 이것을 내부화(internalization)라 했다. Li-Hua(2003)도 지식이전(knowledge transfer)이 수반되지 않은 기술이전(technology transfer)은 발생할 수 없다고 주장한 것과 맥락이 같다.

많은 대학들은 대학기술의 상업화를 촉진하기 위하여 인큐베이터(incubators)를 구축한다. 이러한 인큐베이터들은 전통적인 기업 인큐베이터보다도 더 빨리 기술의 상업화에 관여하여 개념 증명(proof of concept)의 형태에서 주도권(initiatives)을 잡는다. 이러한 대학의 인큐베이터의 주된 목적은 대학의 발명자와 기업가 사이의 더 가까운 협력 관계(close working relationships)를 촉진하여 상업화를 이룩하는 데 도움을 준다(Lee, 2012).

2. 대학의 암묵적 지식이전 메커니즘 개발

가. 대학의 암묵적 지식이전 메커니즘

앞서 분석한 여러 학자들의 의견을 통합하여 대학의 암묵적 지식이 기업으로 이전되는 메커니즘을 구성한다. 그 내용은 다음과 같다. 연구결과물 공급자로서 대학교수와 연구원 등이 있고, 전달수단으로서 비공식적 채널(개인적 접촉)과 공식채널을

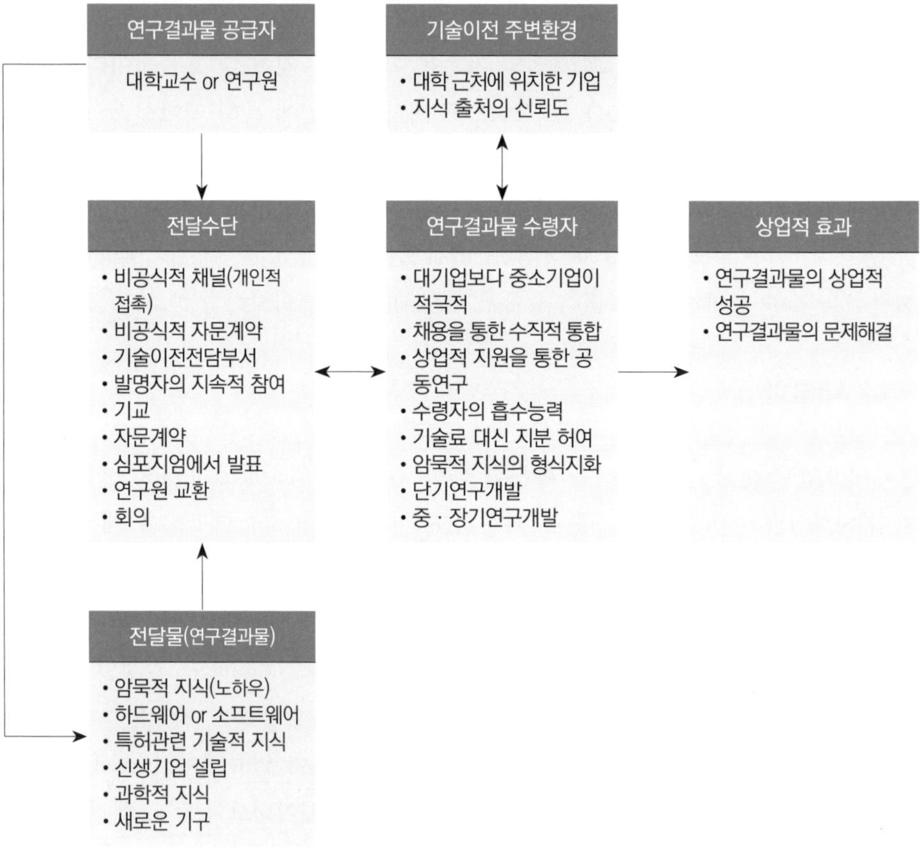

| 그림 3-8 | 선행문헌을 통합한 대학의 지식이전 메커니즘

포함한다. 가령, 비공식적 자문계약이 있고, 대학의 기술이전전담조직, 발명자의 지속적 참여, 기교, 공식적 자문계약, 심포지엄에서 발표, 연구원 교환, 공식 또는 비공식적 회의 등이 있다. 전달물(연구결과물)로서 암묵적 지식(노하우), 하드웨어 또는 소프트웨어, 특허와 관련된 기술적 지식, 신생기업 설립, 과학적 지식, 새로운 기구 등이 있다. 연구결과물 수령자로서 대기업보다 중소기업이 더 적극적이고, 채용을 통한 수직적 통합, 상업적 지원을 통한 공동연구, 수령자의 흡수능력, 기술료대신 지분허여, 암묵적 지식의 형식지화, 미래의 제품을 위한 중장기 연구개발, 현재의 핵심기술 분야 강화를 위한 단기 연구개발 등이 있다. 기술이전 주변환경으로서 대학의 근처에 위치한 기업, 지식 출처의 신뢰도 등이 있다. 상업적 효과로서 연구결과물의 상업적 성공, 연구결과물의 문제해결 등이 있다. [그림 3-8]에 대학의 지식이전 메커니즘을 도식화한다.

나. 대학의 기술(지식)과 기업의 제품 상용화와의 관계

앞서 학자들이 주장한 내용을 토대로 대학의 기술이나 지식이 기업의 제품 상용화에 기여하는 과정을 그룹화하여 재기술한다.

이것을 근거로 [그림 3-9]에 기술이전되는 기술(지식)과 기업의 상용화와의 관계를 도식화하고, 이어서 각 14가지 경우의 선정근거에 대해서 기술한다.

(1) 기업은 기술이전을 받을 시에 공식적인 채널보다는 비공식적인 채널을 통하여 받은 경우가 더 많았다.

- Cohen, Nelson & Walsh(2002)는 논문출판, 컨퍼런스 등 발표, 비공식적인 정보교환 등 비공식적인 채널이 공식적인 이전통로인 컨설팅, 계약연구, 기술이전 협약보다 많다고 한다.
- Owen Smith & Powell(2004)은 만약, 전략적 제휴가 비공식적인 채널을 통하여 정보가 이동된다면 지식 집약적인 산업분야에 있는 기업들에게는 중요한 혜택을 준다고 한다.
- Lee(2012)는 심포지엄에서의 발표, 자문계약, 비공식적 미팅, 기업에서의 학생채용, 연구용역 계약, 대학과 기업 간의 연구원 교환 등과 같은 비공식적 메커니즘은 대학의 기술적 지식을 기업에 전파시키고 상업화하는 데 중요한 역할을

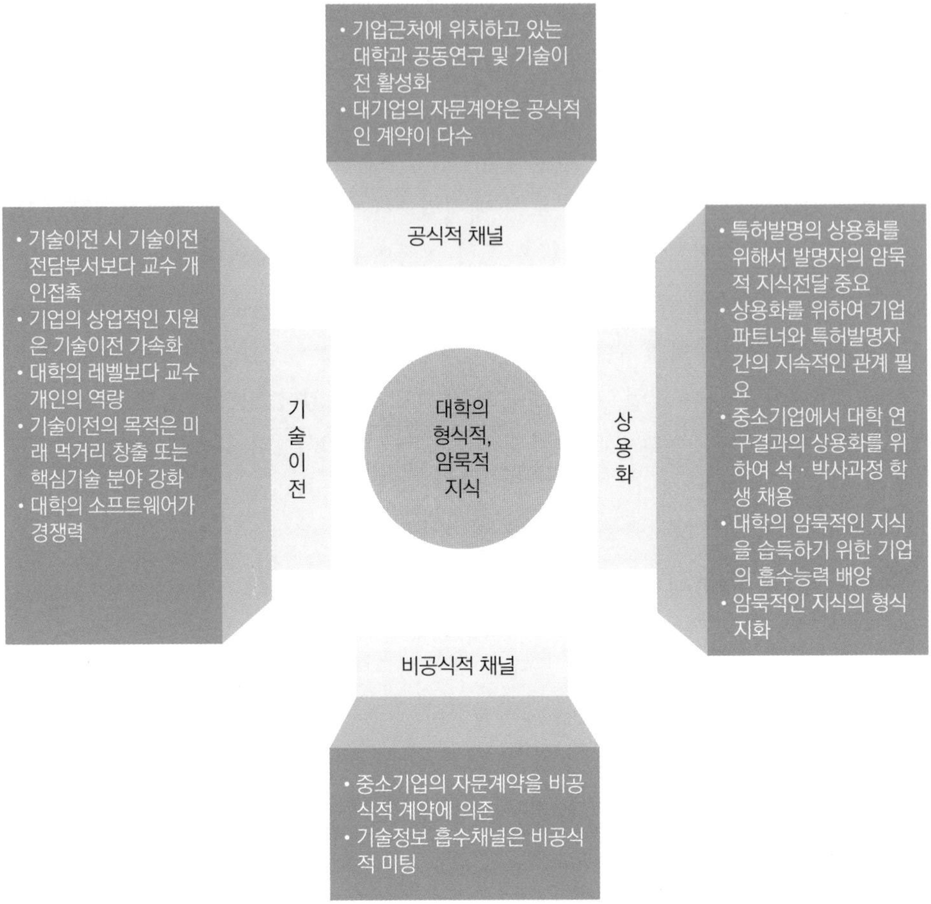

| 그림 3-9 | 대학의 기술(지식)과 기업의 상용화와의 관계

한다고 한다.

- Jeannette(2002)는 산업계에서 사용되고 있는 기술의 일부는 대학으로부터 라이선스 없이도 사용되었을지 모른다고 한다.
- Baldini(2006)는 대학의 발명자는 산업체의 발명자에 비해서 더욱 더 발명을 연구공동체에 노출시킬 수 있는 환경에 처해 있다고 한다.
- Debackere(2005)는 비공식적인 접촉은 기업과 공공연구기관과의 지식교환의 방법인데, 이것의 빈도를 수량화하기에는 너무도 어렵다고 한다.
- Goldfarb(2003)는 대학원생이 산업체로 흘리는 지식과 출판 그리고 회의

(conferences)는 산업체로 하여금 대학에서 생산된 새로운 지식을 활용하게 한다고 한다.

(2) 대학의 특허된 발명을 기업에서 상용화하기 위해서는 발명자의 암묵적인 지식의 전달이 중요하다.

- Lee(2012)는 기업파트너와 특허 발명자는 지속적인 관계를 유지하면서 특허와 관련된 기술적인 지식을 전달해 주는 것이 필요하다고 한다.
- Lee(2012)는 대학의 발명은 주로 초기상태의 발명이 많기 때문에 원활한 기술이전을 위해서는 암묵적인 지식의 전달이 중요하다고 한다.
- Pisano(1991)는 만약 발명 정보가 특허와는 달리 암묵적인 것이라면 개인적인 접촉을 통하여 기술이전되어야 하며, 이 경우 기술상용화를 꾀하는 주체는 이전된 기술을 상용 가능하도록 기술공여자와 좋은 관계를 유지해야 한다고 한다.
- Bercovitz(2006)는 새로운 기술은 형식지(codified data)와 암묵지(know-how)와의 합성된 복합체라고 한다.
- Debackere(2005)는 산학협력은 다학제적인 특징을 가지고, 인간중심의 상호의존적 관계(people-centered interactions)인 암묵적인 지식(difficult-to-codify)이 증가되고 있고, 이것과 함께 기초연구 외에 응용연구를 결합하는 방법으로 진화하고 있다고 한다.
- Arora(1995)는 암묵적인 지식이 일단 기업으로 흘러 들어가면 협상 중단 문제(hold-up problem)가 발생할 수 있는데, 이것을 해결하기 위해서는 잠재적인 기술도입자와 발명자 간의 계속적인 지속관계를 개발해야 한다고 한다.
- Lee(2012)는 특허와 암묵적인 지식을 상호 보완적인(complementary) 관계로 생각하여 이 둘을 묶어서 특허실시를 위한 계약과 노하우라는 암묵적인 지식을 자문계약으로 함께 일괄적(package)으로 체결하는 것을 하나의 방법으로 제안한다.
- Goldfarb(2003)는 지식재산을 활용한 대박(windfall of intellectual property)을 이끌기 위해서 대학에서는 발명이 실용적으로 가능하도록 실험(experimentation)을 계속적으로 시도해야 한다고 한다.
- Lee(2012)는 많은 대학들은 상업화를 촉진하기 위하여 인큐베이터를 활용하는데, 그 주된 목적은 대학의 발명자와 기업가 사이의 더 가까운 협력 관계를 촉

진하기 위해서라고 한다.

- Li-Hua(2003)는 지식이전(knowledge transfer)이 수반되지 않은 기술이전(technology transfer)은 발생할 수 없다고 한다.
- Li-Hua(2003)는 암묵적인 지식이전은 무계획적이기 때문에 지식이전을 불안정하게 할 수 있고, 이것은 기술이전을 어렵게 할 수도 있다고 한다.

(3) 대기업보다는 중소기업이 대학의 연구성과물을 활용하는 데 더 적극적이다.

- Acs(1994)는 작은 회사는 연구개발을 수행 시에 대학의 연구개발을 활용하는데 큰 규모의 회사보다도 적극적이라고 한다.
- Link & Rees(1990)는 연구개발을 통한 성과에 있어서 대기업보다는 소규모 기업이 더 높다고 한다.

(4) 대학교수 개인과 기업 간의 자문계약 등 비공식적인 계약이 기술이전 계약이나 위탁연구 등 공식적인 계약보다도 더 많이 발생한다.

- Bercovitz(2006)는 교수의 입장에서는 대학 본부의 통제를 받는 계약에 의한 위탁연구보다는 통제를 받지 않는 자문을 선호한다고 한다.
- Arora(1995)는 지식재산권으로 보호되는 강도가 약한 경우에는 기술이전전담부서를 무시하고 기업과 교수 간의 자문(consulting arrangements) 등이 발생될 가능성이 크다고 한다.

(5) 대학 발명의 기업체 기술이전 시, 대학의 기술이전전담부서(TLO)의 역할에 의존하기보다는 교수개인과 기업체 간의 개인적인 관계에 더 많이 의존한다.

- Lee(2012)는 대학의 발명을 위한 라이선스 시에 산업계와 대학 사이의 개인적인 관계(personal relationships)에 많이 의존한다고 하면서 개인적인 관계는 기술이전에서 상당히 중요하다고 한다.

(6) 성공적인 대학발명의 상용화를 위해서는 발명자가 직접 기술이전을 받는 기업에 깊이 관여하는 수직적인 통합의 형태가 필요하다.

- Lee(2012)는 기업에서 발명자를 채용하는 목적은 특허된 발명과 관련된 암묵적

인 지식의 전달을 활성화하기 위함이라고 한다.

- Lee(2012)는 암묵적인 지식을 공개하고, 협상 상대방으로부터 아무런 대가를 받지 못하는 수용의 위협(threat of expropriation)을 회피하기 위해서는 시장기반 계약(market-based contracting)을 추진하기보다는 수직적 통합(vertical integration)을 권유한다.
- Lee(2012)는 암묵적인 지식의 전달을 위한 중요한 통로로서 조직적인 통합(organizational integration)이 중요하다고 한다. 특히, 수직적 통합은 시장기반 생산(market-based production)의 거래비용을 줄여 준다고 한다.

(7) 기업에서 대학연구에 대한 상업적인 지원(commercial sponsorship)은 대학과 기업 간의 기술이전을 가속화하는 중요한 통로이다.

- Lee(2012)는 기업의 대학에 대한 상업적인 지원은 대학과 기업의 연구자 간의 공동연구(joint research)를 수반하여, 암묵적인 지식을 상호 교환할 수 있는 핵심이 되는 메커니즘을 구축한다고 한다.

(8) 기술이전 시 기업에서 기술상용화에 성공하지 못하게 하는 위험요소로서 기술을 받고자 하는 협상 상대방이 대학의 암묵적인 지식을 수용할 수 없는 상태가 있다.

- Lee(2012)는 기술거래의 위험을 회피하기 위해서는 특허로 기술이전을 시도하는 것이 좋다고 한다. 그러나 이 경우 특허와 관련된 암묵적인 지식을 전달하기 어려운 것을 문제로 삼는다. 가령, 협상 상대방인 기업이 암묵적인 지식을 전수받을 수 있는 능력이 되지 못한 경우(inability of parties)를 예로 든다.
- Lee(2012)는 기업에서 대학과 연구협력 관계를 유지하는 목적은 대학과의 연구를 통하여 기업의 흡수능력(absorptive capacity)을 키워서 비교적 시장에 접근된 상용화 가능한 기술을 이전받기 위함도 있다고 한다.

(9) 기술이전 시 기업에서는 대학의 발명에 대해서 기술료 계약(royalty agreements)보다는 기업의 지분(equity)을 허여하는 것이 기술이전을 활성화할 수 있다.

- Di Gregorio & Shane(2000)은 신생기업에게 실시계약은 자칫 자금 유동성의 문

제(liquidity constraints)를 야기할 수도 있기 때문에 그 기업의 일정 지분을 대신 허여하면 이러한 문제를 해결할 수도 있다고 한다.

- Shane(2001)은 기술료 계약(royalty agreements)을 맺을 가능성이 적다면 차라리 기업의 일정 지분을 확보하는 것이 더 효율적이라고 한다.
- Lee(2012)는 대학은 기업에 허여하는 특허 라이선스의 형태로 조직적인 통합(organizational integration)을 하면서 간접적으로 암묵적인 지식의 교환을 개선할 수 있는 지분(equity-stakes)의 확보를 하고 있다고 한다.

(10) 기업은 그 기업 근처에 위치한 대학과 공동연구 개발을 수행하는 경우가 많다.

- Lee(2012)는 기술에 기반을 둔 기업들(technology-based firms)은 대학 근처에 위치하기를 희망한다고 한다. 그러므로 기업은 먼 곳에 위치한 대학보다는 가까이에 위치한 대학과 위탁연구(sponsor research)를 진행함으로써 혁신의 얼리어답터(early adopters of innovation)가 되기를 희망한다고 한다.
- Lee(2012)는 지역 기술 클러스터 내의 기업들과 대학은 더 직접적인 관계(direct relationship)를 형성하여 기술이전을 활성화하고 이러한 관계는 특허된 발명과 관련되는 암묵적인 지식(tacit knowledge)을 전수하게 되므로 상용화와 관련된 가치 있는 기술이전을 가능하게 한다고 한다.

(11) 기술이전 시에 기술 또는 지식 출처의 신뢰도(the source of knowledge)는 중요하다.

- Szulanski(2000)는 출처의 신뢰도는 지식을 이전하는 데 있어서 기회의 인지(the perception of an opportunity)에 영향을 주는 요소라고 한다.

(12) 기업이 대학에 위탁연구를 맡기거나 기술이전을 시도할 때, 그 기업의 핵심기술 분야의 지식을 강화시키려는 목적 또는 그 기업의 미래 먹거리를 위한 새로운 기술 분야를 개척하려는 목적이 있다.

- Mowery(1996)는 어떤 회사 간 제휴는 기술적 공통부문(technical overlap)을 증가시키는 데 관심이 있는 반면, 다른 회사 간 제휴는 다른 기술의 전문성 확보(promote specialization)에 관심을 더 가지고 있다고 분석했다.

(13) 대학의 기술 또는 지식을 이전할 때, 하드웨어 물건(hardware objects)보다는 컴퓨터 프로그램이나 새로운 아이디어와 같은 암묵적인 지식을 이전하는 경우가 많다.

- Li-Hua(2003)는 전통적으로 기술이전은 하드웨어 물건을 이전하는 것으로 개념화되었지만, 컴퓨터 프로그램 또는 새로운 아이디어와 같은 정보를 기술이전하는 경우가 있고, 심지어 하드웨어 없이 정보만으로 되는 경우도 있다고 한다. 기술이 소프트웨어적인 성격이 강할수록 그 기술은 암묵적인 지식을 더 많이 가질 수밖에 없다고 한다.

(14) 대학의 암묵적인 기술 또는 지식을 기술이전할 때, 기업에서는 형식지화해서 사용해야 한다.

- Winter(1987)는 기술이전과 모방은 같은 가위의 날들(blades of the same scissor)이라 했다.
- Kogut & Zander(1992)는 기술이전은 반드시 복제(replication)를 수반해야 함을 주장하면서, 기술의 복제가 이루어졌다는 것은 이미 코드화(codification)되거나 단순화(simplification)되었다는 것을 의미한다고 한다.

다. 대학의 암묵적 지식이전 메커니즘 간략화

앞서 분석한 선행문헌들의 내용을 근거로 대학과 기업을 축으로 대학의 암묵적 지식을 기업에 효율적으로 이전하기 위한 메커니즘을 [그림 3-10]과 같이 간략화 한다.

(1) 암묵적인 지식이 되기 위해서는 대학연구자들의 창의적인 아이디어에 부가해서 실용화 가능하도록 지속적인 실험을 병행하는 것이 중요하며, 대학원의 우수한 석 · 박사 연구원을 훈련시켜서 최근 업데이트된 지식을 전수받게 하고, 기업에 채용되어서 즉시 그 연구실의 암묵적인 지식이 기업에서 활용 가능하도록 지도교수의 헌신적인 교육과 노력이 필요하다.

(2) 기업에서는 대학에 연구개발을 위한 상업적 지원을 함으로써 대학이 연구재원을 확보하여 새로운 지식기반 연구를 수행할 수 있도록 하고, 동시에 기업은

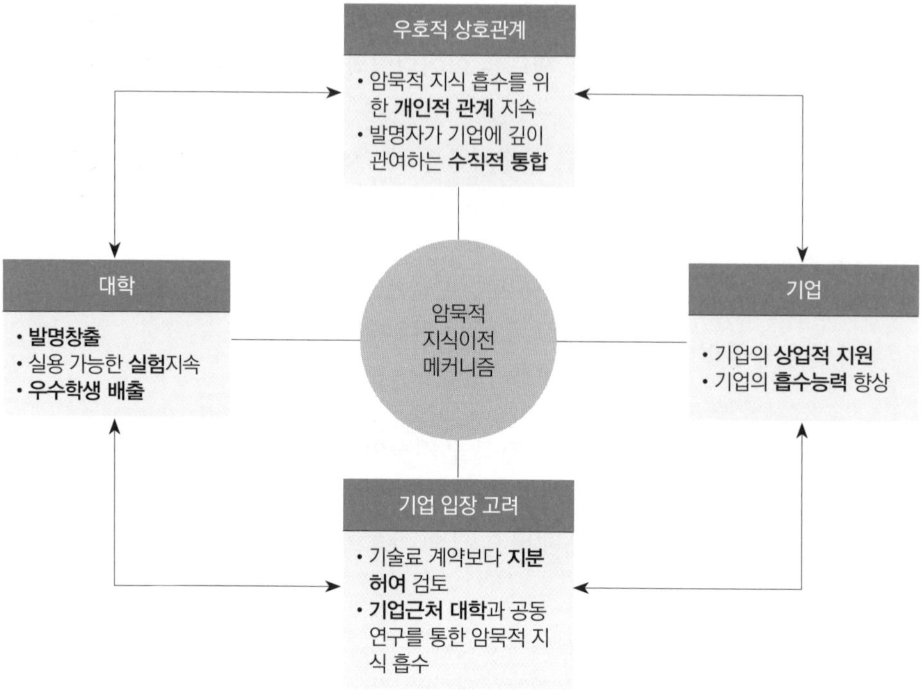

| 그림 3-10 | 대학의 암묵적 지식이전 메커니즘

대학과의 공동연구를 진행함으로써 기업의 지식 흡수 능력을 배양하여 대학이나 다른 기관 또는 다른 기업으로부터 상용화 가능한 지식을 흡수할 수 있는 역량을 배양하는 것이 필요하다.

(3) 대학의 암묵적인 지식을 흡수하기 위해서는 될 수 있으면 연구중심 대학 근처에 회사의 연구소를 위치시켜서 근거리에서 대학의 연구자들과 공동연구를 수행함으로써 대학의 암묵적인 지식을 가장 빨리 접하도록 하는 것이 필요하다.

(4) 신생기업의 경우, 자금운용의 열악함을 인식하여 대학과 기술료계약보다는 대학에 그 기업 지분의 일정한 몫을 할애함으로써 신생기업의 유동성 부족을 해결해 줄 수 있고, 대학은 지분을 통한 이익을 얻기 위하여 제품의 상용화 성공을 위한 노력의 일환으로 기업과의 암묵적 지식의 상호교환을 활성화시킬 수 있다.

(5) 대학의 암묵적인 지식을 흡수하기 위해서는 무엇보다도 대학구성원과 기업의 연구자 간의 개인적인 교류 및 친분 같은 개인적인 관계 유지가 필요하다. 이것은 상호신뢰를 구축하여 대학의 암묵적인 지식을 전수받는 데 대단히 중요한 역할을 한다.

(6) 대학의 암묵적인 지식을 기업이 흡수하기 위한 가장 효율적인 방법 중에 하나는 발명자를 기업의 일원으로 채용하여 그의 암묵적인 지식을 그 기업의 연구자들과 공유하도록 하고, 그 결과 기업지식을 배가시키고 궁극적으로 기업지식의 표준으로 자리 잡도록 할 수 있다.

CHAPTER 04

국내 대·중소기업 산학협력 사례 인터뷰

CHAPTER 04

국내 대 · 중소기업 산학협력 사례 인터뷰

제1절 인터뷰를 위한 사전준비

1. 1차 인터뷰 절차 및 대상

가. 1차 인터뷰 진행 방법

1차 인터뷰는 총 12개 기업의 대표 또는 임직원을 대상으로 했으며, 그 기업을 대표할 수 있는 적임자를 선정해서 진행했다. 그 이유는 기업 내의 정보를 풍부하게 가지고 있어야 신뢰성 있는 인터뷰를 진행할 수 있기 때문이다. Patton(1990)은 연구를 위한 의도적인 표본 선정의 논리와 힘은 정보를 풍부하게 가지고 있는 적임자를 선정하는 데 있다고 하고, Chein(1981)은 정성연구에서 비확률적 표본이 많이 사용되는데 이것은 연구자가 연구를 효율적으로 수행하기 위하여 수행하는 의도적인(purposive or purposeful) 표본 선정 방법이라고 한다.

본 인터뷰에서는 의도적으로 기업을 대표할 수 있는 사람을 표본으로 선정한 것은 인터뷰 결과의 신뢰도를 기반으로 인터뷰 결과의 핵심범주를 찾는 데 도움이 되고, 그 결과 분석의 신뢰도를 증가시키기 때문이었다.

인터뷰는 적임자를 물색해서 의사를 타진 후, 인터뷰에 동의하면 진행하는 것으로 했다. 인터뷰는 무엇보다도 연구자와 참여자 간의 상호 신뢰가 중요하기 때문에 될 수 있으면 평소 알고 지내던 분들을 우선으로 선정했다. 그 외 그분들의 소개를 받아서 다른 참여자를 선정한 경우도 있었다. Patton(1990)도 참여자나 참여그룹에게 다른 참여자를 소개받는 것은 그 분야에 풍부한 지식을 가진 사람일 가능성이 많기 때문에 해당 인터뷰에 적합한 사람을 소개받는 것은 중요하다고 한다. Kline(1981)도 다른 사람들에 의하여 지식을 가졌을 만하다고 생각되는 핵심인물을 접촉한 후, 그 사람에게 소개해 줄 사람을 부탁하는 것도 특수한 분야의 현상을 이해하는 데 도움을 준다고 한다.

인터뷰의 진행에 대해서, 대부분이 평소 잘 알고 지내는 분들이 많았기 때문에 직접 찾아가서 인터뷰하는 것보다는 시간을 절약하고 밀도 있는 인터뷰를 실시하기 위하여 전화인터뷰 방법을 활용했다. 전화인터뷰 방법은 서로 간 얼굴을 마주하지 않고 진행되다보니 표정이라든지 장소 등에 구애받지 않고, 어색한 분위기가 조장되지 않기 때문에 인터뷰하기에는 좋은 방법이다.

그러나 통신을 통한 인터뷰의 문제점(가령, 잡음이나 인터뷰 도중 다른 사람의 방문 등)도 있기 때문에 통신을 통하여 효율적인 결과를 얻기 위하여 밀폐된 회의실에서 진행하는 것이 필요했다. 또한 효율적인 인터뷰를 위하여 사전에 질의서를 메일로 우선 송부하고 읽어보게 한 후, 인터뷰에 응하도록 했다. 대부분이 그렇게 했고 일부의 참여자는 자신의 생각을 인터뷰 전에 질의서에 적어서 미리 보내준 경우도 있었다.

인터뷰의 효율을 위하여 상호 질의서를 보면서 진행을 했다. 본 인터뷰는 산학협력 경험에 덧붙여 대학의 암묵적 지식의 이전이라는 다소 특색이 있는 것을 인터뷰해야 했기에 질의서의 내용을 참여자가 확실히 이해하도록 설명을 한 후, 반구조적인 형식의 인터뷰로 참여자가 실제로 참여했던 대학과의 기술이전 사례 또는 순수산업체 과제(연구비를 정부과제로부터 얻는 것이 아니라 기업의 예산으로부터 집행하는 과제) 또는 정부 연구 과제의 사례 위주로 설명을 부탁했다. 특히, 비공식적인 채널을 통한 연구원 간의 교류 및 자문계약 등에 대해서 사전설명을 자세히 했고, 암묵적인 지식이 무엇인지, 그리고 그것을 활용하여 실제로 제품 상용화에 도움을 받고 있는지, 또는 공동연구에 참여했던 교수나 학생들을 기업에서 활용 또는 채용했는지를 집중적으로 질문하고 답변을 들었다.

인터뷰는 평균 1시간 이내로 했다. 참여자가 인터뷰 시간 동안 집중할 수 있도록 질의항목 외에는 일체 다른 질문은 하지 않았다. 인터뷰 후에는 즉시 PC 상에 결과를 정리했고, 정리된 내용을 작성한 즉시 참여자에게 메일로 보내서 내용이 와전되었거나 빠진 부분을 수정 · 보완해 줄 것을 요청했다. 이렇게 함으로써 인터뷰의 신뢰도를 높이고자 했다.

나. 1차 및 2차 인터뷰 대상 및 조건

인터뷰는 총 13명(2차 인터뷰 시에 새로운 한 명 추가)을 대상으로 진행했다. 인터뷰 참여자는 대기업 6명, 중소기업 7명으로 구성했다. 인터뷰 대상은 그 기업을 대표할 수 있거나 그 기업에 10년 이상 근무한 핵심 인력으로 선정했다. 또한 기업 대표를 제외하고, 임원이나 수석연구원은 모두 연구 또는 개발 부서 출신으로 했다. 그 이유는 대학과 기술이전이나 공동연구를 수행하는 사람은 연구 · 개발 부서의 연구원 또는 엔지니어이기 때문이었다. 그들은 현업에 근무하거나 또는 퇴직한 지 3년 미만인 사람으로 한정했다. 그 이유는 퇴직한 지 너무 오래되면 그동안 그 기업의 정책이 바뀔 수도 있었기 때문이었다.

대표의 경우는 거의 모든 산학협력의 내용을 잘 알고 있었으므로 기업의 전반적인 내용을 인터뷰했으나, 임원이나 수석연구원의 경우는 본인들이 담당했던 산학협력 업무를 주로 인터뷰했다.

인터뷰를 진행하면서 대기업의 경우, 같은 기업인데도 불구하고 연구부서와 개발부서가 산학협력을 함에 있어서 다소 차이가 있다는 것을 알 수 있었다. 가령, 연구부서는 미래의 제품을 연구하는 부서이기 때문에 산학협력을 더 많이 수행하고 있었고, 개발부서는 당장 제품 상용화를 진행하여 제품을 시장에 내놓아야 하기 때문에

| 표 4-1 | 인터뷰 대상 및 조건

대상	기업구분	부서	근무상황	산학협력
• 대표 • 임원 • 수석연구원 * 근무경력 10년 이상	• 대기업 6명 • 중소기업 7명	• 연구부서 • 개발부서 * 관리 및 생산, 마케팅 분야 제외	• 현재근무자 • 퇴직한 지 3년 미만자	• 기술이전을 최소 한 건 이상 경험 • 순수산업체 과제 또는 정부연구과제 최소 한 건 이상 경험

문제해결 위주로 산학협력을 진행함을 알 수 있었다.

상기한 인터뷰 대상에 대해서 정리한 표를 <표 4-1>에 기술한다.

2. 인터뷰 질의 설문구성

1차 인터뷰 항목을 <표 4-2>와 <표 4-3>에 대학관점과 기업관점으로 분류하여 전달수단, 전달물, 연구결과물 수령자, 기술이전 주변환경 등으로 메커니즘 구성요소에 따른 질의항목을 구성했고, 2차 인터뷰 항목을 <표 4-4>와 같이 1차 인터뷰 항목에서 미진했던 공식적 · 비공식적 암묵적 지식이전 메커니즘과 대기업과 중소기업의 기술도입 목적, 흡수역량, 상용화 자원이 무엇인지로 질의항목을 구성했다.

| 표 4-2 | 인터뷰 질의 항목(대학 관점)

번호	질문 내용
1	귀하가 보시기에 대학 본부를 통하지 않은 대학교수 개인과 기업 간의 자문계약 등 비공식적인 계약과 위탁연구 등 공식적인 계약 중 어느 쪽이 더 활성화되었다고 보십니까? **(전달수단)**
2	그렇다면, 비공식적인 계약과 공식적인 계약의 비율은 대략 어느 정도라고 보십니까? **(전달수단)**
3	귀하가 보시기에 대학 발명의 기업체 기술이전 시, 대학의 기술이전 전담부서의 역할보다 교수 개인과 기업체 간의 개인적인 관계에 의존하는 경향이 높다고 보십니까? **(전달수단)**
4	그렇다면, 그 비율은 대략 어느 정도 된다고 보십니까? **(전달수단)**
5	기업에서 대학 연구에 상업적인 지원(연구비 지원 등)을 하는 것은 대학과 기업 간의 기술이전을 가속화한다고 보십니까? **(연구결과물 수령자)**
6	그렇다면, 귀사에서 대학에 연간 어느 정도의 액수로 상업적인 지원(연구비 지원 등)을 하십니까? **(연구결과물 수령자)**
7	귀사는 귀사 근처에 위치한 대학과 공동 연구 개발을 수행하는 경우가 있습니까? 있다면 관련 대학은 어디입니까? **(기술이전 주변 환경)**
8	기술이전 시에 기술 또는 지식 출처의 신뢰도(대학의 수준)는 중요하다고 생각하십니까? **(기술이전 주변 환경)**

| 표 4-3 | 인터뷰 질의 항목(기업 관점)

번호	질문 내용
1	귀사가 대학으로부터 기술이전받을 시, 대학본부를 통한 공식적 채널과 비공식적인 채널 중 어느 쪽이 더 활성화되었다고 생각하십니까? **(전달수단)**
2	그렇다면, 아래 기술한 항목들 중 해당되는 것에 체크해 주시기 바랍니다. (중복 체크 가능합니다) **(전달수단)** 답변: 논문(　　　), 컨퍼런스(　　　), 비공식적인 정보교환(　　　), 비공식적인 미팅(　　　), 대학과 기업 간 연구원 교환(　　　)
3	대학의 특허된 발명을 기업에서 상용화하기 위해서는 발명자의 암묵적인 지식의 전달이 중요하다고 생각하십니까? **전달물(연구결과물)** (※암묵적 지식이란? 말이나 글로 표현하기 어려운 대학 내에 내재화된 교수나 연구원의 지식)
4	그렇다면 기업 파트너와 대학의 특허발명자는 지속적인 관계를 유지하면서 특허와 관련된 암묵적인 지식을 전달해 주는 것이 필요하다고 생각하십니까? **(전달수단)**
5	귀사가 대학과의 특허 실시 계약을 하면서 귀사 제품의 상용화를 위하여 발명자의 암묵적인 지식을 획득하기 위한 자문계약을 별도로 체결할 필요성이 있다고 보십니까? **(전달수단)**
6	귀사는 대학의 암묵적인 지식이전이 수반되지 않아서 귀사의 제품 상용화에 어려움을 겪은 적이 있습니까? **전달물(연구결과물)**
7	대학의 연구결과물이 귀사의 제품 상용화에 도움이 되고 있습니까? **전달물(연구결과물)**
8	귀사의 성공적인 제품 상용화를 위해서 대학 발명자가 직접 기술이전을 받는 귀사에 깊이 관여하는 수직적 통합의 형태가 필요하다고 생각하십니까? **(연구결과물 수령자)** (※수직적 통합이란? 대학의 발명자를 기업이 직원으로 채용하거나 또는 기술 자문역으로 채용하는 것을 말함)
9	기술이전 시, 귀사에서 기술 상용화에 성공하지 못하게 하는 위험요소는 귀사가 대학의 암묵적인 지식을 수용할 수 없는 상황(귀사의 기술수준이나 연구력 등의 미흡)이 존재한다고 생각하십니까? **(연구결과물 수령자)**
10	기술이전 시, 귀사에서는 대학의 발명특허에 대해서 기술료 계약보다는 귀사의 지분을 허여하는 것이 귀사의 입장에 더 도움이 된다고 생각하십니까? **(연구결과물 수령자)**
11	귀사가 대학으로부터 위탁 연구개발 또는 기술이전을 받으려는 목적은 핵심기술 분야 지식의 강화와 미래 먹거리를 위한 새로운 기술 분야 개척 중 어느 쪽에 비중을 둔다고 생각하십니까? 그렇다면 그 비율은 대략 어느 정도라고 생각하십니까? **전달물(연구결과물)**
12	귀사가 대학의 기술 또는 지식을 이전받을 때, 하드웨어적 물건보다는 컴퓨터 프로그램이나 새로운 아이디어 같은 소프트웨어적 지식을 이전 받는 경우가 더 많다고 생각하십니까? 그렇다면 그 비율은 대략 어느 정도라고 생각하십니까? **(연구결과물 수령자)**
13	귀사에서 대학의 암묵적 지식을 기술이전받을 때, 귀사에서는 암묵적 지식을 형식지화해서 사용합니까? **(연구결과물 수령자)** (※형식지화란? 암묵적인 지식을 말이나 글로 표현함으로써 코드화하는 것을 의미함)

| 표 4-4 | 추가 인터뷰(2차 인터뷰) 질의항목

번호	질문 내용
1	공식적인 기술이전 과정에서 암묵적인 지식이전은 어떻게 이루어지는가? **(공식적인 암묵적인 지식이전 메커니즘)**
2	비공식적인 기술이전 과정에서 암묵적인 지식이전은 어떻게 이루어지는가? **(비공식적인 암묵적인 지식이전 메커니즘)**
3	대기업과 중소기업은 대학으로부터의 기술도입 목적, 흡수역량, 상용화 자원과 기타 역량 등이 어떻게 다른가? **(대기업과 중소기업의 기술도입 목적, 흡수역량, 상용화 자원 차이점)**
4	대기업과 중소기업의 암묵적인 지식이전 메커니즘(전달물, 전달수단, 인력채용... 등)이 어떻게 이루어지고 있는가? **(대기업과 중소기업의 암묵적 지식이전 메커니즘 차이점)**

3. 1차 및 2차 인터뷰 대상자 구성 및 수행 일시

1차 및 2차 인터뷰 대상자의 소속과 직책을 <표 4-5>에 정리했다. 중소기업M은 2차 인터뷰 시에 추가한 기업이다. 각 기업을 대표할 수 있는 사람들로 구성해서 인터뷰를 진행했다. 편의상 3개 그룹으로 나누어서 주로 전화인터뷰로 진행했다.

| 표 4-5 | 인터뷰 대상자의 구성 및 일시

구분		소속	직책	참고
1 그룹	A	중소기업A	대표	2001~2013까지 CEO 역임
	B	중소기업B	대표	2001~현재 CEO
	C	대기업C	상무	1984~2014, 시스템IC 제품 개발
	D	대기업D	수석연구원	1985~2012, 연구소 선행 연구
2 그룹	E	중소기업E	부대표	4년 6개월 근무 중(이전 근무지 미포함)
	F	중소기업F	대표	17년간 CEO로 근무 중
	G	대기업G	수석연구원	12년간 근무 중
	H	대기업H	수석연구원	30년간 근무 후 퇴직
3 그룹	I	중소기업I	대표	5년 6개월 근무 중(이전 근무지 미포함)
	J	중소기업J	상무	11년 근무 중
	M	중소기업M	대표	2000~현재 CEO
	K	대기업K	수석연구원	10년 근무하고 퇴직
	L	대기업L	수석연구원	27년간 근무 중

4. 인터뷰 대상기업의 특성

인터뷰에 응한 참여자들이 속한 기업의 사업영역과 지역 등을 표로 정리한다. 특이한 것은 대기업C와 대기업D는 같은 회사지만 인터뷰한 참여자는 개발부서와 연구부서로 부서의 성격이 다르므로 분석의 의미가 있어서 인터뷰를 진행했고, 대기업H와 대기업K도 같은 회사지만 사업영역의 성격이 다르기 때문에 분석의 의미가 있어서 인터뷰를 진행했다. 대기업은 중소기업과는 달리 많은 사업부로 나뉘어져서 역할분담이 되어 있기 때문에 같은 회사 소속이라도 다른 사업부에서 무슨 일을 하는지 잘 모르는 경우가 많다. 산학협력도 사업부마다 다른 목적으로 차별성을 가지고 접근한다는 생각에서 같은 회사라도 인터뷰에 포함시켰다.

<표 4-6>에는 인터뷰에 참여한 대상자의 사업영역, 직원 수, 연매출액, 기업위치, 직위 등을 정리했다.

| 표 4-6 | 인터뷰 대상자의 소속된 기업 규모

구분	사업영역	직원 수	연매출액	기업위치	직위
중소기업A	아날로그제품	15명	10억~15억	대전유성	대표
중소기업B	디지털도어락	40명	110억	경기안양	대표
대기업C	반도체메모리	2만명	10조	충북청주	상무
대기업D	반도체메모리	2만명	10조	충북청주	수석연구원
중소기업E	인공뼈 바이오	12명	1억	충남아산	부대표
중소기업F	자동차 인테리어	34명	46억	충남아산	대표
대기업G	광학디스크드라이버	415명	5,545억	경기수원	수석연구원
대기업H	SMPS전원장치	10만명	137조	경기수원	수석연구원
중소기업I	U-헬스케어	11명	10억	대전유성	대표
중소기업J	모니터 제품	300명	2,000억	인천송도	상무
대기업K	백색가전제품	10만명	137조	경기수원	수석연구원
대기업L	LCD장비 제작	125명	500억	충남천안	수석연구원
중소기업M	절삭공구 제작	11명	20억	충남천안	대표

제2절 인터뷰의 주요요소 정의 및 추출

기업과 대학 간의 기술 또는 암묵적 지식의 이전 메커니즘 요소들을 연구결과물 공급자, 전달수단, 전달물(연구결과물), 연구결과물 수령자, 기술이전 주변환경, 상업적 효과로 각각 구분하여 분석한다.

각 주요 요소들의 조작적 정의를 <표 4-7>과 같이 기술한다.

| 표 4-7 | 인터뷰 주요요소의 조작적 정의

주요요소	주요요소의 조작적 정의
연구결과물 공급자	대학의 조직에 속해있으면서 연구를 직접 수행하여 그 결과를 대학 외부에 전파하는 자
전달수단	연구결과물 공급자의 연구결과물을 공식적 또는 비공식적으로 대학의 외부에 전파하는 수단. 공식적인 것은 대학의 본부 또는 산학협력단을 통하여 계약을 체결하고 연구결과물을 비공식적인 채널로 이전하는 것(본 연구에서는 연구결과물로 암묵적인 것을 말함), 비공식적은 두 가지로 나눌 수 있는데 첫째는 대학의 본부 또는 산학협력단을 통하지 않고 대학의 연구결과물 공급자와 기업 간에 개인적으로 계약을 맺고, 그 연구결과물을 비공식적인 채널로 이전하는 것, 둘째는 대학의 본부 또는 산학협력단을 통하지 않고, 연구결과물 공급자와 기업 간에 개인적인 계약도 맺지 않은 상태에서 대학의 연구결과물을 개인적인 친분으로 대가없이 비공식적인 채널로 이전하는 것
전달물 (연구결과물)	대학의 연구결과 파생된 모든 결과물(본 연구에서는 암묵적 지식)
연구결과물 수령자	전달물을 대학 외부에서 수혜를 받을 목적으로 수령하는 자로서 지식을 흡수할 수 있는 능력과 상업화할 수 있는 능력을 가진 자. 또한 수직적 통합을 능동적으로 할 수 있는 자
기술이전 주변환경	대학과 기업이 기술이전을 잘할 수 있는 주변환경
상업적 효과	대학의 연구결과물을 활용하여 상업적으로 이득을 보는 모든 행위

제3절 인터뷰 결과

1. 각 기업별 인터뷰 진행

1차와 2차 인터뷰(추가인터뷰)에서 총13명의 인터뷰 참여자를 대상으로 전화인터뷰 10명, 대면 인터뷰 2명, 설문 · 질의서 답변 1명으로 진행했다. 대부분의 참여자들과 필자와는 같은 기업 및 같은 대학에 근무했었거나, 프로젝트를 통하여 안면을 넓혔거나, 또는 그분들의 소개로 알게 되었다.

2. 인터뷰별 분석 결과

2-1. 대학 연구결과물인 암묵적 지식의 이전 메커니즘은 어떻게 이루어지고 있는가?

중소기업과 대기업으로 나누어서 인터뷰 결과를 분석해 봄으로써 공통점이나 차이점을 제시하고자 한다. 중소기업 7개와 대기업 6개의 인터뷰 결과의 특징을 기업별로 분석하고 공통점과 차이점을 분석하여, 기존 학자들의 주장과 비교함으로써 시사점을 파악하고 결론을 도출하고자 한다. 단, 지역구분은 기업수가 많지 않고 또한 그 지역을 대표한다고 볼 수 없기 때문에 별도의 분석은 생략한다.

가. 대학의 산학협력단을 통한 대학교수와 기업과의 공식적인 계약으로부터 파생된 대학의 연구결과물 중에서 암묵적인 지식은 무엇이 있는가와 그것을 어떤 방법으로 기업으로 이전하는가?

(1) 암묵적 지식의 비공식적인 전달수단을 무엇으로 하는가? (중소기업 관점)

본 인터뷰 질문은 공식적인 계약을 통한 비공식적인 암묵적 지식 전달수단을 연구하는 것이므로 공식적인 계약을 통하여 암묵적인 지식이 이동될 수 있는 채널을 고려해야만 한다. 가령, 공식적인 "연구계약"을 통한 비공식적인 암묵적 지식 전달이 있고, 특허와 관련된 별도의 "자문계약"을 통한 비공식적인 암묵적 지식 전달이 있고, 마지막으로 "지분계약"을 통한 비공식적인 암묵적 지식 전달이 있다. 본 연구에서는 각각의 사례에 대해서 고찰한다.

(가) "연구계약" 관련된 전달수단에 대한 질문에 중소기업A의 의견은 "공식연구계약을 체결하면 많은 질문이 공식적으로 수반되므로 비공식적으로 암묵적 지식을 얻을 필요가 많지 않았으나 특별한 경우로서 과거에 유사한 과제를 타 기업과 진행했던 교수의 경우는 당시에 체득한 암묵적 지식을 비밀유지 차원에서 간접적으로 알려주었다."고 했다. 이것의 의미는 타 기업과 과거에 프로젝트를 진행하면서 체득한 암

묵적 지식을 현재 진행 중인 기업에게 전수해주면 (만약 그 타 기업이 영업비밀로 유지할 경우) 자칫 그 해당교수를 상대로 영업비밀 누설의 책임을 물을 수 있기 때문에 해당교수는 그 암묵적인 지식을 간접적인 형태인 비공식적인 방법으로 전달할 수밖에 없었다는 것이다.

중소기업A의 주장은 교수가 지니고 있는 암묵적 지식의 활용에 있어서 공식적으로 활용할 수 있는 것은 공식적으로 수행이 되나 비공식적인 것은 간접적으로 전달해야 하는 의무성을 강조한다. 혹자는 공식적인 연구개발 계약을 하면 교수의 암묵적인 지식은 당연히 포함되므로 별도의 비공식적인 전달이 왜 필요한지 의문을 제기하는 것을 보았다. 과연 그럴지 생각해보자. 기업과 대학이 연구개발 계약을 체결하면 주로 1년 길어야 2년이다. 암묵적 지식이란 이런 단기간에 쌓여지는 것이 아니다. 이것은 교수의 오랜 기간 동안 축적된 노하우를 말한다고 볼 수 있다. 그 노하우 속에는 공개해도 될 것과 안 되는 것들로 복잡하게 엮어진다.

암묵적인 지식은 말이나 글로 표현하기 어려운 지식(Polanyi, 1966)이라고 정의했는데 위의 사례에서 간접적으로 알려준 것은 결국 대화수단이므로 엄밀한 의미에서 암묵적 지식이 아닐 수 있다. 그러나 Polanyi 본인도 주장했듯이 암묵지를 형식지화 시도해야 한다는 것은 결국 암묵적 상태의 지식을 어떻게 형식지할 것인지가 관건이 된다. Maitland(1999)는 기업의 경쟁적 이점은 암묵적 지식을 형식적 지식으로 변환하는 능력이라고 주장했다. 그 외 많은 연구자들이 이것의 중요성을 주장한다(Grant, 1996; Teece, 1998; Kogut & Zander, 1992; Nonaka, 1994).

중소기업B의 경우는 공식적으로 계약을 맺고 산학공동연구를 진행하면서 교수의 암묵적인 지식을 얻는 방법으로 주로 학교를 방문해서 대화를 통하여 교수의 암묵적인 노하우 지식을 습득했다. 그 기업은 대학과 공식적인 국가지원 연구개발 프로젝트를 대략 1년~2년 정도 진행하였기 때문에 이런 회의를 자주했다. 실제로 산학공동연구 과제를 통하여 상업화에 성공하지는 못했지만 과제를 통하여 대학으로부터 암묵적 지식을 많이 얻었다고 했다. 중소기업B는 "산학공동연구를 할 때는 주관이 기업인지 또는 대학인지에 따라서 상품화 성공여부가 좌우되는 것 같다"고 하였다.

Lee(2012)는 기업의 대학에 대한 상업적인 지원은 대학과 기업의 연구자 간의 공동연구(joint research)를 수반하여, 암묵적인 지식을 상호 교환할 수 있는 핵심이 되는 메커니즘을 구축한다는 것과 맥락이 같다.

중소기업M은 소위 뿌리기술 산업인 절삭 가공한 제품을 재가공하는 사업에 종사하고 있다. 공식적인 산학협력 활동으로 공주대 금속공학과 교수와 공동연구를 추진했고, 중소기업M은 "주로 면 대 면 미팅으로 교수의 암묵적인 지식을 얻었다."고 하였다.

중소기업E는 "공식계약을 맺고 진행하면 기업의 목적에 맞게 맞춤형으로 대학교수가 지원해 줄 수 있기 때문에 중요하나 연구원 간의 정보교환은 비공식적으로 주로 이루어진다."고 하였다. 그것의 예로 가령, 특허는 조리법처럼 할 수 있는 것이 아니라 수면 아래 존재하는 아이디어와 같기 때문에 기업에서 활용하기 위해서는 발명자의 암묵적인 지식의 전달이 절대적이라고 한다. 즉, "기술이전 = 특허 + 암묵적인 지식의 전달로 보는 것이 타당하다."고 하였다. Lee(2012)는 대학의 발명은 주로 초기 상태의 발명이 많기 때문에 원활한 기술이전을 위해서는 암묵적인 지식의 전달이 중요하다고 한 것과 맥락이 같다.

중소기업J는 "인천대와 노하우 기술이전 계약을 맺은 적이 있는데 당사와 인천대는 업무협약 MOU가 체결되었기 때문에 기술이전이 가능했다. 교수를 개인적으로 접촉한 것은 아니다."라고 하면서 당시에 그 노하우를 이용하여 상용화에 성공하지는 못했다고 하였다. 그 이유는 연구실수준의 기초적인 실험을 한 노하우였기에 실제 제품 생산에는 연결하기 어려웠다고 했다.

분석결과, "연구계약"과 관련된 전달수단은 간접적인 전달, 면 대 면 대화, 면 대 면 미팅, 연구원 간의 정보교환이 주된 암묵적 지식 전달수단으로 조사되었다.

(나) 특허와 관련된 "자문" 에 의한 암묵적 지식 전달수단에 대한 질문에 중소기업A는 "특허실시 계약을 맺으면 고정기술료와 매출에 따른 경상로열티를 지불해야 하므로 별도의 자문계약은 필요 없다고 생각한다. 특허실시 계약을 맺으면 암묵적 지식전달은 포함된다."고 하였다. Li-Hua(2003)의 지식이전(knowledge transfer)이 수반되지 않은 기술이전(technology transfer)은 발생할 수 없다고 주장한 것과 맥락이 같다.

그러나 중소기업B는 "특허실시 계약과 자문계약은 별도의 성질로 볼 수 있다. 발명자가 많은 암묵적인 지식을 가지고 있다면 자문계약을 맺고자 하는 의향은 있다."고 하였다. Lee(2012)는 특허와 암묵적인 지식을 상호 보완적인(complementary) 관계로 생각하여 이 둘을 묶어서 특허실시를 위한 계약과 노하우라는 암묵적 지식을 자문계약으로 함께 일괄적(package)으로 체결할 것을 하나의 방법으로 제안하는 것과 맥락이 같다.

중소기업E는 "별도의 계약이 필요 없다. 왜냐하면 특허계약 안에 암묵적인 지식 전달이 포함되기 때문이다."라고 하였다. 또한 중소기업I도 별도의 계약은 체결해서는 안 된다고 주장하였다.

중소기업J는 "중요하다. 특허만으로는 상용화가 어렵다. 인천대와 기술이전 시에 특허는 없었고, 교수의 노하우를 이전받았다."고 하였다.

분석결과, 중소기업B를 제외하고는 대부분의 중소기업은 특허계약과 자문계약은 별도로 존재해서는 안 된다고 주장한다. Lee(2012)의 주장과는 상반된 주장이다. Lee는 특허 내용만으로는 상업화할 수 없는 경우 별도의 자문계약을 일괄적으로 체결할 것을 제시했으나 인터뷰결과 대부분의 중소기업은 특허 실시계약을 맺으면 그 계약 내용에 암묵적 지식의 이전은 당연히 포함되는 것으로 인식하고 있었다.

그러나 이것은 단순히 접근할 문제는 아니다. 특허의 속성을 이해하면 풀릴 문제이다. 특허는 자연법칙을 이용한 기술적 사상의 창작이다. 다시 말해서 기술적 사상의 창작이기 때문에 이론적으로 구현이 되면 특허를 허여한다. 이것은 발명이 상업적으로 완성이 되지 않아도 특허를 등록받는 것에는 문제가 없다는 것을 의미한다. 여기서 혼선이 시작되는 것이다. 일반인들은 특허를 등록받으면 즉시 상업적으로 활용 가능한 것으로 오해를 한다. 우리나라 특허법에도 분명 표현상 문제가 있다.

우리나라의 특허법 또는 대법원 판례를 보면 발명은 완성된 발명이어야 하고 완성된 발명이란 반복 실시해도 같은 효과를 내는 경우라고 기술되어 있다. 그리고 우리나라 특허 심사기준에 보면 산업상 이용가능성이 있어야 한다고 되어 있다. 산업상 이용 가능하다는 것은 업으로 이용 가능해야 함을 의미하고 이 말은 실험실이나 연구실에서만 활용가능한 발명은 업으로 이용 가능한 발명이 아니니 산업상 이용가능하다고 할 수 없다.

그러나 정작 특허등록을 받은 것 중에는 당장 상용화할 수 있는 것이 많지 않다. 그야말로 이론적으로 가능하면 특허를 허여한다. 이것은 기술적 사상을 발명으로 보기 때문이기도 하다. 가령, 특허명세서에는 발명을 구체화한 실험결과를 요구하지 않는다. 어떤 발명은 실험을 할 수 없는 알고리즘 형태의 발명도 있는 것이 사실이다. 실제로 발명의 권리인 특허청구범위에 실험결과를 그대로 기술하는 아마추어는 없을 것이다.

위에서 발명이란 표현을 사용했으나 정말 발명의 정의와 판례를 만족시켜서 발명이라고 칭한 것은 아니다. 이제 특허 등록 기준에 대해서 심각하게 고민해야 한다고 본다. 특허청 입장에서야 특허 등록이 많이 되면 그만큼 수입이 생기니 좋겠지만 그렇게 양산된 특허가 과연 산업발전에 기여하는지를 숙고해 보아야 한다. 이것은 비단 우리나라만 해당되는 것이 아니다. 미국에서는 특허청구범위 해석을 "matter of law"라고 해서 법률적으로 해석해야 한다고 본다. 다시 말해서 법원의 판사만이 특허청구범위의 범주를 정할 수 있다는 것이다. 좀 심하게 표현하면 당장 업으로 사용할 수 없는 특허라 해도 특허청구범위를 잘 작성해 놓으면 다른 회사를 공격하여 특허로열티를 받을 수 있다는 것이다. 그 특허의 명세서를 읽어보면 업으로 사용할 수 없는 상태가 많음에도 불구하고 특허는 등록되어 위력을 발휘할 수 있다. 분명히 짚고 넘어가야 할 문제이다.

법과 원칙대로 완성된 발명과 산업상 이용가능성이 있는 업으로 사용될 수 있는 발명만이 진정한 특허를 받을 수 있는 자격이 있는 것이다. 이 말은 발명을 심사할 때, 업으로 사용할 수 없다면 특허를 허여해서는 안 된다는 것이 된다. 더 이상 이론으로만 가능한 발명으로 특허청구범위를 멋지게 작성해 보아야 업으로 실시할 수 없다면 아무런 권리행사를 할 수 없다는 의미이다.

그렇다면 해결해야 할 문제는 어떻게 업으로 사용 가능한지 확인하느냐이다. 일례로 발명 명세서에는 시제품을 만들어서 구체화한 결과를 기술하도록 하고 그 범위 내에서만 특허를 허여해야 한다. 가령, 알고리즘 발명은 그 알고리즘을 하드웨어에 적용해서 나온 결과물을 기술하도록 해야 한다. 이렇게 해야 특허등록이 쉽게 되는 것을 막을 수 있다. 이렇게 심사를 해야 제품생산에 전념하는 선의의 기업을 보호할 수 있다. 이렇게 해야 산업발전을 할 수 있다. 이것이 특허제도가 있는 목적일 것이다.

1929년 미국의 경제대공황 때 특허는 찬밥신세였다. 그 이유 중에 하나는 가뜩이나 경제도 어려운데 특허가 발목을 잡는다는 것이다. 특허제도가 존재하는 이유는 기술 발전에 기여해서 산업발전에 이바지한다는 것인데 산업발전에 발목을 잡는다는 것이 무슨 의미인지 곱씹어보아야 한다.

(다) "지분" 관련된 암묵적 지식 전달수단에 대한 질문에 중소기업A는 "지분을 준 적은 없다. 지분을 주면 회사 경영에 관여하기 때문에 될 수 있으면 현금으로 위탁연구비를 지원한다."고 하였다.

중소기업F는 "홍익대 교수에게 발명 실시에 따른 지분을 주었다. 지분이 있으면 발명자도 적극적이고, 기업도 당장에 현금이 나가지 않으니 현금 유동성 측면에서 도움이 된다."라고 하였다. Lee(2012)의 대학은 공식적으로 기업에 허여하는 특허 라이선스의 형태로 조직적인 통합(organizational integration)을 하면서 간접적으로 암묵적인 지식의 교환을 개선할 수 있는 지분(equity-stakes)의 확보를 한다는 주장과 맥락이 같다. 또한 Di Gregorio & Shane(2000)은 신생기업에게 실시계약은 자칫 자금 유동성의 문제(liquidity constraints)를 야기할 수도 있기 때문에 그 기업의 일정 지분을 대신 허여하면 이러한 문제를 해결할 수도 있다고 한 것과도 맥락이 같다. 반면에 중소기업I는 전혀 아니라고 주장하였다. 그리고 중소기업J도 별도로 지분계약이 체결될 필요성이 없다고 하였다.

분석결과, 지분 허여를 통한 암묵적 지식 전달에 대해서 중소기업F를 제외하면 대부분의 기업에서 필요성이 없다고 하였다. Lee(2012)와 Di Gregorio & Shane(2000)의 주장과 상반된 결과이다. 그 이유에 대해서 Lee와 Di Gregorio & Shane은 지분을 허여하면 대학과 기업에서 적극성을 보이기 때문에 상용화에 성공가능성이 높다는 점과 지분을 허여하면 당장 실시료를 지불할 필요가 없으므로 자금 유동성이 좋지 않은 중소기업이나 신생기업에서는 지분허여를 고려할 것을 제시했지만 대부분의 기업에서는 지분을 허여하면 기술공급자가 경영에 참여를 하게 되어서 기업 경영에 비효율적이라는 측면을 강조한다.

(라) 결론적으로 "연구계약"의 암묵적 지식 전달수단은 간접적인 전달, 면 대 면 대화를 통한 전달, 그리고 연구원 간의 정보교환은 비공식적인 전달수단을 통하여 암묵적인 지식을 전달한다. 특허와 관련된 "자문"의 암묵적인 지식 전달수단은 Li-Hua(2003)의 주장처럼 대부분의 중소기업은 이미 특허실시 계약 속에 암묵적인 지식이전이 포함되므로 별도의 자문은 필요 없다고 한다. "지분"의 암묵적 지식 전달수단에 대해서 대부분의 중소기업은 Lee(2012)나 Di Gregorio & Shane(2000)의 주장과는 달리 지분허여에 대해서 부정적으로 여긴다.

그러므로 중소기업의 공식적인 계약을 통한 암묵적 지식의 비공식적인 전달수단은 간접적인 전달, 면 대 면 대화를 통한 전달, 연구원 간의 정보교환은 비공식적인 전달수단을 통하여 암묵적인 지식을 전달한다는 것으로 정리한다.

(2) 암묵적 지식의 비공식적인 전달수단을 무엇으로 하는가? (대기업 관점)

(가) "연구계약"과 관련된 전달수단에 대한 질문에 대기업C는 "공식적인 계약: 비공식적인 계약 = 9:1 정도로 공식적인 계약이 절대적으로 많다. 그러나 연구비가 크지 않은 경우는 교수개인과 계약을 맺는 경우가 있다."라고 하였다.

대기업D는 공식적 과제와 비공식적 과제는 차이점이 있다고 했다. "기업의 공식적인 과제는 해결해야 할 목표가 있고, 계량화가 가능해야 한다고 하면서 결과보고서의 형태로 보고가 된다고 한다. 그러나 암묵적인 지식은 목표가 없고, 과제로 진행할 수 있는 성격이 아니므로 주로 친분으로 획득하게 된다"고 하였다.

이 주장은 대단히 중요하다. 왜냐하면 암묵적인 상태가 무엇인지 불분명한 상태에서 계약을 맺을 수는 없다. 기업은 계량화가 가능한 과제로 연구계약을 체결할 수밖에 없다. 그러므로 대학과 기업 간의 연구 중에 파생된 암묵적 지식이 무엇인지는 설명하기가 어렵게 된다. 다시 말해서 프로젝트를 진행하면서 암묵적인 지식이 파생될 수도 있고, 또는 이미 보유하고 있는 경험에 의한 지식에 포함될 수도 있다. 즉, 해당 프로젝트를 통해서 발생된 암묵적 지식은 실제로 많지 않을 것이다. 실제로 어떤 프로젝트의 진행 중에 생각지도 못한 문제가 발생하면, 이것을 해결하는 데 해당 연구실의 암묵적인 지식이 동원될 가능성이 많다. 이것을 프로젝트 결과물로 생각해서는 안 될 것이다.

암묵적 지식이 공식적인 계약을 통하여 파생되었기 때문에 공식적으로 볼 것인가? 아니면 계약 내용에는 명기하지 않았기 때문에 비공식적으로 볼 것인가? 가령, "전달물"을 파악하고자 해도 이런 암묵적인 성질 때문에 무엇이 공식적인 계약으로부터 파생되고 무엇이 비공식적으로 파생된 암묵적 결과물인지 인터뷰 참여자들도 의아하게 생각한다.

대기업D는 "대략 공식적인 계약 80%: 비공식적인 계약 20% 정도로 대기업은 대부분 공식계약을 맺고, 연구원 간의 교류를 주로 하고 있다. 공식계약을 체결하기 전에 관련 교수를 직접 만나서 관련 기술 분야의 논문 수 및 대학원생 수 등 인프라를 보고 공식계약으로 체결하는 경우가 많다."고 하였다. 개인적으로 접근하는 경우는 주로 대학원시절 지도교수 등을 만나서 진행한다고 했다.

대기업G는 "10년 전에는 비공식적인 자문계약이 많았지만, 최근에는 공식적인 자문계약이 많아져서 공식적: 비공식적 = 9:1 정도 된다. 암묵적 지식을 얻는 전달수단은 교수 개인에게 의존하는 경우가 많다. 그러나 대기업 입장에서 볼 때는 생산

중인 ODD 기술에 대해서는 대학보다 기업의 수준이 높다고 본다. 기업에는 석 · 박사급 엔지니어가 연구뿐만 아니라 생산에도 관여하면서 많은 양산 노하우를 가지고 있다. 산학과제는 주로 기업이 잘 모르는 부분을 수행하는 경우가 많기 때문에 관련 분야에 전문지식을 가지고 있는 교수를 찾아가서 접촉을 하는 경우가 많다."고 했다.

대기업H는 "국민대와 공식적인 공동연구개발 계약을 맺고 SMPS(파워서플라이 관련 기술)에 대해서 PCB설계를 국민대에서 분담하기로 했다. 직원 중에 국민대 출신 박사가 있었는데 국민대 교수를 소개했다. 국민대는 파워서플라이 분야에 전문지식을 가지고 있다. 산학공동 연구를 같이 수행했던 박사과정 학생 2명을 채용했다."고 했다. 인터뷰 결과, 그 박사과정 연구실의 암묵적인 지식이 그 학생들로부터 많이 전수되었다고 한다. Lee(2012)가 기업에서 발명자를 채용하는 목적은 특허된 발명과 관련된 암묵적인 지식의 전달을 활성화하기 위함이라고 한 것과 맥락이 같다.

대기업K는 "비공식적인 계약은 거의 없다. 공식계약을 체결하기 전에 효율적인 암묵적 지식의 전수를 위하여 심사숙고하여 교수를 선정하고, 내부 결재 과정을 거쳐서 산학과제를 수행하기로 결정되면 기업의 필요에 의하여 진행되는 경우가 많기 때문에 1년~2년 내에 상용화로 연결된다."고 하였다.

대기업L은 "호서대와 공동연구 개발을 수행한 후, 그 결과물인 지식재산권에 대해서 공동권리로 지분을 나누었으나 일정대가를 지불하고 호서대 보유 지분을 흡수했다."고 하였다.

대기업G는 "서울대와 바이오 메디칼에 대한 산학협력을 한 적이 있는데 새로운 분야였기 때문에 자문계약을 체결했다. 이때 직접 찾아가거나 통화를 통하여 자문을 받았다."고 하였다.

(나) 특허와 관련된 "자문"의 암묵적 지식 전달수단에 대한 질문에 대기업C는 "특허 실시계약을 맺으면 그 속에 암묵적인 지식 전달이 포함되기 때문에 별도의 자문계약은 필요 없다."고 하였다.

대기업D는 "특허만 가지고는 제품 상용화가 어렵기 때문에 발명자의 암묵적 지식 전달은 필수적이다. 주로 널리 알려진 특허의 경우는 발명자의 암묵적 지식이 덜 필요하나 그렇지 않은 경우는 암묵적 지식이 필요하다. 주로 공식적인 특허계약을 맺을 시에 암묵적 지식의 전달을 포함하도록 계약을 맺는다. 그러나 특별한 경우는 필요에 따라서 별도의 자문계약이나 추가 연구개발 계약을 할 수도 있다."고 하였다.

대기업G는 "특허와는 별도로 초기 장비설비(set-up)를 할 때, 자문계약은 필요하나, 학생이 3~4명 개입하고, 기업에서는 20명 정도 개입하면 순식간에 기업으로 대학의 지식이 흡수되면서 암묵지는 기업에서 만들어지는 경우가 더 많다. 그러나 기업에서 전혀 모르는 분야를 새로이 시작한 적이 있었는데 실험 준비(setting)나 실험실을 구성하는데 전문교수의 암묵적인 지식이 도움을 많이 주었다. 가령, 장비는 어떤 장비가 좋고, 어떤 장비를 구입하는 것이 효율적인지 등의 자문이 도움이 되었다."고 했다.

대기업K와 L은 특허실시 계약 속에 자문계약이 포함된다고 했다.

(다) "지분"의 암묵적 지식 전달수단에 대한 질문에 대기업C, D, G, H, K, L 모두 지분허여는 불가능하다고 하였다.

(라) 결론적으로 "연구계약"의 암묵적 지식 전달수단은 친분으로 주로 획득, 연구원 간의 교류, 교수 개인에게 의존, 대학원학생들로부터 많이 전수, 공동연구의 결과를 공동권리로 지분을 나눔, 직접 찾아가거나 통화를 통하여 암묵적인 지식을 전달받는다. Roessner(1993)는 기술이전 전달수단의 연구에서 계약연구를 포함하는 넓고 다양한 범위의 상호작용과 공동연구, 워크숍, 라이선싱, 위탁연구, 기술자문(technical consultation), 직원교류(employee exchanges), 연구실 시설의 사용, 연구실 방문, 출판, 이 중에서 가장 중요한 상호작용은 공동연구를 수반하는 계약연구(contract research)라고 주장한다. 특허와 관련된 "자문"의 암묵적 지식 전달수단은 대부분의 대기업에서 특허실시 계약 속에 자문계약이 포함된다고 한다. 또한 "지분"의 암묵적 지식 전달수단에 대해서 불가능하다고 한다.

<표 4-8>에 중소기업과 대기업의 공식적 계약을 통한 암묵적 지식의 전달수단에 대해서 구분한다. 중소기업과 대기업의 전달수단의 공통점은 연구원 간의 비공식적인 교류를 통한 암묵적 지식 전달이고, 차이점은 대기업의 경우는 대학원 학생의 채용을 통해서 그 대학 연구실의 암묵적 지식을 전수받는다는 것이다. 인력이동(human mobility)은 기업에서 대학원생의 채용처럼 포괄적인 스킬의 이전을 의미한다(Perkmann and Walsh, 2007)는 것과 맥락이 같다.

| 표 4-8 | 공식적 계약을 통한 암묵적 지식의 전달 수단

구분	중소기업	대기업
연구 계약	간접적 전달, 면대면 대화, 연구원 간의 정보교환	친분, 연구원간 교류, 교수 개인, 대학원 학생, 공동권리의 지분, 직접방문, 통화
자문	선호안함	선호안함
지분	선호안함	불가능함

(3) 암묵적인 지식의 전달물은 무엇인가? (중소기업 관점)

중소기업A는 "제품 상용화에는 대학의 암묵적인 지식 보다는 학교 외의 지식과 기업 자체 지식이 동원된다. 왜냐하면 대학의 교수는 외국에서 학위를 받고, 많은 실무 경험이 없이 교수로 채용되는 경우가 많기 때문에 상용화 관련된 노하우는 보유하지 않는 경우가 많다. 그러나 대학교수로부터 새로운 아이디어 제시를 받은 적은 있다. 교수 연구실의 석사 및 박사들은 상용화와 관련된 노하우를 많이 가지고 있지 못하다. 결국 제품 상용화는 기업자체에서 시행착오를 겪으면서 실현되는 경우가 대부분이다."라고 하였다.

중소기업A는 대학으로부터 받는 암묵적인 지식은 소프트웨어 지식을 이전받는 경우가 90% 정도 된다고 한다. 소프트웨어 지식으로는 제품 설계도 등이 있다고 한다. Li-Hua(2003)는 전통적으로 기술이전은 하드웨어 물건을 이전하는 것으로 개념화되었지만, 컴퓨터 프로그램 또는 새로운 아이디어와 같은 정보를 기술이전하는 경우가 있고, 심지어 하드웨어 없이 정보만으로 되는 경우도 있다고 한다. 또한 기술이 소프트웨어적인 성격이 강할수록 그 기술은 암묵적인 지식을 더 많이 가질 수밖에 없다고 주장하는 것과 맥락이 같다.

중소기업A는 "칩 설계 시에 recipe에는 온도가 10도~50도로 되어 있었는데, 성능이 잘 나오지 않아서 교수를 통하여 문제점을 해결했다. 만약 65도가 적정온도라는 것을 교수가 다른 기업과 연구프로젝트를 수행하면서 인지하고 있었고, 그 결과를 비밀로 유지해야 할 의무가 있다면 간접적으로 온도를 더 올려보는 것이 좋을 것 같다는 식으로 애기한다. 또 다른 경우로 방식의 경우, 어떤 방식을 써보라고 간접적으로 애기한다. 구체적이며 직접적으로 수치와 방식을 제시해 주지는 않는다. 아마도 비밀유지 때문일 수도 있고, 실제로 암묵적인 지식이기 때문에 본인도 확실하게 모를 수도 있다"고 하였다.

중소기업B의 경우 "서강대와의 산학협력에서 암묵적인 지식이 들어오지 않아서 상용화에 실패한 것 같다. 대학교수는 여러 프로젝트를 진행하다보니 한 업체에 많은 신경을 쓰지 못한다. 도와줄 수 있는 대학 환경이 되지 못하는 것 같다. 이런 경우가 다른 대학에서도 많을 것 같다. 그러나 대학은 아이디어를 착상하는 데 도움은 된다. 그러나 상용화를 위한 결정적인 도움은 안 된다. 결국은 암묵적인 지식이 필요하다."고 하였다.

중소기업B는 "대학으로부터 받는 암묵적 지식은 소프트웨어가 내장된 하드웨어가 순수 소프트웨어보다 중요하다. 왜냐하면 소프트웨어는 가격을 산정할 때 고려하지 않는 경향이 있다. 그러므로 눈에 보이는 하드웨어에 더 가치를 주는 것이다. ETRI나 대학으로부터 받은 암묵적 기술은 원천기술, 기초기술 등이고 이런 기술은 기업보다 앞선다. 암묵적 지식은 노이즈 억제 지식, 수신특성 개선, 감도를 좋게 하는 방법, 회로의 증폭률 증가 등이 해당된다. 기업에서는 주로 실험을 통한 체화된 지식이 많다면 대학은 그것을 이론적으로 검증해주는 역할을 주로 해준다. 이렇게 되면 제품의 신뢰성이 증가한다."고 하였다.

중소기업F는 "홍익대로부터 특허 4건을 기술이전받았다. LPG 충전기에 관한 특허인데 상용화에 성공하여 시판 중이다. 그러나 특허만 가지고 상용화하기는 어렵고, 실제로 발명자의 암묵적인 지식이 상용화 과정에서 문제해결을 할 때 도움이 되었다."고 하였다. Schartinger et al.(2001)의 기업이 대학과 상호작용(interactions)하는 목적은 대학의 문제해결(problem solving) 능력, 대학의 과학기술과 상보적인 노하우(complementary know-how)를 얻기 위함이라는 주장과 맥락이 같다. 중소기업F는 "특허는 기재된 범위에서 설명만 되어 있다 보니 상용화 시에 문제가 발생되면 해결할 방법이 없다. 그때는 발명자의 암묵적인 지식이 힘을 발휘한다. 특허료는 별도로 주지 않고 지분을 주었다."고 하였다.

중소기업I는 대학의 연구결과물은 완성도에 따라 다르다고 하였다. 매우 도움이 되는 경우도 있고, 전혀 도움이 되지 않는 경우도 있다고 하였다. 비율은 60:40 정도라고 하였다.

중소기업J는 "인천대의 기술을 이전받으면서 양산에 적용하기에는 교수의 암묵적인 지식이 완전하게 전수되지 못할 수도 있다고 생각한다. 그러다 보니 완성도가 떨어져서 양산화에 실패한 것 같다. 교수가 고의로 자신의 지식을 주지 않았다고는 생각하지 않는다. 결과적으로 상용화에 성공한 적은 없다. 대학으로부터 받은 암묵적 지식은 소프트웨어 쪽이 많다고 본다. 인천대로부터도 소프트웨어가 100%였다. 소프트웨어는 교수의 암묵적인 연구결과물이 문서화된 경우 등도 포함한다."고 하였다. Kogut & Zander(1992)는 기술이전은 반드시 복제(replication)를 수반해야 함을 주장하면서, 기술의 복제가 이루어졌다는 것은 이미 코드화(codification)되거나 단순화(simplification)되었다는 것을 의미한다고 한 것과 맥락이 같다. 결국 암묵적인 지식은 형식지화되어야 하기 때문이다.

중소기업M은 "기존제품 분쇄기술을 공주대 교수가 보유하고 있었는데, 교수의 학문적 지식이 동반된 노하우인 암묵적 지식이었다. 교수가 분쇄를 해서 기업에 주면 기업에서는 제품을 생산하여 판매했다."고 하였다.

분석결과 소프트웨어, 온도범위, 방식, 아이디어 착상 이런 것들은 교수나 연구자가 체화된 경험을 통하여 전달해줄 수 있는 것이기 때문에 암묵적인 범주에 속한다고 볼 수 있다. 그러나 이러한 것들이 공식적인 계약을 통하여만 나오는 것은 아니다. 비공식적인 계약이든 개인적인 비공식적 전달이든지 모두 가능하다는 점이다.

인터뷰 결과 시사점은 많은 중소기업에서는 대학으로부터 실제로 많은 암묵적 지식을 전달받지 못해서 상용화에 실패했다고 문제점을 지적하면서 상용화와 관련된 암묵적 지식은 대학보다는 그 외 다른 기관이나 기업 자체 내에서 더 많이 보유하고 있다고 한 점이다. 그 기업들이 대학으로부터 받은 것은 새로운 아이디어 제시(중소기업A, B)정도라고 한다.

반면에 중소기업F와 M은 대학교수로부터 암묵적 지식을 받아서 상용화에 성공했다고 한다. 그러므로 대학에 암묵적 지식이 많이 없다고 단정할 수도 없다. 교수가 경험한 것과 지식정도 또는 기업의 흡수역량에 따라서 기업의 수혜여부가 결정되는 것으로 추측된다.

결론적으로 중소기업의 암묵적인 지식의 전달물은 새로운 아이디어 제시, 소프트웨어 지식(제품 설계도), 온도, 방식, 아이디어를 착상, 소프트웨어가 내장된 하드웨어, 원천기술, 기초기술, 노이즈 억제 지식, 수신특성 개선, 감도를 좋게 하는 방법, 회로의 증폭률 증가, 문제해결 수단, 암묵적인 연구결과물이 문서화된 경우, 학문적 지식이 동반된 노하우 등이 있다.

(4) 암묵적인 지식의 전달물은 무엇인가? (대기업 관점)

대기업C는 "주로 대학으로부터 암묵적인 지식으로 소프트웨어를 수령 받는데 그 비율은 소프트웨어 지식:하드웨어 지식 = 9:1 정도다. 그 이유는 기업은 대학으로부터 수행결과보고서를 연구결과물로 주로 받기 때문에 해결기술과 암묵적인 지식이 녹아있는 결과보고서를 소프트웨어로 간주하면 소프트웨어의 비중이 절대적이다." 라고 하였다.

대기업D는 "대학으로부터 연구결과물로 소프트웨어 기술을 많이 받는데 그 비율은 소프트웨어 지식:하드웨어 지식 = 8:2 정도로 프로그램 개발이나 설계와 같은 지식 이전이 많다. 가령, 개발 프로세스를 위한 평가 Tool의 소프트웨어를 대학에서 개발해서 기업에 전달해주면 기업에서는 기업의 실정에 맞게 재코드화를 수행하여 제품 생산이나 연구개발에 활용하기 때문에 암묵적인 지식의 형식지화는 필요하다. 또한 청주대와 공동연구 개발을 한 적이 있는데 청주대에서는 광학시뮬레이션을 주로 맡고, 기업에서는 공정data를 주었다"고 하였다. 그러므로 대학에서는 주로 소프트웨어 개발을 담당한다고 보면 될 것 같다.

대기업H는 "대학의 연구결과물로 제품의 설계를 소프트웨어로 본다면 소프트웨어 비중이 높다. 그러나 암묵적인 지식의 문서화(documentation)는 중요하다. 경영자에게 보고하기 위해서는 근거가 있어야 하고, 이론적으로 근거가 제시되어야 통과된다. 암묵적인 지식만으로는 채택할 수 없다."고 하였다. 대기업H는 암묵적 지식은 반드시 형식지화가 되어야 한다는 당위성을 주장한다. Winter(1987)와 Kogut and Zander(1992)의 주장과 같다.

대기업K는 "암묵적 지식에 소프트웨어가 90% 이상이다. 하드웨어는 대학보다는 용역회사에 의뢰하는 경우가 많다. 주로 대학에게는 실험과 설계를 맡기고, 용역회사에 시제품을 만들게 한다. 암묵적 지식의 형식지화는 당연하다. 내부 공유 측면에서도 그렇다. 공정 과정 중에 적정한 온도, 습도 등의 노하우는 협업을 통하여 얻는 지식이고 이것을 정량화해서 윗선에 보고하고 양산체제로 들어가기 때문에 형식지화는 필수적이다."고 하였다.

대기업L은 "암묵적 지식으로 소프트웨어 쪽이 많다. 가령, 전산해석, 시뮬레이션, 분석, 실험, 대학 보유 측정 장비를 활용한 결과 분석 등이 있다. 제품 상용화를 위해서는 코드화는 절대적이다."고 하였다.

대기업C는 "기술리포트는 형식지화된 형태이다. 이것을 작성하기 위해서는 대학에서 많은 시행착오를 겪으면서 그들이 경험한 암묵적인 지식을 토대로 기업이 원하는 결과물을 제공해야 하기 때문에 보고수단은 형식지화될 수밖에 없다"고 하였다. Kogut & Zander(1992)의 주장과 같다.

대기업C는 "암묵적인 지식은 주로 high tech 분야에서 많이 존재할 수밖에 없다. 그 이유는 high tech 제품을 개발하기 위해서는 수없이 많은 실패를 거듭하고, 그 결과로 하나의 제품으로 연결되기 때문에 개발비가 많이 소요된다. 이 과정에서 비록 실패는 했지만 그 실패한 지식도 그 기업의 암묵적인 지식이 된다. 가령, 90%가 넘는 실패율은 다음 제품 개발 시에는 좋은 스승이 된다. 제품 개발 과정에서 쌓여진 연구노트가 암묵적인 지식으로 간주된다. 그러므로 기업의 연구 및 개발 역량이 발전하기 위해서는 암묵적인 지식이 많이 쌓이는 것이 대단히 중요하다."고 하였다.

대기업C는 "산학협력 시에 대학과 기업의 역할 분담에 대해서, 분석 샘플을 기업으로부터 받아서 대학에서 실험계획을 수립하여 기업에게 주면, 기업은 실험을 수행한 후, 실험결과를 다시 대학에 주게 된다. 대학은 그 실험결과에 대한 평가를 feedback해준다. 이것은 반도체 제품의 특성상 실험을 기업에서 할 수밖에 없는 특수한 상황을 반영한다."고 하였다.

대기업D는 "생산 현장이나 실험실을 통하여 얻는 지식, 가령, 반도체의 경우, 공정장비 속의 웨이퍼(wafer)가 한쪽으로 쏠리는 현상이 발생되는데 가지런히 놓을 수 있는 방법은 생산 현장을 찾아가서 그 문제점을 해결해야 한다. 이런 지식이 암묵적인 지식이다. 가령, 진동이나 노이즈 줄임 기술, 문서화하기 힘든 것, 학문적이나 이론적으로 정립되지 않은 것, 최적화 조건 설정, 내구성 향상 등은 암묵적 지식의 영역이다."고 하였다.

대기업G는 "대학으로부터 전수받는 암묵적인 지식은 장비구입시의 유의점이나 어떤 장비가 좋은지, 실험방법 및 승인이나 허가를 어떻게 받는지 등 주로 교수가 경험했던 내용의 노하우를 전수받았다. 또한 시행착오, 경험적 과제목표, 가이드라인, 효율적인 방법, 제품 생산을 위한 재료 a, b, c 중에서 어떤 재료가 가장 좋은지 기능을 구현하기 위한 방법론, 구체적인 설계안, 실패사례들 가령, 대학과 함께 공동연구과제를 추진하면서 경험한 것 중에서 대학에서는 가장 좋은 결과만을 결과보고서 형태로 기업에게 보고했으나 실제로 실패사례 중에서 장래에 더 좋은 방법이 될 수 있고, 이것이 잠재적인 노하우이다."고 하였다.

대기업G는 "산학연구과제를 수행하고 대학으로부터 받는 결과물은 연구개발결과보고서, 프로그램, 하드웨어 등이다. 별도로 특허실시료를 준 적은 없다. 공식적인 연구개발을 함께 하더라도 대학은 기업 기술의 문제파악을 하는데 시간이 많이 걸린다. 1년 연구개발 계약을 체결하면 대학에서 학생을 기업에 파견하여 기업에서 무엇을 요구하는지 문제를 파악하는 데만도 3~4개월이 걸린다. 대학에서는 기업을 방문하여 연구개발한 것을 중간발표와 최종발표를 하는데 그때 암묵적인 지식이 상호 토론되기도 한다."고 하였다. Schartinger et al.(2001)의 기업이 대학과 상호작용(interactions)하는 목적은 대학의 문제해결(problem solving) 능력, 대학의 과학기술과 상보적인 노하우(complementary know-how)를 얻기 위함이라는 주장과 맥락이 같다. 대기업G는 "대부분의 교수는 학술적인 것에 관심이 많지, 상용화에는 별로 관심이 없다. 암묵지는 연구단계보다는 개발단계에서 더 많이 나온다. 그러므로 교수보다는 기업에서 더 많이 가지고 있다. 교수 개인이 가지고 있는 암묵지는 논문을 통하여 이미 많은 것이 형식지화된다고 본다."고 하였다.

대기업H는 "국민대 교수들이 당사를 방문해서 파워써플라이 부문에 효율을 높이는 방안 등에 대한 강의를 6개월 정도 한 적은 있다. 그 교수들과는 연구 과제를 5~6개 수행했다."고 하였으며 "제품 생산 과정이나 개발 과정에서 문제가 발생되면 외부 대학교수의 도움을 받을 수도 있으나 당사의 치부가 들어날 수도 있기 때문에 대부분의 대기업들은 기업 내부에서 해결하려 한다."고 하였다. 또한 "국민대와 산학협력을 했고, 8개 모델 중에서 2개의 모델에 대해서 상용화에 성공했다. 그러나 대학의 기술은 성능은 좋으나 가격경쟁력에서 뒤처지기 때문에 당사의 협력사에도 연구개발을 동시에 의뢰했다. 가격 경쟁력 측면에서는 협력사가 대학 보다는 낫다. 그러나 대학은 이론을 근거로 문제점을 파악하고 개발하는 점과 제품 성능을 개선시키는 측면은 효율성이 더 있기 때문에 제품설계는 대학에 맡기고 생산은 협력사에 맡기는 방안을 생각했다. 이렇게 해야 제품 성능은 개선되면서 가격경쟁력에서 앞서기 때문이다."고 하였다.

대기업K는 "이론과 실무는 다르다. 가령, 에어컨 부품인 팬을 설계할 때, 이론상과 실제 소음과는 차이가 있다. 이런 소음이 발생하는 원인은 여러 형태를 실무에서 연구하지 않으면 알 수가 없다. 교과서를 통한 수치해석으로는 답이 나오지 않는다. 현업의 경험을 통한 적절한 팬 설계를 해야 한다. 교과서는 단지 이상적인 조건만을 제시한다. 가령, 가전제품은 경박단소로 되다 보니 작은 공간 안에 새로운 기능을 체화시켜야 하기 때문에 기존 이론으로는 어렵다."고 하였다. 코드화하기 어려운 노하우와 같은 암묵적인 지식, 하드웨어와 결합되지 않는 순수한 소프트웨어 기술 등은 특허로 보호하기가 어렵다. 이러한 기술들은 과학에 의존하기보다는 누적된 고안(cumulative design)이나 엔지니어링 스킬에 더 많이 의존 한다(Pavitt, 1991)는 것과 맥락이 같다.

대기업K는 "상용화하는 데 암묵적인 기술은 중요하다. 초기 기획부터 과정을 거쳐서 획득되는 경험이 암묵적인 지식인데 이런 지식이 상용화에 도움이 된다. 대학 실험실의 시제품 연구는 제조 방식부터 다르기 때문에 실제 제품 생산과는 차이가 많아서 상용화에는 큰 도움이 안 된다."고 하였다.

대기업L은 "교수의 기술적 경험, 노하우, 전문지식 등이 장비구현의 가이드라인 역할을 했고 이것이 암묵적 지식이다."고 하였다.

분석결과 ① 대기업 C, D, H, K, L은 모두 소프트웨어가 중요하다고 했는데 그들이 말하는 소프트웨어는 모두 암묵적인 지식이기는 하나 성격이 다르다. 가령, 암묵적 지식이 녹아있는 결과보고서나 개발 프로세스 프로그램, 실험 또는 설계 지식 등을 말한다. Li-Hua(2003)는 기술이 소프트웨어적인 성격이 강할수록 그 기술은 암묵적인 지식을 더 많이 가질 수밖에 없다고 주장하는 것과 맥락이 같다.

② 대기업 C, D는 암묵적 지식만으로는 경영층에 보고할 수 없고, 내부 구성원 간에 공유도 안 되므로 기술보고서 형태의 형식지화가 필요하다고 했다. Grant & Gregory(1997)는 생산기술이전(manufacturing technology transfer)의 효율성에 대한 연구에서 주된 영향을 미치는 것은 일정 수준의 암묵적 지식(tacit knowledge)이고, 암묵적 지식이 효율적으로 전달되기 위해서는 이동성(transferability)이 중요하다고 한 것과 맥락이 같다.

③ 대학의 암묵적인 지식이 실제로 제품에 적용되는 경우는 드물고, 기업에서의 암묵적인 지식은 연구보다는 개발단계나 양산 단계에서 발생된다(대기업G, K).

④ 산학연구 결과보고서에 기재되는 기술은 포장된 기술이 많고, 실제로 연구하면서 실패한 사례들이 더 암묵적일 가능성이 많다(대기업C, 대기업G).

⑤ 대기업H의 경우는 대학교수를 기업에 장기간 초청하여 강의를 듣는다고 한다. 이것도 중요한 암묵적 지식 습득수단이다. Schartinger et al.(2002)의 훈련(training)과 교육협조 그리고 대학에서 기업 직원의 훈련과 기업직원에 의한 강의 등이 상호작용을 위하여 중요하다고 하는 것과 맥락이 같다.

⑥ 기업이 잘 모르는 새로운 제품을 개발 시, 교수가 알고 있는 생산장비기술의

노하우가 많은 도움이 된다(대기업L, 대기업G).

중소기업은 직원 수도 적고, 연구개발을 활발히 하는 것도 아니고, 기업의 대표에 의해서 주도되는 구조이다 보니 암묵적 지식을 습득하는 구조가 단순한 데 비해서 대기업은 산학협력을 하는 목적이 다양하고, 직원 수도 많고, 연구개발도 많이 발생되므로 복잡한 구조를 갖는다. 가령, 경영층에 보고하기 위한 형식적인 수단과 대학에서 실패한 사례를 토대로 다른 연구를 진행하고 그것을 기업의 노하우로 축적한다는 점, 교수를 초청하여 집단학습을 통한 교수의 암묵지를 흡수한다는 점, 새로운 제품을 다양하게 개발하다 보니 다양한 장비의 특성에 대한 노하우를 습득하여야 한다는 점은 대기업의 특징이다.

결론적으로 대기업의 암묵적인 지식의 전달물은 암묵적인 지식이 녹아있는 결과보고서, 광학시뮬레이션, 실험과 설계, 공정 과정 중에 온도, 습도, 전산해석, 시뮬레이션, 분석, 실험, 대학 보유 측정 장비를 활용한 결과 분석, 실패한 지식, 실험결과에 대한 평가, 웨이퍼(wafer)가 한쪽으로 쏠리는 현상, 진동, 노이즈, 문서화하기 힘든 것, 학문적이나 이론적으로 정립이 되지 않은 것, 최적화, 내구성, 장비구입시의 유의점이나 어떤 장비가 좋은지, 실험방법 및 승인이나 허가를 어떻게 받는지, 시행착오, 경험적 과제목표, 가이드라인, 효율적인 방법, 제품 생산을 위한 재료 중에서 어떤 재료가 가장 좋은지, 기능을 구현하기 위한 방법론, 구체적인 설계안, 실패사례들, 대학에서 과제를 하면서 경험했던 것, 보고서, 연구개발 프로그램, 하드웨어, 강의, 소음이 발생하는 원인, 기술적 경험, 노하우, 지식 등으로 정리한다. 단, 이것이 공식적인 계약을 통해서만 파생되는 결과물은 아니다. 암묵적 지식의 결과물이 공식적이나 비공식적 계약에 따라서 다르지 않다는 의미이다. 구분의 실익도 없다.

<표 4-9>는 인터뷰 결과를 정리한 것이지 전달물이 중소기업과 대기업에 따라서 차이가 난다는 것을 의미하지 않는다. 암묵적 지식은 연구개발 프로젝트를 수행하면서 비계획적으로 발생하는 것으로서 그것을 해결하는 과정에서 연구자들에게 내재하는 지식으로서 과제의 성격과 연구자의 경험과 지식에 따라서 차이가 나는 것이지 연구개발계약이 공식적 또는 비공식적이냐에 따라서 다르지 않다. 또한 중소기업이나 대기업에 따라서도 결코 다르지 않다.

앞서 암묵적 지식 이론을 통합하면서 Lam(2000)은 암묵적 지식으로는 노하우, 스킬, 기교(기능), 내제된 표준(routine)이 있다고 했다. 그러나 <표 4-9>의 Bozeman(2000)의 구분에는 스킬과 내제된 표준은 없다. 스킬은 기교나 기능과 대단

| 표 4-9 | 공식적 계약을 통한 암묵적 지식의 전달물

구 분		중소기업	대기업
Bozeman (2000) 정의에 따른 전달물 구분	과학적 지식	암묵적인 연구결과물이 문서화된 경우, 원천기술, 기초기술	암묵적인 지식이 녹아있는 결과보고서
	기술 제품	소프트웨어 지식(제품 설계도), 소프트웨어가 내장된 하드웨어	프로그램, 하드웨어
	기술적 고안	새로운 아이디어 제시, 아이디어를 착상	실험과 설계
	공정	온도, 방식	공정 과정 중에 온도, 습도, 웨이퍼가 한쪽으로 쏠리는 현상, 진동, 노이즈
	노하우	노이즈 억제 지식, 수신특성 개선, 감도를 좋게 하는 방법, 회로의 증폭률 증가, 문제해결 수단, 학문적 지식이 동반된 노하우	전산해석, 실패한 지식, 실험결과에 대한 평가, 문서화하기 힘든 것, 학문적이나 이론적으로 정립이 되지 않은 것, 최적화, 내구성, 장비구입시의 유의점이나 어떤 장비가 좋은지, 실험방법 및 승인이나 허가를 어떻게 받는지, 시행착오, 경험적 과제목표, 가이드라인, 효율적인 방법, 제품 생산을 위한 재료 중에서 어떤 재료가 가장 좋은지, 대학에서 과제를 하면서 경험했던 것, 소음이 발생하는 원인, 기술적 경험
	기능		시뮬레이션, 대학 보유 측정 장비를 활용한 결과 분석, 기능을 구현하기 위한 방법론

히 비슷한 개념이다. 또한 이러한 것들은 넓은 의미에서 보면 노하우가 될 수도 있다. 내제된 표준은 개인의 암묵적 지식이라기보다는 조직의 내제화된 암묵적 지식이기 때문에 본 인터뷰 연구에서는 배제한다.

(5) 서로 간에 법적인 의무를 다하고 있는가? (중소기업 관점)

중소기업B는 "기술이전은 공식적인 채널을 통해야 한다. 왜냐하면 향후에 발생할 수도 있는 문제를 예방하기 위하여 공식적으로 대학과 문서화된 기술이전 정식계약이 되어야 대학을 믿고 기술이전을 추진할 수 있기 때문이다. 대학에서는 교수나 학생들이 여러 프로젝트에 관여하다 보니 시간의 여력이 없어서 암묵적인 지식을 기업에 전수하지 못하는 것 같다."고 하였다. Link et al.(2007)의 대학의 과학자들은 개인적으로 달성할 재정적인 목표 때문에 동기화가 된다고 하는 것과 맥락이 같다. 중소기업B의 "대학교수에게 암묵적인 지식이 없다고 생각하지는 않는다." 이 말의 의미는 정식계약을 맺고 진행한 연구이기 때문에 법적인 의무를 다했다고 믿는다는 것이다.

중소기업F는 "연구개발 자금이 투입되어야 기업에서도 능동적으로 나서고 참여 교수도 책임감을 가지고 협력한다. 결국 제품 상용화가 문제가 아니라 타 기업에서 쉽게 모방하는 것이 더 문제다."고 하였다. Winter(1987)가 기술이전과 모방은 같은 가위의 날들(blades of the same scissor)이라 한 것과 맥락이 같다.

Link et al.(2007)은 공식적인 기술이전은 재산권(property rights)과 법적인 의무(obligations)에 초점을 두는 반면, 비공식적인 기술이전에서 재산권은 이차적인 역할을 하고, 법적인 의무보다는 규범적인 의무가 우선한다고 한다. 이것은 공식적인 계약과 비공식적인 계약의 경계를 나타내는 표현이라고 본다.

결론적으로 중소기업과 대학이 서로 간에 법적인 의무를 다하고 있는지에 대해서, 공식적으로 대학과 문서화된 기술이전 정식계약이 되어야 기업은 대학을 믿고 기술이전을 추진할 수 있고, 또한 연구개발 자금이 투입되어야 기업에서도 능동적으로 나서고, 참여 교수도 책임감을 가지고 협력하는 것으로 정리한다.

(6) 서로 간에 법적인 의무를 다하고 있는가? (대기업 관점)

대기업K는 "대학과 공식적인 연구개발 계약을 맺고, 대학에게 소프트웨어 개발을 맡겼는데, 피상적인 연구결과물만을 주었지 소스 프로그램(Source Program)을 주지 않아서 낭패를 본 적이 있다. 소스 프로그램이 없으면 제품이 바뀌면 응용할 수가 없다. 이런 대학과 다시는 거래하지 않았다."고 하였으며, 대기업L은 "대학의 암묵적인 지식이 수반되지 않아서 상용화에 실패한 것 같다. 그러나 고의적으로 교수가 연구결과물을 안 주지는 않았을 것으로 생각한다."고 하였다. 대기업H도 의무불이행은 없었다고 하였다. 대기업D는 대부분이 공식계약을 맺고, 연구원 교류를 주로 하고 있고, 무엇보다도 계약 달성의 책임감 때문에 공식적인 계약이 더 활성화되었다고 하였다.

결론은 대학과 대기업은 서로 간에 만족한 연구결과를 얻기 위하여 법적인 의무를 다하고 있으나 일부에서는 문제점이 발견된다.

(7) 서로 간에 만남을 지속하는가? (중소기업 관점)

중소기업A는 "대학의 암묵적인 지식은 일회성이 아니라 지속적인 전달이 되어야 하므로 당연히 필요하다"고 하였다. 중소기업B도 "얼마나 대학에서 지속적으로 기업에게 암묵적 지식 전달을 해줄 수 있는지가 상업적 성공의 관건"이라고 하였다. Lee(2012)가 기업파트너와 특허 발명자는 지속적인 관계를 유지하면서 특허와 관련된 기술적인 지식을 전달해 주는 것이 필요하다고 주장하는 것과 맥락이 같다. 그러나 중소기업B는 대학의 교수들이 많은 프로젝트로 바쁘기 때문에 실질적으로 그렇게 해주기는 어려울 것 같다고 하였다.

중소기업E는 "순천향 대학교 내의 창업보육센터 내에 입주해 있기 때문에 지속적으로 교수와 공동연구개발을 추진 중이다. 특허를 기술이전받고 그곳의 개발자들과 함께 연구를 하는데 그들의 암묵적 지식 전달이 도움이 되고 중요하다. 왜냐하면 특허의 제품상용화 시에 노하우를 전수받을 수 있기 때문이다. 실제로 기술이전받은 것은 상용화에 도움이 되었다. 올해부터 판매를 시작했다."고 하였다.

중소기업I도 매우 중요하다고 했다.

중소기업J는 "대학과 공동연구를 하다 보면, 대학은 상용화가 가능한 응용기술이 아닌 기초연구나 순수연구를 하다 보니 상업화는 괴리감이 있는 것 같다. 한국기술교육대와도 그랬고, 인천대와도 같은 경험을 했다. 그러나 당장 상용화는 안 되도, 아이디어는 도움이 되기 때문에 대학과 지속적으로 만난다."고 하였다.

결론적으로 중소기업과 대학이 서로 간에 만남을 지속하는지에 대해서 암묵적인 지식은 일회성이 아니라 지속적인 전달이 필요하고, 지속적으로 교수와 공동연구개발을 추진해야 상업적 성공을 할 수 있고, 대학의 기술 아이디어는 장래의 제품개발에 도움이 되기 때문에 지속적으로 만난다.

(8) 서로 간에 만남을 지속하는가? (대기업 관점)

대기업C는 "포괄적인 지식은 반드시 지속적인 만남이 필요하다. 그러나 핀 포인트(pin point) 자문 등은 문제가 해결되면 그것으로 끝내는 경우가 많다. 핀 포인트 자문은 핵심기술 문제해결에 많은 도움이 된다."고 하였다.

대기업G는 "대학은 원천특허에 가깝게 특허를 작성한다. 또한 암묵적 지식의 권리화를 너무 많이 한다. 너무 많은 것이 형식지화된다는 생각이다."라고 하였다. Link et al.(2007)의 대학의 기술이전전담부서에서 너무 많은 필요 이상의 특허출원을 한다는 것과 맥락이 같다. "특허만 보고도 많은 암묵적인 지식들이 형식지화된다는 것을 알 수 있다. 그러므로 지속적으로 대학과 연관 관계를 가진다. 그러나 형식지화되어서는 안 되는 암묵지는 특허출원을 보류하는 것이 좋을 것 같다. 그것이 기업 입장에서는 더 도움이 된다."고 하였다.

대기업K도 "개량특허는 단편적이다. 원천특허가 창출되면 파생된 개량특허가 엄청나게 많기 때문에 발명자와 지속적인 관계를 유지하는 것은 필연이며 제품 개발에 도움이 된다."고 하였다. Lee(2012)가 기업파트너와 특허 발명자는 지속적인 관계를 유지하면서 특허와 관련된 기술적인 지식을 전달해 주는 것이 필요하다고 주장하는 것과 맥락이 같다.

대기업H와 대기업L도 중요하다고 하였다. 특히 대기업L은 호서대와는 공동연구개발과제는 종료가 되었지만 6개월마다 한 번씩 비공식적으로 만남을 지속한다고 하였다.

결론적으로 대기업과 대학은 포괄적인 지식인 경우와, 원천특허인 경우에는 제품 개발에 도움이 되므로 지속적인 만남이 필요하다.

나. 대학의 연구자와 기업이 대학의 산학협력단을 통하지 않은 비공식적인 계약을 맺고, 연구로부터 파생된 대학의 연구결과물 중에서 암묵적인 지식은 무엇이 있는가와 그것을 어떤 방법으로 기업에 이전하는가?

대학과 기업 간의 공식적인 계약이 아닌 대학 연구자 개인과 기업 간의 비공식적인 계약을 통한 암묵적 지식이전은 공식적인 계약이 아니므로 정부연구과제나 대학 기술이전전담부서를 통한 기술이전은 발생할 수 없다. 왜냐하면 이러한 비공식적인 계약들은 대학의 산학협력단 단장의 재가를 받지 않고 진행되는 것들이기 때문이다. 또한 기업이 대학에게 요청하는 위탁연구와 같은 것도 산학협력단을 통하지 않으면 후에 법적인 문제가 생길 수도 있기 때문에 대학의 연구자들은 그러한 법적 위험을 감수하고 개인적으로 기업과 계약을 체결하기는 어려울 것이다. 그러므로 인터뷰는 비공식적인 기술자문에 초점을 두고 진행하였다. 중소기업은 공식적인 연구개발 활동보다는 자문활동(consulting activities)이 더 적절하다(Perkmann and Walsh, 2007)는 연구결과처럼 중소기업은 기술자문을 더 필요로 하고 있다.

(1) 암묵적 지식의 비공식적인 전달수단을 무엇으로 하는가? (중소기업 관점)

중소기업A는 "교수 개인과 주로 비공식적인 자문계약을 한다. 대학본부와는 주로 위탁연구를 수행한다. 자문은 90% 정도 비공식적인 계약이다. 교수들은 주로 친분을 통하여 알고 있거나 개인적인 인맥을 활용한다. 암묵적 지식의 전달수단으로는 학회에서 만나기도 하고, 필요한 경우 직접 방문하여 만난다. 그래야 교수의 자문을 통한 암묵적 지식을 얻을 수 있다."고 하였다.

중소기업B는 "대학의 시간강사나 조교수 같은 교수 개인과 비공식적인 자문계약을 맺고 진행한다. 무료로 지식을 받을 수는 없고, 대가를 지불해야 요구한 성과를 내기도 하고 일정에 맞추고 성과를 낸다."고 하였다. Link et al.(2007)이 대학의 과학자와 엔지니어 대상으로 비공식적 기술이전 관련 설문조사를 했는데 그 내용은 기업과 비공식적으로 계약을 맺고 유료자문(paid consultant)을 한 적이 있다는 것과 맥락이 같다. "시간강사에게 바라는 것은 기업이 부족한 기술 분야에 대한 이론적인 도움이다. 특허나 논문 보다는 그가 가지고 있는 암묵적인 지식을 활용하여 상품화를 시키고 일정을 앞당기기 위함이다." 중소기업의 주된 문제는 발명(invention)보다는 상용화(commercialization)에 있다(Vrande et al., 2009; Gans & Stern, 2003)는 연구결과와 맥락이 같다.

중소기업E는 "자문계약은 비공식적인 계약이 많다. 왜냐하면 기업입장에서는 기한 내, 일시적으로 대학교수의 자문이 필요하기 때문에 교수 개인을 접촉하는 경우가 많다. 만약 대학 본부를 통하게 되면 절차가 복잡하고, 계약 종료 시까지 형식적 보고를 해야 하는 것도 있기 때문에 불편하다. 비율은 9:1 정도로 비공식 계약이 압도적이다. 자문비는 통상 1년간 1000만원~2000만원 정도 사용한다."고 하였다. 대부분의 중소기업은 자금의 운용 여건이 좋지 않기 때문에 자문계약을 많이 하지 못하거나 소액으로 한다. 이러한 중소기업의 영세성 때문에 자문계약보다는 정부지원 연구개발 사업에 많이 참여할 수밖에 없다는 현실을 인터뷰에서 확인할 수 있었다. 외부지원은 지역기업이 혁신활동을 하는데 긍정적인 영향을 주게 된다(Shapira, 2001; Macpherson and Ziolkowski, 2005)는 연구결과와 맥락이 같다.

중소기업F는 "비공식적이 덜 부담스럽다. 접근방법에 있어서 개인적인 만남이 더 자연스럽다. 대학이 관여하면 공식적이 되고 행동에 제약을 받는다."고 하였다. Bercovitz(2006)와 Arora(1995)의 주장과 같은 결과이다. "처음 보는 교수는 얘기하기가 어렵다. 서로 서먹한 관계가 된다. 네트워크가 형성이 되지 않는다. 그러므로 평소 알고 지내는 교수가 더 자연스럽다."고 하였다.

중소기업I는 예전에는 70:30 비율로 비공식 자문 계약이 많았으나, 현재는 50:50 정도라고 한다.

인터뷰 결과, 전반적으로 비공식적인 자문계약이 많다는 것을 알 수 있다. 그 이유로 중소기업은 대기업과는 달리 시장에서 가급적 빠른 속도로 상용화에 성공하여 경쟁력을 갖지 않으면 도태될 수도 있으므로 시장 선점은 생명력과도 같기 때문이다. 외부 네트워크는 공식적인 협력 프로젝트 외에 비공식적인 네트워크 활동도 포함하는데 이러한 외부 네트워크를 구성하는 목적은 많은 양의 시간과 돈을 소비하지 않고, 특별한 지식을 빠르게 기업 내에 채우기 위함이다(Vrande et al., 2009)라는 것과 맥락이 같다. 이런 관점에서 교수의 자문을 공식적으로 추진하면 대학 행정부서의 일처리의 지연 등으로 시의적절한 시장진입이 어려울 수 있으므로 자연스럽게 비공식적인 자문계약을 선호하는 것으로 조사되었다.

결론적으로 비공식적인 계약을 통한 암묵적 지식의 전달수단은 교수의 자문, 시간강사나 조교수의 자문, 개인적인 만남 등이 있다.

(2) 암묵적 지식의 비공식적인 전달수단을 무엇으로 하는가? (대기업 관점)

대기업D는 "공식적인 계약이 많다. 그 비율은 대략 공식적인 계약 80%:비공식적인 계약 20%로, 대기업은 공식계약을 맺고, 연구원 교류를 주로 하고 있고, 계약 달성의 책임감 때문에 공식적인 계약이 더 활성화되었다."고 하였다.

대기업C도 "공식적인 계약이 많다고 한다. 그 비율은 공식적인 계약:비공식적인 계약 = 9:1 정도 된다. 자문비용이 큰 경우는 대학본부와 계약을 직접 체결하나 자문비가 크지 않은 경우는 교수 개인과 계약을 맺는 경우가 있다. 가령, 제품 개발 시에 시급한 문제해결 때문에 카이스트의 교수와 개인적인 자문계약을 맺었다. 대학과의 공동연구 개발은 제품개발이나 생산부서 보다는 연구소에서 산학협력이 더 활발하게 이루어진다. 대학 레벨보다도 교수의 능력이 더 중요하다. 그러나 일반적으로 대학의 수준이 높은 곳은 대학원생의 수준도 높고, 프로젝트 후에 그 학생들을 채용하게 되면 기업의 수준도 오르기 때문에 메이저급 대학을 선호한다. 기업지식의 60~70%가 개인적인 암묵적 지식에 의존하므로 학생채용은 중요하다."고 하였다.

대기업H는 "공식적인 계약이 대부분이다. 왜냐하면 문서를 외부로 반출하기 위해서는 보안을 통과해야 하는데 공식적인 계약이 아니면 문서를 주고받을 수 없다."고 하였다.

대기업K도 비공식적인 계약은 거의 없다고 보면 된다고 하였다.

인터뷰 결과, 대부분의 대기업의 경우는 기업의 특성상 비공식적인 자문계약이 어렵다.

| 표 4-10 | 비공식적 자문계약을 통한 암묵적 지식의 전달수단

중소기업	대기업
교수의 자문, 시간강사나 조교수의 자문, 개인적인 만남	비공식적인 계약은 어렵다

<표 4-10>에 비공식적인 자문계약을 통한 암묵적 지식의 전달수단에 대해서 정리한다. 중소기업은 비공식적인 계약이 활성화되었지만 반면에 대기업은 보고문화이기 때문에 정식보고를 통한 계약을 체결함에 있어서 기업과 대학교수 개인 간의 계약은 체결되기가 쉽지 않다. 결과적으로 대기업의 경우는 비공식적인 계약은 어렵다.

(3) 전달물은 무엇인가? (중소기업과 대기업 관점)

중소기업A는 "암묵적 지식이 필요한 목적은 좋은 제품 성능을 내기 위해서다. 그러나 레서피(recipe)대로 해서는 좋은 성능이 나오지 않는 경우, 암묵적인 지식이 도움이 될 때가 있다. 가령, 특정제품의 소비전류를 어떻게 하면 줄일 수 있는가? 특정제품의 노이즈를 줄일 수 있는 방법은? 이런 것은 교과서에 나오지 않는다. 교과서는 일반적인 이론만을 제시해줄 뿐이다. 이런 지식들은 경험해보지 않고는 알 수 없다. 다시 말해서 원하는 제품규격을 맞추기 위해서 암묵적 지식이 필요하다."고 하였다.

중소기업B는 "시간강사에게 바라는 것은 기업에게 부족한 기술 분야에 대한 이론적인 도움이다."고 하였다.

중소기업M은 대학으로부터 암묵적인 지식을 습득하는 메커니즘에 대해서 설명하면서 기업이 부족한 기술을 대학으로부터 흡수 → 기업이 소화하여 상용화(다른 중소기업의 도움을 받을 때도 있음) → 상용화시에 필요하면 대학의 고가 장비 활용 → 교수와 학생들의 도움을 받음 → 추가의 노하우 흡수 → 프로젝트에 참여한 학생을 채용하기도 한다.

앞서 분석한 것처럼 공식적인 계약이든 비공식적인 계약이든지 연구결과의 전달물은 차별성이 있다고 보기 어렵다. 그 근거로 대기업D의 인터뷰 내용처럼 암묵적인 지식은 계약 내용에 있는 것이 아니라 계약 내용을 준수하면서 연구하다가 풀리지 않는 생각하지도 못한 문제점들의 해결물이기 때문이다.

다. 대학의 연구자와 기업이 대학의 산학협력단을 통하지 않고, 또한 비공식적인 계약 체결도 하지 않은 상태에서 개인적인 친분으로 대학으로부터 파생된 연구결과물을 대가없이 비공식적으로 이전하는 암묵적인 지식은 무엇이 있는가? 그것을 어떤 수단으로 기업에 이전하는가?

(1) 암묵적 지식의 비공식적인 전달수단을 무엇으로 하는가? (중소기업 관점)

중소기업A는 "친분을 통하여 얻거나, 개인적인 인맥을 활용하거나, 학회에서 만나기도 하고, 필요한 경우 직접 방문하여 만난다. 주로 비공식적인 정보교환, 비공식적인 미팅, 실습생을 통하여 암묵적 지식을 습득한다."고 하였다.

중소기업B는 "대학에 친분이 있는 교수와 만나서 암묵적인 지식을 얻는다. 또는 컨퍼런스, 학회참석, 비공식적인 정보교환, 비공식적인 미팅 등을 통하여 암묵적인 지식을 습득하는데 이중에서 비공식적인 미팅이 가장 중요하다."고 하였다.

중소기업E는 "대학과 기업의 연구원 간의 정보교환은 주로 비공식적으로 이루어진다. 또한 학회참석, 비공식적인 정보교환, 비공식적인 미팅을 통하여 암묵적인 지식을 습득한다."고 하였다.

중소기업F는 "비공식적인 채널이 더 활성화되었다. 그 비율은 7:3 정도로 본다. 주로 비공식적인 정보교환, 비공식적인 미팅을 통하여 암묵적인 지식을 습득한다."고 하였다. Markman et al.(2006)가 많은 기술들이 실제로 비공식적으로 빠져나간다고 하면서 이러한 비공식적 기술이전의 채널은 일반적이라고 하는 것과 맥락이 같다.

중소기업I는 "지인을 통한 비공식적인 채널이 더 활성화되었다. 주로 비공식적인 정보교환과 비공식적인 미팅을 통하여 암묵적인 지식을 습득한다."고 하였고, 중소기업J는 주로 비공식적인 정보교환을 통하여 암묵적인 지식을 습득한다고 하였다.

인터뷰 결과, 대학의 연구자와 기업의 연구자가 비공식적으로 대가 없이 만나서 암묵적인 지식을 습득하는 전달수단은 지인을 통한 경우와, 학회참석, 개인적인 인맥, 컨퍼런스, 비공식적인 정보교환, 비공식적인 미팅 등으로 조사되었다. 이러한 결과는 이미 많은 논문에서 연구되었다(Cohen, Nelson and Walsh, 2002; Lee, 2012; Goldfarb, 2003; Cohen et al., 2002; Acs et al., 1999).

왜 비공식적인 접촉이 중요한가? 그 근거를 제시한다. 비공식적인 접촉은 기업과 공공연구기관과의 지식교환의 방법(Debackere, 2005)인데, 이러한 비공식적인 채널은 개인적 접촉이며, 암묵적 지식이전(Grimpe and Hussinger, 2013)이라 했듯이 비공식적인 채널을 통하여 대학의 암묵적인 지식이 기업으로 이전될 수 있다. 실제 많은 기술들이 비공식적으로 빠져나가고 있고 이러한 기술이전의 비공식적 채널은 일반적이다(Markman et al., 2006).

대학과 산업체 연구자들이 함께 참석하는 기술-과학 공동체는 종래의 과학 공동체와 비교해서 더 많은 비공식적인 연계를 갖는 지식 네트워크로 특징지어진다. 이러한 네트워크는 계약이 수반되지 않는 것을 의미한다(Schmoch, 1999). 이것은 사회적 자본(social capital)이 되고, 인적 자본(human capital)으로 되며, 인적 자본은 자주 암묵적인 지식과 관련이 깊다고 조사되고 있으므로 결국 암묵적인 지식이 기업으로 흘러 들어간다는 것을 암시한다(Murry, 2004).

그러므로 오픈이노베이션을 수행하는 데 있어서 사회적 자본의 외부출처와 지속적인 관계를 유지하는 것은 중요하다(Chesbrough et al., 2006; Vrande et al., 2009). 그러므로 지식기반 사회는 오픈이노베이션이 대가가 수반되지 않는 지식 공동체로 흘러 들어간다.

결과적으로 비공식적으로 대가 없이 이전되는 대학과 중소기업 간의 암묵적 지식 이전 전달수단은 지인을 통한 경우와, 학회참석, 개인적인 인맥, 컨퍼런스, 비공식적인 정보교환, 비공식적인 미팅 등이 있다.

(2) 암묵적 지식의 비공식적인 전달수단을 무엇으로 하는가? (대기업 관점)

대기업C는 "대학의 기술이 기업으로 누수되는 것뿐만 아니라 기업의 지식이 대학으로 흘러들어가기도 한다. 비공식적인 채널과 공식적인 채널은 6:4 정도로 비공식적이 활성화되었다. 비공식적인 접촉은 관리자보다는 연구원들 간의 비공식적 접촉이 활발하다. 그 이유는 기업의 관리자는 기술보고서 등과 같은 사실기반(fact-based)으로 판단을 해야 하기 때문에 비공식적인 채널을 통한 지식을 잘 활용하지 않는다. Allen(1979)은 연구원들이 기술정보를 가지고 있는 외부 정보원들과 공식적 또는 비공식적 접촉을 하며, 개발 프로젝트 수행 시에 관련 기술 분야에 정통한 기술적 수문장(technological gatekeeper)의 역할을 한다는 것과 맥락이 같다.

대기업C는 "기업과 대학은 개인적으로 지식을 서로 공유하다가 검증이나 추가의 연구가 필요하게 되면 공식적이든 비공식적이든 계약을 맺어서 연구개발을 진행한다. 비공식적인 접촉은 결국 공동연구개발을 활성화한다. 비공식적인 연구원 간의 접촉이 공식적인 계약으로 이루어지는 경우도 많고, 공식적인 계약을 맺으면서 비공식적인 연구원 간의 접촉이 자연스럽게 이루어지는 경우도 있다. 이 경우 특허 라이선스 같은 형식적 지식이전과 대학의 과학자와 산업체 개인 사이의 상호작용에 의한 암묵적 지식이전이 동시에 발생된다(Perkmann and Walsh, 2007)는 것과 맥락이 같다.

대기업C는 비공식적인 채널로 주로 비공식적인 정보교환, 비공식적인 미팅을 활용한다고 한다.

대기업D는 "암묵적인 지식은 친근한 사이가 아니면 얘기하기 힘들다. 지속적인 만남과 관계를 통하여 암묵적 지식을 인지할 수 있고, 그 교수가 다른 교수나 전문가를 소개해서 그로부터 암묵적인 지식을 얻을 수도 있다. 대기업은 인적 교류가 적다보니 인맥이 많은 교수를 통하여 폭넓은 지식을 얻을 수 있다. 여러 전문가와 기술 분야를 교수들은 섭렵하고 있다. 비공식적 채널: 공식적 채널 = 6:4 비율이고, 비공식적 채널은 엔지니어나 연구원들이 비공식적으로 만나서 기술을 공유한다. 세부적인 채널로는 컨퍼런스, 비공식적인 정보교환, 비공식적인 미팅 등이다."고 하였다.

대기업G는 "선 · 후배나 동창에게 기업의 프로젝트를 수행하면서 문제가 생겼을 때, 전화통화를 하거나 만남을 통해서 그들의 경험을 물어본다. 대학과 기업의 연구원 간의 비공식적 채널은 9:1 비율로 압도적으로 많다. 주로 현재 생산되는 제품과는 관련 없는 미래의 기술 등에 대해서 대학으로부터 지식을 얻는다."고 하였다.

대기업K는 "선 · 후배나 지인을 활용하여 기술지원을 받게 되는데 이 경우는 조직적이지 못하다 보니 성과는 제한적이다. 실제로 공식계약을 통한 협력연구를 통하여 파생된 암묵적인 지식이 더 많이 양산에 적용된다. 비공식 채널로는 주로 컨퍼런스, 학회참석, 비공식적인 정보교환, 비공식적인 미팅 등이다."고 하였다.

대기업H는 "기업 연구원과 대학의 연구원 사이의 정보교환은 비공식적으로 진행되는 경우가 대부분이다. 왜냐하면 당사 내에는 외부사람과 만나는 것을 신고해야 하기 때문에 공식적인 미팅은 회피하는 경향이 있다. 비공식 채널로는 주로 비공식적인 정보교환, 비공식적인 미팅이 있다."고 하였다.

대기업K는 "비공식적인 채널이 70% 이상으로 더 높다. 출신대학 선 · 후배 간의 정보교환이 많이 이루어진다. 유명대학 교수와 연구개발과제를 많이 하는 것은 선 · 후배 간의 정보교환뿐만 아니라 석 · 박사 과정 학생의 채용을 목적으로 접근하는 경우도 많다."고 하였다. 학생을 채용하는 것은 특별한 상업적인 혁신을 수행하기 위한 것보다는 차라리 그 기업의 지식기반(knowledge base)을 견고히 하고 대학연구실의 체화된 기술을 얻는 창구로서의 역할을 기대하기 때문(Caloghirou et al., 2001; Feller,

| 표 4-11 | 비공식적 접촉을 통한 암묵적 지식의 전달수단

중소기업	대기업
지인을 통한 경우와, 학회참석, 개인적인 인맥, 컨퍼런스, 비공식적인 정보교환, 비공식적인 미팅	다른 교수나 전문가를 소개받거나, 선 · 후배 인맥, 석 · 박사 과정 학생의 채용

2005)이라는 연구결과와 맥락이 같다. "대학과 기업의 공식적 미팅은 보안문제 때문에 기업 내에서 만나기가 어렵다. 비공식 채널로는 주로 컨퍼런스, 비공식적인 정보교환, 비공식적인 미팅 등이 있다."고 하였다.

대기업L은 "비공식채널:공식채널 = 8:2, 실제로 대학보다는 출연연과 비공식적인 접촉을 더 많이 한다. 비공식 채널로는 주로 컨퍼런스, 비공식적인 정보교환, 비공식적인 미팅 등이 있다."고 하였다.

<표 4-11>에 중소기업과 대기업 간의 암묵적 지식의 전달수단에 대해서 상호 비교한다.

(3) 전달물은 무엇인가? (중소기업과 대기업 관점)

중소기업의 전달물은 앞서 설명한 것처럼 인터뷰 시에 비공식적과 공식적인 경우의 구별이 쉽지 않다고 했고, 앞서 그 이유를 분석했기 때문에 차별점을 두지 않는 것으로 정리한다. 대기업도 마찬가지이다.

라. 공식적 · 비공식적 전달수단 비교(중소기업과 대기업 관점)

<표 4-12>에서 공식적 · 비공식적 접촉을 통한 중소기업과 대기업 간의 암묵적 지식의 전달수단에 대해서 상호비교를 한다. 대기업은 중소기업에 비해서 선 · 후배

| 표 4-12 | 공식적 · 비공식적 접촉을 통한 전달수단 상호비교

구분	중소기업	대기업
공식적 계약	간접적 전달, 면대면 대화, 연구원 간의 정보교환	친분, 연구원 간 교류, 교수 개인, 대학원 학생, 공동권리의 지분, 직접방문, 통화
비공식적 계약	교수의 자문, 시간강사나 조교수의 자문, 개인적인 만남	비공식적인 계약은 어렵다
비공식적 접촉	지인을 통한 경우와, 학회참석, 개인적인 인맥, 컨퍼런스, 비공식적인 정보교환, 비공식적인 미팅	다른 교수나 전문가를 소개받거나, 선 · 후배 인맥, 석 · 박사 과정 학생의 채용

간의 인맥 활용빈도가 높고, 석 · 박사과정 학생 채용을 통해서 암묵적 지식을 전수받을 수 있는 차이점이 있다.

2-2. 대학의 암묵적 지식이전이 수요기관인 대기업과 중소기업에 따라 다르게 이루어지는가?

가. 대기업과 중소기업은 대학으로부터 암묵적인 지식을 어떤 목적으로 획득하려 하는가?

(1) 중소기업은 대학으로부터 암묵적인 지식을 어떤 목적으로 획득하려 하는가?

중소기업A는 "암묵적 지식이 필요한 목적은 좋은 성능을 내기 위해서다. 핵심기술 분야 강화가 80%이다. 중소기업은 당장 먹고살 문제부터 해결해야 하기 때문에 미래를 생각할 겨를이 없다."고 하였다.

중소기업B는 "기술도입하는 목적은, 기업은 실험을 통해서 상업적으로 가능하게 하는 기술은 있으나 그것을 이론적으로 검증하는 실력은 없다. 학문을 연구하는 것이 현업에서 하는 일은 아니기 때문이다. 현업은 상용화가 목적이다. 미래를 2~3년으로 본다면 미래 기술 확보 때문이다. 서강대와 산학협력을 한 것도 현재 생산되고 있는 제품을 업그레이드시킬 수 있는 RF쪽 기술에 초점을 두었다. 그 당시의 계획은 산학협력에 성공하면 2~3년 뒤에 상용화도 가능하다고 보았기 때문이다. 기간을 2~3년 후로 본 것은 대학과 산학협력을 하면 대학 지식만으로는 상용화가 어렵기 때문에 기업에서 걸러져야 하기 때문이다."고 하였다.

중소기업M의 "기술도입 목적은 제품의 상용화이나, 학교와 프로젝트를 함께했다고 하면 제품 판매 시 공신력을 인정받아서 도움이 된다."고 하였다.

중소기업E는 "현재의 핵심기술 지식 강화라기보다는 미래 기술 확보가 맞을 것 같다. 특히 미래에 사업화가 가능한 기술 취득이다. 단순한 지식 강화는 의미가 없다."고 하였다.

중소기업F는 "핵심기술 분야 지식강화:미래 기술 확보 = 2:8, 새로운 수요 창출을 위하여 미래 먹거리에 신경을 써야 한다. 핵심기술은 삼성전자 외에는 없다고 본다. 그 외 기업들은 복제나 개량이기 때문이다. 당사는 자동차 인테리어 사업을 하고 있지만 홍익대와 산학협력을 통하여 안전헬멧과 LPG 충전기 사업을 한 것이 좋은 예이다. 안전헬멧을 4년 전에 개발할 때는 세계 최초라고 생각했으나 벌써 다른 업체들도 뛰어들고 있다. 감지기(sensor) 업체에서 판매하고 있다. 당사에서 소프트웨어가 약하다 보니 모방이 쉽게 이루어진다."고 하였다. Winter(1987)와 Kogut & Zander(1992)의 기술이전과 모방은 같은 가위의 날들이고, 기술이전은 반드시 복제를 수반해야 하고 복제가 이루어졌다는 것은 이미 코드화와 단순화가 되었다는 것과 맥락이 같다.

중소기업I는 "두 분야 다 해당이 된다고 생각이 되고, 비중은 핵심기술 강화:미래기술 확보 = 80:20 정도이다."고 하였다.

중소기업J는 "미래 기술 확보를 위한 기술개발 목적이 크다. 대기업은 먼 미래를 보고 투자할 수 있지만 중소기업은 멀리 바라볼 수 있는 입장이 못 된다. 중소기업에서는 시장성이 있는 기술을 2~3년 내에 완성시켜 양산체제로 가야 하기 때문에 장기적으로 연구비를 지원할 수 없다."고 하였다.

인터뷰 결과, 핵심기술 강화:미래기술 확보 = 3:4로 미래기술 확보가 조금 높게 나왔다. 그러나 인터뷰 참여자에 따라서 개념을 약간씩 달리하는 경우가 있었다. 가령, 핵심기술의 정의를 삼성전자처럼 원천특허를 가지고 있는 경우로 생각하는 참여자도 있었고, 당장 먹고살 기술로 생각하는 참여자도 있었다. 필자의 의도는 당장 먹고살 기술을 핵심기술 강화로 생각했다. Mowery(1996)는 회사 간의 제휴는 기술적 공통부문을 증가시키는 데 관심이 있거나 또는 다른 기술의 전문성 확보에 관심을 더 가지고 있다는 주장을 볼 때, 상기의 경우도 그 기업들이 관심을 어디에 두느냐에 따라서 기술 확보 전략이 결정된다는 것을 알 수 있다고 하였다. 또한 Schartinger et al.(2001)의 문제해결 또는 새로운 연구영역 확보 중 무엇을 중시하느냐에 따라서 협력의 목적이 다르다는 것과도 맥락이 같다.

인터뷰 결과가 내포하는 것은 중소기업이라서 아주 먼 미래를 내다볼 수는 없으나 2~3년까지는 생각한다는 것을 알 수 있다. 또한 중소기업은 자금력과 인력이 대기업보다 취약하다 보니 인력양성까지 생각할 여력이 없다는 것이다. 그로인해 중소기업에 취업을 꺼리는 풍조가 생겼다.

또한 대부분의 중소기업이 대학과 공동연구를 하는 목적은 상용화라고 하고 있다. 중소기업의 주된 문제는 발명(invention)보다는 상용화(commercialization)에 있다(Vrande et al., 2009; Gans and Stern, 2003)는 주장과 맥락이 같다.

결론적으로 중소기업이 대학으로부터 암묵적인 지식을 얻는 목적은 상용화다. 그 이유는 중소기업은 제품개발 성공여부가 기업의 운명과 직결되기 때문이다. 신생기업은 새로운 사업에서 수익을 얻어야 한다(Bania et al., 1993; Jaffe, 1989)는 연구결과와 같다. 그러나 인터뷰 결과, 대학은 상용화 능력이 없다고 보는 인터뷰 참여자가 많았기 때문에 향후 중소기업은 대학만 바라보는 것이 아니라 서로 다른 역량을 가진 중소기업이나 대기업과 협조할 가능성도 배제할 수 없다고 판단된다. 또 다른 목적은 가까운 미래의 기술을 위한 대학의 암묵적 지식 습득이다.

(2) 대기업은 대학으로부터 암묵적 지식을 어떤 목적으로 획득하려 하는가?

대기업C는 "미래기술 확보:핵심기술 분야 강화 = 7:3이다. 주로 R&D에 초점을 맞추고 공동연구나 위탁연구를 수행한다. 왜냐하면 미래의 기술이기 때문에 교수의 학술적인 지식이 필요하기 때문이다."라고 하였다.

대기업D는 "암묵적 지식이 무엇인지 명확하지는 않지만 현업에서 어려운 점이 있는 경우 외부의 경험을 통한 지식을 얻고자 한다. 주로 대화를 통하여 문제점을 해결한다. 환경문제는 문서화되기 힘들다. 사소해 보이지만 현장의 경험을 통하여 해결할 수 있는 것들이다. 형식적인 지식은 미팅을 하면 문서화된 결과도 있기 때문에 즉시 해결되나, 암묵적인 지식은 경험적이기 때문에 현장을 통하여 확인해야 한다. 또한 R&D분야를 산학협력하기 때문에 미래기술 확보:핵심기술 분야 = 9:1 정도로 연구개발 속성 상 미래기술 확보를 위한 공동연구개발이 주를 이룬다."고 하였다.

대기업G는 "암묵적인 지식이 필요한 이유는 현업과 독립적인 과제인 미래제품, 차세대제품 중에서 기술적인 한부분이 될 수 있기 때문이다. 주로 경험을 통한 지식이기 때문에 대학에 직접 파견 가서 현장 속에서 암묵적인 지식을 얻는다. 교수나 연구원과의 미팅을 통하여 얻는 경우도 많다. 핵심기술 분야:미래기술 확보 = 4:6이다."라고 하였다.

대기업K는 "제품의 차별화가 목적이다. 성능개선도 있다. 가령, 소음제거도 포함된다. 이런 것이 해결이 안 되면 제품 경쟁력이 없다. 이런 것은 결국 현장 경험으로 해결한 암묵적 지식이 있어야 한다. 기업이 경험하지 못한 새로운 것을 시도하고, 차세대 제품에 적용하기 위한 것이 목적이다. 핵심기술 분야 지식 강화:미래기술 확보 = 7:3이다. 요즘의 산학 연구는 기술 선도보다는 양산의 필요성 때문에 주로 산학과제를 진행한다. 일반적으로 3년 내에 양산이 가능한 기술을 가지고 산학협력을 한다."고 하였다.

대기업H는 "산학협력의 목적은 미래기술 확보 때문이다. 가령, Power Supply의 현재 효율이 80%라면 만약 90%까지 개량되면 제품의 크기를 줄일 수 있다. 왜냐하면 효율이 80%라면 20%는 열로 발생되기 때문에 열을 식힐 수 있는 팬이 들어가야 한다. 그 문제를 해결하려면 제품의 크기가 커져서 무게가 많이 나간다. 이 경우 설치하기가 어려워서 고객들이 좋아하지 않는다. 그러므로 효율을 높이기 위하여 추가의 부품을 사용하여 제품 가격을 높이더라도 제품 크기가 줄어들어서 소량 생산하는 경우에는 고객의 불만이 적다. 그러나 효율을 90%로 올리려면 재료비 등이 상승하여 원가가 상승하는 단점은 분명히 있다. 외국으로부터 모듈(module)을 사오는 경우도 있으나 원가가 상승하기 때문에 국산화를 시도하기 위하여 대학이나 협력사 등과 공동연구를 하는 것이다."라고 하였다.

대기업L은 "미래기술 확보가 100%다. 핵심기술 분야 강화는 내부적으로도 가능하다. 외부와 산학협력을 하는 것은 새로운 기술 분야를 접하기 위한 협업의 성격이 강하다. 단국대와는 현재 연구개발 진행 중이다. 결국 상용화를 목적으로 장비를 제작한다."고 하였다.

인터뷰 결과, 대기업K만 제외하고 모두 미래기술 확보가 중요하다고 한다. 그 이유는 미래 생존을 위해서 미래의 기술을 찾아 상용화해야 되기 때문에 대학과 산학협력도 한다는 것이다. 대기업K는 마치 중소기업이 추구하는 제품 차별화와 3년 내 양산을 한다는 것으로 이것은 일반적인 대기업의 행태가 아니다. 그 기업만의 문화가 있는 것 같다. 대기업K는 국내 굴지의 작지 않은 규모의 회사인데 양산에 집중하는 이유는 그 사업부의 문화와 관련이 깊어 보인다.

중소기업과 대기업의 산학협력 목적의 차이는 당장의 실적(상용화 성공)을 중시하느냐 또는 미래를 내다보는 제품기술(미래제품과 차세대 제품 개발) 확보에 두느냐로 차별화된다. 가령, P&G(Procter & Gamble)의 경우는 미래의 새로운 기술을 찾기 위해서(to seek out new ideas) 개방된 네트워크를 활용한다는(Huston & Sakkab, 2006) 연구 결과와 같다.

| 표 4-13 | 기업의 암묵적 지식 획득 목적

중소기업	대기업
상용화 성공, 가까운 미래의 기술 확보	미래 기술 확보

<표 4-13>에 암묵적 지식을 확보하는 목적이 중소기업은 상용화 성공과 가까운 미래의 기술 확보이고, 대기업은 미래기술 확보 때문이라고 정리하였다. 다시 말해서 가까운 미래기술에 대해서 중소기업은 단기 연구개발 과제를 통한 상업화의 성공에 초점을 두고 있기 때문에 기초연구보다는 응용연구와 개발에 관심을 두고 있고, 대기업은 중소기업보다는 여유가 있어서 기초연구와 응용연구에 함께 관심을 두면서 중장기 과제에 초점을 둔다. 그러나 대기업의 문화에 따라서 중소기업처럼 단기 연구개발 과제에 관심을 두는 대기업도 있다는 것을 인터뷰 결과 확인했다.

나. 대기업과 중소기업은 대학의 암묵적 지식을 흡수할 수 있는 역량이 있는가?

(1) 중소기업은 대학의 암묵적인 지식을 습득할 흡수 능력이 있는가?

중소기업A는 흡수 능력은 있다고 하였다.

중소기업B는 "흡수 능력이 제한된다. 왜냐하면 중소기업에서는 실질적으로 연구 인력이 부족하기 때문이다. 그나마 있는 연구 인력도 당장 생산에 도움되는 연구를 해야 하기 때문이기도 하다. 즉, 대학으로부터 새로운 지식을 받아도 그것을 흡수할 역량이 없다."고 하였다. 중소기업은 재정적인 자원뿐만 아니라 외부에서 획득한 노하우를 통합하거나 소화할 수 있는 스킬이 있는 직원이 결여되어 있다(Vossen, 1998)는 것과 맥락이 같다.

중소기업B는 "대학의 암묵적 지식을 기업에 심어주는 일을 대학이 해주면 좋으나 대학도 바쁘기 때문에 상용화에 어려운 점이 있다. 언젠가 ETRI로부터 기술이전을 받은 적이 있다. 그러나 그 기술은 상당한 난이도가 있는 기술이었다. 당시에 기술이전을 받았지만 당사 내에서 그 기술을 흡수할 역량이 되질 못했다. ETRI에서도 연구원들이 많은 프로젝트를 진행하다 보니 당사만을 도와줄 수 있는 형편이 되질 못했다. 그렇다고 중소기업인 당사에서 고급인력을 채용할 여력은 되질 못했다. 고급인력은 연봉이 높아서 회사 입장에서는 부담으로 작용한다."고 하였다. 이것은 중소기업은 자원이 한정되어 있다(Dahlander and Gann, 2010; Hausman, 2005)는 연구결과와 같다.

중소기업E는 "흡수 능력은 있다. 그 이유는 기술도입 시에 기업에서 할 수 있는 것과 없는 것을 구분해서 접촉을 하고 계약을 맺기 때문이다."라고 하였다.

중소기업F는 "흡수 능력은 있다. 단, 기술개발보다는 차라리 생산된 제품의 마케팅이 더 문제다. 제품을 생산하면 곧이어서 다른 기업에서 모방품(copy)이 출시되기 때문에 시장에서의 경쟁력이 더 문제다."라고 하였다.

중소기업I는 "흡수 능력은 제한된다."고 하였다. 대학 연구실 또는 대기업으로부터의 과학적 발견물과 새로운 기술을 흡수하고, 활용하는데 흡수능력(absorptive capacity)의 한계를 가지고 있다(Cohen and Levinthal, 1990)는 것과 맥락이 같다.

중소기업J는 "흡수 능력은 제한된다. 왜냐하면 대학의 학문적인 접근이 상용화와 깊은 괴리가 있다고 판단하기 때문이다."라고 하였다.

중소기업M은 "대학의 기술을 활용하는 데 어려움 점은 없었다."고 하였다.

인터뷰 결과 4:3으로 '흡수 능력이 있다'가 조금 우세하다. 일반적으로 중소기업은 흡수 능력이 제한된다는 생각과 다른 결과다. 그 이유는 흡수 능력이 있는 것으로 생각하는 중소기업은 중소기업E의 주장처럼 기술도입 시에 기업에서 할 수 있는 것과 없는 것을 구분해서 접촉을 하고 계약을 맺기 때문인 것 같다. 즉, 기업이 자신이 없으면 아예 도전을 하지 않으니 마치 흡수 능력에 문제가 없는 것처럼 보이는 것뿐일 것이다.

만약 새로운 기술을 도입하기 위하여 많은 자금을 투입했는데 상용화에 실패하면 자금압박으로 기업생존의 위협을 받을 정도이니 쉽게 도전을 못하는 것도 있을 것이다. 결국, 미래의 기술을 도전적으로 새로 채용하기에는 인력과 자금에 문제가 있을 것으로 판단한다. 중소기업B의 주장이 전형적인 중소기업의 모습으로 보인다.

(2) 대기업은 대학의 암묵적인 지식을 습득할 흡수 능력이 있는가?

대기업C는 "흡수 능력은 있다."고 하였다.

대기업D는 "흡수 능력에 대해서 가령, 반도체 회사의 엔지니어는 다른 분야인 전자제품 영역의 경우는 내용을 잘 알 수가 없기 때문에 설명을 해주어도 잘 모르는 경우가 발생한다. 이러한 것이 암묵적인 지식을 흡수하는데 장애요인이 될 수도 있다. 가령, 소프트웨어 개발에 그런 경험이 있다. 당사에는 당시에 소프트웨어 개발 인력이 부족하여 대학의 암묵적인 소프트웨어 개발 지식을 흡수하는 데 어려움을 겪었다. 이런 경우 당사에서는 대학의 연구결과만을 채용하여 응용에만 사용했다."고 하였다.

대기업D의 사례는 아무리 대기업에 인력이 많더라도 관련되는 전공을 소유한 엔지니어가 없을 때 발생할 수 있는 흡수 능력의 결여를 예시하고 있다. 이것으로 대기업은 흡수 능력이 없다고 보는 것은 무리가 있다.

대기업G는 "교수가 기업담당자에게 학문적인 지식을 아무리 설명해도 이해하지 못하는 경우가 있다. 다른 사례로는 기업 내부적으로 긴급도가 떨어지고 핵심적인 기술이 아닌 경우는 당사 내 특정부서에서 산학협력 상대방(counterpart)이 즉시 정해지지 않아 당사 측의 준비가 잘 되지 않은 이유로 흡수 능력 미비가 발생할 수도 있다. 이런 연구개발과제들은 주로 결과물만을 대학으로부터 받는 경우이기 때문에 대학의 암묵적인 연구결과물을 기업이 제대로 흡수하지 못하는 경우이다."라고 하였다.

대기업H는 "흡수 능력은 있다."고 하였다.

대기업K는 "기업과 대학 간의 연구주제의 괴리감 때문에 발생할 수도 있다. 이런 경우, 대부분은 그 프로젝트를 수행한 학생을 채용하는데 학생의 즉시 전략화를 위하여 특정 대학에 특정 학과를 신설하는 경우도 있다. 가령, 성균관대는 핸드폰학과가 있고, 반도체 학과가 있어서 실무에서 필요한 지식을 대학을 다니면서 습득하게 하고 졸업하면 바로 현장에 투입될 수 있도록 요원화한다. 그리고 당사의 직원은 대학원과정에 입학하여 공부하기 때문에 그 학과의 전문지식은 더욱 더 증가하게 된다. 일종의 일 · 학습 병행으로 보면 될 것이다."라고 하였다.

대기업L은 "흡수 능력은 있다."고 하였다.

인터뷰 결과, 중소기업과 거의 비슷한 비율로 대기업의 흡수 능력이 있다와 없다가 동일한 수다. 대기업은 일반적으로 인력도 풍부하고 예산도 많기 때문에 흡수 능력은 좋을 것으로 예상했으나 의외의 결과다. 대기업D의 경우는 특정부서에서 산학과제를 하는데 관련 전공자가 없으면 가능한 논리로 보인다. 그리고 대기업G의 경우는 부서 업무의 긴급도 우선순위에서 밀리면 대학의 연구결과물을 검토할 시간이 넉넉하지 않아서 그럴 가능성도 있다고 판단된다. 대기업K는 괴리감과 흡수 능력을 결부시켰는데 문화차이로 충분히 그럴 수도 있다. 세 기업의 논리가 나름대로 타당성이 있다. 그렇다고 대기업은 흡수 능력이 없다고 단정 지을 수는 없다. 단지, 특수한 상황이 발생되어 일손이 부족한 경우로 보아야 옳다.

결론적으로 중소기업은 먼 미래를 내다보는 신제품 개발을 할 수 있는 흡수역량은 보유하고 있지 않지만, 기업의 수준에 맞는 당장의 제품 상용화 성공에 적합한 흡수 능력은 보유하고 있다. 대기업의 경우는 여러 종류의 미래를 위한 연구개발을 동시다발적으로 진행하다 보니 특정 프로젝트에서 관련 전공자 부족으로 어려움을 겪을 때가 있다. 이것을 흡수역량 부족으로 판단해서는 안 된다.

<표 4-14>에 중소기업과 대기업에서 대학이 보유한 암묵적 지식의 흡수역량을

| 표 4-14 | 기업에서 암묵적 지식의 흡수역량에 대한 상호비교

중소기업	대기업
신제품 개발을 할 수 있는 충분한 흡수역량은 보유하고 있지 않지만, 당장의 제품 상용화 성공에 적합한 흡수 능력은 보유하고 있다.	특정 프로젝트에서 관련 전공자 부족으로 어려움을 겪을 때가 있다. 이것을 흡수역량 부족으로 볼 수는 없다.

상호 비교 설명하고 있다.

다. 대기업과 중소기업은 대학의 암묵적인 지식을 이전받아서 상용화할 수 있는 자원과 역량을 보유하고 있는가?

(1) 중소기업은 대학의 암묵적인 지식을 이전받아서 상용화할 수 있는 자원과 역량을 보유하고 있는가?

중소기업A는 "제품 상용화는 대학의 암묵적 지식보다는 학교 외의 지식과 기업 자체 지식이 동원된다. 교수 연구실의 석사 및 박사들은 상용화와 관련된 노하우를 많이 가지고 있지 못하다. 결국 제품 상용화는 기업자체에서 시행착오를 겪으면서 실현되는 경우가 대부분이다. 또한 미래의 먹거리를 위하여 대학의 발명자나 연구자의 채용이 필요하다. 그러나 현실적으로 중소기업은 당장 먹고살아야 하기 때문에 미래 먹거리까지 생각할 여력이 없는 것이 현실이다."라고 하였다.

중소기업B는 "서강대와 산학협력을 했으나 그 학생들이 당사에 입사하지는 않았다. 중소기업이기 때문에 많은 연봉을 줄 수 없는 현실 때문이다. 중소기업의 혁신은 재정자원의 결여 및 전문 인력채용 기회의 적음 때문에 방해를 받고 있다."고 하였다. 중소기업은 혁신 포트폴리오의 적음으로 인해 혁신 실패의 위험성 때문에 널리 전파되지 못한다는 약점이 있다(Vrande et al., 2009)는 연구결과와 맥락이 같다.

또한 상용화가 잘되지 못하는 이유에 대한 중소기업B의 의견은 "대학에서는 제품의 성능만 좋으면 되는 것으로 알고 있으나 제품이 상용화되기 위해서는 제품의 가격 경쟁력이 있어야 한다. 그러나 대학에서는 고려를 안 한다. 그리고 대학의 교수는 마치 CEO처럼 석 · 박사과정 학생들을 고용하다 보니 여러 프로젝트를 동시에 수행해야 하므로 바쁘다. 그러므로 장기간 프로젝트를 이끌기 힘들고, 단기간의 산학협력에 의존해야 하니 상용화된 제품이 나오기가 힘든 것 같다." 또한 "정부과제로 산학공동연구개발을 서강대와 진행했고, 한양대와는 진행하고 있다. 서강대와 1년간 정부연구개발과제를 수행한 결과 상용화에는 실패했다. 그 이유는 대학과 기업의 눈높이가 맞지 않기 때문이다. 원가경쟁력도 생각해야 하는데 대학은 기술 성능만을 생각한다. 기술만 좋다고 상용화가 되는 것이 아니다."고 하였다.

중소기업E는 "대학원학생을 채용하려고 했는데 못했다. 대학원학생들은 취업보다는 교원이 되기를 더 희망하는 것 같다. 또한 중소기업이다 보니 연봉 문제 등으로 우수인력의 채용이 쉽지 않다. 상용화에 성공하고, 기업의 매출이 증대되면 인력충원을 하려 하나 현재로서는 여력이 없다."고 하였다.

중소기업F는 "홍익대와 산학협력을 했고, 그 학생을 채용하려고 했으나 그 학생이 삼성전자에 취업을 했다. 열심히 연구개발을 통한 상업화를 기획하고 있으나 인력이나 판로 확보 및 모방 때문에 어려움을 겪고 있다."고 하였다. 중소기업의 연구개발은 대학의 연구결과를 활용하는 데 대기업보다도 적극적이고, 대학으로부터의 지식을 더 효율적으로 이용한다고 한다(Acs et al., 1994)는 것과 맥락이 같다.

인터뷰 결과, 대부분의 중소기업은 대학원 졸업 학생을 채용하고 싶으나 대학원 학생의 연봉이 대기업에 비해서 적기 때문에 입사하기를 꺼린다. 중소기업은 외부 출처를 통하여 새로운 제품을 만들려고 노력을 많이 한다. 중소기업이 대기업에 비해서 주된 경쟁력은 유연성(flexibility)이다. 그러므로 더 효율적으로 외부 네트워크를 활용한다(Nooteboom, 1994; Rothwell and Dodgson, 1994). 중소기업은 시장요구에 빠르게 반응하고(Dahl and Moreau, 2002), 조직적인 유연성을 가지고 있으며(Sivadas and Dwyer, 2000), 덜 관료적이다(Cassiman and Veugelers, 2006). 반면에 자원이 한정되어 있고(Dahlander and Gann, 2010; Hausman, 2005), 혁신능력에 제약이 따른다는 단점도 가지고 있다.

중소기업은 대학으로부터 많은 상업적 노하우를 얻고자 하나 대학은 상업적 능력에서 한계가 있기 때문에 큰 혜택을 보고 있지 못하다. 가령, 중소기업F의 경우는 신제품 개발에 매우 적극적인 회사인데 연구개발보다도 마케팅을 통한 시장 창출과 타 기업으로부터 모방을 방지하는 데 더 신경을 쓰고 있었다. 대학에서는 연구개발만 중요한 것이 아니라 영업이나 그 밖에 마케팅 같은 전방산업에도 신경을 써야 할 것 같다. 가령, 대학교수가 보유하고 있는 대기업 인적 네트워크를 활용하여 대기업의 유통라인을 활용할 수 있도록 중소기업을 도와주어야 한다. 그 이유로 대기업은 연구의 결과를 활용하는 데 더 좋은 입지를 가지고 있고, 견고한 상표(established name)와 평판 때문에 새로운 시장에 진입하기도 좋다. 이것은 대기업이 가지고 있는 잘 형성된 시장채널(well-developed marketing channels) 때문이기도 하다(Vossen, 1998).

(2) 대기업은 대학의 암묵적인 지식을 이전받아서 상용화할 수 있는 자원과 역량을 보유하고 있는가?

대기업C는 "산학협력을 하면 그 대학의 대학원 학생을 채용해서 그 연구실의 암묵적인 지식을 흡수한다. 실제로 함께 프로젝트를 수행한 후, 90% 이상은 당사에 취업을 한다. 가능하면 특허 발명자를 채용하면 좋으나 대부분의 경우에 같은 연구실에 있었던 같은 교수 밑에서 공부했던 학생을 채용하는 것이 일반적이다. 그러므로 명망 있는 교수 밑에서 공부하는 학생들은 대기업 취업도 잘된다."고 하였다.

대기업D는 "특허 발명자를 직접 채용한 경우는 없었으나, 일반적으로 그 대학의 관련 학과 연구실의 석 · 박사 학생을 경력직 사원으로 채용하여 그 연구실의 노하우를 전수받는 경우가 많다."고 하였다.

대기업G는 "교수는 학술적인 것에 관심이 많지, 상용화에는 별로 관심이 없다. 암묵지는 연구보다 개발단계에서 더 많이 나온다. 그러므로 교수보다는 기업에서 더 많이 가지고 있다고 본다."고 하였다. 연구소들은 항상 주어진 기술을 상용화하기 위한 최고의 수단은 대기업이라고 여긴다. 또한 대기업들은 중소기업처럼 역동적이지도 혁신적이지도 않다(Carr, 1992)는 것과 맥락이 같다. 대기업G는 "기업 주도로 진행된 프로젝트의 상용화 과정에서 문제점이 발견되고, 그 문제점을 해결하기 위하여 대학교수와 과제를 연계하여 문제를 해결한 적은 있다. 그리고 산학 연구개발과제에 참여했던 학생을 채용한 적도 있다. 연세대 학생들이었다."고 하였다.

대기업H는 "국민대와 산학협력 시 2개 모델이 성공했다. 소량 다품종인 경우는 성능만 좋다면 제품 가격이 높아도 상관없으나 다량 소품종의 경우는 제품 가격이 높으면 채택이 되지 않는다. 국민대와 산학협력을 하면서 함께 연구했던 학생 두 명을 채용했다. 교수는 자문역은 맡지 않고, 당사를 방문하여 강의를 해준다."고 하였다.

대기업K는 "기업은 교수와 양산을 최종 목표로 과제를 수행하기 때문에 양산까지 협업이 어려운 교수와는 계속 거래가 어렵다. 양산이 될 때까지 교수가 도와주는 것을 원칙으로 한다. 또한 산학협력을 하면 함께 프로젝트를 수행한 학생은 대부분 채용을 한다. 장학금을 먼저 주고 옵션을 걸어서 당사에 취업하게 한다."고 하였다.

대기업L은 "교수의 기술적 경험, 노하우, 지식 등이 장비구현의 가이드라인 역할을 했다. 호서대와 산학협력을 했으나 결국 상용화에 실패해서 학생을 채용하지는 않았다. 아마도 상용화에 성공했으면 채용했을 것이다."라고 하였다.

인터뷰 결과, 중소기업은 학생들이 취업하기를 기피하고 있고, 반면에 대기업은 그 기업이 필요한 인재를 선별해서 뽑고 있다. 양극화 현상이 벌어지고 있다. 중소기업은 인력난을 호소하고 있고, 대기업은 인력이 넘쳐나서 문제다. 대기업과 중소기업은 근본적으로 조직을 구성하고 있는 인력에서부터 차이가 나기 때문에 대기업은 미래를 내다보고 연구개발을 통하여 신제품을 개발할 수 있는 역량을 보유하게 되는 반면에 중소기업은 신제품 개발에 참여할 수 있는 역량이 있는 인재의 부족으로 미래의 제품보다는 당장 먹고살 기술의 업그레이드(upgrade)에 모든 역량을 쏟아 부어야 하는 실정이라는 것을 알 수 있었다.

중소기업이 생존하기 위해서는 더 많은 오픈이노베이션이 필요하다. 중소기업 간도 좋고, 대기업과도 좋고, 대학이나 출연연구소와도 좋다. 내부에서 역량이 부족하면 외부에서 기술이나 지식을 흡수해야 하는데 앞서 분석했듯이 중소기업은 흡수역량에도 문제가 있기 때문에 오픈이노베이션도 쉽지만은 않다. 문제점이 가중되는 형국이다.

대안으로 대기업이 중소기업을 리드하는 것이 요구된다. 그 이유로 대기업은 혁신성이 있고, 유연한 연구조직을 가지고 있는 중소기업을 찾아서 함께 혁신을 추진할 수 있는 조직과 역량을 보유하고 있다. 그러므로 대기업은 다양한 기술을 융합하는 추세에 대응할 수 있는 유리한 입장에 있다(Narula, 2001). 대기업은 새로운 제품과 서비스에 탐색 전략이 유용하고(Laursen and Salter, 2006), 대기업 내의 많은 다른 부서들에서 같은 외부의 기술이나 지식을 동시에 사용하다 보니 많은 제품에 응용하게 됨으로써 외부기술의 활용범위가 중소기업보다 훨씬 광범위할 수 있다(Huston and Sakkab, 2006).

<표 4-15>에 중소기업과 대기업의 상용화를 위한 역량 및 자원보유에 대한 상호비교를 한다.

| 표 4-15 | 상용화를 위한 역량 및 자원에 대한 상호비교

중소기업	대기업
학생들의 취업 기피, 인력부족으로 인한 마케팅 및 판로개척의 어려움	대학원생을 경력사원으로 채용, 풍부한 인력으로 인한 신제품 개발에 유리한 입장

CHAPTER 05

혁신의 사례 및 마케팅

CHAPTER 05

혁신의 사례 및 마케팅

제1절 기업의 혁신사례

1. 애플, 샤오미 그리고 아모레퍼시픽

가. 애플

혁신이라는 것은 아이디어를 구체화해서 상품화한 것으로 정의하고자 한다. 그러므로 혁신이 성립되려면 상품의 판매가 성공적이었는지를 불문하고 상용화되어야 한다. 다시 말해서 시장에서 경쟁했다면 혁신으로 보아야 옳을 것 같다.

요즘의 상품혁신을 보면 예전의 제조업 기반을 통한 제품혁신과는 거리가 있는 것 같다. 예전에는 제조업을 하려면 우선 시설과 장비, 인력 등 생산할 수 있는 기반이 중요했기 때문에 자금이 없이는 아무리 좋은 아이디어가 있어도 사업을 할 수가 없었다. 설령, 은행으로부터 자금을 융통받아서 기입을 운영해도 싱공한다는 보장이 없었고 실제로 경영에 실패하여 고배를 마신 경영자도 많았다. 경영자는 늘 살얼음판을 걷는 기분으로 경영을 했다. 그러다 보니 마음의 여유를 찾기 어려웠다. 이런 분위기에서는 실패를 최소화하는 방어적인 자세를 취할 수밖에 없었고, 창의적인 제품 아이디어는 쉽게 받아들이지 못하는 분위기가 팽배했다.

이런 기업 문화가 이제는 패러다임을 바꾸어 아이디어만 있으면 누구나 사업을 할 수 있는 시대로 흐르고 있다. 가령, 애플의 경우 그들은 물건을 만들 수 있는 공장을 가지고 있지도 못하고, 그렇다고 조립할 수 있는 시설도 없다. 그들이 가지고 있는 것은 iOS라는 소프트웨어와 아이디어뿐이다. 이것으로 미국 시가총액 1위 기업이 되었다.

나. 샤오미

레이쥔의 샤오미는 언뜻 보기에는 단순히 휴대폰만 판매하는 회사 같지만 실제로 그들은 휴대폰만으로 사업하는 것이 아니다. Mi Market(미 마켓)을 통한 전자상거래에 더 초점을 두고 있다. 당장은 단말기 판매가 많은 비중을 차지하고 있으나 그들의 모바일 앱스토어인 Mi Market을 운영하면서 게임, 소셜네트워킹, 클라우드 저장, 엔터테인먼트 등으로 사업 영역을 확장하고 있다.

샤오미의 제품은 100달러와 300달러 사이의 저가 스마트폰이지만 그들의 순이익 규모가 늘고 있다. 대부분의 시장전문가들은 샤오미의 수익성이 악화될 것으로 예상했지만 결과는 정반대로 나왔다. 그 비결은 마케팅 전략에 있었다. 가령, 소셜미디어나 인터넷 토론장을 주로 이용하면서 6억 명이 넘는 중국 인터넷 사용자들로부터 입소문을 타고 성장했다. 놀랍게도 샤오미는 마케팅 비용으로 매출의 4%도 쓰지 않는다. 이것이 원가 경쟁력에서 우위를 가져왔다.

다. 아모레퍼시픽

우리나라의 혁신사례로 아모레퍼시픽의 "에어쿠션" 제품을 생각할 수 있다. 에어쿠션은 우연히 개발되었다. 연구원들이 밥을 먹다가 누군가가 주차장 도장 찍듯이 화장을 간편하게 할 수 있으면 얼마나 좋을까라는 엉뚱한 발상을 하면서 개발이 시작되었다. 에어쿠션 제품은 쉽게 말하면 스펀지 속에 여러 화장품을 섞어 넣어서 필요할 때 스펀지만 꺼내서 바르면 선크림과 파운데이션 화장이 되는 획기적인 제품이다. 아이디어는 좋았으나 상용화에는 많은 시행착오가 따랐다. 가령, 화장품을 혼합할 때, 온도와 혼합 속도 그리고 스펀지 속을 누르는 압력 등이 다르면 동일한 제품이 생산되지 않았다.

이렇듯 어렵게 개발했으나 당시에 이런 개념은 처음이라 판매자가 나타나질 않았다. 그러나 다행스럽게 홈쇼핑에서 대박을 치면서 히트를 하게 되었다. 크리스티앙 디오르 S.A.[1]에서 기술이전을 받기 위한 양해각서를 계약했다고 한다.

아모레퍼시픽 화장품은 중국 백화점에서 P&G와 샤넬을 누르고 판매량 상위권을 유지하기도 했다. 성공 배경에는 꾸준하게 시장을 잠식해 들어간 경영층의 마인드가 있었다. 뉴욕백화점에서 아모레퍼시픽이란 브랜드가 흑자를 내기까지는 10년 이상이 걸렸다.

이처럼 혁신은 기술만 있다고 되는 것이 아니라 시장도 함께 개척해야하고 원가를 줄이기 위한 마케팅 전략도 창출해야 하고, 당장은 손해를 보더라도 미래를 위한 배팅을 할 줄 알아야 한다. 혁신이란 기술과 시장과 마케팅을 엮는 융합과정인 것이다.

2. Hewlett Packard

Hewlett Packard(휴렛팩커드, 이하 HP)는 일반적으로 PC와 프린터 제조업체로 알려져 있다. 그러나 내부를 들여다보면 서버와 스토리지 그리고 네트워크의 매출이 더 많다. 이러한 HP의 변신에는 2001년에 있었던 컴팩과 HP의 합병을 빼놓을 수 없다. 컴팩은 당시에 PC업계 2위였고, HP는 3위 업체였다. 260억불에 HP가 컴팩을 인수했다. CEO는 칼리피오리나였다.

합병 후, 몇 년 뒤 HP에서는 새로운 바람이 분다. 컴팩에서 옮겨온 이사 중에 한 사람이었던 Robinson은 새로운 제안을 했다. 앞으로는 “everything as a service”가 될 것이다. 그러면서 그는 클라우드(Cloud) 환경을 주장했고, 사업을 주도했다. 다른 사업부에서도 HP의 미래를 걸었다. 모두가 이 사업에 매진했다. 놀라운 HP의 저력이었다. 그때 개발된 제품이 Cloud Print였다. 그 기술은 캐나다 무선모뎀업체 RIM사(社)의 블랙베리 기술에 채용되었다.

2011년 HP의 임원진들은 싱가포르에 모였다. 그들이 개발한 클라우드 기술을 설

1 크리스티앙 디오르는 프랑스의 대표적인 패션 디자이너 중 한명으로 세계적인 브랜드 크리스티앙 디오르 S.A.(Christian Dior S.A.)의 창시자다. 상품의 범주를 확대시킨 글로벌 브랜드 크리스티앙 디오르 S.A. 설립을 통해 전후 패션 산업의 새로운 모델을 제시했다.

명하기 위해서였다. 클라우드 환경에서는 커다란 서버도 필요 없다. 그러므로 비용을 절감하면서 엄청난 양의 데이터를 저장하고 이용할 수 있다. 이런 이점 때문에 많은 대기업에서 클라우드 시스템 환경을 도입했다.

HP는 새롭게 회사를 양분했다. 하나는 기존의 PC와 프린터 사업에 집중하는 HP Inc이고, 다른 분사 회사는 휴렛팩커드 엔터프라즈이다. 이 회사는 기업용 기반 서버, 스토리지, 네트워크, 서비스 그리고 클라우드 기반이다. HP가 통합IT솔루션 회사가 된 데에는 Mercury를 비롯한 20개 이상의 software 기반 회사들을 합병한 것을 들 수 있다. 또한 오픈소스 기반 클라우드 관리 솔루션 제공 스타트업인 유칼립투스도 합병했다. HP의 성공에는 인수합병(M&A)과 그것을 통하여 흡수된 인재들의 활용을 무시할 수 없다.

실리콘밸리의 효시 기업인 HP의 혁신이 향후 어떻게 진행될지 자못 궁금하다. HP는 스탠퍼드 대학 출신인 휴렛(Billl Hewlett)과 팩커드(David Packard)가 설립했다. 당시에 대학원생이었다. 흥미로운 것은 스탠퍼드 졸업자들이 세운 기업들의 연매출을 모두 합하면 프랑스의 1년 GDP와 맞먹는다고 한다. 얼마나 스탠퍼드 대학의 기업가 정신이 투철한지 이것만 보아도 알 수 있다. 현재 미국에서 기부금 1위 대학은 하버드가 아닌 스탠퍼드이다.

3. Dell 컴퓨터

PC업계의 이단아 Dell에 대해서 말해볼까 한다. 1984년 텍사스 대학에 재학 중이던 마이클 델은 Dell을 설립하고 대학을 중퇴한다. 예전에 스티브 잡스, 빌 게이츠 그리고 엘론 머스크도 대학중퇴를 했기에 이들 사이에는 비슷한 혁신 DNA가 있는 것 같다. 아무튼 Dell은 전화와 팩스를 이용한 판매 방법으로 매출을 신장시킨다.

그러나 1994년에 적자 위기를 맡는다. Dell은 그 이유를 분석해 보았다. 1985년 하버드 대학의 마이클 포터 교수가 제시한 가치사슬(value chain)인 부품입고, 생산, 출고, 마케팅 & 판매, 서비스 중에서 가치창출에 직접적인 역할을 하는 주활동(primary activities)인 마케팅 & 판매에 문제가 있음을 알았다. 즉 이것은 공급망 관리인 SCM(supply chain management)에 문제가 있다는 것이었다. 일반적으로 SCM의 부가가치를 제품의 60~70%로 보고 있으니 물류의 통제와 관리가 얼마나 기업 수익에 중요한 위치를 차지하는지 알 수 있는 대목이다.

Dell은 창고와 중간 판매업자를 없애면 수익을 올릴 수 있다고 생각하고, 인터넷을 활용한 영업방법을 생각하게 된다. 즉, 인터넷을 통하여 고객으로부터 직접주문을 받고, 주문받은 것을 즉시 인터넷으로 공장에 제품생산을 요청하면 48시간 내에 고객에게 직접배달까지 할 수 있으니 정말 중간 상인과 창고가 필요 없게 되었다. 거기에 고객의 요구에 따라서 가격맞춤형 PC를 조립하니 고객은 싼 값에 자신의 입맛에 맞는 PC를 구입하게 되어 일석이조의 효과를 보는 셈이었다.

이러한 Dell의 천재성은 바로 매출에 반영되고, 전 세계 PC 매출 1위를 차지하게 된다. Dell은 1억 7천만 달러의 억만장자가 되었다. 당시에 그의 나이 30대였다. 또한 그와 비슷한 시기에 아마존 닷컴의 제프 베조스는 책을 인터넷으로 판매하여 성공한 사업자가 된다.

Dell의 부상으로 IBM도 흔들리고, 후에 IBM의 PC사업을 중국의 레노버에게 판다. 또한 컴팩과 HP는 합병을 하게 된다. 그러나 이러한 이합집산의 과정에서 Dell은 큰 실수를 하게 된다. 대만의 부품 업체인 아수스로부터 귀가 솔깃한 제안을 받게 된다. 아수스는 Dell에게 Dell이 생산하는 원가의 20%를 낮추어서 똑 같은 제품을 Dell의 Brand로 공급해 주겠다고 했다. Dell의 입장에서는 손해 볼 것이 없다고 생각하고 흔쾌히 승낙했다. 그리고 자신들 소유의 공장을 처분해 버렸다. 그리고 공급망 관리도 아웃소싱을 시키고, 컴퓨터 디자인도 외부에 맡겼다. 이렇게 하니 전체에 들어가는 생산 원가가 낮아져서 외형상은 또 다른 성공을 할 것처럼 보였다.

하지만 또 다른 재주꾼 스티브 잡스가 모바일PC와 스마트폰을 들고 나타나면서 시장의 판도가 바뀐다. Dell은 심각한 타격을 받는다. 2013년에 Dell은 충격적인 발표를 한다. 회사를 마이클 델 본인의 사모펀드 회사인 실버레이크에 244억 달러를 주고 매각한다는 것이었다. 하루아침에 Dell은 상장회사에서 유한회사로 바뀌는 초라한 꼴이 된다.

그러나 마이클 델은 CEO직을 유지했다. 그는 단호한 생각을 했다. 현행과 같은 주주를 위한 상장회사에서는 단기 이익에 치중할 수밖에 없기 때문에 미래를 대비한 신제품 개발에 소홀할 수밖에 없다는 것이었다. 그래서 유한회사로 바꾸면서 소유주가 직접 사업을 하면 장래를 내다보는 전략을 사용할 수 있다는 생각을 했다.

마이클 델은 주주들의 간섭 없이 PC제조업에서 IT솔루션기업으로 탈바꿈하기 위한 시도를 했다. 특히, 서버와 스토리지 등 엔터프라이즈 사업 분야에서 Dell의 명성을 이어갔다. Dell은 당시에 서버는 경쟁력이 있다고 판단했으나 스토리지 분야를 개선시키기 위하여 2015년에 스토리지 솔루션기업인 EMC사를 인수했다. 또한 EMC사의 자회사였던 VM웨어까지 소유하면서 클라우드 솔루션기업으로 성장할 발판을 마련했다. 만약 Dell이 PC사업에만 몰두했다면 지금쯤 저가공세로 밀고 나오는 중국기업들의 표적이 되어서 시장에서 퇴출당했을지도 모른다. 앞서 설명한 HP와 마찬가지로 Dell은 서버와 스토리지 부문으로 사업을 성장시키면서 세계 서버시장에서 HP와 선두경쟁을 치열하게 하고 있다. 상장회사에서 유한회사로 바꾼 Dell의 선택은 성공적이었다.

4. 삼성전자

삼성전자를 보고 있으면 핀란드의 노키아가 생각이 난다. 삼성전자는 2013년 포춘지가 선정한 글로벌 500대 기업 중에서 13위를 차지했다. 제조업체만 볼 때는 매출액 규모로 폭스바겐, 도요타 다음이고, 이익규모로는 애플 다음이다. 이제 삼성은 세계적인 기업이 된 것이다.

삼성의 2013년 매출액은 228조 6900억으로 우리나라 2013년 GDP 1317조의 약 17% 정도를 차지하는 국민기업이 되었다. 만약 삼성이 휘청되면 우리나라 경제가 어떻게 될지 생각하는 것만으로도 끔직하다. 그동안 삼성은 반도체, 평면 디스플레이, 모바일 폰으로 성장을 지속했으나 중국의 catch-up은 무서울 정도다. 실제로 글로벌 500대 기업 중에서 미국이 128개, 중국이 95개, 일본 57, 프랑스 31, 독일 28, 영국 28, 한국 17, 스위스 13으로 중국은 미국 다음으로 많다.

포춘지 선정 글로벌 10대 기업 중에도 중국은 3개로 제일 많다. 미국은 월마트와 엑손모빌이 그나마 버티고 있고, 영국이 2개로 선전하고 있으나 제조업체는 아니고 석유화학 분야가 압도적이다. 한때 세계를 주름잡던 일본은 도요타 하나만이 하위권으로 버티고 있을 뿐이다. 이런 와중에 13위를 차지한 삼성전자는 대단하다고 밖에 말할 수 없다. 이런 삼성전자에는 9만 3천 명 정도의 직원이 있고, 부품업체 및 유통업체까지 포함하면 그 인력은 엄청나다. 이런 삼성전자에게 더 이상 세계적인 제품이 생산되지 않으면 어떻게 될까?

이미 세계적 기업이었던 소니와 많은 일본 반도체 생산기업들이 줄줄이 정상자리에서 물러나고 있으니 우리도 남 얘기가 아닌 것 같다. 국민적 기업이라는 측면에서 삼성전자와 비슷한 핀란드의 희망이었던 노키아는 한때 핀란드 GDP의 25%까지 점유했었다. 그러나 러시아에 경제적으로 너무 의존한 정책과 IT 업계의 흐름을 따라가지 못함으로써 결국 정상의 자리에서 내려와야만 했다. 삼성전자도 예외는 아니다. 중국의 의존도가 크기 때문에 대책을 세우지 않으면 언제 노키아의 꼴을 당할지 모른다.

삼성 이건희 회장이 삼성전자 위기론을 들고 나왔을 때, 대부분의 사람들은 귀담아듣지를 않았다. 설마 삼성전자가? 그러나 중국의 인적 자원과 물적 자원으로 볼 때 글로벌 500대 기업 중, 200개를 차지할 날도 머지않았다고 본다.

우리는 차세대 성장 동력과 우수한 인적 자원을 활용할 수 있는 방안을 목숨 걸고 찾아야 할 것이다. 우선 소프트웨어 개발 분야에 많은 인력을 양성 배출하여 게임기를 비롯한 많은 모바일 기기, 스마트 기기에 응용할 수 있는 콘텐츠 개발에 역량을 집중할 필요가 있을 것 같다. 그리고 젊은 인력을 해외로 파견하여 우리 독자소유 또는 공동소유로 해외에 생산 전진기지를 많이 만들어야 한다. 호랑이 굴 속에서 호랑이들과 싸워야 할 것이다. 제조업은 우리 경제의 마지노선이다. 제조업을 더욱 성장시키기 위하여 정부에서는 연구개발 지원을 아끼지 말아야 할 것이다.

5. SAS와 구글

일하고 싶은 회사, 인간다운 대접을 받는 회사가 있다면 꿈의 직장일 것이다. 미국에 이런 회사가 있다. SAS라는 회사이다. 이 회사는 비즈니스 정보를 분석하는 소프트웨어를 개발하는 회사이다. 34년 연속 흑자에 부채는 제로이고, 연평균 9% 성장에 연 매출 2조 5천억인 회사이다. 주당 근무시간은 35시간이고, 이직률은 3~4%로 업계 평균의 1/7이다. 직원의 35%는 50대이다.

이 회사에 입사하면 혼자 사용하는 개인 방이 주어진다. 방 크기도 CEO나 매니저나 다 똑같다. 개인 사생활이 보장되고, 출근과 퇴근은 자기가 정한다. 몸이 아프면 사내 병원을 이용하면 된다. 사내 병원에는 회사에서 고용한 의료진 50명 정도가 일하고 있다. 진료를 받기 위하여 외출을 하지 않아도 되니 시간을 절약할 수 있다. 또한 아이를 돌보아주는 사내 보육시설이 있어서 아이에 대한 걱정을 접을 수 있어서 일에 몰두할 수 있다. 점심 때는 아이와 함께 구내식당에서 함께 밥을 먹을 수 있다. 이러한 시설들은 모두 회사에서 무료로 운영한다.

이 회사의 모든 직원은 정규직원이다. 회사에 적응이 안 되면 3개월간 회사로부터 상담을 받을 수 있고, 도저히 적성에 맡지 않으면 다른 부서로 옮겨준다. 또한 이 회사에는 당구장과 수영장, 헬스장 등이 있어서 근무 중에도 운동할 수 있다. 이 회사를 세운 짐 굿 나이트 회장의 철학은 직원이 행복해야 고객이 행복하다고 믿는다. 복지정책을 최우선으로 하는 이유도 인간적인 배려와 자유, 복지가 높은 생산성을 주기 때문이라고 한다. 무엇보다도 직원에 대한 존중과 신뢰가 주인의식을 심어준다고 한다. 이런 주인의식 때문에 누가 시키지 않아도 본인들이 알아서 일을 수행하기에 생산성이 높다고 한다. 또한 이직률이 낮기 때문에 신입사원 교육 및 재교육에 들어가는 비용을 상당히 줄일 수 있어서 이것으로 복지에 더 많은 투자를 할 수 있다고 한다.

한때 이 회사는 주식 공개를 생각한 적도 있었으나 주주들의 단기 이익 요구 때문에 회사의 문화가 사라질 것을 우려하여 상장을 포기했다고 한다. 한 직원의 말을 들어보면 모든 직원을 주인으로 생각해 주기 때문에 오너십(ownership)이 생기고, 스트레스를 받지 않기 때문에 회사일은 일이 아니라 그냥 살아가는 과정으로 생각한다는 것이다. 이 회사는 모든 것이 자율이지만 성과만은 문제삼는다고 한다.

이 회사와 매년 수위를 다투는 곳은 구글이다. 구글의 CEO 에릭슈미트 역시 복지는 기본이라고 생각하고 있다. 실제로 SAS가 1976년에 창업되었고, 구글이 1998년에 창업되었으니 구글이 SAS를 모방했다는 얘기가 설득력이 있다. 에릭슈미트는 한국에도 여러 번 방문했는데 그는 고객에게 자사 상품의 가치를 묻기 보다는 직원 스스로가 자사의 상품에 애착을 가지라고 한다. 엔지니어가 자사 제품을 스스로 사용해야 무엇이 문제인지 알고 새로운 개발품이 나온다는 것이다.

구글이 세계적인 기업이 된 것은 네트워크를 많이 확보했기 때문이라고 한다. 그 네트워크를 기반으로 사업을 할 수 있었다고 한다. 가령, 고객이 어떤 사이트를 방문하면 그 고객의 취향을 알 수 있어서 그 취향에 맞는 제품 등을 광고해준다고 한다. 구글은 광고료로도 엄청난 수익을 올린다. 결국 SAS나 구글이나 모두 사람에게서 답을 찾고 있는 것이다.

6. 아마존

아마존은 제프 베조스가 1994년 시애틀에 설립한 전자상거래를 기반으로 한 IT 기업이다. 제프 베조스는 미국의 다른 사업 천재들과는 달리 프린스턴 대학을 우등으로 졸업하고 뉴욕의 월가에서 잘나가던 펀드매니저였다. 그런 그가 인터넷에 흥미를 가지고 직원 몇 명과 창고 같은 곳에서 설립한 회사가 아마존이다. 주로 인터넷을 통하여 서적을 판매한다. 요즘에는 드론을 활용하여 배송도 한다. 그 외 전자책, 태블릿 PC를 제조 판매하며, 기업형 클라우드 서비스도 제공하고 있다.

그러한 아마존이 이번에는 스마트폰을 출시한다고 한다. 3D 기능을 추가하고, 아마존 제품의 온라인 쇼핑을 즐길 수 있도록 안드로이드 기반으로 만들었다고 한다. 참 놀라운 일이다. 아마존은 책을 인터넷으로 판매함으로써 물류 및 저장 비용을 줄여서 책값을 저렴하게 판매했으니 획기적인 비즈니스모델이었다. 마치 마이클 델의 Dell 컴퓨터와 사업모델이 비슷하다. 2000년 닷컴 버블로 잠시 어려움을 겪기도 했으나 그 후에 사업을 확장하여 신발 인터넷 판매, 옷, 컴퓨터, 소프트웨어까지 손을 대고, 급기야는 킨들이라는 전자책으로 히트를 쳤다. 태블릿PC 시장에 참여하여 4%대까지 점유율을 보이기도 했다. 주가도 치솟아 한때 18불에서 300불까지 올랐으니 제프 베조스의 천재성을 볼 수 있는 대목이다. 그것도 모자라 워싱턴 포스트를 인수하고, 이번에 스마트폰까지, 대체 아마존의 사업 영역은 어디까지일까?

제2절 혁신을 수행한 세계적 기업가들

1. 마크 저커버그

우리가 사용하고 있는 페이스북은 마크 저커버그가 하버드 대학시절 만든 SNS가 모태다. 일부에서는 싸이월드를 모방했다고도 한다. 그러나 싸이월드가 친구끼리만 네트워크를 형성하는 다소 폐쇄적인 반면, 페이스북은 개방적이다. 이것 때문에 현재 전 세계 9억 이상이 페이스북에 가입해서 활동 중이다.

일부의 소문으로는 페이스북의 재산적 가치가 1000억불을 넘는다고 한다. 이런 세계적인 기업도 올챙이 시절이 있었다. 마크 저커버그는 하버드 재학 시절, 엔젤투자자로부터 50만불을 받고 페이스북을 만들었다. 엔젤투자와 벤처캐피탈은 서로 다르다. 엔젤투자는 개인이 하는 투자이고, 벤처캐피탈은 펀드를 통하여 조직적으로 수행하는 투자이다. 그러므로 소위 종자돈(seed money)은 엔젤투자자로부터 나오는 경우가 많다.

저커버그가 SNS를 확장해 나가자 당시 야후에서 1억불에 페이스북을 인수하려고 했으나 저커버그는 단호히 거부하고 대신 빌 게이츠로부터 2억 4000만불의 투자를 받는다. 저커버그는 큰물에서 노는 대어였기에 비전을 가지고 있었고, 빌 게이츠는 그의 재능을 믿고 투자했다. 마치 소프트뱅크의 손정의가 알리바바의 마윈을 믿고 투자한 것과 같다.

2. 이건희 회장과 정주영 회장

손자병법 중에서 전승불복(戰勝不服) 응형어무궁(應形於無窮)이란 말이 있다. 이 말의 뜻은 전쟁의 승리는 반복되지 않는다. 무궁한 변화에 유연하게 내 모습을 바꾸어 대응하라는 것이다. 이 말은 이건희 회장이 좋아하는 말이다. 이건희 회장은 비록 재벌 2세였지만, 이병철 회장을 능가하는 통찰력을 지니고 있었다. 이건희 회장은 어린 시절을 주로 일본에서 형제들과 떨어져서 홀로 지냈다. 그때 영화를 즐겨보았다고 한다. 내성적인 성격이었지만 감수성이 있었다. 이병철 회장이 골프를 즐긴 사교계의 왕이었다면 이건희 회장은 다소 수줍은 기업인이다.

삼성전자는 어떻게 세계적 기업이 되었는가? 삼성의 정신은 일에 미치는 것이다. 그리고 실적에는 응분의 인센티브와 연봉이 있었다. 이것이 삼성의 프로정신이며, 제일주의 정신이다. 경쟁 없이 경쟁력이 생길 수는 없다. 이건희 회장은 1987년 경영대권을 물려받고, 삼성을 세계적인 기업으로 키우겠다고 약속했다. 1993년에는 마누라와 자식만 빼고, 모든 것을 바꾸라고 주문했다. 20여 년 전에 이건희 회장의 방송을 VCR테이프에 녹화까지 하고 보았는데 아직도 생생하다. 이 회장은 그 때 말하기를 "보통사람들아. 일 못한다고 삼성에서 자르지 않을 테니 제발 일 잘하는 사람 딴지나 걸지 말라."고 한 말이 생각난다.

그는 일에 미쳤고, 사원들도 미친 사람들처럼 일했다. 오래전에 삼성 사람과 술자리를 가진 적이 있었는데 삼성 사람은 필자가 얘기를 할 때, 필요한 것이면 그 자리에서 수첩에 메모를 했다. 이런 정신이 있었기에 지금의 삼성이 있는지도 모르겠다. 그리고 이건희라는 특출한 CEO가 이었기에 가능했다. 이 회장은 반도체 사업은 어렵다는 참모들의 의견을 무시하고, 메모리반도체 사업을 시작하여 1992년에 메모리 분야에서 세계 1위가 된다. 그로부터 10년 뒤에는 LCD가 세계 1위가 되었고, 또 10

년 뒤에는 스마트폰이 세계 1위가 되었다.

스마트폰의 숨은 얘기가 있는데 이건희 회장은 2008년 돌연 경영일선에서 2년간 물러난다. 그가 다시 돌아와서 시작한 것은 3개월 만에 내놓은 갤럭시S였다. 애플의 아이폰도 갤럭시에 밀렸다. 기업가는 이런 예지력이 탁월해야 한다. 스티브 잡스, 빌 게이츠, 손정의, 엘론 머스크 모두들 일에 미쳤던 사람들이다.

일에 미쳤던 또 한 사람은 정주영 회장이다. 그는 소학교만을 다녔던 사람이다. 이병철 회장과는 다른 환경에서 자랐다. 그는 무척 가난한 환경에서 꿈을 키운 사람이다. 막노동을 할 때, 빈대와의 전쟁을 했는데 아무리 머리를 써도 빈대 머리를 당해낼 수가 없었고, 빈대에게서 많은 것을 배웠다고 한다. 그가 즐겨 쓴 말은 "하기는 해봤어? 빈대만도 못한 놈."이었다. 그는 아무리 어려워도 우리가 다 극복할 수 있다고 강조했다. 늘 자신감에 찬 인물이었고, 매일 새로 뜨는 태양을 보면서 오늘은 무슨 새로운 일이 있을지를 즐겼다고 한다.

그는 박애정신이 투철했다. 한 예로써 현대중공업을 처음 건설할 때, 조선업은 많은 사람들에게 일자리를 만들어 줄 수 있다고 생각하고 진행했다고 한다. 당시에 조선소를 지을 땅도 없었고, 기술도 없었는데 무작정 나섰다고 한다. 미쓰비시와 얘기가 진행되다가 당시에 대만과 한국에 반감을 가지고 있었던 중국의 방해로 성사가 되지 못하자, 이스라엘과 노르웨이로 향했다. 그들은 정 회장에게 한국에 조선소를 만들어 줄 테니 경영은 자기들에게 맡기라고 제안하자 거절하고, 차관을 받기 위하여 영국으로 향했다. 영국 조선회사를 방문했을 때, 배를 만들어 본 적도 없는 회사에서 무슨 배를 만들 것인지 묻자, 정 회장은 그 자리에서 당시 500원짜리 지폐를 보여주면서 우리는 거북선을 1500년대에 만들었으니 못할 리 없다고 주장했다.

그의 하고자 하는 자신감에 영국인은 손을 들었다. 그 회사로부터 선박의 설계도를 빌려오는 데는 성공했으나, 이번에는 영국 은행차관이 문제였다. 은행에서는 배를 수주하겠다는 회사가 있어야만 돈을 빌려주겠다고 했다. 그래서 그는 여러 곳을 배회했고, 아무도 거들떠보지 않을 때, 그리스의 선박왕 오나시스의 조카를 만나게 된다. 정 회장은 그에게 싼 값에 배를 만들어 4배의 수익을 남겨 줄 테니 수주하라고 제안하자, 그는 정 회장의 열정에 반해서 흔쾌히 승낙을 했다고 한다.

후에 정 회장은 그의 회고록에서 나보다 더 미친놈을 만났다고 기술했다. 오나시스는 정 회장의 자신감에 마음을 빼앗겼다고 한다. 이러한 자신감은 성공하는 사람의 DNA 같다. 이병철 회장도 살아생전에 한 말 중에 "행하는 자 이루고, 가는 자 닿는다."고 했고, "사람을 온전히 믿고 맡겨라. 그리고 신용을 금쪽같이 지키라."는 말을 남긴다.

이건희 회장이 처음 경영 대권을 잡았을 때인 1987년 삼성그룹의 매출액은 10조 정도에 시가총액은 1조 정도였던 회사가 2012년 기준으로 302조의 매출을 올린다. 이중 삼성전자는 2/3를 차지했다. 노키아도 저물고, 소니도 저물고, 코닥 그리고 많은 굴지의 회사들이 저무는데 삼성의 혁신은 진정 눈부시다.

3. 빌 게이츠, 손정의, 스티브 잡스의 공통점

우리가 잘 알고 있는 천재인 동시에 거부인 빌 게이츠, 손정의, 스티브 잡스는 공통점이 많다. 첫 번째 공통점은 학업을 중도에 포기했다는 점이고, 두 번째는 무서울 정도로 정렬적이었고, 세 번째는 기부에 인색하지 않았다는 점이며, 네 번째는 젊은 나이에 창업에 성공했다는 점이다. 빌 게이츠는 비교적 원만한 가정에서 태어났다. 아버지는 변호사였고, 어머니는 교사이자 금융인이었다. 이런 부유한 가정환경 덕에 어려서부터 독서광이었다. 지금 세계 최대부자를 꼽으라면 빌 게이츠를 꼽는다. 빌 게이츠는 학생시절부터 컴퓨터 프로그래밍에 관심이 많아서 중학생 때 이미 프로그램을 만들어서 판매하곤 했다. 하버드에 입학한 빌 게이츠는 대학생활 보다는 창업을 선택한다. 부모도 그를 이해했다. 후에 그는 윈도우즈의 성공으로 막대한 부를 창출한다.

윈도우즈는 원래 애플이 GUI 운영체제로 먼저 개발하여 시판했으나 큰 재미를 보지 못하고 그 외 다른 회사들도 유사한 제품을 내놓았으나 실패한다. 그러나 빌 게이츠의 마이크로소프트는 1990년에 윈도우즈 3.0이 히트를 치면서 운영체제 분야의 독보적인 존재가 된다. 후에 독점금지법에 몰리면서 위기를 당하기도 했으나 빌 게이츠는 자신이 경영일선에서 물러나면서 새로운 돌파구를 마련해 준다. 그는 물러나는 자리에서 직원들 앞에서 얘기했다. "내가 물러나야 새로운 아이디어를 가진 새로운 인물에게 기회를 줄 수 있다." 마치 삼성라이온즈의 국민타자 이승엽 선수가 아직도 홈런타자인데도, 후배들에게 자리를 물려주기 위하여 은퇴한다는 것과 비슷하다.

빌 게이츠는 경영일선에서 물러나고 지금은 빌 앤 멀린다 게이츠 재단(Bill & Melinda Gates Foundation)[2]을 운영하면서 많은 사회적 기부활동을 하고 있다. 400억

---

2 국제적 보건 의료를 확대하고 빈곤을 퇴치하며 교육 기회 확대 및 정보 기술에 대한 접근성을 높이기 위하여 마이크로소프트(MS) 공동 창립자인 빌 게이츠(Bill Gates)와 그의 아내 멀린다 게이츠

달러 이상을 이미 기부했고, 전 재산의 대부분을 사회에 기부한다고 한다. 그는 언젠가 미국 대학원생들과의 토론에서 컴퓨터 프로그램은 자신의 일부였고, 자신의 역량을 모두 쏟았다고 한다. 자기가 흥미 있는 일에 몰두할 것을 주문했다.

부자서열에서 앞서거니 뒷서거니하는 워런 버핏은 빌보다 25살 많지만 친구처럼 지낸다고 한다. 워런 버핏은 빌이 운영하는 재단에 이미 상당한 액수를 기부를 했고, 그 재단에 이사로 있다. 워런 버핏은 투자의 귀재로 잘 알려져 있다. 그의 투자 철학은 절대로 자신이 잘 모르는 분야에는 투자하지 않는다. 가령, 닷컴 주에는 절대로 투자하지 않았고, 코카콜라와 질레트 같은 우량 제조업체에 장기투자를 했다. 그는 주장한다. "가장 답답한 사람은 자기의 적성에 맞지도 않은 일을 먹고살기 위해서 하는 사람들"이라고 한다. 그의 주장은 자기가 가장 잘하는 것에 도전을 하라는 것이다. 빌의 주장과 거의 같다.

이번에는 손정의 회장에 대해서 말하고자 한다. 그는 재일교포 3세다. 집은 가난했지만 명석한 두뇌로 일류 고등학교에 진학한다. 그러나 그는 고등학교를 자퇴하고 미국으로 떠나고자 결심한다. 그 당시 손정의의 아버지는 폐렴으로 일을 못하고 있었고, 손정의가 대신 가장의 역할을 해야 했으나, 그는 더 큰 꿈을 이루기 위하여 16세의 어린 나이에 무일푼으로 미국 유학의 길을 택한다. 울면서 말리는 어머니에게 대학만 마치고 돌아오겠다고 약속을 한다. 주변에서 돼먹지 않은 놈이라는 욕을 먹으면서도 자기의 꿈을 위하여 미국행을 선택한다. 자기가 성공해야 가족을 살릴 수 있다는 믿음 때문이었다.

그는 미국에 도착하여 4주 만에 고등학교 검정고시 같은 시험을 통과하고 대학으로 진학한다. 한 일화로 그는 수학시험을 볼 때, 영어 단어를 잘 몰라서 시험 감독관에게 영어사전을 사용하겠다고 하여 승낙을 얻었다고 한다. 이처럼 의지가 대단했던 사람이다. 그는 학생들에게 질문한다. "나처럼 목숨 걸고 열심히 공부한 학생이 있으면 나와 보라." 그는 수면시간을 빼고는 책을 놓은 적이 없다고 한다. 병을 얻고도 한 번도 학교에 결석한 적이 없었다고 한다.

그는 이미 19세 때에 자신과의 약속을 한다. 20대에 이름을 알리고, 30대에 최소

(Melinda Gates)가 2000년 설립한 재단이다. 설립 이후 세계보건기구, 유니세프, 에이즈퇴치 기금 등에 기부하고 있다. 버크셔해서웨이 회장 워런 버핏(Warren Buffett)은 2006년 이 재단에 소유한 주식의 대부분을 기부하겠다고 약속하기도 했다. 재단의 주요 결정은 이사인 빌 게이츠 부부와 워런 버핏이 내리고 있다. [출처: 시사상식사전, 박문각]

1조 규모의 사업자금을 모으고, 40대에 10~20조 규모로 한판승부를 벌이고, 50대에 사업모델을 완성하고, 60대에 다음 세대에게 사업을 계승하겠다는 것이다. 기적처럼 현재 그의 꿈은 꾼 대로 이루어지고 있다.

그는 미국에서 대학생활을 하면서 발명을 250개쯤 하는데 그중에는 일영(日英) 자동번역 기술을 특허로 출원하여 샤프사(社)에 팔았다. 대학 졸업이 가까워지자 미국 내 여러 명문대학원에서 그를 스카우트하기 위하여 나섰지만 그는 모두 거절하고 어머니와 약속한 대로 일본으로 귀국한다. 그리고 소프트뱅크를 창업한다.

현재 소프트뱅크는 일본 주식시장 시가총액 2위 기업이다. 얼마 전에 미국의 이동통신업체 스프린트를 216억 달러에 M&A했다. 지난 2014년 스프린트와 T모바일USA의 합병을 추진했으나 미국연방통신위원회(FCC)와 미국 법무부의 반대로 무산됐었다. 그의 목표는 전 세계 모바일 고객을 10억 명 갖는 것이다. 그의 꿈이 실현될지 잘 모르겠으나 그는 자랑스러운 한국인의 피가 흐르는 사람이다. 그는 일본인 성을 버리고 손이란 성씨를 계속 사용하고 있다. 그의 일본인 아내도 남편을 따라 손을 사용하고 있다.

앞서 살펴보았듯이 천재들은 분명 비슷한 DNA를 가지고 있다. 그 중에서도 확실한 공통점은 열정이다.

4. 스티브 잡스의 철학

스티브 잡스는 2005년 스탠퍼드 대학 졸업식에서 14분간 영원히 남을 명연설을 했다. 그는 스탠퍼드 대학에서 연설하는 것을 영광으로 생각한다는 말로 시작하면서 자신은 대학을 중퇴했다고 했다. 그날 스티브 잡스는 자신의 3가지 얘기를 해주었다.

첫째는 대학을 중도에 포기한 것이 자신의 운명에 영향을 주었다고 했다. 자기를 길러준 양부모는 노동자였기 때문에 비싼 사립대학 등록금을 내고 대학을 다녀야 하는지에 대한 회의가 있었다고 한다. 스티브 잡스는 자기의 호기심과 직관을 믿고 중퇴했다고 하면서 현재는 미래와 연결되어 있다는 믿음을 가질 것을 주문했다. 즉, 가슴이 인도하는 대로 살아야 진정한 자기를 만날 수 있다고 한다. 대학을 중퇴하고 1년 반 동안 도강(盜講)했다고 한다. 글자체에 대한 수업을 들었는데, 10년 후, 그 수업이 애플의 역작인 매킨토시의 글자체 바탕이 되었다고 한다.

둘째로 매킨토시의 성공에도 불구하고 자기가 세운 회사에서 해고를 당했다. 매킨토시는 28세의 애플 회장인 스티브 잡스가 회사에서 가장 우수한 10명을 선발하여 태스크포스팀(TFT)[3]을 구성하고 본인이 직접 팀장을 맡아서 만들었다. 스티브 잡스는 선발된 10명에게 최대한의 상상력을 발휘하도록 자유스럽게 관리했다. 그의 철학은 유능한 사람은 자기가 무엇을 해야 할지를 알기 때문에 굳이 그에게 무엇을 하라고 하기 보다는 그들이 함께 일을 할 수 있도록 비전을 세워주고 스스로들이 그 비전에 대해서 공유하도록 환경을 조성하는 것이라 했다. 당시에 태스크포스팀이 일하는 건물에는 해골 깃발이 펄럭이고 있었다고 한다. 그만큼 자유분방하게 스티브 잡스는 팀을 이끌었다.

스티브 잡스는 해고 뒤에 3개월간은 아무것도 하지 못했다고 한다. 방황 끝에 그는 자기가 가장 좋아하는 일을 계속하기로 마음을 먹는다. 그리고는 NeXT[4]와 Pixar[5]라는 회사를 세운다. 3D 애니메이션을 만드는 회사였는데 토이 스토리로 큰 성공을 거둔다. 얼마 후, NeXT는 애플에 인수되면서 스티브 잡스는 자신이 세운 애플에 화려한 복귀를 하게 된다. 그는 주장한다. "일에 대한 사랑이 가장 중요하다. 절대로 현실에 안주하지 말라."

마지막으로 죽음에 대한 얘기를 했다. 의사로부터 자신이 췌장암에 걸렸다는 진단을 받고 죽음을 준비하라는 얘기를 들었다고 한다. 스티브 잡스는 죽음 앞에서 나머지 살아있는 동안 무엇을 해야 하는지 자신에게 물었다. 그는 말했다. "인생의 최대 발명품은 죽음이다." "죽음에 직면해봐야 자기 내면의 소리를 들을 수 있다." "남의 의견에 따라다니는 사람이 되지 말고, 자기 가슴이 인도하는 삶을 살라."고 했다. 그리고 연설의 마지막 말은 "Stay Hungry, Stay Foolish(우직하게 갈망하라)."였다.

5. 미라이공업 CEO 야마다 아키오

괴짜 CEO인 일본 미라이공업 야마다 아키오 씨에 대해서 기술한다. 우선 미라이공업은 1965년 창업하여 연속 흑자를 이루고, 연평균 경상 이익률이 15%이다. 이 회

3 태스크포스(Task Force)는 특정과업을 수행하기 위해 여러 기능을 가진 전문가들로 소집되며 과업이 해결된 후에는 해체되는 임시위원회로서 공식적 또는 비공식적으로 소집된다.

4 애플 사의 창업자 가운데 한 사람인 스티브 잡스가 애플 사에서 나와 설립한 컴퓨터 제조업체로서, 미래 멀티미디어 시대를 겨냥하여 만든 멀티미디어용 워크스테이션이다.

5 픽사 애니메이션 스튜디오스(영어: Pixar Animation Studios) 또는 간단히 픽사는 미국 캘리포니아 주 에머리빌에 있는 컴퓨터 애니메이션 영화 스튜디오이다.

사에 입사하면 잘릴 걱정이 없다. 70세까지 정년보장, 하루 평균 7시간 15분 근무, 1년에 140일 이상 유급휴가, 육아휴직 3년, 해외여행 시 회사부담, 작은 아이디어를 제출하면 무조건 500엔 지급. 이런 회사가 정말 있을지 의구심이 들 정도다.

그러나 아키오 사장의 이력을 보면 이해를 할 것도 같다. 그는 중학교를 졸업하고 학교 다니는 것이 싫어서 자기 아버지 회사에서 일했다. 그러다 그 일이 싫증나서 연극에 빠진다. 그러다 어느 날 자기 아버지 회사에서 해고를 당했다. 아키오 사장은 마음을 고쳐먹고 친구와 함께 자본금 50만 엔으로 미라이공업을 세웠다. 미라이공업은 금속탐지기와 스위치 박스를 만드는 회사인데 당시에 미쓰비시가 그 시장을 독점하고 있었다.

그러나 아키오 사장은 미쓰비시 제품이 나사를 낄 때 잘 풀어지는 단점을 발견하고는 나사 구멍을 거칠게 해서 잘 빠지지 않게 했더니 제품이 팔리기 시작했다. 또한 당시에 둥근 디자인을 네모로 변경하니 매출이 늘었다. 이렇게 작은 아이디어가 공룡과의 싸움에서 이길 수 있다는 것을 그는 이미 터득했다.

아키오 사장에게 기자가 물었다. 다른 회사 같으면 문 닫을 것 같은데 어떻게 파격적인 직원 복지를 생각하게 되었는지 묻자, 그는 대답했다. 첫째, 완전고용을 보장해야 자기 회사처럼 일한다. 둘째, 회사에서 가장 중요한 것은 인재다. 대부분의 경우 20%는 진짜 인재이고, 80%는 평범한 사람들이다. 그런데도 완전고용을 보장하는 것은 인간다운 생활을 보장해야 그 값을 이행하기 때문이다. 가령, 연극무대에 올라간 배우가 있다고 가정하자. 일단 배우가 무대 위에 올라가면 모든 것을 그 배우에게 맡겨야 한다. 만약 연출자가 중간에 나서면 그 연극은 망친다. 사원도 마찬가지다. 주인의식을 심어주어야 자기가 알아서 자기 역할을 한다.

실제로 미라이공업은 98%가 특허제품이다. 작은 아이디어가 모여서 제품으로 연결하도록 구조가 되어 있다. 아키오 사장의 핵심이 무엇인지를 꿰뚫어 보아야 한다. 결국 "몰입"의 중요성이다. 사람은 자기가 인정받고 있다고 느낄 때, 다른 생각을 하지 않고 오로지 그 일과 그 회사에만 몰입할 수 있고, 그 몰입은 곧 집중력을 낳아서 생산력을 증대시킨다. 이런 이치를 깨달은 아키오 사장은 창사 이래 연속 흑자라는 기적을 만들고 있는 것이다. 업종불문하고 다른 CEO들이 배워야 할 귀감이 되는 분이다.

6. 제프 베조스

제프 베조스라는 기업인이 있다. 아마존닷컴의 창설자다. 베조스는 프린스턴 대학을 우등으로 졸업하고, 뉴욕 월가에서 잘나가는 헤지펀드매니저였다. 그러나 그는 인터넷이 세상을 바꾼다는 것을 직감하고 과감하게 사표를 던지고 서부로 향한다. 1994년 직원 3~4명과 아마존닷컴을 설립한다. 자본금 350불의 창고에서 시작된 기업이었다. 처음 몇 달은 수입이 없었다. 그래도 그는 항상 웃는 낯으로 직원을 대했다.

1995년에는 자금난을 겪기도 했으나 1996년에 투자를 받아서 아마존을 이끌었다. 그는 싼값에 최고의 제품을 판매하는 데 힘썼고, 인터넷을 통해서 책을 구입한 고객들의 취향을 DB로 구축하여 비슷한 유형의 책을 추천해 주는 사업을 구상하여 많은 고객을 확보한다. 이런 인터넷을 통한 전자상거래 비즈니스모델이 등장하면서 기존 서점은 문을 닫았다. 비결은 서점을 직접 운영하지 않고, 인터넷을 통하여 책을 판매하다 보니 물류비용과 저장비용을 줄일 수 있었기에 싼 값에 책을 팔수가 있었다.

잘 나가던 베조스도 2000년 닷컴버블이 터지자 직원의 상당수를 해고한다. 회사의 생사를 알 수 없는 상황에서도 그는 고객관리에 더욱 신경을 쓴다. 그는 이익의 50% 이상을 투자자에게 나누어주고 자신은 연봉 8만 불을 받고 일했다. 투자자들은 그런 베조스를 신뢰했다.

베조스는 사업 영역을 확장하여 게임기, 음반, 의류, 장난감, 소프트웨어, 컴퓨터 등을 온라인으로 판매했다. 2009년에는 신발 온라인 판매업체인 자포스(Zappos.com)를 인수했다. 자포스는 1999년 온라인 신발 전문 쇼핑몰로 시작하여 10년 만에 매출 10억 달러를 달성한 기업이다. 그 기업의 문화는 절대로 넥타이를 매고 회사에 출근할 수 없고, 그 회사의 사무실을 방문하는 사람도 누구든지 셋 중 하나를 선택해야 입장이 허용된다. 넥타이를 자르거나, 넥타이를 이마에 묶거나, 넥타이를 주머니에 넣는 것이다. 자포스는 24시간 영업에 고객중심 마케팅을 사용하여 고객의 75%를 재구매하게 만들었다.

그러나 베조스의 히트작은 2007년에 판매된 전자책 킨들이다. 2009년에는 소리로 듣는 전자책 킨들을 판매했고, 2011년 영상, 동영상, 서적을 모두 볼 수 있는 태블릿PC 킨들화이어를 판매하여 애플, 삼성에 이어 세 번째 위치를 차지했다. 점유율은 4.5% 정도로 미미했으나 아마존닷컴은 주가가 18불에서 시작하여 300불을 넘기기도 했다. 이런 배경에는 엄청난 양의 서적 DB와 전 세계 2000만 이상의 고객 DB가 있었기에 가능했다.

베조스는 워싱턴 포스트도 인수했다. 전자책의 귀재가 종이로 다시 회귀하는 것은 무슨 이유일까? 워싱턴 포스트 인수 가격은 자비로 부담했는데 본인 재산의 1% 투자란다. 빈털터리로 시작한 베조스는 거부가 되었다. 아메리칸 드림이 또 한 번 일어나는 순간이다.

베조스는 창업하는 사람들에게 조언하기를 너무 젊은 나이에 시작하지 말고, 5년 이상 좋은 직장에서 경험을 한 후, 시작해야 실패를 줄일 수 있다고 한다. 또한 제일 중요한 것은 고객의 마음을 잡으려고 하지 말고, 고객이 원하는 바를 시행하라고 말한다. 이 말은 앞서 구글의 CEO인 에릭슈미트가 언급한 고객에게 우리기업 상품이 어떠냐고 묻지 말고 엔지니어 스스로가 자사의 제품을 사서 사용해 보라고 한 것과 맥락이 같다. 즉, 베조스나 슈미트가 주장하는 것은 결국, 자기 스스로의 체험과 경험으로 최고의 상품이 만들어지기 때문에 단순히 남들을 모방하지 말고, 새로운 신천지를 만들 수 있도록 자신만의 브랜드를 찾아야 성공한다는 것이다.

7. 잭 웰치

GE의 이멜트 회장의 연봉은 280억쯤 된다. 인기 프로야구 선수도 아니고 경영인이 받는 연봉이다. 이멜트 회장은 잭 웰치에 의하여 양성된 준비된 CEO다. 잭 웰치는 누구나 인정하는 경영의 귀재였다. 1981년 미국경제가 한창 좋지 않을 때 45세라는 최연소 나이로 GE의 CEO가 되었다. 그가 CEO가 되고 첫 번째로 한 일은 경쟁력이 없는 사업은 과감하게 접는 구조조정이었다. 5년간 십만 명을 해고했으니 그의 별명이 왜 중성자탄인지 여실히 보여준다.

그는 피도 눈물도 없는 인간으로 비쳐졌으나 아직도 그를 존경하는 사람들이 많은 것은 왜일까? 그는 조직의 문화를 바꾸었다. 변화가 없이는 회사의 발전도 없다고 보았다. 매년 하위 10%는 무조건 해고했다. 그러면서도 남아있는 사람들에게는 늘 발전의 기회를 주었다. 관료주의를 없애고, 상하구분이 없는 토론의 문화로 이끌었다. 그런 토론을 통하여 장래의 인재에 주시했다. 6시그마(six sigma), SWOT분석 이런 것들은 모두 GE에서 나온 것이다.

이중 6시그마는 모토로라의 근로자였던 마이클 해리에 의해 1987년 창안되었다. 해리는 어떻게 하면 품질을 획기적으로 향상시킬 수 있을 것인가를 고민하던 중, 통계지식을 활용하자는 착안을 하게 되었다. 이 통계적 기법과 6시그마 품질수준이란 3~4PPM(parts per million)으로서, 이는 '100만 개의 제품 중 발생하는 불량품이 평균 3~4개'라는 것을 의미한다. 이것은 서로 다른 공정의 품질수준을 비교하는 데에도 유용할 뿐만 아니라 품질개선의 정도도 객관적인 수치로 측정할 수 있다.

이 방법은 GE의 잭 웰치가 품질경영기법으로 도입하면서 유명해졌고, 텍사스인스투르먼트와 소니 등 제조업 우량기업에서 도입했고 삼성과 LG에서도 도입했다. 이것은 외부 전문가가 실시하는 것이 아니라 기업 임직원들이 스스로 목표관리를 할 수 있는 장점이 있다. 6시그마의 해결기법 과정은 DMAIC로 대표된다. 즉, 정의(define), 측정(measure), 분석(analyze), 개선(improve), 관리(control)를 거쳐 최종적으로 6시그마 기준에 도달하게 된다(시사상식사전, 박문각).

잭 웰치는 경영자의 덕목 중, 가장 중요한 것은 열정이라고 한다. 본인의 열정도 중요하지만 조직원들이 열정을 갖도록 이끄는 경영자가 진정한 리더라고 보았다. 어떻게 그렇게 많은 직원을 해고하고도 GE라는 가치를 계속 유지할 수 있었는지 이유를 묻자, 그는 대답은 "기업은 승리해야만 하는 게임을 하는 곳이고, 게임에서 승리해야 일자리도 보존되고, 사람다운 생활을 할 수 있다."는 것이다. 그러므로 조직의 승리에 도움이 안 되는 사람이 있다면 그를 제거하는 것이 남아있는 직원도 살리고, 조직이 건전하게 승리하는 길이라고 했다.

20년간 GE에서 CEO로 근무하면서 가장 기억에 남는 것이 무엇이냐는 질문에 "수많은 구조조정도 하고, 새로운 사업도 추진하면서 유능한 인재들을 적재적소에 배치해서 130년이 넘은 회사를 아직도 견실한 회사로 존재하게 한 인재경영이다."라고 하였다.

발명가 에디슨으로부터 시작된 GE는 경영의 귀재 잭 웰치가 처음 CEO가 되었던 나이인 45세의 이멜트를 CEO로 선택했다. 이멜트도 머지않은 장래에 새로운 후계자를 양성할 것이다. 이것은 GE의 기업문화다. 대부분 가족끼리 최고경영자를 세습하는 대한민국의 기업문화와는 사뭇 다른 GE의 문화다.

제3절 상품 혁신의 사례

1. 성공사례

가. 스마트워치 전쟁

2013년 발표된 삼성의 스마트워치 갤럭시기어는 당시에 스마트폰 없이 별도로 전화도 하고, 문자도 보내고, 전화가 온 것도 받고 하는 줄 알았는데 막상 뚜껑을 열어보니 갤럭시노트3가 있어야만 갤럭시기어가 동작할 수 있었다. 즉, 블루투스 기능을 활용하여 스마트폰과 스마트워치가 연동된다. 또한 전화통화를 할 때는 귀 가까이에 가져가야 들을 수 있다. 이런 단점에도 불구하고, CPU가 800MHz나 된다는 점과 카메라가 부착되었다는 점, 무게가 가볍다는 점은 장점이었다. 그러나 갤럭시노트3가 켜져있어야만 갤럭시기어가 동작할 수 있으니 기능상 불편한 점은 있었다.

TG앤컴퍼니가 2016년 3월에 공개한 Luna W OS 스마트워치는 CPU가 1.1GHz나 되고, 외출 시에 스마트폰 없이 스마트워치만으로 통화를 할 수 있다. 그러나 화면이 작다보니 인터넷 사용은 어렵다. 그리고 카메라는 탑재되어 있지 않다. 편리해지기는 했지만 스마트폰 없이는 왠지 허전하다. 제일 중요한 인터넷검색을 할 수 없고 카메라가 없다.

삼성이 갤럭시기어를 발표하던 날 예정에 없던 퀄컴의 스마트워치인 토크도 선보였다. 삼성 것보다도 좋아 보였다. 미라솔디스플레이(mirasol display)[6] 기술을 사용하여 밝은 곳에서도 선명하게 화면을 볼 수 있고, 무선충전기술도 선보였다. 또한 통화 시에는 블루투스 이어폰을 사용할 수도 있다. 그러나 폴 제이콥 회장은 퀄컴은 자사의 플랫폼과 부품제공에 목적이 있지 완제품을 생산하는 것에 초점을 두지 않는다고 선을 그었다. 마치 컴퓨터의 완제품 보다는 칩셋처럼 컴퓨터의 부품에 관심을 갖는 것과 같은 논리였다.

이전에 소니에서도 스마트워치를 선보였으나 전화는 안 되고 문자기능만 가능했

---

6 야외 시인성이 높으며, 전력 소모가 매우 낮은 퀄컴의 디스플레이 패널이다. 일반적인 LCD, LED와 달리 백라이트를 사용하지 않기 때문에, 전력 소모가 낮으며 햇빛에 직접 노출되는 환경에서도 또렷한 화면을 볼 수 있다. [출처: 네이버 지식백과]

다. 또 다른 단점은 안드로이드 기반만 호환이 가능하여 아이 폰은 사용할 수 없었다. 다른 예로 이전에 모토로라에서 모토액티브를 출시한 적이 있었다. 역시 안드로이드 기반이고, 이어폰 잭을 사용하여 통화할 수 있었다.

아무튼 애플보다 먼저 스마트워치 신제품을 내 놓았다고 삼성이 큰 소리쳤지만, 애플은 MP3도, 스마트폰도, 태블릿PC도 제일먼저 출시하지 않았으나 iPod, iPhone, iPad는 대성공했다. 그 이유는 소비자가 필요로 하는 기능을 인터페이스할 수 있게 했기에 성공할 수 있었다. 먼저 출시했다고 반드시 성공하는 것은 아니다.

애플은 당시에 관망했다. 그들은 스마트워치 관련 기술자를 고용만 했다. 그들은 다른 회사 스마트워치의 불편한 점 및 약점을 파고들어서 새로운 제품을 내놓을 것이 분명했다. 이것이 애플의 혁신방식이다. 삼성도 고객들의 소리에 귀를 기울이고 새로운 기능으로 무장해야 한다. 그래야 경쟁에서 승리할 수 있다.

실제로 미국 시장조사업체 JD파워(J.D.Power)는 '2016년 스마트워치 고객 만족도 조사' 결과를 발표하고 애플의 스마트워치가 1위를 차지했다고 밝혔다. 이 조사는 지난 1년간 스마트워치를 구입한 2,696명을 대상으로 '사용의 용이성', '쾌적성', '가격', '외관', '고객 서비스' 등 11가지 항목에 대한 만족도를 집계했다. 스마트워치 부문에서 애플은 총점 1000점 중 852점을 획득하며 수위를 차지했다. 2위는 삼성전자로 842점을 기록했다. 이어 소니(840점), 핏빗(839점), LG전자(829점)가 각각 3~5위에 올랐다.

나. 애플의 iPad, iPhone과 마이크로소프트의 MS-windows

애플의 성공요인에는 여러 가지가 있지만 무엇보다도 과거로부터 배우는 '선행학습(prior learning)' 때문이 아닌가 한다. iPad의 성공 뒤에는 1993년에 출시된 애플의 뉴턴[7] 제품을 간과할 수 없다. 당시에 'Message-Pad'라는 상표로 출시되었는데 최초의 PDA라고도 말하는 사람들이 있다. 기능을 보면 필기한 것을 기억하는 기능과 계산 기능 그리고 매킨토시와 연결되는 기능을 포함하여 당시에는 획기적인 제품이었다. 그러나 팜이라는 회사에게 PDA경쟁에서 뒤지고 결국 시장에서 퇴출되는 비운을 맞는다.

---

7 애플 뉴턴(Apple Newton)은 애플 컴퓨터에서 제작한 세계 최초의 개인정보단말기(PDA)이자 태블릿 플랫폼이다. 1993년부터 1998년까지 생산되었다. [출처: 위키백과]

스티브 잡스가 애플에서 퇴출된 후, 10여 년 만에 애플에 복귀하여 한 일 중에는 뉴턴에 관여했던 엔지니어들을 계속해서 관리했다는 점이다. 비록 당시에는 사업에 실패했지만 다른 경쟁사에 앞서 연구를 했기에 지식기반을 쌓을 수 있었고 후에 iPad를 만드는 원동력이 되었다고 보인다.

애플은 2007년 iPhone이 출시되기 전에 2005년에 iTunes를 모토로라 폰에 내장한 적이 있었으나 실패했고, 독자적인 iPhone 모델을 만들어서 결국에는 성공했다. 애플은 성공만 하는 회사가 아니라 실패를 통하여 배우는 회사이다.

애플은 특히 그래픽 부문이 강한데 이것은 애플 매킨토시의 영향이 강하다. 실제로 마이크로소프트의 MS-windows가 탄생한 배경에는 애플의 매킨토시를 벤치마킹했다는 것을 부인할 수 없다. 이처럼 애플은 시장에서 혁신자(innovator)의 역할을 수행했기에 시장의 조기수용자(early adopter)에게만 환영을 받았지만 이런 것이 쌓여서 결국에는 iSeries를 만드는 저력이 된 것이다.

마이크로소프트가 기존 기술을 흡수하는 흡수능력(absorptive capacity)에 능했다면 애플은 과거의 실패로부터 배우는 선행학습(prior learning)에 능하다고도 할 수 있다. 결국 애플의 성공요인 중에 하나는 과거의 실패를 거울삼아 고객이 원하는 것을 가장 쉬운 방법으로 얻도록 하는 데 초점을 두었고, 그것을 기술적으로 구현하기 위하여 애플이 가지고 있는 지식기반을 활용했다는 데 있다.

2. 실패사례

가. MP3의 슬픈 운명

IT강국 대한민국에 슬픈 역사가 있다. MP3 플레이어를 세계최초로 출시한 나라가 바로 대한민국이다. MP3라는 이름은 MPEG1과 Layer3를 합성한 것이다. MP3를 1998년에 처음 세상에 내놓았을 때, 그때까지 시장을 주름잡던 소니의 워크맨과 디스크맨은 퇴출되는 운명을 맞는다.

MP3는 음원을 압축하여 저장한 후, 마이콤(micom)을 활용하여 기억 또는 출력시키는 기기로서 코덱(codec)[8]을 활용하여 압축을 해제하면서 음악을 재생했다. MP3는

8 음성 또는 영상의 신호를 디지털 신호로 변환하는 코더와 그 반대로 변환시켜 주는 디코더의 기능을 함께 갖춘 기술이다. [출처: 두산백과]

CD 용량의 1/12로 음악을 저장했고, 흔들림에도 강하고 휴대하기도 좋았기 때문에 CD의 몰락은 기정사실화되었다.

혁신의 세계는 냉정하다. 새로운 강자가 나타나면 자리를 내주는 것이 시장의 생리이다. MP3와 같은 세계적인 혁신제품이 대기업도 아닌 작은 벤처기업인 디지털캐스트라는 소규모 회사에서 개발되었으나 추가 연구개발 비용과 사업화 비용 그리고 마케팅에서 부족함을 느낀 디지털캐스트는 새한그룹의 새한정보통신과 손을 잡고, 1997년 MP3 플레이어에 대한 특허출원을 공동으로 진행한다.

1998년 MP맨 이름으로 제품이 처음 출시되었을 때, 시장점유율이 50%에 이를 정도로 적수가 없을 것처럼 보였으나 수개월 뒤에 미국의 다이아몬드 멀티미디어사의 신제품에 밀리게 된다. 시장의 판도는 다이아몬드사로 넘어가고, 50종이 넘는 수많은 MP3 제품이 쏟아져 나오면서 MP맨은 역사 속으로 사라진다. 원천기술을 보유했던 대한민국 혁신제품이 이렇게 끝이 나고 있었다.

시장에서 쓰라린 패배를 맛본 디지털캐스트는 미국의 시그마텔에 합병되고, 새한정보통신도 레인콤(현 아이리버)에 합병된다. MP3의 운명처럼 새한의 운명도 IMF가 발발하면서 그룹해체를 당한다. 새한의 이재찬 사장은 그룹의 운명을 비관하면서 40대 중반에 자살을 하고 만다. 이 사장은 이병철 회장의 손자였으나 아까운 죽음으로 생을 마감한다.

MP3의 판도는 강태공처럼 세월을 낚고 있던 스티브 잡스의 애플로 넘어간다. iPod의 출현이었다. 2008년에는 70% 이상을 애플이 점유한다. 스티브 잡스에게 기자가 물었다. 어떻게 MP3시장에 3년 늦게 진입하고도 시장을 석권했는가? 그의 대답은 "MP3 플레이어는 하나의 도구일 뿐이고, 시장이 형성되기 위해서는 음원을 비롯한 콘텐츠가 있어야 하는데 그때를 기다렸다."는 것이다.

애플하면 혁신의 상징처럼 불리고 있으나 실제로 혁신은 대한민국에서 일어났었다. 그럼에도 불구하고, 시장은 우릴 외면하고, 애플의 손을 들어주었다. 이런 사례를 통하여 기술만 있다고 시장에서 성공하는 것이 아니라 주변 생태계와 함께 발전해야 함을 알 수 있다. 애플 이전에 이미 다이아몬드사에게도 뒤진 것은 마케팅력의 차이에서 발생했다. 이처럼 세계시장을 석권하기 위해서는 기술력, 마케팅력, 자금력, 고객의 니즈 등 수많은 요소를 극복해야 함을 알 수 있다.

나. 미쉐린 타이어의 실패

미쉐린 타이어사는 잘 알려진 회사다. 이 회사는 래디얼 타이어로 이미 업계에서 세계적인 회사로 정평이 난 회사였다. 이런 회사가 'run flat-tire'(펑크가 발생해도 일정 거리를 안전하게 운행할 수 있는 타이어)를 개발하였다. 이것을 팩스시스템이라 했다. 당시에 이 기술은 획기적인 큰 화제를 불러일으켰다.

미쉐린사는 고객 수요조사를 통하여 타이어가 얼마나 중요한지 확인했고, 고객들도 안전이 보장된 타이어 기술의 개발을 기다리게 되었다. 이러한 고객들의 수요에 탄력을 받은 미쉐린은 회사의 차세대 먹거리를 책임질 것으로 기대되는 타이어 기술 개발에 박차를 가했다.

기존에 타이어는 공기압으로 휠에 고정되었지만, 팩스시스템은 휠이 물리적으로 타이어에 고정되었기 때문에 공기압이 낮아도 타이어가 계속 림에 연결되어 내부 지지 링에 얹혀 달릴 수 있었다. 즉 외형상으로 펑크가 나도 운전자는 별다른 차이를 느끼지 못하고 200킬로 정도를 더 운행할 수 있었다. 고객들의 오랜 숙원이 풀리는 기술처럼 보였다.

미쉐린은 여기에 만족하지 않고 전략적인 제휴를 모색했다. 즉, 독점해서는 성공할 수 없다는 것을 깨닫고, 타이어 업계 2위인 굿이어(Goodyear)의 제휴를 이끌어 냈다. 또한 미국국방부에서도 장갑차에 본 기술을 사용하겠다고 했다. 일본 자동차 완성업체인 혼다에서도 협력에 나서고, 전국의 혼다 판매점과 타이어 판매점을 대상으로 훈련과 인증을 시작했다. 팩스시스템의 성공은 시간문제처럼 보였다.

그러나 결과적으로 실패했다. 그 이유는 타이어를 수리할 서비스센터가 부족했다. 신제품 타이어는 기존 타이어와 완전히 다른 획기적인 제품이었기에 서비스센터에서는 미처 그것을 수리할 장비나 기술을 보유하지 못했다. 미국에서 미쉐린, 혼다, 닛산을 상대로 고객들이 소송을 제기했다. 그 이유는 고객에게 충분한 보수 및 교체 설비를 갖추지 못했다는 사실을 공개하지 않았다는 것이었다. 획기적인 혁신제품은 타이어 업계의 생태계를 제대로 파악하지 못하는 실수를 저질렀다.

미쉐린의 입장에서는 최고의 제품은 고객의 마음을 사로잡는 것이라는 진리를 행동으로 실천했다. 또한 고립적인 독자기술 생산보다는 동업계의 협업을 통한 신제품 확대 네트워크에도 빈틈이 없었다. 또한 자동차 조립 업체로부터도 환영을 받았다. 그러나 제품 생태계를 전반적으로 보는 눈이 좁았다. 나만 잘한다고 되는 것이 아니라 기존의 질서를 바꾸기를 원했다면 그 시스템을 변경할 수 있는 체계적인 교육과 지원이 필요했으나 그것을 간과했기에 결국에는 실패를 맛보게 된다. 이 사례를 통하여 얼마나 주변을 감싸고 있는 생태계가 중요한지 다시금 일깨워주는 좋은 사례라고 할 수 있다.

다. 기술의 상징 소니의 실패담

소니는 한때 세계 전자제품 시장을 주름잡던 회사였고 기술력에서 세계 최고의 회사였다. 그런 소니조차도 실패한 적이 많았으니, 시장이란 기술력만으로 장악되는 곳은 아닌 것이 확실하다.

1975년에 소니는 베타맥스(betamax)[9] 카세트와 플레이어를 출시하여 당시에 아무도 따라올 수 없는 경지에 있는 것처럼 보였고, 실제로 당시에 소니에서는 베타맥스가 업계표준이 되는 것을 의심하지 않았다. JVC가 VHS를 출시했으나 소니 베타맥스는 더 좋은 화질에 더 긴 녹화시간을 가지고 있었기 때문에 JVC 제품은 안중에도 없는 것처럼 보였다. 소니는 이러한 기술적 강점 때문에 다소 자만을 했다. 즉, 다른 회사들이 베타맥스 기술을 사용하지 못하도록 실시권을 부여하지 않았다. 그러나 JVC는 다른 회사들이 VHS 제품과 유사한 제품을 출시하도록 허락했다. 시장의 판도는 베타맥스가 아닌 VHS로 돌아섰다. 소니는 무릎을 쳤지만 이미 대세는 기운 상태였다.

또 다른 사례로 소니는 전자책(e-book)에 관심을 가지고 1990년에 이미 데이터를 디지털화하는 시도를 했고, 데이터 디스크맨 리더를 선보였다. 그러나 이 제품은 소니가 발매한 CD로만 읽을 수 있는 제한된 콘텐츠와 대당 550달러라는 고가 때문에 시장에서 환영을 받지 못한다.

그러나 소니는 전자책에 대한 꿈을 다시 꾸었다. 2006년에 PRS-500 휴대용 리더를 출시했다. 이 제품은 밝은 스크린과 긴 배터리 수명, 확장된 메모리를 자랑하는 당대 최고의 기술을 갖춘 기기였다. 소니는 이전의 실패를 반복하지 않기 위하여 새로운 디지털 저작권 관리 표준을 만들고, E잉크사와도 협력 관계를 맺었다. 또한 충

---

9 일본 소니사가 1975년에 개발한 VTR 방식으로 고밀도 녹화를 특징으로 한다. 1cm 정도의 테이프에 VHS 방식보다 훨씬 많은 분량의 화상을 녹화할 수 있는 특징을 가지고 있지만 VHS와는 호환성이 없다. [출처: 영화사전, 2004. 9. 30., propaganda]

분한 콘텐츠를 제공하기 위하여 자체 e-book 매장인 'connect.com'과 기존 출판사 및 저자들을 연결하려는 시도를 하였다. 소니의 전략은 철두철미 그 자체로 보였다. 그러나 문제에 봉착했다. 우선 저작권 문제가 대두되었다. 디지털로 책을 내보내면 해커들에 의하여 불법 복제가 판을 칠 것이고, 그러면 종이 출판에도 영향을 미쳐서 매출액이 급감하리라는 예상이었다.

소니는 이러한 우려에 대한 뚜렷한 대응책이 없는 상황에서 제프 베조스의 아마존 닷컴은 2007년에 전자책 킨들(kindle)을 출시한다. 소니의 리더기에 비하면 보잘것없는 기기였다. 그러나 킨들은 가격을 낮추었다. 요즘 판매되는 아마존 킨들 오아시스의 가격은 290달러이다. 킨들은 소니 기기와는 달리 킨들 내에서만 책을 읽을 수 있고, 책의 내용을 프린트할 수도 없고, 책의 내용을 타인과 주고받을 수 없도록 폐쇄적으로 기기를 만들었다. 저작권 문제 때문이었다.

고객들은 킨들에 대해서 실망했으나, 출판사에서는 저작권의 위험을 없애는 킨들 기기를 선호했고, 곧 이제품은 전자책 시장을 석권한다. 이에 CEO 제프 베조스는 말했다. "우린 당장의 수익보다는 전자책 생태계를 만드는 일에 더 치중을 했다." 물론, 아마존닷컴은 당시에 이미 미국 내에서 30% 이상의 점유율을 가진 종이 출판물을 다루는 회사였으니 출판사들은 아마존닷컴을 무시할 수 없었을 것이다. 그러나 중요한 것은 누가 더 불확실성을 제거한 제품을 시장에 내놓고, 모두가 윈윈할 수 있는 제품을 내놓는 가였다. 이 전쟁에서 소니는 당대 최고의 기술을 가지고도 실패했다.

소니가 빠진 자리에 전자책 시장 왕자 자리를 차지하기 위해 아마존과 애플의 한판 승부가 벌어지고 있다. 애플은 서적 빅데이터 분석 기술을 가지고 있는 북램프를 인수했다. 이것을 iBook과 연계를 시켜서 아마존과 진검승부를 벌이겠다는 기세다. 전자책 시장은 아마존이 애플과는 상대도 안 될 정도로 점유율이 높으나, 애플은 전자책 단말기 시장에서 승부를 걸고 싶어 한다.

실제로 애플은 ePUB(electronic publication)[10]을 지원하는 iBook을 활용하면서 전자책 단말기를 생산 보급하고 있다. 마치 i-Tune Store라는 콘텐츠를 사용하여 iPod의 대히트를 시킨 것처럼 또다시 그때를 꿈꾸고 있다. 애플에게 다행스러운 것은 강력한 경쟁자인 아마존의 킨들은 ePUB를 지원하지 않고 있다는 것이다.

우리나라의 경우는 ePUB를 대부분의 전자책 출판사와 전자책 서점에서 채용하고

---

10 2007년 국제디지털출판포럼(IDPF, International Digital Publishing Forum)에서 제정한 전자책의 기술 표준이다.

있으나 문제는 특정 서점에서 전자책을 구입하면 그 서점의 전용 전자책 단말기를 구입해서 사용해야 한다는 불편은 있다.

그러므로 애플과 아마존 중에서 누가 최후의 승자가 될지는 점치기 어렵다. 소니가 조연으로 바뀐 지금, 과연 누가 전자책 시장을 장악할지 궁금해진다. 아무튼 최고의 기술력을 보유했던 소니의 몰락이 주는 시사점은 두고두고 연구할 만한 가치가 있을 것이다.

라. 세계적 기업들의 몰락

120년 전통의 로열필립스전자가 사명(社名)을 바꾸었다. 전자를 뺀 로열필립스다. 그 이유는 TV 등 전자제품에서 손을 떼기 때문에 사명에서 전자가 사라지는 것이다. 전자제품 분야에서 필립스는 소니에 버금가는 회사였다. 콤팩트디스크(CD)를 처음 만든 회사가 필립스다. DVD는 필립스가 소니와 공동으로 개발했다. 이런 혁신적인 회사인 필립스가 TV를 포함하는 전자제품시장에서 간판을 내리고 있다.

전자제품의 대명사 소니는 적자에 허덕였으나 다행히 2016년에 CMOS(상호보완성금속산화막반도체) 이미지 센서 부문 세계 점유율 1위를 차지했다. 중국의 스마트폰업체에서 사용이 증가하면서 점유율을 늘렸다고 한다. 그래도 전자업계 강자다운 저력이다.

132년의 전통을 가지고 있던 코닥도 초라한 모습으로 무대를 내려왔다. 디지털카메라를 세계 최초로 개발했던 코닥이지만 아날로그 필름에만 주력한 결과, 디지털카메라 시대의 경쟁에서 밀렸다. 코닥은 1976년엔 미국 필름 판매의 90%, 카메라 판매의 85%를 점유했다. 또 1991년부터는 고가의 DSLR(Digital Single Lens Reflex)[11]카메라를 본격적으로 시장에 내놓았다. 1990년대 말부터는 고품질의 스캐너와 프린터도 연이어 출시했다. 이런 기업이 2012년 파산보호 신청을 했다.

파나소닉과 샤프도 적자에 허덕이고 있고, 인원 감축을 단행했다. 104년 전통의 샤프는 2016년에 대만의 팍스콘에게 인수되는 굴욕을 당했다. 파나소닉은 그나마 노트북PC나 스마트폰에 사용되는 리튬이온배터리 시장에서 삼성SDI를 꺾고 점유율

11 DSLR 카메라는 기존 SLR 카메라와 유사한 구조를 바탕으로 만들어진 것이기 때문에 렌즈 역시 기존 SLR 카메라용과 호환이 되는 경우가 많다. 카메라 바디와 렌즈를 연결하는 부분인 마운트(mount) 규격에 따라 장착이 가능한 렌즈의 종류도 달라진다. [출처: 네이버 지식백과]

세계 1위가 되었다. 흥미로운 것은 1991년 세계 최초로 리튬이온배터리의 상용화에 성공해 다양한 휴대기기에 널리 사용하게 한 회사는 역시 기술의 상징 소니다.

세계 최고를 달리던 회사들이 왜 이렇게 되었을까? 시대의 흐름을 따라가지 못했기 때문이다. 당장의 이익에만 급급하면 장기적으로 경쟁자와의 경쟁에서 밀릴 수밖에 없다. 큰 흐름을 읽고, 미리 대처하면서 과감히 혁신을 꾀해야 산다.

필자의 학창시절 인기가 많았던 파커 만년필을 만들던 파커(Parker)는 회사 설립 후, 100년이 되는 시점에서 회사를 질레트에 넘겼다. 파커는 만년필 수리공으로 시작했다가 자신의 이름을 딴 파커라는 회사를 세우고 만년필 시장을 석권했다. 그런 파커도 무대를 남에게 넘겨주었으니 회사의 수명은 길어야 130년, 아니면 100년이다.

우리나라의 경우는 어떨지 궁금하다. 1938년 대구에서 삼성상회로 시작한 고(故) 이병철 회장의 삼성그룹이 지금은 세계시장의 거인이 되었다. 내로라하는 회사들이 시장에서 쓸쓸하게 퇴장하고 있는 상황에서 삼성의 저력은 놀랍다. 삼성전자는 글로벌 브랜드 컨설팅 기업 인터브랜드가 발표한 '2017 글로벌 100대 브랜드' 순위에서 6위를 차지했다. 삼성전자의 브랜드 가치는 562억 달러(약 63조 5100억원)였다. 참고로 2017년 글로벌 브랜드 가치 1위는 1841억 5400만 달러를 기록한 애플이었고, 구글과 마이크로소프트(MS)가 각각 1417억 300만 달러와 799억 9900만 달러로 뒤를 이었다. 코카콜라와 아마존이 4위와 5위였다. 6위 삼성전자에 이어 도요타, 페이스북, 메르세데스벤츠, IBM이 차례로 7~10위를 차지했다. 삼성은 언제까지 존속할 수 있을까? 그 해답은 시대의 흐름을 얼마나 빨리 파악하고, 대처하고, 혁신하는가에 달렸다고 본다. 모든 조직이 마찬가지다. 현실에 안주하는 조직은 무너질 것이요, 변화와 혁신을 추구하는 조직은 번창할 것이다.

마. 코닥의 몰락

132년 전통의 코닥의 몰락을 보면서 영원한 기업 강자는 없다는 것을 다시금 생각하게 한다. 적시에 변신하지 않으면 경쟁에서 뒤쳐질 수밖에 없는 현실이다. 코닥이 필름산업에 미련을 버리지 못하고 매진할 때, 후지는 2000년부터 필름산업의 사양을 예상하고 대규모 사업구조조정과 인수합병에 의한 사업다각화에 몰두해서 현재는 새로운 우량회사로 거듭나고 있다. 그 옛날 코닥과 한판 승부를 벌이던 필름산업의 매출액은 전체 매출의 1%도 안 된다. 현 핵심 사업은 화장품, LCD재료, 의료장비 등 고부가가치를 추구하는 사업군으로 다각화하고 있다.

이제 더 이상 하나의 기술만으로 승부를 거는 시대는 흘러간 옛 노래일 뿐이다. 기술의 패러다임이 융 · 복합으로 복잡하게 얽히면서 여러 기술 분야를 아우를 수 있는 기업만이 살아남고 있다. 삼성이 소니를 앞지르고 있는 것을 보아도 잘 알 수 있다. 기업이 보유하고 있는 지식기반을 활용하여 고부가가치 산업으로 사업다각화를 시도하거나 혹은 외부 기업을 인수 · 합병하여 시너지를 확대한다. 가령, 시스코가 이런 방면에는 선도회사이고, 애플도 여러 기술 분야의 작은 회사들을 인수 · 합병했다.

실제로 인수 · 합병 외에 짧은 시간에 사업을 정상 궤도에 올려놓을 수 있는 다른 방안은 찾기가 쉽지 않다. 기업합병을 통하여 전문 인력을 흡수할 수 있고, 그 기업의 핵심특허 및 역량을 활용할 수 있으니 일석다조의 효과를 누릴 수 있다.

이처럼 지구촌은 변화의 물결 속에서 몸살을 앓고 있다. 우린 절대강자도 절대약자도 없는 무한경쟁시대의 회오리 속에 놓여 있다. 기업이 변화되고 혁신하지 않으면 기업의 미래는 없다. 조직은 그런 변화와 혁신에 강한 체질로 바뀌어야 한다. 앞을 내다보는 안목과 변화를 실행으로 옮기는 실행력만이 경쟁력을 갖출 수 있다.

미국의 경우는 주주의 이익을 극대화하기 위하여 단기 목표 달성에 치중한다. 그러므로 실적이 좋지 않은 CEO는 조기에 퇴출당한다. 사업목표와 기업조직도 그런 방향으로 짜이다 보니 구조조정을 통하여 고급인력을 너무 쉽게 퇴출시킨다. 이런 것이 미국식 자본주의의 한계인 것이다. 당장은 주주들에게 칭찬을 받을지 모르나 기업의 미래는 없다고 보여 진다. 일본의 경제학자 노나카 이쿠지로는 구조조정을 밥 먹듯이 하는 기업은 언젠가는 후회하게 될 것이라고 경고한 적이 있다. 그의 지론은 기업 개개 구성원들의 지식을 잘 융합하여 그들이 가지고 있는 암묵적 지식들을 형식화하고 진지한 토론을 통하여 더욱 발전시켜 나가야 그 기업의 지식자본이 되고, 어떤 어려움에 처해도 조직의 힘으로 헤쳐갈 수 있다고 주장하면서 조직의 지식창출의 중요성을 강조한다.

코닥은 몰락하고 후지는 건재한 것을 볼 때, 미래를 내다보는 안목과 그것을 달성하도록 인내로 참아주는 주주들의 역할이 얼마나 기업 생존에 중요한지 다시금 깨닫게 된다.

바. 노키아의 몰락

노키아는 인구 700만명의 작은 나라 핀란드의 희망이었다. 한때 핀란드 기업전체

세금의 20%를 노키아가 지불했다. 핀란드 GDP의 25%를 차지할 때도 있었다. 국민기업 노키아는 휴대폰 전 세계 시장을 주도했다. 그런 절대강자 노키아의 패인은 자신의 기술력만 믿고 있다가 후발업체들의 발 빠른 행보에 대응하지 못했기 때문이다.

노키아가 피처폰 등 저가품에 집중하고 있는 동안 애플의 iPhone에 밀렸고, 안드로이드 기반 스마트폰 시장에는 진입도 못하고 윈도우폰OS로 경쟁했으나 대세에 밀렸다. 또한 저가품도 중국 등의 도전을 받았다.

2014년에 마이크로소프트(MS)는 노키아를 75억 달러에 인수했다. 이중 30%가 특허비용이라고 하니, 특허가 얼마나 재산적 가치가 있는지 다시금 입증된 셈이다. MS는 스마트폰 시장에서 루미아(Lumia)모델로 승부를 걸었으나 시장의 반응은 차가웠다.

노키아의 브랜드는 2016년 기준으로 전 세계 스마트폰 판매량에서 10위권 내에도 없다. 마이크로소프트라는 브랜드도 10위권 내에 없다. 시장에서 퇴출된 것이다. 두 IT업계의 강자들이 손을 잡은 사업이 불과 2~3년 내에 시장에서 퇴출될 정도로 스마트폰 시장은 정글이다. 이런 정글에서 1위가 삼성이라는 것이 그저 놀라울 뿐이다.

노키아는 몰락했는데, 애플은 현금 보유액만 1100억 달러가 넘는다. 애플은 스티브 잡스가 세상을 떠나면서 위태로움을 느꼈으나 새로운 CEO 팀쿡은 유통관리의 귀재답게 애플을 이전보다도 더 좋게 만들고 있다. 한때 애플은 매출 대비 순이익이 27%나 되었고, 주당 가격이 700달러를 넘었으며 미국 주식시장에서 2017년 기준으로 시가총액 1위 기업이 되었고, 기업가치가 가장 높은 회사로 평가받고 있다. 애플의 주력은 iPhone과 iPad였으나 지금은 전기차에도 눈을 돌리고 있다. 사업다각화로 미래사회를 준비하고 있는 것이다.

제4절 혁신의 개념

1. 파괴적 혁신

하버드 대학의 클레이튼 크리스텐슨(Clayton Christensen) 교수는 파괴적 혁신(disruptive innovation)에 대해서 설명하면서 존속적 혁신(sustaining innovation)과 로우-엔드 파괴적 혁신(low-end disruptive innovation) 그리고 신시장 파괴적 혁신(new-market disruptive innovation)에 대해서 정의했다.

'존속적 혁신'은 기존 고객층과 기존 프로세스의 비용구조와 현재의 경쟁력을 활용하여 현재보다 개선된 성능으로 보완하고, 가장 까다로운 고객층에게 더 많은 가치를 주는 대신, 고가로 제품을 판매할 수 있는 혁신이라고 설명한다.

'로우-엔드 파괴적 혁신'은 주류시장의 로우-엔드에 속해 있는 기술을 새로운 공정 등으로 개선시킨 후, 기존제품보다 더 싼 가격에 판매함으로써 이익을 실현하는 혁신이라고 설명한다.

'신시장 파괴적 혁신'은 성능은 주류제품보다도 낮지만 단순성과 편리성을 강조하여 기존시장에서 소외되고 있었던 고객층을 표적으로 낮은 판매단가와 소량생산으로 수익을 올리는 혁신이라고 설명한다.

'존속적 혁신'의 예로는 삼성전자의 휴대폰을 들 수 있다. 삼성전자의 휴대폰은 범용에서부터 현재의 갤럭시 폰에 이르기까지 계속적으로 성능이 향상되고 있고, 고객층도 이에 부응하여 기꺼이 비용을 지불하고 있다. 애플의 iPhone은 2007년 출시 당시에는 '신시장 파괴적 혁신'이라고 보인다. 그 이유는 존재하는 스마트폰과 PDA폰은 장난감처럼 세련되지 못했고 소수의 전유물이었다. 그러나 애플의 iPhone은 스마트폰과 PDA폰을 사용하지 않던 비사용자들을 애플의 고객으로 만들었다. 그들은 애플의 충성도 높은 고객으로 그 층을 점점 넓혀나갔다. iPhone 시리즈는 그들을 만족시키기 위해서 성능을 높이고, 디자인을 더욱 세련되게 하면서 덩달아 가격도 올렸다. 결국 '존속적 혁신'으로 삼성과 더불어 업계의 리딩기업이 되었다.

'로우-엔드 파괴적 혁신'의 예로써 크리스텐슨 교수는 현대자동차와 기아자동차를 얘기하면서 시장점유율은 높이고 있으나 마진이 적기 때문에 자동차 시장에서 큰 위협은 되지 못한다고 했다. 도요타 자동차가 미국 자동차 시장에서 '존속적 혁신'에 치중할 때, 현대자동차와 기아자동차는 성능은 다소 도요타보다 처지지만 싼 가격에 판매하는 전략을 사용했다. 그 방법이 시장 점유율을 높이는 데 분명히 기여를 했다. 그러나 중국의 자동차기업이 한국기업이 한 것을 그대로 답습하고 있기 때문에 한국기업들은 생존전략을 세워야 한다.

'신시장 파괴적 혁신'의 예로써 크리스텐슨교수는 캐논의 데스크톱 사진복사기를 얘기하면서 기존의 제록스 복사기 기술과는 차별화를 시키고 있다. 가령, 데스크톱 사진복사기 제품은 새로운 고객과 새로운 시장을 창출했다는 것이 크리스텐슨 교수의 설명이다. 다시 말해서 제록스는 대형의 성능 좋고 가격이 비싼 복사기에 집중할 때, 캐논은 맞상대해서는 승산이 없다고 판단하고 제록스가 신경 쓰지 않는 소형의 개인형 복사기에 집중했다. 즉, 기존 제품과의 경쟁이 아닌 새롭고 효율적인 값싼 제품으로 새로운 고객층을 확보한 것이다.

1980년대 공전의 대히트를 기록한 소니의 워크맨은 어떤 혁신으로 보는 것이 좋을까? '신시장 파괴적 혁신'으로 보인다. 그 이유는 당시에 워크맨은 기존제품보다도 성능이 훨씬 떨어지는 제품이었다. 당시에 소니의 CEO는 창밖에서 조깅을 하는 사람들을 보면서, 조깅을 하는 사람이 녹음기능이 필요할지 또는 스피커로 크게 음악 들을 필요가 있을지를 고민하게 되었다. 소니의 기술자들과 경영진들은 절대로 안 된다고 반대했다. 다양한 기능으로 신제품을 내놓고 경쟁을 해야 한다는 것이었다. 그러나 CEO는 상품은 고객을 만족시키면 되는 것이지 다양한 기능이 꼭 고객을 만족시킨다고 생각하지 않았다. CEO는 결단을 내렸다. CEO의 생각대로 제품을 만들면 녹음기능과 스피커가 필요 없다. 그렇게 되면 크기를 줄일 수 있고, 가격을 내릴 수 있으며, 음질은 더 좋아진다. 소니의 워크맨은 이런 과정을 극복하고 히트를 친 것이다. 또한, 단순하고 편리한 새로운 제품으로 새로운 고객을 창출한 것이다.

2000년대 초에 히트를 친 닌텐도(Nintendo)사의 게임기인 닌텐도DS와 Wii는 어떤 혁신으로 보는 것이 좋을까? 당시에 게임시장은 더 성능이 좋은 하드웨어와 현실감이 있는 그래픽 기술, 영화와 같은 스토리를 요구했다. 당시에 닌텐도는 소니의 '플레이스테이션(Play Station)'과 마이크로소프트의 'XBOX 360'에 고전하고 있었다. 닌텐도에서는 게임중독자들이 아닌 일반인들이 할 수 있는 게임을 생각하게 되었다. 가령, 닌텐도DS는 게임보이 어드밴스(GameBoy Advance)에 비하면 향상되었지만 소니의 PSP(Play Station Portable)에는 크게 못 미쳤고, 그래픽의 품질은 플레이스테이션1과 같은 한 세대 전의 비디오 게임기와 유사한 수준이었다.

닌텐도 DS의 전략은 단순하고, 쉽게 접근할 수 있는 전략을 세웠다. 닌텐도 DS의 기본 구조는 기존과는 달리 2개의 화면을 갖추었으며, 그 중 하단 화면을 직접 만지면서 조작이 가능하도록 터치스크린 기능을 부여했다. 'DS'라는 제품명도 2개의 화면, 즉 'Dual Screen'이라는 의미였다(네이버 지식백과).

닌텐도 Wii는 손에 컨트롤러를 쥐고 팔을 휘젓거나 몸을 움직여 게임을 즐기는 체감형 게임기로서 게임을 좀 더 재미있게 즐길 수 있도록 조이스틱과 같은 컨트롤러를 사용하여 실감 나는 야구나 볼링 게임을 제공하는 비교적 수준이 높지 않은 게임기였다. 그러나 결과는 대성공이었다. 게임중독자만을 위한 것이 아닌 남녀노소 누구나 즐길 수 있는 게임기를 출시한 것이었다.

상기한 두 사례는 '신시장 파괴적 혁신' 성격으로도 보인다. 즉, 더 저급한 단순한 기술로 싼 가격에 게임을 할 수 있도록 개발함으로써 비소비자를 소비자가 되도록 만들었다.

코닥의 필름시장에 대항한 디지털카메라 시장은 어떤 혁신으로 보는 것이 좋을까? 당시에 코닥은 디지털카메라도 제일 먼저 개발했고, 당시에 CEO도 디지털카메라 사업을 확대하려고 했다. 그러나 경영진들과 주주들은 황금알을 낳는 필름시장을 놓치는 것은 미친 짓이라고 했다. 코닥이 미적거릴 때 필름카메라보다도 더 저급기술이었던 당시의 디지털카메라 기술은 날로 개량되고, 필름보다는 디지털이 고객들의 편리성을 더 좋게 하면서 시장의 판도는 디지털 시장으로 재편된다. 결국 디지털카메라라는 새로운 시장에 고객을 잃으면서 코닥은 파산한다. 이 사례는 '신시장 파괴적 혁신'이라고 보인다.

대부분의 기업은 급진적 혁신(radical innovation)보다는 점진적 혁신(incremental innovation)에 무게중심을 두려한다. 주력제품이 시장에 존재한다면, 우세기술(dominant design)이 존재한다는 의미이기 때문에 그 속에서 부품 혁신과 같은 점진적 혁신을 통하여 안정성을 꾀하려 한다. 파괴적 혁신을 통하여 우세기술이 되는 경우도 존재하나 파괴적 혁신이 성공을 보장하는 것은 아니기 때문에 투자에 소극적이게 된다. 애플이나 휴렛팩커드가 훌륭한 것은 남들이 꺼리는 구조적 혁신을 통하여 새로운 콘셉트의 디자인을 출시하여 시장의 판도를 흔든다는 것이다. 이것이야말로 새로운 파괴적 혁신의 모델이 된다.

그러나 모든 기업이 파괴적 혁신으로 성공하는 것은 아니다. 소니가 워크맨부터 시작하여 캠코더, VTR, CD 등 파괴적 혁신을 어느 기업보다도 잘했다고 크리스텐슨 교수는 얘기한다. 그러나 어려움도 많이 겪었다. 2011년에는 영업이익이 마이너스 673억 엔을 기록하기도 했다. 그 이유는 새로운 시장을 읽는 데 실패했다는 의견이 지배적이다. 가령, 스마트폰만으로 영화도 보고, 동영상 촬영도하고, 게임도 하고, 음악도 들을 수 있으니 소니의 기술이 아무리 개별제품별로는 훌륭해도 이들 종합제품 콘셉트를 따라갈 수는 없는 것이다.

다시 말해서 기술의 융 · 복합이 대세인 세상이다. 이런 기술들은 창의적인 구조적 혁신을 통한 새로운 파괴적 혁신이라고 보고 싶다. 하드웨어와 콘텐츠를 통신과 결합한 혁신으로서, 기존의 파괴적 혁신과는 차원이 다른 고차원적인 파괴적 혁신인 것이다. 파괴적 혁신도 진화를 거듭하는 복잡한 세상에 살고 있다.

2. 일본의 장인정신

일본 교토에는 1000년이 넘은 떡집과 부채가게가 6개 정도 있다고 한다. 교토는 오다 노부나가가 키운 상업도시였다. 오다는 서민들에게 상업을 할 수 있도록 기회를 주었다. 오사카에 가면 일본을 통일한 도요토미 히데요시를 추앙하는 사람들이 많다고 한다. 도요토미는 정권을 잡고 오사카에 성을 건설하고, 오사카를 상업 중심 도시로 만들었다. 또한 도쿠가와 이에야스는 정권을 잡고, 도쿄로 본거지를 옮겼다. 당시에 그를 따라나선 상인들이 세운 회사들 중 지금도 건재한 회사가 많다. 세 명 모두 무사였으나 대부분의 일본사람들은 오다 노부나가를 가장 좋아한다. 일본 통일의 90%는 그가 만들었다고 믿는다. 상업의 뿌리도 그가 세웠다고 한다.

일본이란 나라의 특징은 한 분야에서 장인이 되면 대를 이어서 수백 년 이상 장인정신을 키우는 데 있는 것 같다. 우리나라 상인과 일본 상인의 차이점은 장인정신에 있는 것 같다. 가업을 물려받으면서 그 분야에 최고가 되는 것이다. 가령, 초밥을 만들더라도 일본장인들이 만들면 값이 비싸도 사먹는다. 스테이크 1인분이 100만원이 넘는 곳도 있다고 한다. 비결은 송아지를 잘 키워서 비싼 값에 판다고 하는데 이것이 일본의 경쟁력이라고 보는 사람이 많다. 이것이 부가가치를 높이는 상술이다.

일본에는 모노즈쿠리(monozukuri, 物作り)라는 용어가 있다. 후지모토 다카히로 동경대 대학원 교수가 제조업에 강한 일본기업의 특징을 설명하면서 처음 사용한 말이다. 물건을 뜻하는 '모노(物)'와 만들기를 뜻하는 '즈쿠리(作り)'가 합성된 용어로, '혼신의 힘을 쏟아 최고의 물건을 만든다.'는 뜻이다. 장인정신을 바탕으로 한 일본의 독특한 제조문화를 일컫는 대명사로, 일본 제조업의 혼(魂)이자 일본의 자존심을 상징하기도 한다(시사상식사전, 박문각).

일본기업 중에서 가장 모노즈쿠리를 잘 실천한 기업을 꼽으라면 역시 소니다. 2017년에 소니 역사상 두 번째로 높은 영업이익을 기대하고 있다. 평사원 출신 히라이 가즈오(平井一夫) 최고경영자(CEO)가 내건 슬로건은 'Be moved-One Sony(감동을 전하자-하나의 소니)'였다. 그는 2015년 공모 증자로 조달한 4000억엔(약 4조 490억원) 대부분을 이미지 센서 설비투자에 썼다. 그의 승부수는 적중했다. 2016년 기준으로 소니의 이미지 센서 세계 시장 점유율은 44.5%(매출액 기준)에 달한다. 2위인 18%의 삼성전자를 훌쩍 앞서 있다. "스마트폰이 1대 팔릴 때마다 소니는 20달러(2만 2400원)를 번다."

소니는 프리미엄 TV 시장에서도 힘을 내고 있다. 소니가 개발한 대형 액정표시장치(LCD)의 뛰어난 기술력 덕분이다. 뿐만 아니라 또 하나의 성장 동력은 '가상현실(VR: Virtual Reality)' 사업이다. 소니의 히라이 CEO의 경영 철학은 '모노즈쿠리(장인정신)'다. 그는 장인정신을 강조하며 전임 회장이 소홀히 했던 기술 중시 문화를 재건했다. 가장 잘할 수 있는 것에 집중하며 제품의 완성도를 끌어올렸다. 역시 기술의 상징 소니라는 찬사가 절로 나온다.

일본 니혼게이자이신문이 발표한 세계시장 점유율 조사 결과가 매우 흥미롭다. 주요 57개 상품 · 서비스의 2016년 점유율을 기업 국적별로 분석한 결과, 1위 제품은 미국이 19개로 압도적으로 많았다. 일본과 유럽이 11개씩으로 공동 2위였고, 한국과 중국은 7개씩으로 공동 4위를 차지했다.

일본은 핵심 부품과 소재 등에서 1위 제품이 많았다. 버블(거품) 경기가 꺼지면서 1990년대 중반 이후 장기 침체를 겪고 있는 일본 기업들이 여전히 제조업에서 세계 경쟁력을 보유하고 있음을 보여준다. 전기자동차의 핵심부품인 리튬이온전지의 경우 파나소닉(22.8%)이 1위다. 리튬이온전지 핵심부품 세퍼레이터도 아사히카세이가 1위였다. 탄소섬유에서도 풍력발전시장에서 판매가 늘어난 도레이가 1위 자리를 지켰다. 디지털카메라에서도 캐논 등 일본 업체들이 1~3위를 차지했다. 렌즈 교환식 카메라와 레이저 복사기 · 복합기 시장에선 리코와 캐논이 선두 자리를 유지했다.

비록 일본이 버블경제로 어려움을 겪었지만 세계 1위 기업이 우리보다 많다. 장인정신과 일류정신 그리고 비싸더라도 최고의 제품을 만들고자 하는 일본인들의 저력은 배워야 한다. 우리도 스테이크 1인분에 100만원하고, 떡 1인분에 10만원하는 부가가치 있는 상품을 개발해야 일본을 이길 수 있다. 이것이 혁신이다.

3. 네트워크 외부성

시장을 지배하는 경우, 우세기술(dominant design)이 존재한다고 볼 수 있다. 이것이 의미하는 것은 확실한 고객기반을 가지고 있다는 것이다. 고객기반이 견실하다는 것은 그 제품에 다른 많은 보완 제품이 존재할 가능성이 많아진다는 것이다. 가령,

MS-windows가 지배하는 시장에서는 그와 관련되는 응용프로그램을 개발해야 보완재 시장도 살기 때문에 더 많은 보완재가 생긴다. 이것의 의미는 MS-windows를 사용하는 사용자 입장에서는 더 많은 비용 대비 효용이 생긴다는 것이다. 가성비가 높아진다는 것이다. 즉, 더 다양한 사양을 사용할 수 있으니 더 편리하게 제품을 사용할 수 있다. 이것을 네트워크 외부성(network externality)이라 한다.

네트워크 외부성이 커질수록 그 제품의 지배력은 더 커질 수밖에 없다. 이것은 신제품을 생산하려는 제3의 기업에게는 진입장벽으로 작용할 수도 있다. 얼마 전에 마이크로소프트(MS)가 독점금지법 때문에 호되게 당한 것은 네트워크 외부성 때문이다.

MS가 지배하는 네트워크 외부성이 강한 시장에서 고객들은 선택의 폭이 적어지고 MS의 정책에 따라서 움직일 수밖에 없는 상황에 처하게 된다. 이미 시장은 MS에 의하여 장악되었기 때문에 이런 상황에서 고객이 제3세력에 의한 신제품을 기대한다는 것은 어려운 일이다. 실례로, 스티브 잡스가 NeXT PC[12]를 만들어서 IBM의 아성에 도전한 적이 있다. 당시에 IBM은 MS-DOS로 무장된 기술을 사용하고 있었고, 고객기반이 견고했고, 많은 응용프로그램을 보유하고 있었기 때문에 스티브 잡스가 IBM을 상대한다는 것은 어려웠다. NeXT는 IBM PC 보다도 성능이 우수했으나 네트워크 외부성 때문에 실패하고 만다. 결국 IBM PC가 시장의 표준제품이 되었다. 혁신제품이 네트워크 외부성의 벽에 막혔다는 것이다.

여기서 간과해서는 안 되는 것은 시장을 계속 지배하기 위하여 선진 기업들이 연합을 한다는 것이다. 가령 IBM이 PC시장을 계속 석권하기 위하여 OS가 필요할 때, 디지털 리서치(Digital Research)[13]보다는 빌 게이츠의 MS와 손잡고 OS를 장착했으며, MS는 인텔의 마이크로프로세스와 호환할 수 있는 제품을 만들 수 있도록 윈텔

---

12 넥스트 컴퓨터(NeXT Computer System)는 1988년에 출시되었다. 개인용 워크스테이션으로서는 최초로 광자기디스크를 기본으로 사용하였으며, 정육면체 큐브 모양의 디자인과 검정색 컬러, 그리고 17인치의 1120×832 흑백 모니터가 기본 사양이었다. CPU는 모토로라의 68080, RAM은 8MB 이상이었다. 당시 대한민국에서 보급이 활성화되기 시작한 IBM-PC/XT 기종이 대개 640KB의 RAM 용량이었던 것을 감안하면, 당시로서는 상상하기 힘든 고사양이라고 할 수 있었다. OS는 '마하(Mach)' OS를 사용했다. 하지만 6,500달러라는 비싼 가격으로 인해 넥스트의 첫 번째 실패작이 되었다. [출처: 위키백과]

13 디지털 리서치(Digital Research)는 최초의 개인용 운영 체제 CP/M을 만든 게리 킬달이 설립한 회사이다. 초기 운영 체제 시장에 경쟁자가 없었기 때문에 70년대에 디지털 리서치는 운영 체제 분야에서 독주를 하고 있었다.

(WinTel)[14]을 결성한다. 마치 선진국들이 연합하여 개발도상국의 진입을 막는 것과 같은 형국이다.

이처럼 수단과 방법을 가리지 않고 시장을 장악하면 부수적으로 얻는 이익이 극대화되기 때문에 기업에서는 표준 제품을 만들려고 혈안이 되어 있고, 이런 진검승부에서 이기는 자가 승자독식(Winner Takes All)을 하는 것이다. 고객의 입장에서는 이런 시장이 달갑지는 않으나 존재하기 때문에 독점비용을 기꺼이 지불하고 대신 네트워크 외부성의 효과를 누려야 하는 환경에 처해 있다.

제5절 마케팅의 개념

1. 마케팅

마케팅이 무엇일까? 학술적인 정의는 무척 추상적이지만 실제 기업 현장에서의 마케팅(Marketing)은 문자 그대로 마켓을 만드는 행위를 말한다. 시장을 만든다는 것은 곧 내 제품(Product)을 누구에게(Promotion) 팔 것인지, 어디에서(Place) 얼마에(Price) 팔 것인지, 어떤 방법(Promotion)으로 더 잘 팔리게 할 것인지를 고민하는 것이다. 시장을 정의한 문장 속에 마케팅의 기본인 4P(Product, Price, Place, Promotion)가 모두 들어 있다.

그렇다면 시장을 만드는 이유는 무엇일까? 간단하다. 내가 만든 제품을 팔기 위해서다. 만약, 고객은 생각하지도 못한 제품인데, 생산자가 최고의 제품이라고 세상에 내 놓으면 제품이 팔릴까? 아닐 가능성이 크다. 그 이유는 고객을 만족시키기 위한 사전 조사행위를 하지 않았기 때문이다.

고객의 '니즈'를 찾아내고 이를 만족시키기 위한 활동을 수행한다는 것은 무엇인가? '니즈'란 무엇인가? '니즈(needs)'라는 것은 소비자가 느끼는 막연한 욕구나 문제점에 대한 인식이다. 다시 말해서 확실히 말할 수는 없으나 뭔가 2% 부족한 상태인 것이다. 가령, '배가 고프다'는 니즈이다. 이와 달리 '딸기를 먹고 싶다'는 구체적인 욕

---

14 윈텔(Wintel)은 마이크로소프트의 Windows와 인텔의 Intel의 합성어이다. 이 용어는 인텔 x86 아키텍처와 윈도우즈가 대부분의 PC 시장을 차지하고 있는 것을 일컫는 말이다.

구를 가리킨다.

소비자는 자신의 니즈를 잘 알고 있을까? 꼭 그런 것은 아니다. 휴대폰을 한 번 생각해 보자. 휴대폰을 갖고 있는 사람이 극소수에 불과할 때, 일반적인 소비자는 스마트폰에 대한 욕구가 크지 않았다. 하지만 지금은 어떤가? 거의 모든 소비자들이 스마트폰을 필요로 하고 있고, 생활필수품으로 생각하고 있으며, 더 나아가 부가적인 기능을 비롯한 더 다양한 기능을 찾는 욕구까지 생겨났다.

그 욕구와 필요성은 10년 전에는 전혀 존재하지 않던 '니즈'이다. 가령, 스마트폰으로 영화를 보고, 음악을 듣고, 쇼핑을 하고, 택시를 부르고, 음식을 배달시키고, 자동차 운전을 위한 내비게이션도 수행하게 한다. 뿐만 아니라 스마트팩토리와 연계하여 스마트폰으로 실시간 공장 내 부품 입고와 생산, 재고와 판매상황 그리고 고객서비스 상태를 확인할 수 있다.

마케팅은 구체화되지 않은 고객의 '니즈'를 찾아내고, 그들의 구체적인 '욕구'를 만족시켜주기 위한 제품이나 서비스를 만들어가는 행위다. 반면에 내가 생산한 제품을 세상에 내놓고 세상 사람들과 흥정하는 것은 '판매(selling)' 또는 '영업'이라고 한다. 일반적으로 '마케팅'을 '판매'나 '영업'과 비슷한 뜻으로 사용하는 경우가 많다. 마케팅이 물건을 생산하기 전에 고객의 니즈에서 출발해서 고객의 구체적인 욕구를 적극적으로 반영하여 구체적인 제품과 서비스를 창출하는 것으로서 시장실패를 줄이고자 하는 전략적 행위라면, 판매는 이미 생산된 제품에서 출발해서 우리 제품을 어떻게 광고하고, 어떻게 판촉활동을 해서, 어떻게 소비자에게 더 많이 팔 것인가를 고민하는 것이다.

그러므로 마케팅과 판매는 시작점부터 다르다. 예를 들어 월트디즈니사(社)를 생각해 보자. 디즈니랜드는 1955년에 설립되었다. 월트 디즈니는 '미키 마우스(1928년)'와 '도널드 덕(1934년)'을 캐릭터만이 아니라 직접 만나고 싶어 하는 꿈 많은 어린아이들의 편지를 받고, 어린아이들에게는 '환상'과 '꿈'을 심어주고, 젊은이들에게는 '상상력'과 '창의력'을 심어주고, 어른들에게는 '과거의 추억'을 선사하는 대규모 엔터테인먼트 테마파크 건설을 구상한다. 그 테마파크 안에 성을 쌓고, 애니메이션 속의 환경을 만들고, 영화와 연극도 상영하고, 놀이기구도 타면서 현재를 탈출하여 과거와 미래의 판타지 속으로 초대하는 거대한 구상을 했다.

이것을 판매의 관점에서 보면, '우리는 테마파크를 판다'이다. 즉 테마파크의 건설부터하고, 소비자들로부터 입장료를 받고, 내부시설 이용료를 받고, 생산된 캐릭터

공산품을 판다로 설명되지만, 마케팅 관점에서 보면 '우리는 판타지를 제공 한다'이다. 다시 말해서 고객이 '환상'과 '꿈', '상상력'과 '창의력', '과거의 추억'을 누리고 싶다는 '니즈'가 있음을 찾아내고, 이런 니즈를 구체적으로 현실화하여 고객만족을 시키는 것으로 설명된다. 그러므로 마케팅은 생산된 제품을 판매하는 '영업'이나 '판매'가 아니라 고객들의 욕구를 찾아서 그것을 현실화하는 과정이다.

그러면 구체적으로 마케팅 전략을 어떻게 세워나가는지 생각해 보자. 기업 활동에는 여러 가지가 있다. 자금 조달기능이나 인적 및 물적 투자 기능, 부의 할당과 분배를 담당하는 재무기능도 있고, 기업 세무정보를 가공처리 하는 회계기능 외에, 조직관리, 생산관리, 연구관리, 물동관리, 판매관리 등 수많은 기능들이 어우러진 곳이 기업이다. 이 오만 가지 기능들은 기업에서 생산된 제품을 고객에게 팔기 위해 수단과 방법을 가리지 않는다. 기업의 생존과 직결되기 때문이다.

마케팅은 기업 내에서 일어나는 수많은 기능들을 궁극적으로 통합하는 역할을 한다. 마케팅은 기업이 고객과 만나는 최전선에서 벌어지는 활동이며 가장 포괄적인 개념이다. 피터 드러커(Peter Drucker)는 기업 활동 중 오직 마케팅과 이노베이션만이 이익을 창출할 뿐, 나머지는 모두 비용요소라고 주장했다. 마케팅의 통합적인 역할을 강조한 표현이다.

그러므로 마케팅 전략은 단순히 어떻게 제품을 많이 팔리게 만들 것인가를 생각하는 것과 전혀 다르다. 다양한 기업 내 활동을 종합한 전략이 마케팅 전략이기 때문이다. 그래서 종종 '마케팅 전략'과 전략 경영에서의 '전략'이 차이가 없는 것 아니냐는 주장도 있다. 여기서 양자의 차이를 심도 있게 논의하기 보다는, 마케팅 전략이 기업 전체 전략과 거의 비슷한 개념의 종합적인 성격을 갖는다는 점은 염두에 두어야 한다.

2. 고객 가치 창조 마케팅 사례

가. 3V에 의한 전략적 시장세분화

전략적으로 세분화된 시장을 공략하기 위해서는 연구개발이나 마케팅 운영관리와 같은 기업 기능의 정렬(alignment)이 필요하다. '정렬'이란 경영에서는 상위개념과 하위개념의 일관성을 확보하는 활동을 의미한다. 예컨대, 전사(全社)의 전략과 사업부의 전략이 일관성을 갖도록 관리하는 것을 정렬이라고 표현한다. 가령, 회사는 같은 회사인데 마케팅부서와 연구개발부서가 서로 다른 생각을 가지고 있다면 이런 회사는 정렬이 되지 못한 회사이다.

3V란 고객가치(Value Customer), 제안가치(Value Proposition), 네트워크가치(Value Network)를 말하는 것으로 가령, 경쟁사보다도 저가의 정책으로 승부를 건다고 생각해볼 때, 기업은 고객에게 그 과정을 설명해야 한다. 왜 저가 정책을 수행하는지(Value Proposition), 그것을 수행하기 위한 방안이 무엇인지(Value Network), 어떤 고객을 주 타깃으로 해야 하는지(Value Customer)를 설명해야 고객이 수긍한다.

저가 정책과 관련된 사례로, 스타벅스는 국내시장에 진입하면서 '커피가 아닌 문화를 판다'는 마케팅 콘셉트로 20~30대 젊은 층의 소비심리를 자극하면서 성장세를 이어오고 있다. ㈜신세계와 미국법인인 스타벅스 커피 인터내셔널(Starbucks Coffee International, Inc.)이 주식을 각각 50%씩 소유하고 있는 스타벅스코리아는 매년 미국 본사에 매출에 따른 로열티를 지급하고 있다. 커피가격도 다른 커피전문점에 비해서 비싼 편이나 고객들로부터 많은 찬사를 받고 있다. 스타벅스는 우리나라에서 일하고 싶은 기업 10위 내에 뽑힐 정도로 사원들에 대한 후생과 복지가 좋다고 한다.

이런 스타벅스에 도전장을 내민 '이디야(EDIYA)'는 중저가로 커피를 판매하면서도 커피 맛은 떨어지지 않는 상술로 젊은 층의 마음을 흔들었다. 이것은 크리스텐슨 교수가 주장하는 로-엔드 파괴적 혁신이다. 그러나 이번에는 '이디야'를 위협하는 가격파괴 커피전문점과 주스전문점이 우후죽순 생겨나고 있다.

여기서 간과해서는 안 되는 것이 있다. 저가정책을 수행하려면 그것을 이용하는 고객들이 이 제품은 싸구려고, 나는 싸구려를 이용하는 세련되지 못한 서민이란 인식을 심어주어서는 안 된다는 것이다. 앞서 말한 스타벅스의 콘셉트처럼 커피 한 잔을 마셔도 귀족처럼 우아하게 마신다는 문화인식을 심어주어야 한다. 문화인식 속에는 고객가치(Value Customer), 제안가치(Value Proposition), 네트워크가치(Value Network)를 포함한다. 각각의 가치에 대해서 알아보자.

첫째로 고객가치(Value Customer)란 어느 시장을 공략할 것인가의 문제로 가령, 네덜란드 항공이나 스위스 항공(대형 항공사)의 목표 고객이 항공을 이용하는 모든 고객이라면, 일반 국적 항공사의 목표 고객은 비즈니스 여행자이며, 이지젯 스위스(Easy Jet Switzerland)[15]의 목표 고객은 자기 돈으로 여행하는 사람들이다.

---

15 이지젯 스위스(EasyJet Switzerland)는 스위스의 저비용 항공사로 총 41개 노선을 취항하고 있다. 본

둘째로 제안가치(Value Proposition)란 무엇을 제안할 것인가의 문제로 「블루오션 전략(blue ocean strategy)」[16]의 저자인 김위찬 교수와 르네 모보르뉴(Renee Mauborgne) 교수는 이지젯과 같은 기업의 가치제안의 창출과정을 이해하는 데 유용한 4가지 프레임 워크 개발을 제시하고 있다: ① 다른 기업들이 당연한 것으로 여기는 요소들 중에서 없어도 되는 것이 있는가?, ② 업계 평균 이하로 감소해도 되는 것은 어떤 요소인가?, ③ 업계 평균 이상으로 향상시켜야 하는 요소는 무엇인가?, ④ 어떤 요소를 업계 최초로 도입해야 하는가?

'블루오션 전략'은 기업이 더 많은 가치를 창출하기 위해서는 경쟁시장이 아니라, 경쟁이 없는 새로운 시장을 창출해야 한다는 것으로 제1차 산업혁명 이래로 기업들이 끊임없이 거듭해 온 경쟁의 원리에서 벗어나, 발상의 전환을 통해 고객이 모르던 전혀 새로운 시장을 창출해야 한다는 전략이다. 이 새로운 시장은 차별화와 저비용을 동시에 추구함으로써 기업과 고객 모두에게 가치의 비약적 증진을 제공하는 시장으로, 다른 기업과 경쟁할 필요가 없는 무경쟁 시장이다. 쉽게 말해 기존의 치열한 경쟁시장 속에서 시장점유율을 확보하기 위해 애쓰는 것이 아니라, 매력적인 제품과 서비스를 통해 자신만의 독특한 시장, 곧 싸우지 않고 이길 수 있는 시장을 만들어 내는 전략을 말한다(두산백과).

'블루오션 전략'은 크리스텐슨 교수가 주장한 '신시장 파괴적 혁신'과 개념이 유사하다. 즉, 기존시장에서 비슷한 제품으로 유혈 경쟁을 하는 것이 아니라 새로운 개념의 저가의 제품으로 새로운 고객을 만들기 위하여 승부를 건다는 것이다. 가령, 퀄컴의 폴 제이콥 CEO에게 퀄컴의 성공비결을 질문하자 "남들이 이미 경쟁하는 기술로 승부를 걸지 말고 새로운 기술로 승부를 걸어야 한다. CDMA가 그 예이다."라고 한 것과 맥락이 같다.

셋째로 네트워크가치(Value Network)란 어떻게 전달할 것인가의 문제로 각 요소들을 체계적으로 재정의함으로써 가치를 고객에게 어떻게 전달할 것인가를 고민한다. 예컨대 낮은 가격이라는 가치제안을 수익 면에서 효과적으로 전달하기 위해서는 정교한 수익관리 시스템(yield management system)이 필요하다. '수익관리 시스템'이

사는 스위스 메이린에 위치해 있으며 1988년에 TEA 바젤(TEA Basel)로 설립 했으나 1999년에 영국의 저비용 항공사인 이지젯의 인수로 인해 현재의 사명으로 변경했다.

16 2005년 2월 하버드 대학교 경영대학원 출판사에서 같은 제목의 단행본으로 출간되자마자 세계적 베스트셀러로 주목받으며 전 세계 100여 개국에서 26개 언어로 번역 출간되었다.

란 고객의 행동을 이해, 예측, 대응함으로써 수익을 극대화하려는 기법을 응용한 시스템을 말한다. 가령, 항공사의 경우 고객의 예약패턴과 항공료의 최적화를 통해 수익을 극대화하는 방법을 사용한다. 예컨대, 항공기 출발시간이 임박할수록 항공료를 인하해 주는 경우이다.

이지젯의 네트워크가치 설계의 5가지 비용원칙을 설명하면 다음과 같다: ① 가능한 한 고정비를 없애라. ② 만일 고정비가 존재한다면 그 요소를 다른 회사보다 더 잘 활용하라. ③ 여행사 수수료와 같이 업계에서 당연하게 여기는 변동비를 가능하면 없애라. ④ 항공사 수수료와 같은 변동비는 최소한으로 줄여라. ⑤ 기내식 대신 기내에서 스낵류를 판매하는 등 수익원으로 변화시킬 수 있는 변동비 요인이 있는지 검토하라.

나. 고객 친화적 마케팅

(1) 게이트어레이(Gate Array) 사례

생산자의 해결정보와 고객의 요구정보를 분리함으로써 고객의 요구에 따라서 제품을 생산할 수 있도록 생산자는 제품 라이브러리를 제공한다. 고객이 원하는 사양으로 제품을 신속하고 정확하게 제조할 수 있다. 이러한 도구(tool)는 ① 고객이 학습을 통해서 실행할 수 있는 일련의 디자인 사이클을 완비(예: 컴퓨터 시뮬레이션), ② 사용자 친화적인 툴킷(tool kit)[17] 제공(고객이 새로운 디자인 용어를 배우게 해서는 안 됨), ③ 툴킷은 사전검사와 디버그(debug)를 할 수 있는 컴포넌트와 모듈의 라이브러리를 지원(고객의 시간 낭비 방지, 핵심 요소의 디자인에 집중), ④ 툴킷은 제품 생산에 필요한 제조 프로세스의 능력과 한계에 대한 정보를 제공한다.

(2) GE Plastic 사례

1998년 GE Plastic은 고객이 온라인으로 플라스틱을 주문토록 하고, 30년간 축적된 내부 지식을 웹상에서 이용할 수 있도록 조치를 취했다. 등록된 고객은 회사의 데이터시트, 공학지식, 시뮬레이션, 소프트웨어 등의 지식과 기술을 이용하여 자신이 직접 시행착오를 통한 연구를 추진할 수 있도록 배려했다.

---

17 새로운 소프트웨어를 개발할 때 사용하기 위해 모아 놓은 도구 모음 프로그램으로, 대개 상용 라이브러리와 그것을 효율적으로 이용하기 위한 보조 프로그램을 포함한다. [출처: IT용어사전]

(3) Dell 컴퓨터 사례

전산화된 프로세스 장비 또는 유연한 조립절차가 신속하고 저렴하게 통제 · 조절될 수 있어서, Dell사는 종류별로 고객이 원하는 맞춤형 컴퓨터 제품을 경쟁사의 대량 생산된 컴퓨터 제품과 경쟁할 수 있는 더 낮은 가격으로 생산할 수 있었다. 소비자는 Dell사의 웹사이트(website)의 메뉴에서 원하는 컴퓨터 구성부품을 선택하고, Dell사는 매일 고객이 요구한 맞춤형 제품을 조립하고 배송했다. Dell사의 고객들은 여러 가지 구성요소(disk drive, monitor, memory module 등)를 스스로 선택하여 자신의 기호에 적합한 컴퓨터를 조립 요청할 수 있도록 메뉴를 제공받았다.

상기 사례들은 고객이 혁신자가 될 수 있도록 기업에서 툴킷(tool kit)을 제공했고, 이렇게 한 주목적은 고객이 진정으로 자신의 욕구를 만족시킬 수 있는 제품을 창의적이고 자유롭게 디자인할 수 있도록 배려 · 지원하는 것이었다.

상기 사례들을 통하여 고객을 혁신자로 전환시키는 5단계를 구성해 본다: ① 고객의 편리한 사용을 위한 툴킷(tool kit)을 개발하라. ② 생산 프로세스의 유연성을 높여라(고객이 디자인한 제품을 신속하고 저렴하게 생산하기 위해서 전산작업이 현장과 일치하도록 설계한다). ③ 툴킷(tool kit)을 사용하는 첫 번째 고객을 선택하라(가장 좋은 대상자는 customer-based product를 개발하고자 하는 욕구가 강하고 전문지식을 갖춘 간부급 엔지니어이다). ④ 핵심 충성 고객(leading-edge customer)이 만족할 때까지 툴킷(tool kit)을 지속적으로 신속하게 발전시켜라. ⑤ 실제의 사업에 적합하도록 재편하라(제품개발을 고객에게 아웃소싱한다는 것은 이를 통해 이익을 얻고자 하는 비즈니스 모델로 재편하는 것이다).

3. 소니 워크맨 사례로 본 마케팅의 핵심[18]

소니 워크맨 모델은 1979년 세상에 소개된다. 최초모델(TPS-L2)은 2년 만에 150만대나 판매되었다. 1989년에 소니의 시장점유율은 미국의 경우 45~50%, 일본의 경우는 46%였다. 워크맨 모델이 출시되고 무려 10년 동안 독보적인 시장의 리더로 자리매김하고 있었다. 이러한 소니 워크맨의 저력은 어디에서 나온 것일까? 그 이유에 대해서 살펴보고자 한다.

---

18 Managing product families: The case of the Sony Walkman-Susan Sanderson.

첫째로, 조직적 측면의 고려가 필요한데 소니는 엔지니어링과 관련된 핵심기술 개발은 반드시 일본 내에서 수행했다. 그러나 생산은 일본뿐만 아니라 대만이나 말레이시아 등에서 수행하게 함으로써 핵심기술의 외부 유출을 막으면서도 원가절감을 위하여 현지에서 단순생산만을 추진함으로써 수익성이 있는 글로벌 마케팅을 가능하게 했다.

실제로, 소니의 연구개발 조직[19]을 보면 기본연구 및 응용연구를 하는 연구센터를 두고 있었고, 각 사업부에는 출시 예정 제품에 연구센터의 연구결과를 접목시키는 부서가 있었고, 중간에 교량역할을 하는 연구개발 그룹이 별도로 있었는데 이곳에서는 연구센터에서 개발된 기본기술을 각 사업부에서 적용할 수 있도록 기본기술을 활용하기 위한 제품 적용 응용력을 배가시키는 연구를 별도로 수행했다. 이러한 연구개발 및 제품개발 조직이 소니의 기술력을 향상시키는 밑거름 역할을 하였다.

둘째로, 제품 다양화 전략을 들 수가 있다. 소니에서는 핵심 제품 플랫폼이 있었는데 가령, WM2 혹은 WM20는 소니 제품의 핵심을 구성하면서 여러 파생제품을 만들어 냈다. 다른 경쟁사들의 모델 수를 전부 합쳐도 소니 전 제품 모델 수보다도 적었다. 이만큼 많은 파생제품을 생산할 수 있었던 배경에는 상기한 핵심 제품 플랫폼이 있었기에 가능했고, 또한 플랫모터 및 추잉껌 배터리의 개발이 있었기에 가능했다. 또한 SMART(Sony Multi-Assembly Robot Technology)라는 로봇을 활용한 동시 조립 수행이 가능한 자동설비가 있었고, APOS(Advanced Parts Orientation System)라는 부품 자동 정렬기를 사용하여 조립을 신속하고 정확하게 처리함으로써 다양한 제품을 만들어 내는 중요한 역할을 했다.

상기와 같은 제품 개발 기반을 활용하여 소니는 경쟁사보다도 많은 종류의 제품을 생산할 수 있었는데 단순히 제품만을 많이 생산한 것이 아니라 국가 · 지역별로 차별화된 전략을 활용했다. 예컨대, 일본 시장의 경우는 콤팩트하고, 음질이 좋은 고급품을 고가에 판매하는 전략을 사용했고, 미국에서는 다양한 야외 활동을 고려한 저가의 실용적인 제품이 성공을 거두었다.

셋째로, 제품 다양화의 전략이 성공하기 위해서는 장수제품이 있어야 한다. 장수제품을 시장에 출시하면서 동시에 그 제품에 매료된 고객을 위하여 고객이 요구하는 개량된 파생제품을 출시함으로써 제품의 생명력을 늘리는 효과를 볼 수 있었다. 이

19 Vijay k. Jolly, *Commercializing New Technologies*, Chapter 12, Harvard Business, School Press, 1997.

것은 일종의 네트워크 외부성이다.

상기와 같이 소니의 사례에서 보여주는 시사점은 마케팅은 단순히 만들어진 제품을 잘 판매한다고 되는 것이 아니라 전사적(全社的)인 측면에서 조직을 효율화시키고, 생산 시설을 체계화하며, 각 국가 및 지역에 맞는 제품 개발 전략이 필요하다는 것이다. 가령, 경쟁사들보다도 우수한 제품 플랫폼이 있었기에 장수제품을 만들 수 있었고 이것을 종자(seed)로 해서 다양한 제품을 만듦으로써 틈새시장(niche market)[20]까지도 석권할 수 있었다. 이와 같이 광폭 마케팅은 전사적인 차원의 사업전략이라고 해도 지나치지 않을 것 같다.

4. 졸리(Jolly)의 기술사업화 모델[21]과 마케팅의 연계

졸리의 기술사업화 과정은 5단계를 포함한다. 그 내용은 착상(image), 보육(incubating), 주장(demonstrating), 촉진(promoting), 유지(sustaining)이다. 각 단계별 핵심사항은 다음과 같다. ㅌ

① **착상(image)**: 독특한 기술을 바탕으로 하는 아이디어가 시장의 요구에 부응하는 경우로서 착상의 결과가 가치 있는 노하우이거나 핵심특허 또는 라이선스되거나 주식공개(IPO)[22]에 사용되면 가치가 있는 것으로 본다. 이러한 '착상'을 위한 세부 내용으로는 다음과 같다.

첫째로, 잠재적 시장성이 있어 보이는 기술의 통찰력에서 시작되어야 한다. 이러한 착상은 미래의 새로운 제품을 위한 아이디어의 필요성과, 고객의 문제를 풀기 위해서 경쟁자의 움직임을 파악하면서 생기거나 또는 사업의 위기의식에 대한 대처방안에서 도출되거나, 회사의 역량을 강화하기 위한 새로운 기술적 원리를 개발할 목적에서 시작된다.

둘째로, 거대한 발견은 경로에 비의존적인 경우가 많다. 기술개발의 초점은 고객이 맞지만 초기 아이디어의 유일한 원천은 아니다. 그 예로서 문제의 깊이 있는 해결

---

20 니치(niche)란 적소, 특정 분야, 특정 활동범위를 나타내는 말로서 니치시장은 곧 적소(틈새)시장, 특정 분야의 소규모 시장을 의미한다. [출처: NEW경제용어 사전]

21 Vijay k. Jolly(1997).

22 IPO(Initial Public Offering)란 비상장기업이 유가증권시장이나 코스닥시장에 상장하기 위해 그 주식을 법적인 절차와 방법에 따라 불특정 다수의 투자자들에게 팔고 재무내용을 공시하는 것이다. [출처: 매일경제용어사전]

추구를 통한 발견, 우연한 사건을 통한 발견, 종래 기술을 다른 의도로 사용하는 경우 등을 들 수 있다.

일반적으로 경로의존성(path dependence)이란 것은 법률이나 제도, 관습이나 문화 그리고 과학적 지식이나 기술에 이르기까지 인간사회는 한 번 형성되어 버리면 그 후 외부로부터의 다양한 쇼크에 의해 환경이나 여러 조건이 변경되었음에도 불구하고 종래부터의 내용이나 형태가 그대로 존속할 가능성이 있다. 이와 같이 과거의 선택이 관성(inertia) 때문에 쉽게 변화되지 않는 현상을 '경로의존성'이라고 한다(21세기 정치학대사전, 한국사전연구사).

셋째로, 기술시장(Techno-Market) 비전을 빠르게 얻기 위한 연구의 시작은 이미 알려진 문제로부터 시작하는 것이 좋다. 이렇게 해야 연구자와 시장 사이에 접근성을 강화할 수 있다. 예컨대, 동료와의 공동연구를 통한 해법 탐색과 발명의 가속화, 여러 연구자 간의 대화와 정보공유를 통한 연구가 필요하다. 이런 것을 통하여 서로 간의 경험에 의한 암묵적 지식을 교환하거나 상호작용을 통하여 새로운 아이디어의 착상을 할 수 있다.

② **보육(incubating)**: 아이디어의 기술적 실현 가능성과 상업적 잠재력을 파악하고 그것을 달성하기 위해서 계획을 세우는 것을 말한다. 보육의 결과로는 착상된 아이디어를 시제품(prototype)으로 가치를 부여하는 것과, 새로운 기술의 플랫폼을 형성하거나, 특허포트폴리오를 구축하거나, 상업화를 위한 계획과 사업 계획을 구체적으로 준비하는 것을 말한다. 이러한 '보육'의 세부 내용은 다음과 같다.

첫째로, 자기가 착상한 기술의 발전 가능한 범위의 이정표를 세운다. 예컨대, 특정분야의 특별한 사용을 우선 성공적으로 보여줌으로써 기능적 한계를 극복할 수 있다.

둘째로, 다른 기술응용 분야를 상상해본다. 가령, 시장이 무엇을 요구하는지 정확히 파악하기 위해서 기술시장을 처음 조사 시와 제품개발이 어느 정도 진행된 시점 사이에서 새롭게 응용 가능한 기술을 재조사해 본다. 단, 기술을 조사 · 예측 시에는 편견을 피해야 한다.

셋째로, 기술사업화와 연계된 지식재산권의 관리 단계에서 발명을 특허로 출원할지 말지 여부를 결정해야 한다. 즉, 특허등록을 받을지, 영업비밀로 유지할지를 결정해야 한다. 일반적으로 경쟁자가 곧 유사한 기술을 발명할 것 같으면 신속히 특허출원을 하는 것이 좋다. 단, 특허침해 여부를 입증하기 쉽지 않은 경우는 영업비밀로 유지한다. 가급적 특허출원은 권리 기간을 오래 향유하기 위해서 늦게 출원하는 것이 좋다.

영업 비밀을 말하면, 늘 등장하는 기업이 '코카콜라'[23]다. 우리나라에서는 코카콜라 원액을 미국 본사로부터 구입해서 물과 설탕 그리고 탄산을 배합하여 코카콜라음료주식회사(대주주는 LG생활건강)에서 판매하고 있다. 각 나라마다 원액은 같아도 맛이 조금씩 다른 이유이다. 코카콜라의 원액을 만드는 비법은 영업비밀로 계속 유지해 왔다. 일부에서는 원액 비법은 별거 없고 브랜드가치가 코카콜라를 세계적인 기업으로 유지하고 있다고 한다. 아무튼 원액비법을 특허로 출원하지 않고, 영업비밀로 유지한 것이 지금의 코카콜라를 있게 했는지도 모른다. 그동안 많은 유사품들이 등장했지만 코카콜라의 아성을 무너트릴 수는 없었다.

우리나라는 1987년부터 시행된 부정경쟁방지법에 영업비밀을 추가해 보호하고 있고, 이 법은 비밀성, 경제적 유용성 그리고 비밀관리성을 그 요건으로 하고 있다. 이와 관련해 비밀관리성을 좀 더 엄격하게 해석하고 있다. 그러므로 회사내부규정이나 그 운영 등에 있어서 비밀관리성을 입증할 수 있는 근거자료 등을 효율적으로 관리할 필요가 있다.

영업비밀의 보호와 관련해서 국제적으로도 이를 제대로 보호하기 위해서 'TRIPs 협정'[24]에서 세부규정을 두었고, 미국의 경우는 1996년 경제스파이법의 제정을 통해 역외관할권 조항을 신설, 국외에서 발생한 영업비밀 침해행위도 엄격하게 처벌하고 있다.

투자의 귀재인 워런버핏은 코카콜라에 수십 년간 투자하면서 코카콜라의 주식을 매도하지 않겠다고 했다. 그만큼 코카콜라의 브랜드를 인정하는 것이다. 그러나 이런 코카콜라에게도 위기가 왔다. 최근 4년간 매출이 감소하고 있다, 그 이유는 핀란드에서 2011년부터 시작된 '설탕세(稅)'가 유럽에 이어 미국 · 남미 등으로 확산되었기 때문으로 콜라 매출에는 치명타였다. 일부에서는 '설탕세'를 '콜라세'라고 부를 정도다.

---

23 1886년에 조지아 주 애틀랜타의 약사인 존 펨버턴은 코카의 잎, 콜라의 열매, 카페인 등을 주원료로 하는 새로운 청량음료를 만들어 상품화하였다. 2년 후 그는 이 청량음료에 대한 제조, 판매 등 모든 권리를 단돈 122만 2천원에 팔아 버렸다. 새로운 소유주는 약제 도매상인 에이서 켄들러였다. 코카콜라의 브랜드 가치는 2017년 포브스(Forbes)에 따르면 $564억이다.

24 TRIPs 협정(agreement on Trade-Related Aspects of Intellectual Property Rights): 무역관련 지적재산권에 관한 협정으로 특허권, 디자인권, 상표권, 저작권 등 지적재산권에 대한 다자간 규범을 말한다.

코카콜라는 2015년부터 중국 곡류음료업체 '쿠리앙왕', 나이지리아 최대 주스업체 '치를', 유니레버의 대두 음료 브랜드인 '아데스'를 잇따라 인수했지만 아직 사업다각화에는 성공하지 못하고 있다. 현재 코카콜라의 매출 70%가 탄산음료다. 반면에 경쟁사인 펩시는 매출의 20%만이 탄산음료다. 한발 앞선 사업 다각화로 스낵업체인 프리토레이, 시리얼업체인 퀘이커오츠 등을 보유하고 있다.

세계에서 5만여 대의 자판기를 운영 중인 코카콜라는 인공지능 음료 자판기를 미국과 유럽에도 설치하고 있다. 클라우드 플랫폼으로 연결된 인공지능 자판기는 세계 어디서나 가족, 친구를 위해 스마트폰으로 제품을 주문하고 가까운 자판기에서 음료를 받을 수 있도록 하고 있다. 또한 코카콜라는 인공지능과 빅데이터에 기반을 둔 기술 기업으로의 변신을 꾀하고 있다. 가령, 코카콜라가 2017년 초에 출시한 체리스프라이트는 소비자들이 기호에 맞는 음료를 선택한 방대한 데이터 분석을 통해 탄생했다.

200여 개국에서 500여 개의 브랜드로 3,900여 개의 제품을 판매하는 코카콜라는 하루 19억 개의 음료를 팔고 있는데 인종 · 종교 · 날씨 · 문화배경 · 취향이 다양한 수많은 소비자들의 기호에 맞는 최적의 조합을 찾아내려면 '빅데이터' 기술이 필수적이다. 이러한 코카콜라의 변신을 주도하는 인물은 제임스 퀸시(James Quincey) 최고경영자(CEO)다. 퀸시 CEO는 2017년 취임 직후 "탄산음료에 집착하지 않고 차와 생수 등 다양한 음료를 생산하는 기업으로 거듭나야 한다"는 '탈(脫)콜라 전략'을 선언했다. 그는 다음과 같이 주장한다. "코카콜라는 콜라 회사가 아니라 토털 음료 회사다."

③ **주장(demonstrating)**: 이미 시장에 존재하는 제품이나 공정에 새로운 기술을 구체화시키는 것을 말한다. 이런 '주장'의 예로는 설계 목표에 대한 성능을 검증하거나, 최종제품과 관련된 특허 혹은 노하우의 존재 여부, 완성된 제품을 시장에 출시하는 것도 '주장'으로 볼 수 있고, 이러한 '주장'의 세부 내용은 다음과 같다.

첫째, 독립적인 서브프로세스로서 제품개발이 필요하다.

둘째, 경쟁자보다 더 고객의 니즈를 충족시켜야 하며, 상대적으로 더 좋은 품질과 고객의 문제를 해결해 줄 수 있어야 하고, 총비용을 감소시켜야 하며, 사용 편의성과 제품의 외관이 심미적이어야 한다.

④ **촉진(promoting)**: 이미 구성된 다양한 시장에서 새로운 제품 혹은 공정을 홍보하여 고객을 확보하는 것이다. 이러한 촉진의 결과로는 매출성장률, 라이선스 수익 등

을 들 수 있다. 이러한 '촉진'의 세부 내용은 다음과 같다.

첫째, 존재하는 구매 패턴에 순응하는 태도가 필요하다.

둘째, 제품의 상 · 하등급 전략으로 새로운 범주를 사용하여 고객을 설득한다.

셋째, 경쟁제품과 균형을 맞춘 포지셔닝이 필요하다.

넷째, 수용 가능한 세그먼트를 점해야 한다. 이것은 혁신자가 초기수용자로부터 성공을 거두기 위해서 중요하다.

다섯째, 폭 넓은 수용을 얻기 위한 의사소통이 필요하고, 신제품의 보다 신속한 취사선택(取捨選擇)을 위해서 광고가 필요하며, 개인적인 홍보를 위한 타인과의 의사소통이 필요하다.

⑤ **유지(sustaining)**: 고객들로 하여금 다양한 상품제공에 의한 장기간의 가치를 만든다. 장기간 유지의 결과로는 높은 시장 점유율을 유지해서, 고객들로 하여금 가격 프리미엄을 유지하도록 할 수 있다. 일종의 네트워크 외부성이다. 이것을 토대로 지속적인 기술의 선도를 유지하고, 투자 대비 적절한 이윤을 발생시킬 수 있다. 이러한 '유지'의 세부 내용은 다음과 같다.

첫째, 기술의 핵심 부분에서 빠르게 진보하면서 고객들로부터 흥미를 유지시켜야 한다.

둘째, 시장에서 매력을 잃은 기술은 더 이상 사용되지 않으므로 기능을 개선시키고, 현재 사용 패턴과 호환적이며, 사용하기 편리하고, 다기능화가 되어야 하면서, 표준화 및 낮은 가격이 설정되어야 한다. 그리고 새로운 응용 프로그램이 개발되어야 한다.

앞서 마케팅은 만들어진 제품을 잘 판매하여 수익을 얻고자 하는 노력이 아니라 고객의 니즈를 잘 파악하여 고객을 감동시키는 제품을 만드는 것이라고 했는데, 졸리의 5단계 사업화 모델은 착상부터 유지까지 시장에서 잠재력이 있는 기술을 착상하고, 착상된 아이디어를 시장에서 환영받는 제품으로 만드는 노력의 과정으로서 마케팅 전략과 일맥상통한다고 보인다. 그러므로 기술을 사업화하는 과정이나 마케팅 전략을 수립하는 것이 전혀 별개의 것이 아니라는 것을 이해할 필요가 있다.

결국 마케팅이 제대로 되기 위해서는 제품기획에서부터 시장판매에 이르는 전 과정이 맞물려서 유기적으로 연결이 되어야 함을 알 수 있다. 이런 관점에서 볼 때, 회사의 제품사업화 전략과 마케팅 전략은 같은 맥락에서 이해되어야 하며 단순히 마케팅을 판매나 영업처럼 좁은 의미로 접근하면 마케팅 자체를 이해할 수 없을 것이다.

졸리모델은 일반적으로 마케팅에서 주장하는 STP[25]와 4P[26]를 모두 넓은 범주로 포함하고 있고, 아이디어 착상부터 제품상용화와 홍보 및 네트워크 외부성까지 설명하고 있기 때문에 마케팅을 이해하기 위해서는 졸리모델을 반드시 이해하고 있어야 한다.

5. 바람직한 향후 마케팅의 방향

앞서 살펴본 바와 같이 마케팅의 방향이 고객의 니즈에 맞추는 고객 만족에서 고객이 직접 혁신에 참여하는 고객 감동으로 바뀐 지 오래다. 그리고 가치사슬(Value Chain)로부터 가치 네트워크(Value Network)[27]로 바뀌고 있다.

가치사슬은 하버드대 마이클포터 교수에 의해 1985년에 설명된 것으로 일반화된 가치사슬은 기업의 전략적 생산 및 판매의 단위활동을 구분하여 자사의 강점과 약점을 파악하고 원가발생의 원천 및 경쟁기업과의 차별화 원천(가치창출 원천)을 분석하기 위해 개발된 개념이다.

주류활동(primary activities)으로는 물류투입(IL, Inbound Logistics), 운영/생산(OP, Operations), 물류산출(OL, Outbound Logistics), 마케팅 및 영업(M&S, Marketing & Sales), 서비스(Services) 활동이 이에 포함되며, 제품과 서비스의 물리적 가치창출과 관련된 활동들로써 직접적으로 고객들에게 전달되는 부가가치 창출에 기여하는 활동들을 의미한다.

지원활동(support activities)으로는 회사 인프라(Firm Infrastructure), 인적 자원 관리(HRM), 기술개발(Technology Development), 구매조달(Procurement)이 이에 포함되며, 주류활동이 발생하도록 하는 투입물 및 기반을 제공한다. 지원활동들은 직접적으로 부가가치를 창출하지는 않지만, 주류활동을 지원하는 활동을 한다.

가치사슬은 제품이나 서비스가 결과적으로 물질화로 나타날 때는 의미가 있었다. 그 물질이나 재화를 만들기 위하여 여러 단계의 과정을 거치게 되는데 각 단계에서 발생하는 이익 혹은 손해를 각 매듭이 있는 사슬로 보고, 여러 사슬단계를 거친 후,

---

25 세분시장(segmentation), 목표시장(targeting), 포지셔닝(positioning).

26 4P는 Product, Price, Place, Promotion을 말한다. 이른바 4P mix로도 일컫는데, 1960년대에 제롬 메카시 교수가 제안했다고 한다. [출처: 시사경제용어사전]

27 From value chain to value network – Insights for Mobile Operations.

합산해서 생산된 물질이나 재화가 가치가 있는지 여부로 경쟁사와의 경쟁우위 판단과 특히, 어떤 부분에서 차별성이 있는지 분석이 가능했다. 즉, 미시적 경제의 발현이었다.

그러나 이와 같은 전통적인 가치사슬은 제품과 서비스가 비물질화되었을 때, 산업분석 및 가치 근원 분석용으로 부적절하게 되었다. 가령, 정보통신, 은행, 보험, 뉴스, 오락 등 비제조업이 좋은 예이다. 가치 네트워크는 산업이 더욱 세분화되면서, 최종고객에게 혁신가의 서비스를 전달하기 위해서는 다른 요소 간의 복잡한 관계가 형성되고 이러한 관계를 연결한 네트워크로 정의할 수 있다.

예컨대, 모바일 콘텐츠와 서비스에 관련하여 운영자들이 모든 콘텐츠를 개발하는 것이 아니다. 그리고 선정된 공급자들만의 콘텐츠를 운영자가 받아들이는 것은 적절하지도 않다. 다시 말해서 운영자 혼자 모든 것을 할 수는 없다. 다양한 콘텐츠 및 서비스를 개발하기 위해서는 제공자들과 함께 협력해야 한다. 운영자들은 네트워크 협력 기반의 새로운 수익모델을 개발해야 한다. 또한 운영자들은 그들의 네트워크를 활용하는 콘텐츠 및 서비스 제공자들의 성과 및 전달된 콘텐츠 및 서비스의 품질에 대한 고객만족도를 계속 모니터링해야 한다.

결국, 종래와 같이 생산자와 부품공급자 그리고 제품 구매자가 가치사슬에 따라서 이동하는 구조가 아니라 구매자가 생산자와 함께 협업을 해서 새로운 가치를 만들어 내는 동업자의 모델관계로 세상은 변하고 있다. 그렇더라도 앞서 설명한 졸리모델 5단계는 새로운 제품을 창출 혹은 장기간 유지하는 데 기본적인 지침 구실을 할 것이다. 제품의 성격이 제조업이냐, 서비스업이냐에 따라서 적절한 대응이 필요하다.

제6절 기업을 공격한 특허(혁신) 사례

1. 원천특허 사례

일반적으로 '원천특허'라 함은 새로운 기능과 수단의 필요성에 의해서 이전에 존재하지 않았던 특별한 기술을 창출한 것으로서 향후 그 기술 분야에서 사용할 수밖에 없는 특허로 정의할 수 있다. 일반적으로 이런 특허는 특허청구범위를 넓게 작성할 수 있고, 다양한 특허청구항을 만들 수 있다.

이런 특허를 창출하는 방법으로는 같은 기술 분야뿐만 아니라 다른 기술 분야의 기술들을 접목하여 새로운 기술구성으로 새로운 효과를 낸다. 또한 원가경쟁력도 있기 때문에 동종업계에서는 이런 특허를 사용할 수밖에 없고, 제품생산을 위해서 고액의 특허실시료를 지급해야 한다. 이런 특허의 사례로서는 미국특허등록번호: USP5,841,126, 등록일: 1998.11.24, 출원번호: 1997-789608, 출원일: 1997.1.24, 제목: CMOS active pixel sensor type imaging system on a chip을 들 수 있다. 본 특허는 USP5,471,515 특허가 모출원 특허이다.

미국에서는 특허출원서를 제출하고 계속적으로 파생 특허출원서를 제출할 수 있는데, 계속출원과 분할출원, 재발행출원 등이 해당된다. 각 경우에 대해서 살펴본다. 가령, 특허등록 심사 계류 중에 심사관으로부터 최종거절을 받은 후, 특허명세서의 내용 보정이 필요할 경우에 출원번호를 새로이 부여받으면서 새로운 라운드에서 심사를 재요청할 수 있는 제도가 있는데 이것을 계속출원(continuation application)이라 한다. 분할출원(divisional application)이라는 것은 하나의 특허출원명세서에 둘 이상의 발명이 존재할 때, 분할해서 출원할 수 있도록 하는 제도를 말하며 이것은 우리나라도 같다. 특이하게도 미국에서는 특허등록 후, 2년 내에는 특허청구범위를 확대할 수 있는 제도가 있는데 이것을 재발행출원(reissue application)이라 한다. 이 제도는 우리나라에는 없다. 특허출원인들은 이 제도를 이용하여 최초 특허출원 시 미처 작성하지 못했던 특허청구범위를 확대해서 작성할 수 있다.

위와 같이 각 나라의 특이한 특허제도를 활용하여 발명을 적절하게 보호받을 필요성이 있다. 그 대표적인 경우가 미국특허등록번호 5,471,515이다. 본 특허는 CMOS Image Sensor의 대표적인 특허로서 CMOS(complementary metal-oxide-semiconductor)[28]공정을 사용하여 픽셀부분과 제어부분을 원칩(one chip)으로 구현한 획기적인 발명이었다. 당시에는 픽셀부분과 제어부분을 각각 다른 기판에 사용했다. 픽셀부분에는 CCD(Charge Coupled Device)[29]기술을 활용했다. 물론 화질은 CMOS기술보다 CCD기술이 앞섰지만, 가격이 비싸고 하나의 기판에 픽셀부분만 생산할 수

28 p 채널의 MOS 트랜지스터와 n 채널의 MOS 트랜지스터를 서로 절연하여 동일 칩에 만들어 넣어 양자가 상보적으로 동작하도록 한 것으로, 소비 전력은 μW 정도이고 동작은 고속, 잡음 배제성이 좋다. [출처: 전기용어사전]

29 전하결합소자(電荷結合素子)라고도 하며, 전하의 축적과 전송을 이용한 기록소자이다. [출처: 정보통신용어사전]

있었기에 소형화도 어려웠다.

그러나 '515특허[30]는 CCD기술 대신 당시에 반도체 DRAM(dynamic random access memory)[31]기술 분야에 활용되고 있었던 CMOS기술을 활용함으로써 픽셀부분과 제어부분을 원칩(one chip)으로 구현할 수 있었다. 본 특허를 모출원(parent patent)으로 출원해서 수많은 자출원(child patent)을 파생시킨 대표적인 특허 중의 하나이다. '515특허로부터 파생된 특허의 수가 무려 20개를 넘을 정도이니 이런 특허를 원천특허라고 말할 수 있는 것이다. 그러나 실제로 동종 업계를 공격한 특허는 모출원 특허가 아니라 자출원 특허인 미국특허등록번호 5,841,126이었다.

'126특허는 모출원의 일부계속출원(CIP)특허[32]였다. '126특허의 발명자는 에릭포섬(Eric Fossum)이었는데, 그는 미 항공우주국(NASA, National Aeronautics and Space Administration)에 근무할 때 본 특허를 발명했고, 후에 그가 포토빗(Photobit)이라는 회사를 세워서 미 항공우주국으로부터 분리될 때, 본 특허의 전용실시권을 캘리포니아 공과대학[33]으로부터 부여받고 여러 회사를 상대로 특허침해금지소송을 제기한다. 옴니비젼(Omnivision)이란 회사에게 소송을 제기했었고, 1998년에는 현대전자[34]에게 특허침해금지 경고장을 보냈다. 본 발명은 CMOS Image Sensor 제조업체들 사이에서는 이미 널리 알려진 특허이다.

참고로 포토빗사는 후에 마이크론테크롤로지사에게 합병을 당하게 되고, 그 특허는 마이크론테크롤로지사에게 넘어간 것으로 추정된다. 마이크론테크롤로지사는 후에 도시바와 특허소송해서 승소한 바가 있는 플래시메모리 컨트롤러를 생산하는 렉사미디어라는 회사도 인수합병 한다. 또한 일본의 엘피다 반도체도 인수한다. 이처럼 기업을 인수합병하면서 엔지니어와 같은 인적 재산과 그들의 네트워크와 핵심특허를 확보하게 된다. 다시 말해서 새롭게 시장에 빠르게 진입해서 경쟁력이 있는 기업이 되기 위해서 인수합병 전략을 많이 사용한다. 즉, 인력과 기술을 갖춘 규모가

---

30 미국특허등록번호 제5,471,515.

31 D램은 램의 한 종류로 저장된 정보가 시간에 따라 소멸되기 때문에 주기적으로 재생시켜야 하는 특징을 가지고 있다. 구조가 간단해 집적이 용이하므로 대용량 임시기억장치로 사용된다. [출처: 두산백과]

32 일부계속출원(continuation in part application)으로 원출원 절차가 종료되기 전에 새로운 사항(new matter)이 있을 때 추가할 수 있는 제도로, 심사 시에는 새로운 내용은 CIP출원일을 기준으로 하고, 원래의 내용은 원출원일 기준으로 심사한다. 단, 권리기간은 원출원일부터 기산한다.

33 특허출원 당시의 양수인.

34 SK하이닉스의 전신기업.

있는 회사를 통째로 사서 특허는 덤으로 얻는 것이다.

2. 실험특허 사례

자동차보험에 가입하고 보험료를 매번 정기적으로 납부하면 왠지 손해 보는 느낌이 들것이다. 그러나 만약 교통사고가 나면 종합보험에 가입해 둔 것을 고맙게 여기듯이 특허출원도 같은 맥락에서 해석하면 이해하기 쉬울 것이다. 당장은 사용하지 못하는 특허가 시간이 흐른 후 사용될 수도 있다. 물론 특허출원 시에 산업상 이용가능성은 존재해야 하나 그렇다고 출원하자마자 상용되는 특허는 그리 많지 않다. 그러나 직원의 발명을 특허로 출원해 두면 향후에 자기 회사가 필요에 의하여 사용할 수도 있고, 또는 경쟁회사가 사용할 수도 있으며, 다른 경우로 양자가 모두 사용할 수도 있는 것이다.

그러나 당장 쓰이지 않는 특허들을 회사의 비용으로 생각하는 사람들도 많으나 보험으로 생각하는 편이 차라리 좋을 것이다. 이런 특허를 취득함에 있어서 앞서 원천특허를 얘기했지만 경우에 따라서 회사에서 전략적으로 많은 실험을 한 후 특허출원을 하는 경우가 있는데 이런 경우는 기술사업화 준비가 끝난 상태이기 때문에 바로 상용화가 가능하다. 이런 유의 특허가 '실험특허'이다. 실험을 통해서 획득한 지식을 앞서 암묵적 지식이라고 했으며 노나카 이쿠지로는 이것을 내재화라고 했다.

실례로서 일본의 NEC사에서 1995년에 미국에 특허출원한 미국등록특허 5,623,243[35]은 반도체 DRAM 업계에서는 유명한 특허이다. 본 특허의 내용은 저장용량을 키우기 위해서 노드폴리실리콘을 반구형 혹은 버섯 모양으로 만드는 기술로서 기존 폴리실리콘은 편평한 표면을 가지고 있었으나 본 발명은 온도와 압력을 적절히 조절해서 표면이 울퉁불퉁한 폴리실리콘이 가능하도록 형성함으로써 커패시터의 용량을 증대시키는 방법 특허이다. 마치 표면을 넓힌 엠보싱화장지를 연상하면 될 것이다.

본 특허의 명세서를 보면 실험데이터가 상당히 많고, 실시 예 또한 상당히 많이 기술되고 있다는 것을 알 수 있다. 다시 말해서 전략적으로 장기간에 걸친 반복적인 실험개발을 하면서 개량했다는 것이다. 이 특허는 전략적으로 연구개발을 수행하고

---

35 제목: semiconductor device having poly crystalline silicon layer with uneven surface defined by hemispherical or mushroom like shape silicon grain.

그 결과를 특허권리화했기 때문에 동종 업계에서 사용할 수밖에 없었다는 것이다.

아이디어성 발명은 실용성에 한계가 존재할 수밖에 없으나 본 특허처럼 기존에 존재하던 기술을 계속적인 실험을 통하여 상용화시킨 발명은 일종의 실험발명으로서 상용가능성이 매우 크다는 것을 알 수 있다. 실제로 당시에 삼성전자와 LG반도체에 본 특허로 특허침해금지 주장을 했었다.

그러나 대부분의 대학 혹은 기업 특허는 엔지니어의 아이디어로만 구현되는 경우가 대부분이다. 이런 특허는 당장 상용화하기 어려운 경우가 많다. 이런 경우는 별도로 기술을 사업화하는 과정이 필요하다. 다시 말해서 시장에서 사용할 수 있도록 특허 아이디어를 활용한 시제품을 만들어 보아야 한다. 앞서 졸리는 이것을 '보육(incubating)'이라 했다.

시제품을 제작하는 과정에서 많은 시행착오를 겪는 경우가 많다. 이것은 후에 그 기업에 암묵적인 지식을 제공한다. 그러므로 특허가 출원되었다고 시장에서 즉시 사용할 수 있는 완성된 기술로 생각해서는 안 되고, 그 특허가 상용화될 수 있도록 추가의 실험과 기술사업화를 하는 노력이 절대적으로 필요하다. 수많은 특허가 이런 유의 특허에 속하기 때문에 사용되지 못하고 사장되는 경우가 많은 것이다.

특허등록이 되는 요건 중에 하나는 산업상 이용가능성이 있으면 되는 것이지 반드시 당장 활용되어야 하는 것을 요구하는 것은 아니다. 앞서 산업상 이용가능성에 대한 문제점에 대해서 언급한 바 있다. 그러나 현 특허업계의 실상을 고려할 필요가 있다.

경우에 따라서는 특허출원 시에 관심이 없었던 기술이 나중에 빛을 보는 경우도 있다. 그러므로 섣불리 한물간 기술로 판단하지 말고 일단 특허출원을 우선하는 자세를 가져야 한다. 그 특허가 후에 경쟁사를 공격할 수도 있고, 혹은 경쟁사의 공격에 맞대응할 수 있는 특허가 될 수도 있기 때문이다.

3. 개량특허 사례

일반적으로 개량특허는 수명이 짧아서 IT산업처럼 제품 수명이 짧은 기술 분야에서는 별로 효과가 없는 것으로 잘못 알고 있는 사람들이 많다. 한 예를 인용해보면 다음과 같다. 일본 후지쓰사에서 1983년 미국에 특허출원한 미국등록특허

4,641,166[36]는 반도체 DRAM 업계에서는 그 특허가 권리 만료될 때까지 특허실시료를 지불해야했던 전설과도 같은 특허였다. 본 특허기술은 반도체 DRAM의 저장 용량을 키우기 위해서 커패시터의 표면면적을 증대시키는 방법으로 단차를 이용한 기술이었는데 당시에 이 특허가 출원되기 전에 일본 히다치사의 '고야나기'라는 엔지니어는 이미 단차를 이용한 커패시터를 연구하여 학회에 논문으로 제출한 적이 있었다.

단지 차이가 있다면 '고야나기'는 오픈 비트라인(open bit line)을 사용했다면, 후지쓰사 발명은 폴디드 비트라인(folded bit line)을 사용했다는 점이었다. 그렇다고 폴디드 비트라인 발명을 후지쓰사의 발명자가 한 것도 아니었다. 그 기술은 이미 세상에 알려졌던 기술이다.

요약하면 후지쓰사의 특허는 기존에 존재하던 동종업계 기술들을 교묘하게 결합(combination)했다는 말이 된다. 이것은 결코 '원천특허'가 아니다. 그렇다고 '실험특허'도 아니다. 전형적인 '개량특허'인 것이다. 이런 특허가 반도체 업계에서 위세를 떨쳤다는 것은 시사하는 바가 크다.

본 특허는 삼성전자와 국제무역위원회(ITC)[37]에서 소송까지 하게 되는데 당시에 삼성전자에서는 본 특허가 발명되기 전에 이미 반도체 업계에는 오픈 비트라인(open bit line) 구조에 적층형 커패시터를 사용하는 기술이 히다치의 '고야나기'라는 연구원에 의해서 발표된 논문내용에 존재하고 있었고, 폴디드 비트라인(folded bit line) 구조는 이미 발명 전에 존재하던 기술이므로 상기 두 선행 자료를 결합하면 반도체 업계의 누구나 쉽게 본 발명을 생각해 낼 수 있으니 특허 권리는 무효가 되어야 한다고 주장했다. 미국특허법 제103조를 활용한 전략이었다. 그러나 ITC에서는 결국 후지쓰의 손을 들어주었다.

참고로 미국특허법 제103조는 우리나라 특허법의 진보성 판단과 비슷한 법인데, 본 조항은 두 개 이상의 선행 자료를 결합하여 특허 권리를 무효시키는 법 논리로서 본 법을 적용하기 위해서는 두 개 이상의 서로 다른 선행 자료를 결합하기 위한 지시, 제안 혹은 동기(teaching, suggestion, motivation)를 문서로 보여주어야 한다. 실제로 미국특허소송에서 제103조를 활용하여 특허 권리를 무효시킨다는 것은 정말로 어렵다. 그래서 삼성전자는 ITC 소송에서 후지쓰에게 패소한 것이었다.

---

36 제목: semiconductor memory device having stacked capacitor-type memory cells.

37 미국 행정부의 산하기관으로 미국 내 산업을 교란시킬 목적으로 수입되는 제품의 미국 내 수입을 금지시킬 수 있는 권한이 있다. 단, 대통령의 재가를 필요로 한다.

그러나 2007년 5월에 미국연방대법원에서 의미 있는 판례가 나왔다. 그것은 KSR v. Teleflex [Supreme Court Opinion on Section 103] 판례로서, 기존의 미국특허 소송판례는 미국 특허법 제103조를 적용하기 위해서는 TSM(teaching, suggestion, motivation)을 만족해야 선행자료 간의 결합(combination)을 인정했었으나, 이번 연방대법원 판례는 종래의 엄격함(rigid)을 지양하고 상식(common sense)에 의한 선행자료의 결합을 인정함으로써 앞으로 미국특허소송 혹은 미국특허상표청(USPTO)에서 본 사례를 적용한 특허권리 무효 혹은 거절결정이 늘어날 것 같다. 결과적으로 특허권리자에게 불리해질 것 같으니 특허 출원 전에 선행자료 검색을 더욱 강화할 필요성이 있다.

4. 전략 특허 확보 전략

IT산업에서는 생존하기 위해서 특허보유가 절실하다. 어떤 특허가 강한 특허일까? 실제로 기업에서 경쟁사를 공격했던 특허가 강한 특허이다. 이런 강한 특허들을 벤치마킹해 보는 것이 가장 경쟁력이 있는 특허를 확보할 수 있는 지름길이 될 것이다.

그래서 상기한 바와 같이 반도체 업계에서 대표적인 3건의 특허를 각각 원천특허, 실험특허 그리고 개량특허[38]로 분류 및 명명하여 특징적인 것만을 위주로 설명하였다. 그것을 토대로 다음과 같이 전략적으로 특허를 창출하는 방안을 제시하고자 한다.

전략1

연구개발을 통해 많은 실시 예를 만들어라

실시 예가 많아야 분할출원을 많이 할 수 있고, 분할출원이 많아야 여러 다양한 특허청구범위를 작성할 수 있다. 특허청구범위가 다양하다는 것은 그만큼 발명의 보호범위가 넓다는 것을 의미한다. 그러므로 특허출원 시에 발명자가 자신이 알고 있거나 실험해본 실시 예를 출원명세서에 상세히 작성할 필요성이 있다. 실시 예가 많기 위해서는 연구개발 과정에서 많은 실험을 거친 발명이어야 한다는 것을 상술한 NEC특허로부터 알 수 있었다.

38 원천특허, 실험특허, 개량특허의 용어 및 각각의 정의는 편의상 주관적으로 작성했음을 밝힌다.

전략2 명세서 작성 시, 한정적인 용어의 선택을 피하라

상기한 3건의 전략특허들은 모두가 특허출원부터 등록이 될 때까지 전략적으로 대처한 특허들이다. 가령, 특허청 심사관들이 거절이유를 통지하면 절대로 권리의 범위를 축소할 수 있는 내용의 의견서나 답변서를 제출하지 않았다.

또한 최초 명세서 작성 시에 발명의 내용을 한정하는 용어를 피했다는 것을 알 수 있다. 가령, critical, must, required, necessary, only, always, never 등과 같은 용어들은 발명의 내용을 한정하기 때문에 균등에 의한 특허침해를 주장할 때 권리범위를 제약하는 기능을 한다.

다른 예로는 '발명의 목적을 달성하기 위해서(in order to satisfy the objects of the invention)' 혹은 '모든 실시 예는 다음을 포함 한다(all of the embodiments include)' 혹은 '특허청구항은 다음을 포함한다(the claim includes)'와 같은 표현도 자제할 필요성이 있다.

그리고 기능수단청구항(means plus function claim)의 형식은 특허청구범위 작성 시에 피하는 것이 바람직하다. 왜냐하면 기능수단청구항은 미국특허법 제112조 6항에 의하여 제재를 받기 때문이다. 그 내용은 다음과 같다.

어떤 기능을 하는 수단이라고 했을 때, 그 수단을 지시하는 내용을 명세서에 반드시 명기하도록 되어 있다. "such claim shall be construed to cover the corresponding structure, material, or acts described in the specification and equivalents thereof" 즉, 기능 식(function)으로 기재된 특허청구항은 명세서에서 기재된 것과 상응하는 구조, 물질, 행위에 해당하는 부분만이 특허청구의 권리범위로 인정받게 되는 것이다.

그러므로 균등론[47]을 적용할 시에 특허청구범위만을 가지고 판단하는 것이 아니라 특허청구범위와 대응되는 명세서의 구조, 물질, 행위 등으로 한정되기 때문에 이런 표현은 미국특허출원 시에 피하는 것이 좋다. 한국의 경우는 기능수단청구항에 대해서 아직까지 구체적인 해석 방법이 제시된 것이 없고, 또한 법으로 한정하지도 않는다.

참고로 기능수단청구항에서 말하는 균등과 일반청구항에서 말하는 균등 사이에는 다소간 차이점이 있다. 일반적인 균등론(the doctrine of equivalents) 적용 시에는 특허침해의 판단 시, 침해 판단의 대상이 되는 경쟁사의 제품이 해당 특허청구범위의 기능과 "실질적으로 동일한 기능(substantially the same function)"을 가질 것을 요구한다. 즉 완전히 동일한 기능을 가질 필요 없이 실질적으로 동일한 정도에만 해당하면 특허를 침해한다고 판단한다.

그러나 기능수단청구항에서는 침해 판단의 대상이 되는 제품의 기능은 완전히(exactly) 동일해야 한다. 그 다음 단계로 수단(means)청구항을 판단할 때, 위에서 언급한 대로 특허명세서에서 기술한 구조, 물질, 행위 및 도면 등에 한정되어서 동일한지 혹은 균등한지 여부를 판단하나, 일반청구항은 특허명세서의 내용으로 국한되지 않는다. 다시 말해서 명세서의 내용은 단지 하나의 실시 예에 불과하고, 특허청구범위에 기재된 용어로 해석된다는 것이다. 그러므로 기능수단청구항은 미국출원 시에 피하는 것이 좋다.

---

39 단순히 특허청구범위의 문언기재에 의한 문리해석의 범위를 넘어 문언과 균등 내지 등가의 발명도 보호범위에 속한다고 하는 이론이다. [출처: 학문명백과 – 복합학, 형설출판사]

전략3

발명의 내용을 넓게 보호할 수 있는 특허제도를 활용하라

미국 특허출원 시에 위에서 언급한 바 있는 계속출원, 일부계속출원, 분할출원, 재발행 특허출원의 제도를 활용하여 특허청구항의 수를 늘리고, 최초 특허출원 시에 작성하지 못했던 발명 내용이나 특허청구범위를 수정 · 보완할 수 있다. 미국특허제도를 효율적으로 이용해서 권리를 확보해 두면 후에 특허침해금지 주장 시 유리한 입장에 설 수 있다.

전략4

의견서 제출 시 균등해석을 제한하는 표현을 삼가라

특허청 심사관의 거절이유를 수령한 후, 어떻게 하든 특허등록을 받기 위해서 특허청구범위를 좁히거나, 발명자에게 불리한 소명을 하는 경우가 있는데 이 경우, 자진보정이든 혹은 선행 자료를 피하기 위해서 한 보정이든 또는 발명자의 진술이든 상관없이 금반언(file wrapper estoppel)[48]에 해당되어서 등록 후에 특허침해된 제품에 대해서 균등해석[49]을 할 때 제약 사항이 된다.

그러므로 특허명세서의 보정은 될 수 있으면 권리범위를 좁히는 보정보다는 내용을 명확하게 하는 보정이 필요하다. 한 예로 2002년 미국연방대법원 판례인 Festo Corporation Vs Shoketsu Kinzoku Kogyo case에서 시사한 바와 같이 특허출원 계류 중의 보정은 어떤 종류의 보정을 막론하고 금반언의 대상이 될 수 있다고 한 점을 명심할 필요가 있다.

---

40 특허출원 계류 중에 출원인이 주장한 내용을 등록 후에 상반되는 주장을 하게 되면 '금반언'에 해당된다.

41 특허청구범위에 문헌 상 기재된 대로 해석하지 않고, 실제로 침해된 제품과 동일한지 여부를 검토하여 실질적으로 같은 기능, 방법으로 실질적으로 같은 결과를 낸다면 균등에 의한 특허침해에 해당된다.

CHAPTER 06

해외대학의 기술사업화 전략

CHAPTER 06

해외대학의 기술사업화 전략

제1절 미국 UC Berkeley 기술사업화

1. UC Berkeley CET[1]

버클리 공대 내에 설립된 대표적인 기술사업화센터로서 기술사업화와 관련한 Berkeley 대학 정규 수업, Berkeley의 과학자 및 공학자들의 기술혁신 및 사업화에 필요한 역량과 기업가정신 함양 고취를 위한 교육, 대학원생을 포함한 우수기술개발자들의 창업과 기술사업화에 대한 지원을 제공하고 있다.

정규수업과정으로는 성공한 사업가 초청 강연(Distinguished Innovator Lecture Series), 기업가 정신(Technology Entrepreneurship), 기술 리더십(Technology Leadership) 등이 있다.

CET Lab 프로그램은 ① CET Venture Lab: 공학대학생 개인들 자신의 기술을 근

1 The Center for Entrepreneurship & Technology (CET) is a CITRIS−affiliated academic center within UC Berkeley's College of Engineering. Its mission is to equip Berkeley engineers and scientists with the skills to innovate, lead, and commercialize technology in the global economy.

거로 한 벤처육성 지원, ② CET Industry Lab: 5~10명으로 구성된 그룹에 대하여 벤처캐피탈 및 산업계 리더와 함께 새로운 분야에 대한 특정 문제 해결 방안 교육 및 사업자금 지원, 가령, CET에서는 공학전공 대학생 중에서 창업을 원하는 학생들의 아이디어를 심사하여 사업화 가능성이 있는 것을 선별해서 CET 내에 연구 공간 및 1만 달러를 지원하고 Berkeley 네트워크를 활용하여 선배들의 조언 및 벤처캐피털 확보를 위한 측면지원을 하고 있다.

CET 내에 소속된 전문 강사(교수)의 강의스킬이 우수하다. 국내 대학의 교수와는 교수법이 우선 다르다는 것을 알 수 있었다. 기술사업화를 강의하기 위해서는 엔지니어 경력이나 실무경력이 있거나 기업에서 경영을 해보아야 실질적인 강연을 할 수 있다는 것을 현지에서 확인할 수 있었다. 주요 교수들 모두 산업체 경험을 바탕으로 사례위주의 교육을 시킨다.

버클리 대학에서는 학생 발명에 대한 지식재산권에 대해서 될 수 있으면 학생의 소유로 하는 것을 원칙으로 하고 있으나, 학교의 공헌이 큰 경우는 학교의 소유로 하면서 학생이 창업을 원하면 전용실시권을 부여해 주는 것을 원칙으로 하고 있다.

2. 기업 기술사업화 사례

가. E-Ink(전자잉크) 사례

1997년 설립된 E-Ink의 주력사업은 전자디스플레이에 사용하는 특수형태의 잉크의 개발 및 판매였다. E-Ink는 궁극적으로 도서, 잡지 및 신문을 대체할 수 있는 전자 종이(radio paper)를 개발하는 것을 목표로 했다. 당시에 많은 기업들이 LCD, OLED, 초소형디스플레이, PDP 등 다양한 형태의 디스플레이를 연구하고 있었다. 전자잉크는 이들 디스플레이와 비교하였을 때 전력 소비가 낮으며 비용이 적게 든다는 장점을 가지고 있었다.

초기 E-Ink 기술의 두 가지 단점은 청백의 두 가지 색상만 구현 가능하다는 점과 동영상 작동 시 픽셀이 빠르게 전환되지 않는다는 점이었다. 1999년에 E-Ink는 자금을 조달하는 한편 지식재산권 보호에 전력을 다하였고, 그 결과 26개의 특허를 보유하게 되었다. 더불어 E-Ink는 Xerox, 3M 등 세계 주요 기업으로부터 직원을 스카우트하여 일류 팀을 구성하게 되었다.

이후 E-Ink는 추후 3년간 대형디스플레이(1995년 기준 6억 달러 규모의 시장), 플랫패널디스플레이(1998년 기준 138억 달러 규모의 시장), 출판업계(1998년 기준 1350억 달러 규모의 시장) 시장에 진입을 시도할 예정이었으나, 그에 앞서 일단 1세대 잉크를 이용한 청백 전자간판의 제작에 주력하기로 하고 이를 위하여 Immedia Group을 설립하였다. 초기에 시운전 성격의 전자간판 제작 사업은 호응이 좋았으며, 이에 힘입어 E- Ink는 기업공개를 준비하기 시작하였다.

2000년 들어 인터넷 호황이 막을 내리며 기업공개 기회가 사라지고 벤처투자자들도 투자를 중단하였다. 더불어 전자간판 제작 사업의 비용이 예상보다 높게 발생하였으며 기술적으로도 많은 문제가 발생하였다. 간판이 청백색으로만 구현된다는 점도 고객들의 불만을 샀다. 그 결과 전자간판 제작 사업의 개시는 보류되었으며 회사의 손실은 점점 불어나게 되었다. 이러한 상황에서 회사는 목표를 바꾸어 전자종이 개발에 보다 가까운, PDA, eBook 등의 장치에 적용이 가능한 디스플레이의 개발에 주력하기로 하였다. 이러한 디스플레이의 시장잠재성은 전자간판 제작 사업에 비해 더 컸으나 기술적 어려움 역시 더 컸다.

이 당시에 E-Ink는 두 가지 문제점에 봉착하였다. 기업공개가 무산된 이상 다른 방법으로 자금을 조달할 필요가 있었으며, 한편으로는 위의 디스플레이 개발에 필요한 전자 후면(backplane)을 제공해줄 공급자를 물색할 필요가 있었다. 2000년 가을, E-Ink는 Philips로부터 투자를 유치하는 동시에 eBook과 PDA에 대한 디스플레이 개발에 대한 협력을 약속 받음으로써 이 두 문제를 해결하였다.

Philips의 도움을 통하여 PDA와 같은 제품에 사용하는 전자 후면 문제는 해결되었으나 E-Ink의 궁극적 목표는 여전히 종이와 같이 유연한 전자 후면의 개발이었다. 이에 E-Ink는 유연한 전하 후면 개발을 위한 연구 시설에 투자하는 한편 단기적으로 수익을 달성하기 위하여 흑백 구현이 가능한 2세대 잉크를 활용한 전자디스플레이 이미지 사업에 착수하기로 결정하고 이를 위하여 Immedia Group을 Ink in Motion("IIM")으로 변경하였다. 2세대 잉크를 활용한 전자디스플레이 이미지 사업과 관련하여 E- Ink는 한 시계회사로부터 150만 달러치의 주문을 수주하였으며, 그 외에도 여러 회사로부터 관심을 받았다. 더불어 내부 R&D 노력에 힘을 실어주기 위해 E-Ink는 정부연구펀드 지원을 받았고, 신규 제휴 기회를 찾기 시작했다.

2001년 중반, E-Ink는 일본기업 Toppan과 합작개발 약정을 체결하였다. 2002년에 E-Ink는 플랫패널디스플레이 사업이 크게 성장할 것으로 보고 플랫패널디스플레이용 잉크("FPL")를 개발하기 시작하였다. FPL에는 eBook 제품을 준비하고 있던 Sony가 큰 관심을 보였다.

2003년 초에 E-Ink는 IIM 제품 출시, Sony와의 디스플레이 공급 계약 체결 등을 앞두고 있었다. 그러나 이후 E-Ink의 잉크에 기술적인 여러 문제점이 발견되고, 생산력에서 부족한 점이 드러나면서 2003년 중반에 E-Ink는 다음과 같은 문제에 봉착하게 되었다. ① IIM이 제품을 출시하기에는 제품 안정성이 떨어졌고, ② 시계회사에게 공급하기로 한 디스플레이는 준비가 지연되어 공급할 수 없었으며, ③ Sony에게 제공하기로 한 시제품은 E-Ink가 달성할 수 없는 수준의 것이었다.

2003년 가을, E-Ink의 경영진은 Sony건에 회사의 사활을 걸기로 결정하고 IIM 개발을 중지시키는 한편, 시계회사와의 계약을 취소하였다. 이후 Sony건 관련 연구개발에 많은 진척이 있었으며, Sony는 E-Ink의 시제품에 대체로 만족을 표시하면서도 기술/품질에 대한 일부 개선을 요구하였다. 그러나 E-Ink에게는 시간이 부족하였다. E-Ink는 2004년 초쯤에는 자금이 바닥날 상황이었는데, Sony측의 계획은 eBook의 완제품을 2004년 5월에 출시하는 것이었다. Sony는 시제품의 문제가 해결되기 전까지는 돈을 지급할 의향이 없었다.

2004년 1월, E-Ink의 사장을 포함하여 경영진의 절반이 사임하였다. 새로이 사장으로 부임한 Wilcox는 기존의 투자자들로부터 추가 투자를 유치하는 데 성공하였다. 추가 투자 유치 후 한 달 만에 Sony건 관련 모든 기술적 문제가 해결되었으며, 그 다음 달에 eBook이 출시되었다. 제품은 대성공을 거두었으며 E-Ink의 잉크에 대한 주문도 폭주하였다.

이후 E-Ink는 제조 공정을 개선하는 한편 유연전자소자를 개발하는 회사들에게 잉크와 컨설팅 서비스를 제공하고, 예전에 포기하였던 전자디스플레이 이미지 사업을 재개하는 등 다방면으로 수익사업을 전개하였다. E-Ink의 수익성은 크게 개선되었으며, 경영진은 2006년 말까지 손익분기점을 맞추는 것을 목표로 삼았다.

E-Ink는 잉크 공급업자가 되는 길을 선택하였으며, 이는 상대적으로 자본효율적인 전략이었기에 즉시 수익을 창출할 수 있었다. 과거에 경영진의 일부는 보다 더 자본효율적인 전략, 즉 순수 라이선싱 전략을 채택할 것을 제안한 적도 있었다. 그러나 궁극적으로 잉크 공급 또는 기술 라이선싱만으로는 창출할 수 있는 수익에 한계가 있었다. 이러한 상황에서 E- Ink의 경영진은 일단은 잉크 공급에 주력하기로 하고, 미래에 원활한 자금 조달이 가능하게 되면 잉크 기반 제품을 직접 제조하는 것을 고

려하기로 하였다.

E-Ink는 잠재력이 있는 기술과 훌륭한 인적 자원(기술의 창시자 격인 Joe Jacobson 교수와 LexisNexis의 경영자였던 Jerry Rubin 등 포함)을 보유하고 있었음에도 불구하고 기술 개발의 방향과 목표 시장을 정함에 있어 우왕좌왕하다가 시간과 자금을 낭비하여 어려움을 겪은 경우이다.

회사가 성공하기 위해서는 다음 4가지 요소가 갖춰져야 한다: ① 인적 자원(team), ② 기회(opportunity)요소로는 시장 규모(market size)와 가치 제안(value proposition), ③ 환경(context), ④ 균형을 갖춘 거래(balanced deal). E-Ink의 경우 특히, 가치 제안의 판단에 문제를 보였다(외부 대형 디스플레이, 전자시계 디스플레이 사업은 소규모 시장을 상대로 하는 낮은 마진의 사업이었음).

2017년 4월에 일본 소니와 미국의 E-Ink가 전자종이(e-Paper) 사업을 강화하기 위해 합자회사를 설립한다는 보도가 있었다. E-Ink의 전자종이 제조 기술과 소니의 마케팅 노하우를 활용한다는 목표다. 종이의 느낌을 그대로 느낄 수 있는 디스플레이인 전자종이는 일반적으로 액정표시장치(LCD)에 요구되는 백라이트를 사용하지 않고 종이처럼 빛을 반사시키는 반사광을 사용한다. 따라서 화면을 변경할 때만 전원이 소모되며 평판 디스플레이와 다르게 접거나 휠 수 있는 장점이 있다. 그러나 최근 차세대 플렉서블 디스플레이로 주목받는 유기발광다이오드(OLED)에 비해 색 구현력이 다소 떨어진다는 시각도 있다. 아마존의 e북리더 '킨들' 등에 E-Ink의 전자종이 기술이 적용되며 관심을 일으키기도 했다.

나. Dr. John's Products 사례

John Osher는 1960년대 말 청소년 시기부터 여러 사업을 직접 창립하여 운영하며 상당한 부와 경험을 축적하였다. 1996년에 은퇴한 그는 얼마 안 가 예전 동료들을 모아서 Dr. John's라는 회사를 설립하였다. 은퇴 기간에 전동칫솔에 대한 아이디어를 얻은 그는 일단 이 분야에 대한 시장 조사를 한 후, 예전에 사업을 하면서 알게 된 중국 제조업체와 함께 제품 개발에 착수하였다.

이렇게 개발된 칫솔에는 고정 솔과 이동 솔이 결합되어 있었으며, 칫솔의 포장은 고객이 칫솔을 구매하기 전에 성능을 확인할 수 있도록 설계되었다. 개발이 어느 정도 진행된 후, Osher는 대형체인매점의 관계자들과 접촉하여 몇 군데에서 제품에 대한 발주를 받았다. 제품에 대한 반응이 좋고 발주가 점점 많아지면서 판매 분야의 전문가가 필요하다고 느끼게 된 Osher는 Joe O'Conner를 채용하게 되었다. 미국의 대형체인매점인 Wal-Mart와 많은 일을 했었던 O'Conner의 도움으로 Dr. John's는 Wal-Mart와 보다 많은 거래를 하게 되었다.

2000년대 초기, Dr. John's는 일일 평균 6,000개의 칫솔을 판매하였으며 소매상과 고객의 반응은 매우 좋았다. Dr. John's는 제품의 판매율이 높아지며 점차 대기업들의 주목을 받기 시작하였다. 대기업 중 하나인 Proctor & Gamble의 개발부서에서는 수년간 전동칫솔을 개발하고 있었는데 아직까지 완제품을 출시하지 않은 상황이었다. 이에 Osher는 Proctor & Gamble의 관계자들에게 Crest 브랜드를 Dr. John's의 전동칫솔에 사용할 수 있게 라이선스해달라고 요청하여 답을 기다리고 있었다.

Dr. John's가 Proctor & Gamble의 Crest 브랜드를 사용하고자 한 것은 그 브랜드의 충성고객[2]을 믿기 때문이었다. '충성고객'의 성공사례로 프록터 앤 갬블(P&G)이 출시한 치약브랜드 크레스트(Crest)를 사용하는 충성고객의 경우 80%가 다시 재구매한다. 다른 예로 침체기였던 할리데이비슨을 구제한 것은 호그(HOG)[3]라 불리는 할리의 충성고객이었다.

이 시점에서 Proctor & Gamble이 이러한 요청을 받아들일지, 받아들이면 어떻게 될 것인지 알 수 없었다. 이 상황에서 Osher는 다른 소비자 제품 회사와 접촉하여야 하는 것인지, Dr. John's를 매각하여야 하는 것인지, 아니면 Dr. John's의 성장을 위하여 노력을 하여야 하는 것인지?

Dr. John's는 기존 전동치솔이 개당 $50~$100이던 것을 개당 $5~$6 싸게 판매함으로써 시장에서의 가능성을 찾으려 했다. 초기에 월마트 등의 대형매점에서 호응이 매우 좋았다. 전략을 보면 ① 팀(team)은 경험이 있는 사람으로 채웠고, ② 기회(opportunity)요소로는 깨끗한 이(clean teeth), 매우 저렴한 가격(very cheap), ③ 내용(contents)은 2개의 AA배터리로 3개월간 사용+특허출원을 한 상태, ④ 거래(deal)는 4명의 파트너와 이익을 공유하기로 하고, 초기 자금을 확보했다. 또한 회사의 성장

2 '충성고객'이란 브랜드에 대한 충성된 마음, 변치 않고 지속적으로 그 브랜드만을 지지하는 성향을 가진 고객을 말한다. 이들은 장기적으로 브랜드를 구매하고 또 재구매한다. 또한 주변에 추천하여 긍정적 입소문을 퍼뜨린다. 제품의 가격인상에 민감하게 반응하지 않으며 더 많은 시간과 돈을 지불할지라도 그 브랜드를 선택한다.

3 호그(HOG: Harley Owner Group)는 할리 데이비슨(Harley-Davidson) 운전자 동호회를 일컫는 말로 전 세계적으로 64만여 명이 가입한 것으로 추산된다. 할리 데이비슨은 세계적인 오토바이 브랜드이다. [출처: 시사상식사전]

을 위해서는 대기업과 함께 이익을 공유하는 방법을 취하거나 혹은 거금에 회사를 넘기거나(exit) 혹은 향후 매출규모가 커지면 외부로부터 투자를 유치(IPO)하여 회사를 발전시킬 수도 있다는 거래를 구상했다.

Dr. John's는 결국, 미국의 유명 소비자 제품 회사인 Proctor & Gamble에게 Dr. John's Products를 매각했다.

칫솔 시장은 당시에 정체된 상황이었고, 정체된 시장에 진입하려면 타사의 고객을 유인하여야 하고 상당한 수준의 경쟁자들이 존재하기 때문에 일반적으로 좋은 기회로 여겨지지 않았다. 그러나 Dr. John's Products는 분명 기회를 포착하였으며 큰 실수 없이 사업 계획을 수행하였다. 그 결과 Dr. John's Products의 전동칫솔은 크게 성공하였다.

시장기회는 일반적으로 기술의 변화, 시장의 변화 등을 통하여 포착할 수 있다. 그러나 Dr. John's Products의 경우 기술/시장의 변화를 통하여 기회를 포착한 것이 아니라, 시장에 존재하는 빈 공간(open space in the market)을 찾아냄으로써 기회를 포착한 것이다(당시 일반칫솔이 2달러 정도이고 전동칫솔이 100달러 정도인 상황에서 Osher는 양 가격의 격차가 크다는 점에 주목하였다). 이것은 신시장 파괴적 혁신에 가깝다.

Osher는 잠재적 고객들의 직접적 의사 수렴을 통하여 제품에 요구되는 사항, 즉 제품 정의(product definition)를 사전에 확정하였으며(즉, 제품에 대한 불만 사항을 파악한 후 이를 제거할 경우 구매 의향이 있는지 파악했다. 이 과정을 통하여 도출된 고객의 요구사항들이 곧 제품 정의가 되었다), 제품 정의에 따른 개발이 어느 정도 완료된 시점에서 시제품을 바탕으로 선주문을 받음으로써 사업 실패의 위험을 최소화하였다.

다. 벤처투자회사(ONSET Ventures) 사례

ONSET Ventures는 1984년에 설립되었고, Quadrus Conference Center & Catering 2400 Sand Hill Rd Menlo Park, CA 94025에 위치하고 있는 벤처투자기업이다. IT와 의학 분야의 초기단계 벤처(early-stage venture capital)에 투자한다. 이 기업과는 130개 이상의 벤처기업과 7개의 펀드가 연계되어 있다. 이 기업에서 말하는 다섯 가지 벤처기업들의 위험요소는 기술적 위험(technical risk), 시장위험(market risk), 경영위험(operating risk), 유통과 가격(distribution and pricing), 관리팀(the management team)이다. 이 기업이 설명하는 벤처투자사들의 성향은 다음과 같다.

1) 벤처 투자사(Venture Capital Firm)를 접촉하거나 파악하고자 할 때는 이메일 등을 통한 일방적 연락은 성공률이 낮기 때문에 이것보다는 지인의 소개를 통하여 접촉하거나 직접 전화통화를 하는 것이 성공률이 높다.

2) 적합한 벤처 투자사를 파악하기 위해서는 ① 각 투자사마다 선호하는 사업 분야와 기피하는 분야가 다르니 유의하여야 한다. ② 각 투자사들마다 투자 요건과 투자 수준 등이 다르므로 인터넷 자료, 벤처 투자사 설명회 등을 통하여 투자사에 대한 조사를 하여야 한다. ③ 투자사가 과거 1년간 어떠한 투자를 하였는지, 과거에 조달한 자금의 규모 및 현재 잔액이 어느 정도인지, 투자자 구성이 어떻게 되어 있는지, 투자 기간은 어느 정도인지 등을 파악하여야 한다.

3) 벤처 투자사의 이점으로는 ① 전문 경영인 소개 등 인적 자원의 구성, ② 관련 분야의 인적 네트워크 형성, ③ 회사 전략 수립, ④ 전략적 파트너 확보 등을 지원할 수 있다.

4) 벤처 투자사가 주시하는 사항으로는 ① 기회(상당 규모의 시장, 단기간 수익 달성, 장기간 성장의 가능성, 경쟁 상황 등), ② 인적 자원(해당 사업에 대한 경험/지식/능력, 사업에 대한 열정, 사업 운영 경험, 팀원 간 화합 등), ③ 사업 모델(수익 모델, 판매 사이클, 사업 개시/유지/확장비용, 경쟁사에 없는 획기적 장점 등), ④ 제품(제품 수요, 비용의 타당성, 고객 요구에 대한 대응도, 판매가능 시장, 기술 관련 위험도 등).

5) 벤처 투자사에 대한 프레젠테이션 방법으로는 15 슬라이드 이내로 하여야 한다(포함 내용: 시장 기회, 파괴적 사업 모델, 파괴적 혁신 기술, 인적 자원 등).

6) 벤처투자가가 어떻게 당신을 평가하는가: ① 시장규모가 $1B 이상 되는가, ② 즉각적으로 혹은 가까운 장래에 기회를 만들 수 있는가, ③ 장기 시장의 잠재 성장률은 얼마나 되는가?

7) 벤처투자가가 당신 팀을 어떻게 평가하는가: ① 무엇을 할 것인지에 대한 열정, ② 과거에 이익을 경험한 실질적인 직책에 있었는가, ③ 이익을 내는 사업의 실무자로서의 경험이 있는가, ④ 신규 인력을 채용할 능력은 있는가?

8) 벤처투자가가 당신 사업 모델을 어떻게 평가하는가: ① 어떻게 돈을 벌 것인가, ② 가격과 매출 모델은, ③ 판매 사이클과 유통망 모델은, ④ 원가는 어떻게 유지 혹은 확대할 것인가?

9) 벤처투자가가 당신 제품을 어떻게 평가하는가: ① 시장 수요를 만족시키는가, ② 비용은 타당한가, ③ 수요자의 요구를 만족시키는가, ④ 수요자 그룹을 정의하고

접근할 수 있는가, ⑤ 경쟁우위 기술인가, ⑥ 그 기술은 실현이 가능한가, ⑦ 그 기술의 실패 위험도는 얼마나 되나, ⑧ 거대한 투자에 앞서서 제품의 실현 가능성을 증명할 수 있는 방법이 있는가?

라. Documentum 사례

1990년에 설립된 Documentum은 전자서류에 포함된 구조화되지 않은 정보(제품사양, 훈련 매뉴얼 등)의 관리, 즉 "전자문서관리"를 위한 시스템 개발에 주력하였다. 시스템이 어느 정도 개발된 후 Documentum은 보잉(Boeing)의 비행훈련 매뉴얼 프로젝트, 신텍스(Syntex)의 신약신청서 작성 시스템 프로젝트에 참여하여 각 회사에 적합한 기업정보관리 시스템을 개발했다. 그럼에도 불구하고 Documentum은 수요처의 더딘 발굴과 높은 고정 비용, Documentum보다 규모가 크고 유명한 경쟁업체들의 존재로 인하여 어려움을 겪게 되었다.

1993년에 Documentum의 사장으로 선임된 Jeff Miller는 내부 반대에도 불구하고 자사의 전자문서관리 시스템을 전체 시장을 대상으로 한 마케팅 전략(수평적 전략: horizontal strategy)을 채택하지 않고, 특정 분야의 시장(예컨대, 제약 회사)만을 대상으로 한 마케팅 전략(수직적 전략: vertical strategy)을 채택하기로 결정했다. 이후 Documentum의 전략은 대성공을 거두었고 Documentum은 업계의 선두주자로 부상하게 된다.

Miller가 수직적 전략을 택한 이유는, 그의 논리에 따르면 작은 회사가 큰 회사와 경쟁하기 위해서는 가용자원을 보다 효율적으로 사용하여야 하는데, 전체 시장에 걸쳐 큰 회사들과 경쟁하면 승산이 낮으므로 일단 특정 산업을 상대로만 마케팅을 하고, 시스템을 개발하여 그 분야에 있어서 독보적인 위치를 구축한 후, 다시 다른 특정 산업을 상대로 이와 같은 작업을 하다 보면 회사의 성장이 가능하다는 것이다. Documentum은 수직적 전략을 통하여 조기 수용자(Boeing과 Syntex)와 조기 다수 수용자의 간극(chasm)을 성공적으로 건너간 경우이다.

수평적 전략과 수직적 전략의 차이는 ① 수평적 전략은 가용자원이 많아야 하고, 조기 다수 수용자를 목표 고객으로 한다. 첫 번째 제품 판매는 상대적으로 용이하나 이후 판매는 보다 어렵다. ② 수직적 전략은 제한된 가용자원으로도 가능하며 우선은 조기 수용자를 목표 고객으로 한다. 첫 번째 제품 판매는 상대적으로 어려우나 이후 판매는 보다 용이하다.

마. Cisco 사례

1984년 설립된 Cisco는 스위치(switch)와 라우터(router)의 개발 및 판매를 주력으로 하는 회사이다. 1990년대의 인터넷 붐 시절에 Cisco는 소매상, 부가가치 재판매업자, 시스템 통합 사업자, 통신회사를 통한 판매 채널을 가지고 있었다. 특히 Cisco는 당시에 "부가가치 리셀러 피라미드"라는 프로그램을 통하여 판매량에 따라 판매자의 등급을 골드, 실버, 프리미엄으로 나누어 각기 다른 할인율을 제공하였다. 높은 등급의 판매자는 높은 할인율 때문에 큰 이윤을 볼 수 있었기에 판매자들은 보다 높은 등급으로 진입하려고 노력하였으며 2001년 이전까지 이 사업모델은 매우 성공적이었다.

그러나 2001년 닷컴 시장의 붕괴 이후 판매자들은 작아진 시장 내에서 마구잡이로 경쟁을 하기 시작했고, 특히 통신회사들의 덤핑으로 인하여 판매 채널 내의 불화가 심화되었다. 더불어 2001년부터 Cisco가 도입한 인터넷 상의 직접 판매 활동 역시 판매 채널의 불만을 키웠다. 이에 Cisco는 2001년에 기존의 판매량 기반 분류방식을 폐지하고 대신 부가가치 창출(새로운 기술의 특화성, 엔지니어적 전문성, 고객의 만족도 등)에 따른 등급 분류방식을 도입했다.

판매량 기반 분류방식을 폐지한 것은 당시 Cisco가 유일했다. 판매량이 아닌 판매의 질에 따라 판매자를 분류하게 되면서 기존에 판매량에만 치중한 업체들이 부가가치 창출의 부담과 등급 하락을 감당하지 못하고 이탈함으로써 전반적으로 판매자의 숫자는 줄었지만(부가가치 재판업자의 경우 기존의 6,000여 개 업체에서 3,000여 개 업체로 감소) 대신 Cisco의 판매 채널은 이전보다 더욱 전문화된 인력으로 구성되게 되었다.

그리하여 판매 채널의 구성원들은 각각의 전문 분야에서 부가가치를 창출하고자 하였으며 이는 제품과 서비스의 질을 끌어올리는 동시에 구성원 간의 경쟁을 완화시키는 효과가 있었다. 더불어 Cisco는 자사의 판매원들에게 제3자를 통한 제품 판매 인센티브를 부여함으로써 자사의 판매원들로 하여금 판매 채널 구성원들과 적극적으로 협조하도록 유도했다. 결과적으로 Cisco는 시장 점유율을 60% 이상으로 끌어올리며 업계의 선두주자로 부상하게 되었다.

바. Medtronic 사례

1957년에 설립된 Medtronic은 세계 최초로 인공심박조율기를 개발하였으며 60년대 말까지 시장의 70%를 점유하였다. Medtronic의 제품개발은 전통적으로 개별적으로 개발그룹을 담당하는 기능적 매니저들이 관리하였다. 초기에는 이들의 상호협력이 용이하였으나 회사의 규모가 커지면서 이들은 각자의 담당그룹에 보다 집중하게 되고, 이에 회사는 프로젝트 매니저들을 별도로 두어서 각 그룹의 업무를 조율하고자 하였으나 실질적 결정 권한은 기능적 매니저들에게 있었기 때문에 프로젝트 매니저들의 역할은 자문을 제공하는 것에 그쳤다.

이러한 상황에서 제품 개발은 개별 그룹 간의 협의 없이 마구잡이식으로 진행되었으며(이로 인하여 각 그룹의 신규모델은 다른 그룹의 신규모델과 전혀 다른 전기회로, 부품, 소프트웨어를 사용하였으며, 이는 비용의 낭비를 초래하였음), 1986년경 Medtronic의 시장 점유율은 30%로 떨어졌다.

이에 1987년에 부사장으로 부임한 Mike Stevens는 Medtronic의 제품개발의 혁신을 위하여 제품 개발의 성과를 ① 속도(신제품을 출시할 때까지 걸리는 시간 기준), ② 비용(유닛 생산 완전배부원가 기준), ③ 혁신성(경쟁업체 대비 제품 성능 기준), ④ 품질(1백만 대당 불량제품 수)의 4가지 측면에서 측정하는 한편 다음과 같은 절차와 과정을 도입하였다.

'속도'는 신제품에 대한 아이디어를 판단함에 있어 마케팅, 연구, 개발, 기술, 금융, 인사 및 제조 분야의 각 매니저들과 함께 경쟁상황, 시장상황, 기술력 등에 대한 분석을 토대로, 신제품의 사업목적 및 신제품에서 기대할 수 있는 수익과 경쟁력 강화 효과를 단기간에 검토하게 했다.

'플랫폼 전략'으로 Medtronic은 신규제품의 파생제품을 개발하지 않은 경우가 많았는데 이에 Stevens는 다음 3가지를 핵심요소로 하는 플랫폼 전략을 구축하였다. ① 초기 플랫폼 제품을 디자인 수정이 용이하면서도 가장 완성된 형태의 플랫폼 제품으로 개발할 수 있도록 하고, 이후 파생 제품은 초기 플랫폼의 디자인에서 일부 요소를 제외하고 출시했고, ② 저가제품에 대한 수요를 신제품의 저가판으로 충족(기존에는 신제품을 출시할 때마다 기존 제품의 가격을 낮춰서 저가제품에 대한 수요를 충족)하였으며, ③ 플랫폼을 물리적 형태(단일방 인공심장박동기, 이중방 인공심장박동기)로 구분하지 않고, 인공심장박동기의 중요기능을 변경이 용이한 복합회로에 삽입함으로써 회로 디자인이 곧 플랫폼이 되도록 했다(물리적 형태로 구분하였을 때에는 각 형태에 대한 개발팀이 완전 분리되어 있었으며 형태별 디자인도 전혀 달랐음).

'프로젝트 서류 관리'에 대해서 신제품 개발 전에 마케팅 부서와 개발 부서가 신제품의 사양 등에 대하여 합의를 한 후, 각자 서류에 기록하여 교환하도록 했다(기존에는 구두로만 합의함).

'단계별 구분'으로 각 프로젝트가 거쳐야 할 단계를 명확히 구분했다(사업분석단계, 기술실현성검토단계, 결정단계, 개발단계 등).

'검토'로는 각 단계에 대한 월별 검토기일을 1년 전에 확정하고, 제품 개발 및 출시에 관한 스케줄을 미리 확정했다(실제로 개발/출시될 제품이 정해지기도 전에).

'시장의견 수렴'으로는 기존에 형식적으로 운영되던 시장의견 수렴 방식을 제도화했다.

정리하면 Medtronic의 문제점은 돈은 많이 들어가는데 제품이 없다는 것이었다. 다시 말해서 아이디어는 너무 많은데 투입(commitment)에 해당되는 손에 잡히는 고정계획(stick plan)이 없었다.

Medtronic은 문제점을 해결하기 위하여 개발속도를 빠르게 했고, 다양한 제품을 만들기 위하여 플랫폼 전략을 사용했다. 만약 여러 종류의 플랫폼을 만드는 데 있어서 어느 한 플랫폼의 개발이 지연되면 외부로부터 출처(source)를 얻는 catch-up전략을 필요로 했다.

Medtronic은 새로 도입한 상기 절차들에 힘입어 1986년에서 1996년 사이에 신제품 개발에 걸리는 시간이 75% 단축되었으며 유닛 생산 완전배부원가가 30% 내려갔고, 1백만 대당 제조하자가 1/4로 줄었으며, 시장에서 제품이 사용되는 과정에서 발생하는 하자가 90% 감소하였다. 또한 Medtronic은 1995년 7월부터 1996년 7월 사이에 전 제품을 신제품으로 대체하였으며 개별 플랫폼마다 10개의 파생제품을 내놓았다.

Medtronic의 새로운 절차들은 오늘날 산업의 기준이 되어 연구개발 부서가 있는 많은 회사들에 도입되었다. Medtronic의 새로운 절차들의 핵심은 ① 개발 속도의 향상, ② 비용 분배(다수의 제품), ③ 플랫폼 전략, ④ 단계별 구분이라 할 수 있다. 특히 Medtronic의 플랫폼 전략의 경우, 여러 제품에 공통으로 적용되는 가장 핵심적인 요소인 회로 디자인을 플랫폼으로 정함으로써 비용을 크게 절약하는 동시에 파생제품의 개발을 쉽게 만드는 효과가 있었다.

사. Intel 사례

1968년에 설립된 인텔(Intel)은 1970년에 세계 최초의 1킬로바이트(KB) DRAM을 생산하였다. 1970년대 중반에 들어 DRAM의 시장성이 증명되자 히타치와 미쓰비시 같은 일본의 대기업들도 DRAM을 개발하기 시작하였으며, 이후 4KB DRAM 개발 과정에서 경쟁사들에게 밀린 인텔은 1978년에 일본 회사의 DRAM 기술에 한 세대 이상 뒤쳐지게 되었다. 1984년 인텔의 DRAM 시장점유율은 1%를 겨우 넘는 수준까지 떨어졌다. 1974년 80%의 시장점유율이 1984년에 폭락한 것은 인텔이 마이크로프로세서에 치중하면서 DRAM의 제품개발이 상대적으로 일본 업체에 뒤처졌기 때문이다.

80년대 초기에 컴퓨터 산업은 수평화되어 컴퓨터의 각 구성품에 대해 그 구성품을 독점적으로 공급하는 회사가 나타나게 되었다. 구성품 중 하나인 마이크로프로세서("MP")의 주 공급업체의 위치를 차지하기 위하여 인텔은 모토롤라와 경쟁하게 되었는데, 후발 주자였던 인텔은 자사가 새로 개발한 MP인 8088이 IBM의 최초 개인용 컴퓨터의 MP로 채택되면서 앞서나가게 되었다.

80년대 중반까지 인텔은 IBM의 요구에 따라 다수의 제조업체들에게 자사의 MP에 대한 라이선스를 주었고 이들 업체들은 IBM에 제품을 공급하였는데, 1985년에 인텔은 새로 개발한 386 MP를 독자적으로 제조하기로 하고 이를 IBM에게 통보하였다. IBM이 주저하는 동안 인텔의 지원을 받은 Compaq은 최초의 386MP가 채용된 개인용 컴퓨터를 출시하였으며 이는 소비자들의 대환영을 받았다.

인텔의 독자 제조 결정 후 인텔의 MP 제조업체 중 하나인 AMD는 386칩의 마이크로코드에 대한 권리를 주장하며 인텔을 상대로 소송을 제기하여 8년 후인 1994년에 승소하였다. 이후 AMD는 486칩에 대해서도 소송을 제기하였는데 이때는 인텔이 승소하였다.

1990년대 초부터 반도체 산업의 가장 큰 소비자가 된 인텔은 구매력을 이용하여 반도체 공급업체들로 하여금 차세대 제품으로 빠르게 이동하도록 하였으며, 한편으로는 컴퓨터 운영 프로그램 개발업체인 마이크로소프트와 긴밀한 협력 관계를 구축하였다. 이는 인텔이 출시하는 칩이 소비자에게 의미가 있기 위해서는 그 칩의 기능을 활용할 수 있는 운영 프로그램이 필수적이기 때문이었다. 비슷한 이유로 인텔은 기타 소프트웨어 개발업체들에게 자금을 지원하여 자사의 새로운 칩의 기능을 활용하는 프로그램을 개발하게 하였다.

인텔의 DRAM 사업 모델을 요약하면 다음과 같다. 최초로 DRAM을 개발한 만큼 경쟁업체보다 기술의 우위가 있으므로 지속적으로 차세대 DRAM 개발에서 앞서 나가서 차세대 DRAM 제품을 먼저 출시하여 일시적 독점권을 바탕으로 매출을 달성하고, 이후 경쟁업체들이 기술적인 부분에서 따라잡으면, 다시 차세대 DRAM을 개발하여 이를 활용한 제품을 통한 매출 달성을 하고자 했다.

그러나 이 모델의 문제점은 경쟁업체들이 점차 인텔의 제품 출시를 빨리 따라잡게 된다는 점에 있었는바, 이는 인텔의 기술력의 문제라기보다는 경쟁업체 대비 생산력과 규모의 열세에서 기인하였다. 즉, 규모의 경제에서 밀렸다. 더불어 당시 인텔의 DRAM 제품 관련 공급업체, 경쟁업체, 수요업체는 모두 소수의 일본 기업으로 구성되어 있었는데, 이러한 상황에서 각 업체에 대한 인텔의 협상력은 매우 낮았다.

이후 인텔은 MP 사업에서 다른 사업 모델을 추진하였다. 즉, 인텔은 공급업체들에게 다른 공급업체와 공급의무를 분담할 것을 요구하는 등 다수의 공급업체의 확보를 도모하였으며, 한편 IBM 등의 수요업체가 인텔에게 이와 유사한 요구(즉, MP의 공급의무를 타사와 분담하라는 요구)를 하자 이를 거부하고 오히려 생산 시설을 증설하는 등 독자적 공급업체의 지위 확보에 주력하였다.

더불어 인텔은 Compaq 같은 추가 수요업체를 발굴 및 지원함으로써 다수의 수요업체를 확보하였다. 이로 인하여 인텔은 DRAM 사업 때와는 비교할 수 없을 정도로 강한 협상력을 공급업체와 수요업체에서 확보할 수 있었으며, 결과적으로 MP 업계에서 대성공을 거두게 되었다.

결론적으로 인텔은 DRAM 사업에서 실패한 경험을 토대로 MP 사업에서 공격적으로 협상력 강화를 도모한 것이 사업의 번창으로 이어졌다고 볼 수 있다.

아. Kodak 사례

1880년에 설립된 후, 카메라와 필름 분야에 주력한 Kodak은 꾸준히 성장하여 1976년 즈음에는 미국의 카메라 시장의 85%, 필름 시장의 90%를 점유하였다. 1981년에 Kodak의 매출은 100억 달러에 이르렀다.

Kodak의 사업 모델은 초기와 마찬가지로 낚시 가격 모델이었다(상대적으로 저가인 카메라와 고가인 필름 판매를 통한 수익 달성 모델). 같은 해 Sony는 필름이 불필요한 디지털 카메라의 출시를 선언하였다. 이후 Kodak도 디지털 기술에 어느 정도 투자를 하여 1986년에 세계 최초의 전자 이미지 센서를 출시하였고, 1991년에는 Photo CD와 전문 디지털 카메라를 출시하였다.

그럼에도 불구하고 Kodak의 많은 인력은 디지털 기술에 흥미가 없었으며 기존의 낚시 가격 모델에 집착하였다. Kodak은 1997년부터 디지털 분야에도 낚시 가격 모델을 접목시키는 시도를 하였다. 그러나 이러한 시도는 그다지 성공을 거두지 못하였으며 Kodak의 세계 시장 점유율은 지속적으로 하락하여 2002년 기준 40% 아래로 내려가게 되었다.

Kodak의 몰락은 파괴적 혁신의 작용을 알 수 있는 교과서적 모델이다. Kodak은 기존 기술을 고수하였으며 기존 균형을 파괴할 만한 잠재력이 있는 기술의 개발에는 무관심하였다. 이러한 상황에서 Sony가 파괴적 제품인 디지털 카메라를 출시하고, 이후 다른 업체들도 디지털 카메라 사업에 주력하기 시작하였다.

그럼에도 Kodak은 기존 기술과 제품, 사업 모델을 고집하였으며 디지털 분야와 관련하여 많은 노력을 기울이지 않았다. 이후 Kodak은 점차 Sony 등에게 시장 점유율을 내주게 되자, 디지털 분야에 진출하기 위한 여러 시도를 하였으나, 별다른 성공을 거두지 못하고, 결국 1990년부터 2002년까지 매년 시장 점유율의 하락을 경험하게 되었다.

파괴적 혁신(disruptive innovation)은 하버드 대학의 크리스텐슨(Christensen) 교수가 주창한 이론으로써 매출액이 적은 저품질(low quality) 제품보다도 낮은 혁신적인 제품을 만들었지만, 결국에는 낮은 가격의 고품질의 기술개발로 인해 시장을 석권하는 것을 의미하는 것으로 인도의 타타자동차[4]의 저가 자동차의 경우도 파괴적 혁신이 가능한지에 대해서는 일반적 의미의 파괴적 혁신과는 다르다. 즉, 타타자동차는 기존 자동차보다 가격을 낮추기 위하여 부품의 등급을 낮추어서 판매한 것이지, 후에 기술적으로 기존 자동차를 압도한 것은 아니기 때문에 파괴적 혁신은 될 수 없다. 단지 저가전략이다.

3. UC Berkeley의 지식재산권 관리(IP Management)

버클리 대학을 통하여 창업한 회사에는 Gap, Sun Microsystems, Apple, Unix 등이 있다. 버클리 대학은 Berkeley Engineering의 “Center for Entrepreneurship and

4 타타자동차(영어: Tata Motors Limited, 힌디어: टाटा मोटर्स)는 1945년에 설립된 인도의 다국적 자동차 기업이다. 본사는 인도 뭄바이에 위치해 있다. 세계에서 생산량으로만 8번째로 큰 자동차 제조 기업이다. [출처: 위키백과]

Technology", Berkeley School of Business의 "Lester Center for Entrepreneurship and Innovation", Berkeley Law의 "Berkeley Center for Law and Technology" 등을 통하여 다각적으로 벤처 창업을 지원하고 있다.

버클리 대학의 자원(시설, 자금 등)을 상당 부분 사용하여 개발된 기술 등에 대한 지식재산권은 버클리 대학에 귀속되나, 버클리 대학은 창업 지원에 적극적이며 통상 창업자가 원할 경우 계약을 통하여 관련 기술에 대한 독점 라이선스를 합리적 조건으로 제공한다(이후 필요 시 창업자의 상황에 맞추어 계약을 조정/변경하는 것도 가능하다. 가령, 로열티 감액 등).

지식재산권 전략으로서 버클리 대학에서는 연구결과를 초기에 출원하는 전략(특허 전략)을 사용하기도 하고, 발명 관련 정보를 최대한 일찍 공개하는 전략(노하우 전략)을 사용하기도 한다(실시 전략은 각 부서에 따라 다른데, 예컨대 Berkeley Sensor and Actuator Center는 특허 전략을 사용하며 Berkeley Wireless Research Center는 노하우 전략을 사용한다).

특허 전략을 택한 후 창업을 하는 경우, 통상 창업자는 핵심 기술을 사용할 수 있는 독점적 라이선싱 계약을 버클리 대학과 체결하며 이후 핵심 기술을 간접적으로 보호하기 위하여 각종 개량특허를 출원한다. 창업 후 새로운 기술을 개발하면 이에 대한 지식재산권은 버클리 대학의 자원이 사용되지 않는 한 회사에 귀속된다.

노하우 전략을 택한 후 창업을 하는 경우, 통상 창업자는 핵심 기술을 간접적으로 보호하기 위하여 각종 개량특허를 출원한다. 창업 후 새로운 기술을 개발하면 이에 대한 지식재산권은 버클리 대학의 자원이 사용되지 않는 한 회사에 귀속된다. 노하우 전략을 택하는 가장 큰 이유는 연구결과를 공유하고 피드백을 받음으로써 그만큼 빨리 관련 정보를 축적하고 연구를 진전시킬 수 있다는 점이다.

4. 전략적 마케팅 및 포지셔닝(Strategic Marketing and Positioning)

마케팅이란 잠재적 소비자로 하여금 회사의 제품/서비스에 관심을 가지게 하는 과정이다. 판매와는 다른 개념이다. 즉, 마케팅을 통하여 판매에 이르게 되는 것이다. 통상 회사가 신기술을 도입 또는 사용하는 목적은 경쟁력의 강화에 있다. 그 예로서, 보다 낮은 가격 달성과 새로운 시장의 형성, 품질 강화 또는 위험을 감수한 고수익의 달성으로 분류할 수 있다.

시장에 신제품이 소개될 경우 그에 대한 수용자의 분포는 시간이 흐르면서 다음과 같이 형성된다. 초기에는 소수의 혁신 수용자(innovator)들만이 관심을 가진다. 이들은 혁신 과정에 참여하는 것에 자부심을 느끼며, 이들의 피드백을 통하여 제품 보완이 이루어진다. 이후 여전히 소수이나 혁신 수용자들보다는 많은 조기 수용자(early adopter)들이 신제품에 관심을 갖게 된다. 이들은 보통 신기술/신제품의 이른 도입을 통하여 경쟁자들에 우위를 점할 목적으로 관심을 가진다. 이후 대부분의 소비자를 나타내며 제품의 성능이 검증되고, 실용적인 측면이 확인된 후에야 구매 의향을 보이는 조기 다수 수용자(early majority)가 관심을 가지고, 이후 조기 다수 수용자보다 소수이며 보수적인 성향인 후기 다수 수용자(late majority)가 관심을 갖게 된다. 마지막으로 극소수의 지각 수용자(laggard)들이 있는 바, 이들은 어쩔 수 없는 경우가 아닌 이상 신제품의 사용을 매우 꺼려한다.

일반적으로 많은 벤처기업들이 조기 수용자에서 조기 다수 수용자로 넘어가는 단계에서 실패를 하게 되는 바, 이는 조기 수용자들과 조기 다수 수용자들이 신제품을 사용하는 목적이 서로 전혀 다름에도 불구하고 벤처 기업이 이를 인지하지 못하여 적절한 대응에 실패하기 때문이다.

조기 수용자와 조기 다수 수용자의 간극(chasm)을 성공적으로 넘기 위해서는 ① 표적시장의 선택, ② 완전완비 제품(목표시장의 소비자들이 해당 제품을 구매할 이유가 있는 최소한도의 수준의 제품, 타이밍과 파트너가 중요하다)의 개념 이해, ③ 제품 포지셔닝(제품 차별화, 이미지 창출 등), ④ 마케팅 전략(목표, 목적물, 의사전달, 전략과 전술), ⑤ 판매 채널(직접 판매, 가치 창조된 간접판매, 배분, 인터넷 등), ⑥ 판매 가격(상대적으로 낮은 판매가격) 등에 주의를 기울여야 한다.

신기술을 사용하는 이유는 상대적으로 낮은 가격, 새로운 시장 창출, 빠른 시장 진입, 더 높은 제품 품질로 인해 시장 경쟁력이 증대되기 때문이다. 새로운 기술은 반드시 위험을 수반하는데 이처럼 위험을 감수해야 하는 것은 다른 기술수요자 분류에서는 서로 다르게 행동하기 때문이다.

5. 발견중심기획

경험의존기획이 과거의 경험과 지식에 기반을 둔 반면 신규 사업에 적합한 발견중심기획(Discovery-Driven Planning)은 미래 상황에 대한 여러 가정에 기반을 둔다.

디즈니사의 경우 유럽에 진출하였을 당시 예전에 미국과 일본에서 성공하였을 때 사용한 사업 모델을 바탕으로 경험의존기획을 적용하였다가 크게 실패한 경험이 있다. 일반의 기대와는 달리 개장 초기에는 비싼 입장료와 미국문화에 대한 프랑스인들의 반감, 와인(포도주) 판매금지 등에 대한 반발 등 여러 가지 이유로 입장객 수도 적고 언론의 반응도 냉담했다. 그러나 개장한 지 10년이 지나면서 다른 디즈니랜드와 달리 주류인 와인 판매를 허용하는 등 사업부의 노력에 힘입어 2000년에는 한해 1,540만 명의 입장객수를 기록하였다(Disneyland Paris, 두산백과).

발견중심기획을 적용하기 위해서는 역손익계산서를 작성하여 목표 수익을 우선 설정하고, 이를 토대로 필요한 예상 매출액과 예상 비용 등을 역산하여, 사업 운용 과정을 세부적으로 표시하고 사업 모델에 사용된 모든 가정을 프로젝트 단계별로 지속적으로 추적하여야 한다. 발견중심기획을 성공적으로 사용하기 위해서는 분석적이며 비판적 사고, 포괄적 계획, 유연성(핵심 가정도 변경될 수 있음) 등이 요구된다.

재정문제 해결을 위해서는 은행으로부터 차용을 하거나 혹은 지분을 배분한다. 처음 설정된 계획을 변경해야 하는 요소로는 중요한 환경변화, 비즈니스 모델의 변화, 마켓 설정의 변화, 추가의 재정변화, 판매량의 변화, 끊임없는 팀 빌딩 등이 있다.

계획이 실패하는 이유로는 납득할 수 없는 목표, 측정할 수 없는 목표, 전체의 헌신(total commitment) 부재, 경험의 부족, 위협이나 약점에 대한 몰이해, 시장이나 투자자에 대한 분석 실패 등이 있다.

일반적으로 범하기 쉬운 위험한 가정으로는 제품 구매자는 우리의 제품이 좋기 때문에 구매할 것이다, 우리의 제품은 타 제품에 비해서 기술적으로 우수하기 때문에 잘 팔릴 것이다, 우리 제품은 적기에 예산에 맞추어서 개발되었다, 우리 회사는 훌륭한 직원을 끌어들이기에 문제점을 가지고 있지 않다, 경쟁자들은 이성적으로 응답할 것이다, 우리는 경쟁자로부터 우리의 제품을 고립시킬 수 있다 등이 있다.

6. 사업가의 세일즈 및 마케팅 활동(Sales and Marketing for the Entrepreneur)

성공적인 마케팅을 위해서는 자사 제품을 이해하고 소비자가 이를 구매하는 이유를 파악하여야 한다. 이와 관련하여 판매자는 소비자의 상황, 소비자가 겪고 있는 문제, 문제가 시사하는 점, 그리고 이와 관련하여 소비자가 필요로 하는 것을 파악하여야 한다(Situation, Problem, Implication, Need; "SPIN"). SPIN을 제대로 파악하면 제품 홍보는 물론 시장의 창출도 가능하다. 예를 들어 두통을 완화하는 동시에 심장병을 예방하는 효과가 있는 아스피린의 경우, 다음과 같은 세일즈 방법이 가능하다.

두통 시장에서는 ① 두통의 종류를 언급, ② 두통의 불편함을 언급, ③ 두통으로 인하여 하지 못하는 것들을 언급, ④ 두통이 (아스피린을 통하여) 해소되면 느낄 편안함을 언급한다.

심장마비 시장에서는 ① 심장마비 종류를 언급, ② 소비자의 사망에 따른 충격을 언급, ③ 소비자의 사망이 그의 지인들에게 미칠 영향 언급, ④ 아스피린을 1일 1정 복용하면 심장마비를 예방할 수 있는 점을 언급한다.

결국 세일즈의 핵심은 소비자에게 이야기를 하는 것이며 마케팅의 핵심은 소비자의 이야기를 경청하는 것이다. 훌륭한 판매원은 소비자에게 제품에 대한 이야기를 늘어놓는 대신 대화를 통하여 소비자로 하여금 스스로 자신의 SPIN을 깨닫게 하는 것이다. 단, 판매자의 제품을 해답이라고 내놓는 것이 아니라, 소비자의 문제에 집중하여 이를 실제로 해결할 수 있는 방안을 제시하여야 한다. 즉, 제품을 판매하는 것도 중요하나 소비자의 니즈를 파악하여 마케팅부서에 알려주는 것이 더 중요하다.

7. 사업 모델 혁신(Business Model Innovation)

1950년대 전까지는 "낚시 정책"(bait and hook)과 같은 단순한 사업 모델이 주류를 이루었다(낚시 정책이란 제품의 가격을 낮게 책정하여 구매를 유도하되 해당 제품을 사용하는 데 필요한 별도 제품 또는 소모품의 가격을 높게 책정하는 정책임). 이후 맥도날드(Mcdonald) 및 월마트(Wal-Mart)와 같은 파괴적 사업 모델이 등장하게 된다.

가. 맥도날드(Mcdonald)의 사업모델

맥도날드의 역사는 1940년 리처드 맥도날드, 모리스 맥도날드 형제가 문을 연 레스토랑에서 출발했다. 캘리포니아 주 샌 버다니노에서 레스토랑을 시작한 맥도날드 형제는 1948년 '스피디 서비스 시스템'을 도입했다. 이후 크록은 맥도날드 형제로부터 270만 달러를 주고 맥도날드 프랜차이즈에 대한 모든 권리를 넘겨받았다.

1955년 크록은 데스 플레인에 맥도날드 1호점을 처음으로 출범시켰다. 1993년 오스트레일리아 멜버른의 맥도날드 매장에 스타벅스 스타일의 맥카페가 처음 문을 연이래 2010년 1,300개가 넘는 맥카페가 생겼다. 2006년 스타벅스와 유사한 커피전문점 분위기를 연출하기 위해 '포에버 영(Forever Young)' 브랜드를 도입했고 대대적으로 매장을 재단장했다(네이버 기관단체사전).

공급의 과다는 소비자의 내성을 키우고, 단순한 필요에 의한 소비가 아닌 선택을 전제로 한 소비가 이루어지게 했다. 이런 상황은 소비자에게 다양한 서비스를 제공하게 했고, 소비자는 점점 더 나은 환경과 매장 분위기를 요구하게 되었다. 이러한 다양한 변화의 일환으로 일본에서는 맥다이닝(McDining)이라는 맥도날드가 등장했다. 현대적이고 과감한 디자인을 도입하여, 단체석과 펜던트 등을 낮은 조도로 구성하며 화려하고 고급스러운 재료를 사용해서 매장을 새롭게 디자인했다(삼성경제연구소). 이것을 '스페이스 마케팅'이라고 한다.

나. 월마트(Wal-Mart)의 사업 모델

노드스트롬(Nordstrom)[5]과 같은 백화점 체인의 경우, 재고자산의 회전율이 연 4회이다. 즉, 3개월마다 재고자산이 회전하는데, 노드스트롬의 공급업체에 대한 대금 지급은 일반적으로 공급일로부터 30일 이내에 이루어져야 한다. 그렇기 때문에 노드스트롬은 은행으로부터 융자를 받아서 대금을 지급하고 3개월마다 융자의 원리금을 상환함.

월마트 역시 공급업체에 대한 대금을 공급일로부터 30일 이내에 지급하여야 한다. 그러나 월마트의 경우 재고자산이 상대적으로 설명이 덜 필요한 간단한 물품 위주로 구성되어 있고, 매우 철저한 재고자산 관리 시스템이 갖추어져 있어서 재고자산 회전율이 연 7~8회에 달한다. 이로 인하여 융자에 따른 이자 비용이 낮아지게 되며, 이렇게 절약된 비용을 바탕으로 판매 물품의 가격을 인하하면, 이는 매출 증가로 이어지며, 재고자산 회전율의 상승에 기여하고, 재고자산 회전율이 상승할수록 다시 이자 비용이 감소하게 되는 구조이다.

다. Better Place의 사업모델

Better Place[6]는 오일 의존도의 문제를 해결하는 데 초점을 두었다. 전기를 사용하

---

5 신발, 의류, 액세서리, 가방 등을 판매하는 미국의 고급 백화점 체인.

6 Better Place was a venture-backed international company that developed and sold battery-

면 경제적으로 운전을 할 수 있고, 환경문제도 해결할 수 있는 장점이 있었다. 가솔린은 1마일을 달리는 데 20센트가 필요하고, 전기차는 3~4센트가 필요하므로 경제적으로 이득이 있다.

처음에 이 사업을 위하여 이스라엘에서 자금을 투자하였고, 이어서 덴마크, 캘리포니아, 호주에서 투자를 하였다. 일본에서는 시범사업을 이미 시작하였고, 한국도 제주도를 중심으로 시범사업을 진행중이다.

전기차의 단점으로는 배터리 비용이 비싸고, 충전하기 위한 장소의 확보가 쉽지 않다. 이러한 단점을 개선할 수 있는 비즈니스 모델 해결책은 언제 어느 곳에서도 충전할 수 있는 장소 확보, 휘발유보다도 더 적은 운전비용, 충전소를 근거리에 많이 확보하는 것 등이 필요하다.

Better Place는 2007년에 설립되었으며 전기자동차 및 관련 기반의 개발 및 건설에 주력하고 있는 벤처 기업이다. Better Place가 구상하고 있는 사업 모델은 다음과 같다. ① 전기자동차의 모터를 저가형으로 공급(주행가능거리 희생)함으로써 자동차의 가격 인하를 달성하는 한편 자동차 배터리는 소비자에게 판매하지 않고 대여만 한다. ② 대신 곳곳에 배터리 교환소를 마련하여 전기자동차의 배터리 교환 서비스를 제공한다. 전기자동차를 이용할 경우 기존의 자동차에 비하여 비용이 저렴하고 환경오염 요인이 적으며, 배터리 교환은 3분 이내에 이루어질 수 있다.

8. 개방형 혁신

개방형 혁신(Open Innovation)의 핵심은 노하우를 지닌 내부 인력의 이탈, 내부 인력풀의 한계(아무리 많은 전문 인력을 내부로 끌어와도 현실적으로 외부의 전문 인력이 훨씬 더 많을 수밖에 없음) 등의 문제를 해결하기 위하여 회사 외부의 혁신 기술 또는 아이디어를 받아들이고 이를 활용하여 제품 개발을 도모하는 것이다.

Procter & Gamble[7]이 개방형 혁신의 좋은 사례이다. 연간 매출이 700억 달러인 Procter & Gamble은 매년 4~6% 성장률을 목표로 한다. 이는 곧 매년 30억~40억 달

---

charging and battery-switching services for electric cars. It was formally based in Palo Alto, California. [출처: 위키백과]

7 프록터 앤드 갬블(Procter & Gamble)은 미국의 다국적 기업이다. 비누, 샴푸, 칫솔, 기저귀 등 다양한 종류의 소비재를 제조 판매한다. P&G라고 부른다.

러의 매출 증가를 의미하는 바, 내부 연구개발만으로는 이러한 수치를 매년 달성하는 것이 거의 불가능하다. Procter & Gamble의 신제품 또는 새로운 아이디어의 성공률은 35% 정도이다.

이에 Procter & Gamble은 자사의 웹사이트에 아이디어를 제출할 수 있는 기능을 추가하여 운영하고 있으며, 정기적으로 소비자가 가장 필요로 할 것으로 여겨지는 제품의 리스트를 작성하여 해당 제품들의 개발을 방해하거나 불가능하게 하는 기술적, 과학적 한계를 파악하여 이를 공개하고 피드백을 받으며, 더불어 외부에서 아이디어를 발굴한 내부 인력에게 인센티브를 제공하고 있다. 이것을 연계개발(C&D, connect and development)이라고 한다.

9. 파괴적 혁신

과거에 크게 성공한 기업들이 이후 뚜렷한 이유 없이 몰락한 경우가 많다(60년대의 Sears, Roebuck and Co.와 같은 경우). 이 현상에 대한 분석 결과, 경영진의 기량 미달, 고객에 대한 관심 부족, 연구개발 미비 등은 해당 기업의 몰락과 관계가 없었으며, 그보다는 후발주자에 의한 파괴적 혁신(Disruptive Innovation)이 이유로 지목된다.

파괴적 혁신의 일반적 흐름으로 기존 기업은 기존 제품을 고수하며 그에 대한 존속적 혁신 기술에 투자를 지속한다(기존 균형을 파괴할 만한 기술 개발에 상대적으로 무관심). 그러므로 기존 제품의 혁신에는 한계가 있으며 어느 시점부터 기존 기업과 경쟁업체 간의 제품의 주요 차이점은 가격과 브랜드 정도밖에 없게 된다. 이러한 상황에서 파괴적 기술을 개발한 신규 기업이 시장에 진입한다.

신규 기업은 처음에는 기존 기업이 그다지 선호하지 않는 하위 시장(저가 제품 시장: low end of the market)을 상대로 매출을 올린다. 그러나 매출이 이어지며 제품에 대한 혁신이 거듭되어 성능이 향상되고 신규 기업은 점차 기존 기업의 상위 시장(고가 제품 시장: high end of the market)까지 잠식하게 된다.

기존 기업은 비용 구조 문제로 신규 기업이 달성한 파괴적 기술을 활용하기 어렵게 된다(예컨대, 기존 기업이 마케팅 및 세일즈에 3만 달러를 투자하면 5만 달러의 매출, 2만 달러의 수익을 달성하는 구조로 운영된다면 신규 기업은 마케팅 및 세일즈에 훨씬 적은 돈, 예를 들어 5천 달러를 투자하고 1만 달러의 수익을 달성하는 구조로 운영되는 것과 마찬가지이다. 이러한 상황에서 기존 기업은 이미 보유하고 있는 마케팅 및 세일즈 인력에 대한 대규모

구조조정 없이는 신규 기업과 같은 수익 구조를 적용할 수 없다).

오늘날 대기업들은 이러한 현상을 인지하고 있으며 파괴적 기술을 보유하고 있는 벤처 기업 등이 등장하면 해당 회사의 지분을 조기에 확보하려고 시도하는 경우가 많다. 또는 시장에서 퇴출시키기 위하여 온갖 권모술수를 부린다. 물론 대기업이 벤처 · 중소기업과 함께 성장하는 사례도 많다.

P&G의 연구개발 핵심은 내부에서 해결을 못하면 외부에서 출처(source)를 얻어서 해결한다는 이른바 연계개발(Connect & Development)이다. 내부 연구개발(R&D)에 돈을 많이 투자한다고 반드시 성공적인 제품이 나오는 것이 아니다. 실제로 P&G는 C&D를 시행한 후, 매출액 대비 연구비지출이 줄었음에도 불구하고 매출액은 더 오르게 되었다. 이것이 개방형 혁신(Open Innovation)의 요체이다.

현대시장은 문제를 해결하기 위하여 하나의 기술로는 안 되고, 여러 이종의 기술을 조합 · 결합해야 하는 경우가 많다. 이것은 융 · 복합기술이며 이러한 기술을 해결하기 위하여 개방형 혁신은 더욱더 요구된다.

제2절 호주 Griffith 대학 기술사업화

1. 대학소개

호주 그리피스(Griffith) 대학은 퀸즐랜드 주, 브리즈번 시에 위치하고 있으며 1971년 사무엘 그리피스 경(former Premier and chief Justice)에 의해 설립되었다. 5개 캠퍼스로 구성(Gold Coast, Nathan, Logan, South Bank, Mt Gravatt)되어 있다.

학과는 Humanities and language, Health, Business and Commerce, Criminology and law, Education, Music, Engineering and IT, Science and Aviation, Environment, Planning and Architecture, Visual and Creative Arts로 구성되어 있다.

그리피스 엔터프라이즈(Griffith Enterprise)는 Consultancy and Commercial Research Group, Marketing and Events, Commercialization and Enterprises Group로 구성되어 있다.

그리피스 대학은 국립대학이고, 골드코스트 캠퍼스는 중심 캠퍼스이다. 호주 국립대학은 연방정부 및 주정부로부터 자금(funding)을 많이 받고 있다. 골드코스트 캠퍼스에 위치한 종합병원은 요양을 겸하는 고급병원인데 주정부로부터 6억불 자금지원을 받았다.

그리피스 대학은 기술사업화를 위하여 연구소장이 CEO를 겸하고 있고, 그리피스 엔터프라이즈를 통하여 기술이전 및 기술사업화를 추진하고 있다. 그리피스 엔터프라이즈는 2010년에 150만 호주달러의 기술이전을 성사시켰다. 또한 대학에 소속된 조직이고, 투자 및 컨설팅 및 기술이전 에이전트 역할을 하고 있다.

호주의 국토면적은 남한 면적의 80배이고, 인구는 2200만이다. 광산개발, 농업, 천연가스 등이 발달되었다. 호주가 전략적으로 중요하게 생각하는 것은 클린 에너지, 바이오, 수소결합(Clean Energy, Bio, Hydrogen combination), 광물로부터 부가가치 창출, 의학(말라리아 백신개발) 등이 있고, 퀸즐랜드 주에서 중요하게 생각하는 것은 열대과일 재배, 사탕수수 재배(폴리코사놀의 원료), 어업 및 천연자원(석탄, 가스), 서비스업, 관광업, 교육업 등이 있다.

퀸즐랜드 주의 혁신시스템으로는 "Smart State" 프로그램(주정부의 도움으로 저탄소 녹색성장분야 지원)이 있고, 그리피스 대학의 연구 강점분야로는 아시안 정책, 기후변화 감지 프로그램, 범죄예방, 신약개발, 건강, 물 과학, 음악, 미술 등이 있다.

2. 퀸즐랜드 주의 혁신시스템

혁신이란, 새로운 아이디어(novel ideas)를 널리 지식으로 전파(disseminating knowledge)하여 구체적으로 실행(implementation)시키는 것이다. 그리고 상업적 혁신이란, 아이디어를 돈으로 만드는 것(turning ideas into money)이다. 혁신으로부터 경제적, 사회적 혜택을 부여한다.

퀸즐랜드 주정부는 똑똑한 주(Smart State) 전략을 통하여 혁신을 지원하기 위하여 1998년 이래로 $3.6B을 투자했다. 특히, 연구역량 인프라스트럭처에 투자하여 새로운 아이디어를 창출하고 있고, 이머징(emerging) 산업의 개발과 상업화를 지원하기 위하여 투자를 진행하고 있다.

투자 결과, 2010년에 과학자 수가 늘었고, 39개의 새로운 기관이 설립되었으며, 퀸즐랜드 주의 46%에 해당하는 사업에 혁신을 접목했다. 실례로 퀸즐랜드 대학 이안 프레이저(Ian Frazer) 교수[8]의 자궁경부암 백신개발과 물을 효율적으로 사용하기 위한 샤워기(shower) 개발을 들 수 있다.

대학의 기술사업화를 추진하기 위한 전략무기는 '그리피스 엔터프라이즈'와 같은 기술이전 전문부서이다. 가령, 개발된 프로그램들은 제품 생산량의 50%를 증대시켰고, 제품 마진의 20%를 증대시켰다.

사업에 있어서 혁신(innovation in Biz)은 사업(Biz) 스킬과 지식을 개발해서 새로운 기회에 대한 자본화(capitalize)를 위한 비즈니스 역량을 개발하는 것으로서 새로운 아이디어를 사업(Biz)으로 연결하고, 새로운 고객을 찾고, 새로운 시장에 접근하는 것이다.

퀸즐랜드 주의 특징으로는 ① 사람들의 협조심(spirit of harmony), ② 현명한 주정부(high level government), ③ 연구역량(research skill), ④ 풍족한 재정(strong finance), ⑤ 천연자원의 존재(natural resource), ⑥ 농업의 강점(agriculture is strong point)으로 사탕수수를 들 수 있고, ⑦ 관광업(tourism), ⑧ 바이오기술, ⑨ 나노기술, ⑩ 기술자(skill-up people), ⑪ 항구를 끼고 있는 지리적 이점 때문에 무역교역에 유리하다.

3. 호주의 지식재산 보호시스템

호주는 가명세서(provisional) 특허출원이 존재해서 특허출원 후 12개월 내에 정식 특허출원명세서를 제출하면 된다. 특허(standard patent)의 권리기간은 출원일로부터 20년이고 임상실험 등을 위한 기간으로 실시하지 못한 5년간을 추가로 부여한다. 실용신안(innovation patent)의 권리기간은 출원일로부터 8년이다.

특허의 경우, 특허결정이 되면 일반에게 공개를 하고, 공중의 심사를 통하여 최종 특허등록 여부를 결정한다. 우리나라의 경우는 특허등록 후, 무효 심판으로 다투는 것과 다르다. 실용신안의 경우, 실용신안등록을 우선 허여한 후, 등록 불가사유가 존재하면, 심사를 실시하여 실용신안등록을 취소할 수 있다.

진보성 판단(inventive step)시, 종전에는 호주 내에서 그 기술 분야에서 일반적으로 알고 있는 경우로 한정하여 판단했으나 개정법에서는 호주 내(local)를 배제하고

---

8 호주의 8대 명문 중에 하나인 퀸즐랜드 대학의 교수이며, 자궁경부암은 전 세계적으로 여성에게 발생하는 암 중에서 두 번째로 많이 발생되는 암인데, 프레이저 교수의 헌신으로 예방이 가능하게 되었다. 호주 정부에서는 그의 공로를 인정하여 2012년에 호주 최고의 명예인 컴패니언 훈장을 수여했다.

전 세계(worldwide)로 하고 있다(whether in or out of Australia). 우리나라도 호주와 비슷하다.

개정법에서 자명성 판단(obviousness test)시, 한 개의 선행 자료를 가지고 판단하거나 혹은 2개 이상의 선행 자료를 그 기술 분야에 있는 사람이 쉽게 결합하여 같은 효과를 얻을 수 있으면 자명하다고 판단 한다(reasonably expected to combine the prior art). 이것은 미국 및 유럽 그리고 우리나라와 유사하다. 단, 한 개의 선행 자료는 신규성 판단(novelty test) 시에 동일성 여부를 다툴 때 사용하고, 자명성 판단(obviousness test) 시, 2개 이상의 선행 자료로 쉽게 결합할 수 있는지 여부로 판단한다.

자기공지 예외규정의 법적 허용기간은 1년간이며, 비밀실시(secret use)에 대해서 모호했던 것을 개정법에서는 비밀실시에 대해서도 12개월 내에 출원하면 법적 보호를 받는다. 우리나라의 경우는 비밀실시에 대한 법적 보호기간은 별도로 두고 있지 않다. 비밀실시의 경우는 공개된 것이 아니기 때문에 발명자가 원하는 시기에 특허 또는 실용신안을 출원할 수 있다. 그러나 심사 시 비밀실시일이 소급적용은 안 된다.

UWA(University of Western Australia)와 그 대학 소속의 Dr. Gray 간의 직무발명 귀속여부 소송에서 UWA는 직무발명에 근거하여 발명의 권리는 기관의 소속으로 되어야 한다고 주장했으나 법원은 Gray 박사의 손을 들어주었다. 호주에서는 발명의 권리가 원칙적으로 발명자에게 있음을 명확히 한 판례다. 호주에서는 직무발명 보상제도가 별도로 발전하지 못한 측면도 있다고 보인다.

4. 기술사업화의 효율적인 형태

첫째로, 대학으로부터 독립된 기업 형태(spin out)로는 ICT[9]분야가 적합하다. 그 이유는 빠른 상업화(Proof of Concept)가 가능하고, 전문성을 보유한 외부전문가가 풍부해서 그들을 활용하면 사업 성공 가능성을 높일 수 있다. 반면에 향후 시장성 및 사업 실현가능성을 평가해야 하는 문제에 봉착할 수 있다.

둘째로, 상업적 성공이 예상되는 대학의 연구실(commercial laboratory)로는 물리학(Physics)과 나노재료(Nano Material) 분야에 적합하다. 그 이유는 대학 내 지식과 경험

9 ICT(Information & Communication Technology)는 정보 기술(Information Technology, IT)과 통신 기술(Communication Technology, CT)의 합성어이다.

이 내재된 연구실의 기반을 활용할 수 있고, 정부지원 등으로 설치된 특성화된 장비가 구현된 연구시설을 활용할 수 있으며, 이들 분야는 단기간에 연구성과를 이끌기보다는 장기간의 연구지원(long term support)이 필요한 분야이면서 플랫폼 기술지원을 받을 수 있기 때문이다.

셋째로, 대학, 정부(공공연), 기업이라는 혁신의 주체 세 축이 공동사업(joint venture)을 할 수 있는 기술 분야는 바이오, 의학, 임상 분야가 적합하다. 이들 분야들은 특히 각 주체 간의 밀접한 협력이 필요하다. 무엇보다도 연구를 위한 재원마련이 필요한데 정부는 지식, 인력 그리고 재정 등을 지원하고, 혁신 주체 간 긴밀한 상호 소통을 위한 구심점의 역할을 해야 하고, 기업은 연구 및 사업화를 위한 자금지원이 필요하다.

대학 기술의 사업화를 위한 관련업무(correlates)로는 ① 연구의 우수성을 홍보하고, ② 성공사례를 대학의 내부와 외부에 공유하며, ③ 사업화 성공을 위한 정부보조(Grant-leveraged)가 필요하고, ④ 안정적인 대학의 구조(stable leadership structure) 정립이 필요하다. 가령, 사업화 성공을 위한 행정부서의 지원(proximity matter)과, 점진적이고 계속적인 연구펀딩 지원(continuity funding) 등이다.

5. 기술사업화를 위한 대학의 조직

그리피스 엔터프라이즈(Griffith Enterprise)는 대학에 소속된 기관으로서 대학에서 창출된 지식재산권의 보호와 기술이전 및 기술사업화를 성공적으로 수행하고 있다. 조직의 구성은 상업적 연구를 지원하는 그룹과 기술사업화를 지원하는 그룹 그리고 마케팅을 수행하는 그룹으로 전문화되었다. 그러나 기술이전 성공 시 직원의 기여자 보상은 없다.

그리피스 엔터프라이즈에서 주로 수행하는 업무로는 ① 전략적인 연구자금 지원 프로젝트(strategic funding programs)가 있다. 가령, Griffith Enterprise Fund (Establishing Enterprises)와 Griffith Enterprise Innovation Fund(Proof-of-Concept) 등이 있다. ② 각종행사를 진행한다. 가령, 기술설명회, 기술세미나, 상품전시회(Trade Show), 워크숍 등이 있다. ③ 프랜차이즈 확장을 위한 지원으로는 대학 내, 'Asia-Pacific Center'를 활용해서 뉴스레터 발간, 블로그 발간, Event/Forums, 구독자 관리(마케팅에 활용), 웹사이트 운영(build the brand), 고객에 직접 접근, 프랜차이즈 커뮤니티 활용, 프랜차이즈 가입자를 위한 교육 등이 있다. ④ 전자매체(e-products)

를 활용한 상용화된 제품 홍보를 한다. 가령, 전자책(e-books), 컴퓨터 기반 수업(e-classes) 등이 있다.

그리피스 엔터프라이즈로부터 얻는 가치창조로는 ① 성공적인 사업 확장으로 인한 대학의 평판의 증대(enhanced reputation), ② 연구력 증대(more research), ③ 신입생 유치(new students), ④ 대학수입 증대(discretionary revenues) 등이 있다.

그리피스 엔터프라이즈의 IP비즈니스 모델은 ① 지식재산권 전략에 따른 상업적 연구(Consultancy & Commercial Research)를 수행한다. ② 지식재산권 유지전략(IP Retention)을 계속 수행한다. ③ 파생 지식재산권 확보 및 기업과 기술이전을 위한 IP 협상(IP Generation and Exchange)을 수행한다. ④ 기업에 지식재산권 이전(IP Transfer)을 수행한다. 정리하면 상업적인 연구결과를 지식재산권으로 보호하고 컨설팅을 통하여 산업체에 기술이전하여 상업화 성공을 유도하는 모델이다.

그리피스 대학의 학문적 목표와 산업체의 니즈를 고려한 사업모델은 다음과 같다. ① Phase 1: 대학의 연구 내용과 교육과정 숙지를 통한 창업을 위한 탐색단계로, 현장 확인을 통한 더 나은 결정(making better decisions through independent evidence-

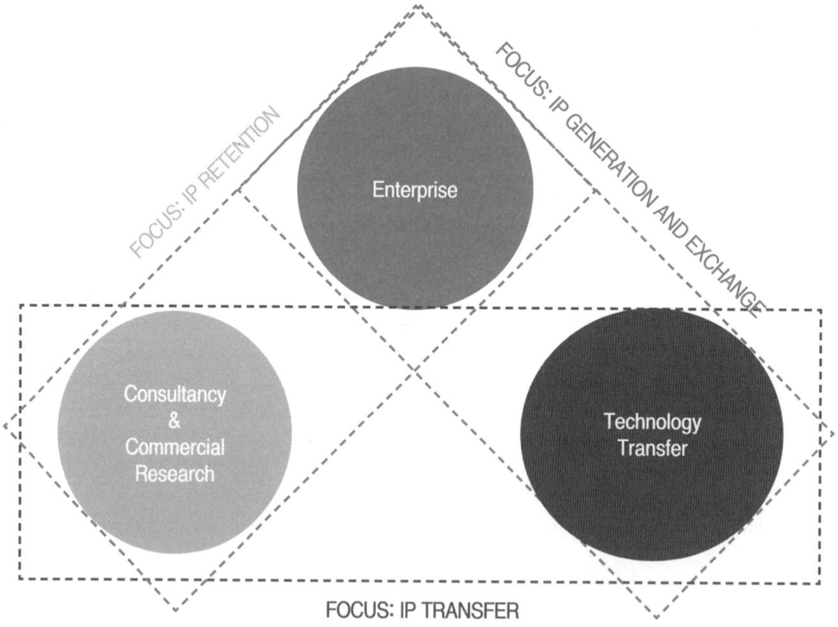

| 그림 6-1 | 그리피스 엔터프라이즈의 IP 비즈니스 모델

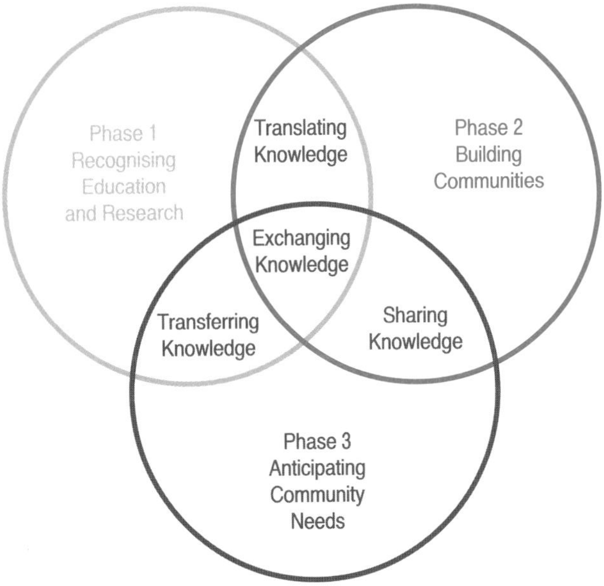

| 그림 6-2 | 그리피스 대학의 성공적 창업을 위한 사업모델

based knowledge)을 할 수 있고, 고객지향 연구수행(client directed, sponsored research)을 하는 단계이다. ② Phase 2: 커뮤니티를 생성하는 단계로, 산업체 혹은 정부와의 커뮤니티 강화(building communities by connecting with industry and government)를 목표로 하는 단계로 뉴스레터(News letters), 블로그(Blogs), 행사(Events)를 활용하여 커뮤니티를 강화한다. ③ Phase 3: 커뮤니티의 수요를 예측하는 단계로서, 대학의 핵심역량을 시장기회와 매칭(matching core capabilities with market opportunities)하면서 시장지향(market directed, e-books)활동을 한다.

정리하면, 대학의 기술을 활용하여 창업을 수행하기 위한 준비를 하는 과정으로 대학의 연구 내용과 교육과정을 숙지하고, 커뮤니티를 생성하기 위하여 산업체 및 정부와의 소통을 활성화하고, 커뮤니티의 수요를 예측하여 대학의 핵심역량을 시장기회와 매칭함으로써 창업의 성공 가능성을 높이는 모델이다.

6. 그리피스 대학의 IP(지식재산권) 정책

대학교의 교원 및 직원이 자신의 저작물을 출판할 권리가 있다. 단, 대학이 IP로 보호할 필요성이 있는 경우는 출판을 포기할 수 있다. 대학의 교원 및 직원은 그리피스 대학을 떠난 뒤에도 자신의 저작물을 학문과 교육의 목적으로 사용할 수 있다.

지식재산권의 소유권(ownership of IP)은 원칙적으로 발명자가 소유권을 갖는다(직무발명의 개념이 없음). 단, 대학이 필요로 하는 경우, 발명자로부터 IP권리를 양수받아서 기술사업화에 활용할 수 있다. 단, 대학이 상업화를 포기하는 경우는 발명자에게 IP를 돌려주어야 한다.

학생의 지식재산권의 소유권(ownership of IP of students)은 원칙적으로 발명자가 소유권을 갖는다. 단, 대학 혹은 학생의 요구에 의하여 발명자로부터 양수받을 수 있다.

연구자가 대학의 협조를 필요로 하는 경우는 ① 연구비를 외부로부터 수주하기 위하여 대학의 명의가 필요한 경우(funding that requires assignment)와, ② 연방 혹은 주정부 프로젝트인 경우(smart State facility or bio discovery research) 필요하다.

지식재산권(IP)의 관리 비용에 대해서 대학이 지식재산권의 창출 및 보호/활용에 관련된 비용 일체를 지불한다(university bears all cost of IP protection and commercialization).

IP를 통한 수익 발생시 보상금 배분 비율은, 특허(General)의 경우는 발명자가 수익의 50%, 저작권(Creative Works)의 경우는 저작권자가 70%를 지급받는다. 그 외 발명자나 저작권자가 속한 학과가 수익의 12.5%(저작권은 7.5%), 행정부서가 12.5%(저작권은 7.5%) 그리고 대학본부가 25%(저작권은 15%)를 수령한다. 단, 정부 보조를 받은 경우는 기술이전 수입이 발생되면 정부에 로열티를 지불해야 한다.

7. 그리피스 대학의 상용가능성 평가(Commercial Assessment)

발명이 상업적으로 잠재성(commercial potential)이 있는가에 대한 판단항목으로는: ① 제품(Product)의 우수성, ② 가치제안(Value Proposition)을 통한 전략적 마케팅, ③ 시장(Market)이 얼마나 형성되어 있는가, ④ 시장침투(Route to the Market) 가능성은 얼마나 되는가, ⑤ 아이디어의 상용화로 인한 상업적 보상(Potential Commercial Returns)은 얼마나 되는가를 통하여 상업적인 가능성을 판단한다.

제품(Product) 관점의 평가요소로는 ① 표적 고객은 누구인가(Who are the target customers?), ② 고객은 무엇을 필요로 하는가(What are their requirements?), ③ 고객에게 어떤 혜택을 줄 수 있는가(What benefits do you offer them?), ④ 왜, 고객은 당신의 제품을 구입하는가(Why will they purchase your product?), ⑤ 고객에게 당신 제품

의 대체품은 있는가(What are the alternatives available to the customer?), ⑥대체품이 있는데도 불구하고 고객은 왜 당신 제품을 택하는가(Why will they choose your product over them?)로 제품의 성공가능성을 판단한다.

지식재산권을 상업화하기 위한 추가의 연구개발 시 유의점으로는 ① 추가 제품개발을 위하여 드는 비용, 기간, 기술적 문제점 파악(What are the strategy, cost, time frame and technical risks for the further development of the product?), ② 발명자나 대학이 시장에 진입할 수 있는 추가의 제품개발을 할 수 있는 능력이 있는지 파악 (Are the creators and Griffith capable of developing a product to a stage where it can enter the market?), ③ 시장에 진입하는 데 법적규제는 없는지 파악(Is regulatory approval needed for marketing the product?)한다.

가치제안(Value Proposition) 관점의 평가요소로는 ① 제품이 고객에게 주는 궁극적인 혜택은 무엇인가(What are the specific end-result benefits the product offers customers?), ② 경쟁제품에 비해서 특이한 점은 무엇인가(Is the product unique or are there competing products or substitutes?), ③ 제품의 경쟁우위는 무엇인가(What is the competitive advantage of the product?), ④ 경쟁제품 대비 가격은 경쟁력이 있는가(What is the potential price of the product and of competing products or substitutes?)로 제품의 가치를 판단한다.

시장(Market) 관점의 평가요소로는 ① 미래의 예측 가능한 시장점유율(Perform a 'quick-and-dirty' market study to establish a potential possible market share), ② 수요와 공급 파악(Look at 'demand' and 'supply')이 있는데, 일반적으로 시장에서 50% 이상의 시장 점유율을 갖는 제품은 거의 없다. 대부분의 제품이 미세한 시장점유율을 갖는다(Only very few products are able to take more than 50% of the market most products take only a minor share of the market).

시장침투(Route to the Market) 관점에서의 평가요소로는 ① 어떻게 제품기술을 시장에 진입시킬지를 조사(Investigate how to bring your IP or technology to the market)한다. ② 상업화 성공을 위한 파트너를 명확히(identification of commercialization partners)한다.

상업적 성공 보상(Potential Commercial Returns) 관점의 평가요소로는 IP를 활용하여 실시료를 챙길 수 있다(Where an invention is planned to be licensed, usually a set of payments will be collected from a licensee, including). 가령, ① 일정기간에 매출이 어느

정도 존재할 때, 실시료를 지급(Options fees), ② 선급기술료(Upfront fees)와 경상기술료(Annual fees), ③ 분할 지급(Milestone payments), ④ 미래 실시료(Royalties) 등이 있다.

상업화할 수 없는 경우(knock-out facts)의 예로는 ① 제품이 없는 경우(No product), ② 제품을 위한 시장규모가 작은 경우(Not a sufficient or accessible market for the product), ③ 제품을 보호할 IP가 없는 경우(No IP protection possible, but exploitation requires IP protection), ④ 우회설계를 쉽게 할 수 있고, 시장우선진출자에 대한 혜택이 없는 경우(Competitors will be able to circumvent the patent and there is no first-mover-advantage), ⑤ 특허침해를 입증하기 어려운 경우(Patent infringement cannot be proven and prosecuted), ⑥ 특허는 초기단계의 기술이고, 발명자가 추가의 개량발명을 하지 않는 경우(The IP is early stage and the creators will not further develop the invention) 등이 있다.

8. 녹색 혁신 세미나(Green Innovation Seminar)

가. 기업가의 태도

기업가는 ① 사업을 수행 시, 정직과 성실이 가장 중요하다. 또한 계획을 잘 세우는 것은 결과를 좋게 할 수 있다(proper planning prevents poor performance), ② 사람의 인격과 지위에 대한 존경이 필요하다(respect for the person and position), ③ "Yes"는 협상 시, 조심스럽게 사용해야 한다.

나. Ergon Energy

Ergon Energy[10]는 퀸즐랜드 주정부 소유의 기업으로 전력공급을 주로 수행한다. 4,600명의 직원과 자산은 $8.7B이고, 퀸즐랜드 주의 주요한 전력 공급처이다. 우리나라의 한전과 비슷하다. Ergon Energy에서는 새로운 사업을 위하여 연구개발에 몰두하고 있으며 태양열을 이용한 'Solar City'를 구상하고 있고, 주정부에서 수행하는

---

10 Ergon Energy is a subsidiary company of Energy Queensland Limited(EQL) a Government owned corporation owned by the Government of Queensland. It distributes electricity to around 700,000 customers across Queensland. [출처: 위키백과]

'Smart Grid 프로젝트'(이상 전력 방지 시스템 개발)에 관여하고 있다.

Ergon Energy에서는 산학협력을 수행하고 있다. 대학 재학생을 위한 인턴 제도를 시행(vocational employment program) 중에 있고, 4년간 69명 인턴을 교육했고, 그중 20~30% 정도를 채용했다. 산학협력의 예는 ① 대학 재학생을 위한 논문공모전(thesis topics) 실행, ② 장학사업(scholarship program) 실행, ③ 교수와의 공동연구 수행을 위한 연구비지원(direct funding of research projects), ④ 연방 및 주정부의 연구과제 공동수행(co-funding as part of Federal and state research grants), ⑤ 대학의 연구 사이트를 활용하여 프로그램을 검토하고, 평가 등을 공동수행, ⑥ 대학생의 기업현장방문 및 교육(site visits to show the practical application of technology to students), ⑦ 산학공동연구 시, 지식재산권은 기업 소유, ⑧ Ergon Energy에서는 미쓰비시와 함께 전기자동차 연구프로젝트를 수행, ⑨ Ergon Energy에서는 Townsville solar cities 프로젝트를 수행, 호주에서는 환경보호를 위하여 원자력의 사용을 억제하고 있고, 조력을 에너지로 사용할 것을 고려했으나 효율성이 없다.

다. Maco Lighting

Maco Lighting[11]은 10명의 엔지니어를 보유하고 있고, 중국에 공장을 보유하고 있다. 제품을 UK, EU, AU, NZ 등에 판매하고 있다. 대부분의 제품들은 첨단기술이 아니다. 그러므로 지식재산권으로 보호하지 않는다. Maco Lighting에서는 기존 제품의 에너지를 1/7쯤 줄여서 판매하고 있고, 호주 정부에서는 클린에너지 프로젝트에 $13B 정도를 투자할 계획이다.

시장접근 전략으로는 ① 시장을 알아야 한다(know the market), ② 경쟁자를 알아야 한다(know the competitor), ③ 고객을 찾는다(pick your customers), ④ 고객은 시장의 리더인가(are they market leader?), ⑤ 왜 고객은 당신의 제품을 원하는가(why would they want your product?), ⑥ 당신은 당신의 고객에게 어떤 가치를 줄 수 있는가(what value are you giving your customers?)가 있다.

어떻게 후속 제품을 결정할 것인가로는 ① 고객들로부터 현재 시장의 문제점을 경청한다(listen to customer's market problems), ② 우리의 기술을 사용하여 당면한 문

---

11 Maco Lighting is a manufacturer of Emergency lighting products including Exit Signs, safety signs, Emergency Lights, inverters, ballasts and automation devices.

제점을 어떻게 해결할지 결정한다(decide how we could solve this using our skills), ③ 비용 문제를 해결한다(work out the cost), ④ 시장의 규모는 얼마나 될지 파악한다(size of market), ⑤ 우리의 고객은 누구인가 파악한다(who is our customers?), ⑥ 후속 제품은 회사의 목표 및 방향과 같은지를 파악한다(is it in line with the company's goal), ⑦ 시장에 적응하고 시장에 맞게 변화를 해야 한다(adapt and change with the market) 등을 고려하여 결정한다.

혁신에 대해서는 다음과 같다. ① 고객들에게 묻는다(ask why). ② 부가가치가 있어야 한다(value added). ③ 새로운 기술을 이해해야 한다(understand new technology). ④ 시장 초기 진입자가 되어야 한다(first mover). ⑤ 혁신적인 아이디어는 회의실 미팅에서 나오는 것이 아니다(innovative ideas don't come from board room meetings). ⑥ 조직문화가 혁신을 지지해야 한다(a culture supporting innovation).

Maco Lighting의 장점으로는 ① 업계를 매우 잘 알고 있다(know the industry very well), ② 경쟁자와 다르게 생각한다(can think differently), ③ 기술자가 있다(skilled staff), ④ 완벽한 문제해결(complete solution provider), ⑤ 혁신을 할 수 있는 근무환경(ideas can become a reality quickly) 등이 있다.

라. 그리피스 대학에서 해 줄 수 있는 것

호주의 주요 이슈(Top issues of Australia)는 ① 에너지 저장 방법 연구(energy storage), ② 전력 손실 방지 연구(off Grid power), ③ 에너지 손실을 효율적으로 줄이는 연구(reduce energy consumption efficiently), ④ 재생에너지 연구(integration of renewable sources into the current networks → renewable energy becomes the main sources of energy) 등이다.

그리피스 대학의 전문성으로는 ① 전기 자동차(electric vehicles), ② 전력 손실을 방지한 빌딩(off grid building), ③ 에너지 저장 방법 연구(energy storage), ④ 에너지 효율성을 가진 반도체 소자(SiC on Si semiconductor) 등을 들 수 있다.

그리피스 대학에서 줄 수 있는 것으로는 ① 전문가 분석(expertise analysis), ② 핵심 분야의 전문가 보유(expertise in key areas), ③ 혁신기술 보유(innovative technology), ④ 전문연구진 보유(skilled researchers), ⑤ 기술지도(consultancy), ⑥ 전문가 조언(continual professional development), ⑦ 시제품의 기능실험(independent testing facility), ⑧ 실험실 사용료를 받음(fee for service model) 등이다.

그리피스 대학의 사업계획 및 기술이전계획으로는 ① 시장 조사(market plan), ② 자금 확보(financial plan), ③ 기술사업화 계획(commercialization plan), ④ 지식재산권 확보(intellectual property plan), ⑤ 실시권 허여 (licensing), ⑥ 양도(selling) 등이 있다.

9. IP개발(Development of Intellectual Property)

그리피스 엔터프라이즈는 대학의 지식재산권 관리와 기술이전 및 기술사업화를 관할하고 있지만, 우리나라처럼 직원에 대한 기여자 보상이 없다. 그렇다고 대학에서 사업비 예산을 주는 것도 아니기 때문에 사업비를 스스로 벌어서 사업을 하고 있고, 직원 스스로가 열심히 일하고 있다. 물론 봉급은 대학에서 지급 한다.

그리피스 엔터프라이즈에서 생각하는 기술이전을 위하여 가장 중요한 요소는 기업과의 계속적인 관계(ongoing relationship)이고, 면대면(face to face) 미팅을 중요하게 보고 있다. 특히, 기업을 선택할 때는 그 기업의 CEO가 누군지는 중요하지 않고, 그 회사의 기술과 재원 등을 더 중요하게 판단하여 계속적인 관계를 유지한다.

그리피스 대학에서는 특허를 활용한 기술이전은 30% 정도이고, 나머지 70%는 저작권 등 노하우 기술이전이다.

그리피스 엔터프라이즈의 기술사업화 실무책임자인 Jens에게 기억에 남는 기술이전 사례를 물으니 얼마 전에 한 회사의 관계자가 찾아와서 그 회사의 기술을 설명했다고 한다. 그 설명을 듣고 Jens는 사업의 성공 가능성을 높게 보았다고 한다. 그래서 이틀 동안 대학을 설득하여 300만 불을 투자했다고 한다. 당시에 그 기술은 시장도 형성되어 있지 않았지만 결국 상업화에 성공했다고 한다. 그 비결에 대해서 Jens는 기술이전을 담당하는 사람들은 기술을 다방면으로 많이 알고 있는 것이 중요하다고 한다. 자신이 대학을 적극적으로 설득할 수 있었던 것은 자신이 그 기술을 전공했기 때문에 가능했다고 한다.

Jens의 실패에 대한 기억은 기술사업화를 수행하기 위하여 적절한 파트너를 물색하고 있었는데 때마침 벤처캐피탈 회사에서 투자를 검토했으나 높은 수익(High return)에만 관심을 보여서 결국 투자유치에 실패했다고 한다.

10. 호주의 기술사업화를 위한 정부지원

Proof of Concept('PoC')이란 무엇인가? 산업체에서는 대학과 공동 기술사업화를 추진 시에 사업의 성공가능성을 높일 목적으로 발명개념이 실현가능한지를 검증하는 스텝을 요구하게 되는데 이것을 PoC라고 한다. 산업체에서는 펀딩(funding)을 수행하기 전에 'PoC'를 거치지 않으면 연구개발비를 지원하지 않는다(Funding bodies often do not support R&D up to the PoC stage). 퀸즐랜드 주 정부에서는 'PoC'를 위한 펀딩(funding)을 만들었다.

호주의 연방정부에서는 기업, 개인, 대학의 기술사업화를 위하여 지원을 하고 있다(Initiative of the Australian Federal Government (2010) For companies, individuals and academic institutions). 예컨대 ① 전문가로부터 전문가의 스킬과 지식 등의 암묵적인 지식을 자문받을 시에 정부는 그 비용의 80%를 지원하고 수혜자는 20%를 매칭비용으로 낸다(Skills and Knowledge, Access specialist advice and services(20 matching:80 grant). ② 경험이 많은 CEO나 중역을 고용 시에는 정부는 50%를 지원하고, 수혜자는 50%를 매칭비용으로 낸다(Experienced Executives, Engage a CEO or senior executive(50:50)). ③ 'Proof of Concept' 시에는 정부는 50%를 지원하고, 수혜자는 50%를 매칭비용으로 낸다(Proof of Concept, A$50k−250k(50:50)). ④ 시장에 초기 진입하는 기업가를 위해서 초기사업화 자금이 필요할 때는 정부는 50%를 지원하고, 수혜자는 50%를 매칭비용으로 낸다(Early Stage Commercialization, A$250k−2mio for market entry, repayable(50:50)).

11. 그리피스 엔터프라이즈의 기술사업화 추진 전략

그리피스 엔터프라이즈는 아니면 말고 식의 접근 방법을 지양(Do not follow the "shotgun" approach)하고 있다. 기술사업화를 공동으로 추진할지 여부를 판단할 때 성공에 대한 높은 가능성, 프로젝트 계획의 객관타당성, 연구수행 인력의 전문성을 전반적으로 판단하여 결정한다(Select proposals with High probability of success, Clear project plan with milestones, Skilled team).

기술사업화 진행 시에 주의해야 할 점은 ① 투자 시, 높은 투자 수익을 얻기 위해서는 반드시 높은 위험요소가 있다(High risk–high return of investment). ② 대학의 기술을 사업화하고자 할 때, 위험을 분산하기 위하여 산업체와 매칭 펀드를 구성하는 것이 바람직하다(De-risking by co-funding from industry partner).

그리피스 엔터프라이즈의 기술사업화 추진현황(2011년 기준)을 살펴보면; ① 12개 프로젝트에 펀딩(12 Projects funded), ② 대학과 산업체가 공동 펀딩(Attracted A$450K in co-funding from industry partners and A$160K from elements of the University), ③ 5개 완료 과제 중, 4개 성공, 1개 실패(5 finalized: 4 successful, 1 not successful), ④ 2건의 특허출원(2 patent applications filed), ⑤ 2개 프로젝트는 3백만 불 이상 투자 제안을 받음(2 projects support deal that brought in >A$3 mio), ⑥ 투자회수율 220% 이상(Return of Investment: >220%)이다.

그리피스 엔터프라이즈의 IP 기술사업화 협상전략으로는 일반적으로 우리나라와 비슷한 전략을 사용한다. 가령, 등록특허를 기업에 기술이전하면서 전용실시권(Exclusive) 또는 통상실시권(non-exclusive)을 허여하고, 등록특허에 대해서 실시권(License)을 부여하거나 양도(assignment)하거나 또는 옵션(Option)계약을 하거나 공동연구개발(Joint R&D)을 수행한다.

그리피스 엔터프라이즈의 기술가치평가 방법으로는 ① 사용된 비용(연구개발 비용, IP관리 비용, 사업화 비용)을 고려한 가치평가(Retrospect), ② 업계의 전문가들이 인정하는 기술가치(즉, 행동의 규칙(Rule of thumb)기술은 높은 평가를 받는다), ③ 경매에 의하여 설정된 가격(Establishing market price by auction), ④ 시장에서 일반적으로 적용하는 기술가치(Bench Marking), ⑤ 미래의 매출 규모 및 위험을 고려한 기술가치(Development of prognosis), ⑥ 특허 피인용 횟수(많을수록 가치가 높다)(The more often a patent is cited, the higher is the potential value of that patent, and the chance to license it)가 있다.

특허가치평가공식은 (patent sales − base sales) × 1/(patents+1) × reference rate → reference rate는 agreed royalty rates fixed at 2% for existing products를 말한다. patents는 분모 항목에 있기 때문에 특허가 많을수록 가치가 떨어지면 공식이 잘못된 것 아니냐는 질문에 특허 한 건의 가치를 산정하는 것이기 때문에 특허수가 많을수록 특허가치는 떨어지도록 설계된 공식이라고 한다. 특허가치평가 공식은 그리피스 엔터프라이즈에서 만든 것이냐고 질문하니 외부 전문가들이 만든 것이라고 한다.

12. 대학의 기술사업화 성공/실패 요인 및 사례

기술사업화의 성공과 실패를 좌우하는 요인으로는 ① 기술의 가치 및 시장의 형성 여부(Technology and market), ② 기술사업화 전략의 적절성 여부(Commercialization strategy), ③ 적절한 사업 파트너의 선정 여부(Finding the right partner), ④ 기술가치의 과대평가 여부(Realistic expectations), ⑤ 사업 파트너를 선정 시, 효율적으로 협상을 수행했는지 여부(Negotiation skills) 등이 있다.

가. 실패사례 - BRCA[12] 특허사례

BRCA 관련 특허들은 흉부 암을 찾아내는 기술에 관한 것이다(detection of hereditary breast cancer). 특허들은 Myriad사와 미국, 일본 그리고 캐나다의 대학들이 공동연구를 수행하여 그 결과로 창출되었다(Invented at several US/JP/CA universities and research institutes, in collaboration with Myriad Genetics Ltd.(Salt Lake City, USA)).

특허들은 Myriad사의 단독소유가 되었다(All rights have been assigned to Myriad). Myriad사는 유전자 실험을 제안했다(Myriad offers genetic testing service). 모든 실험 샘플은 미국으로 보내질 것이 요구되었다(But requires that all samples to be sent to the USA). 샘플당 실험 비용은 3,000불(Charges US$3,000 per sample)이었다. 대학과 병원에서 실험이 수행되었다(Enforces its rights, including suing universities and hospitals that performed the testing).

당시에 특허들은 신규성의 결여와 발명의 내용을 구체적으로 명시하지 않은 문제점 및 유전자에 대한 실험을 함으로써 윤리적인 문제가 제기되어 등록여부가 불투명하게 되었다(patents were challenged. One patent grounds (novelty, lack of disclosure) One ethic grounds). 유럽에서는 여러 단체에서 윤리적인 문제점을 지적하면서 특허는 무효로 결정되었다. 그러나 아직도 유럽특허청(EPO)에 심판청구중이다(Oppositions

12 BRCA 유전자는 다른 유전자에 문제가 생겼을 때 그를 '수리하는' 역할을 한다. 우리 몸 안의 모든 세포에는 모두 똑같이 핵이 존재하고, 유전자들이 들어 있다. 우리가 살아가며 발암 물질을 섭취하거나, 혹은 (흡연 등의 경로를 통해) 들이마시거나, 활성 산소에 노출이 되거나, 허용치 이상의 방사능을 쬐거나하면, 세포 내에 유전자들은 망가지게 된다. BRCA 유전자는 그러한 유전자들을 고치고, 제 기능을 발휘하게 하는 핵심적인 역할을 한다. [출처: 안젤리나 졸리 유전자(BRCA 유전자)와 유방암 - 박민재부원장]

led to invalidity or restriction (loss of diagnostic claims) of the BRCA-1 and BRCA-2 patents. Decisions are still under appeal at the EPO).

미국에서도 유럽과 마찬가지로 여러 단체로부터 도전을 받았지만 2심에서 특허는 유효한 것으로 결정되었다(U.S. Court of Appeals for the Federal Circuit has held the patents valid. Overturned a lower court ruling).

호주에서는 Genetic Technologies Ltd(GTG)라는 회사가 Myriad와 제휴를 맺으면서 실험을 수행하려고 했으나 결국 대중의 비난을 견디지 못하고 중단했다(Genetic Technologies Limited Pty Ltd (GTG) has formed a strategic alliance with Myriad to offer cancer susceptibility testing in Australia, New Zealand and parts of South East Asia. Initially, the company tried to enforce the patents, but stopped enforcement due to public criticism).

미국, 유럽, 호주에서는 유전자 진단 실험에 대한 특허를 인정하고 있다(Several countries are currently considering whether genes and genetic diagnostic test should be patentable. USA, Europe, Australia. So far, genes and genetic testing are still patentable subject matter).

본 사례의 시사점은 다음과 같다. ① 높은 연구비로 독점적인 권리를 가지면 대중의 관심을 더 많이 받는다(Exclusivity and high price induced broad public concerns). ② 결과적으로 특허무효의 사례가 되고, 법 개정의 논쟁을 불러일으켰다(Resulted in patent invalidation cases and potential change in legislation). ③ 독점적인 권리보다는 여러 기관이 권리를 향유하면 지속적인 투자수익을 얻을 수 있을 것이다(Broad non-exclusive licensing would have enabled higher and sustainable returns, without treats to patents and reputation).

미국의 연방대법원도 결국 본 특허들의 유효성을 인정했다. 2013년 6월 13일 미 연방대법원은 추출된 천연 유전자 서열은 특허가 불가능한데 반해, 합성 DNA(cDNA)는 특허가 가능한 대상 물질로 공식적으로 고려할 수 있다고 만장일치로 판결했다. 연방대법원은 본 사건[13]에서 Myriad Genetics Inc.가 소유한 특허들을 검토하고 이와 같은 판결을 내렸다. Myriad Genetics Inc.는 자사 특허가 BRCA1과 BRCA2 유전자를 비롯해 유방암 및 난소암과 관련 있는 유전자에서 변이를 검출하는 방법에 대한 것이라고 주장했다. 연방대법원은 "cDNA는 '자연의 산물'이 아니기

13 Association for Molecular Pathology v. Myriad Genetics.

때문에 특허 부여가 가능하다"고 판결하며, 이와 같은 법적 주장을 지지했다(피스카타웨이, 뉴저지 주 2013년 6월 20일 PRNewswire=연합뉴스).

2013년 몸 속에 암이 없었던 '안젤리나 졸리'가 유방제거수술을 선택한 이유는 BRCA라는 유전자 돌연변이와 연관이 있다. BRCA 유전자의 돌연변이가 없는 사람의 경우 50세까지 유방암에 걸릴 확률은 2% 정도이다. 그러나 만약 돌연변이가 있다면, 그 확률은 무려 33%~50%까지 높아진다. 이 확률은 보통 사람의 평균 수명, 즉 70세까지 생존했을 때 더욱 큰 폭으로 변화하는데, BRCA 유전자에 돌연변이가 있는 사람은 유방암에 걸릴 확률이 최대 87%까지 올라간다.

확률의 변동 폭이 큰 이유는 BRCA 유전자의 돌연변이 종류가 매우 다양한데, 어떤 돌연변이를 갖는가에 따라 유방암 발병에 주는 영향이 조금씩 달라지기 때문이다. 안젤리나 졸리는 뉴욕타임즈 기고문에서 자신은 BRCA 유전자 돌연변이를 가지고 있고, 또한 유방암에 걸릴 확률이 87%에 달한다고 밝혔다. 그녀가 가지고 있었던 BRCA 돌연변이는 아주 위험한 종류의 유전자였던 것이다. 졸리의 가족력을 보면 암울하기 짝이 없다. 그녀의 어머니는 유방암 진단을 받았으며, 난소암까지 발병되면서 사망했고, 할머니 또한 난소암으로 사망했으며, 이모도 유방암으로 사망하였다. 이 암울한 가족력을 만든 "보이지 않는 살인범"은 바로 BRCA 유전자 돌연변이였던 것이다(안젤리나 졸리 유전자(BRCA 유전자)와 유방암 – 박민재부원장).

유방암 위험을 높인다고 알려진 유전자 BRCA1과 BRCA2의 유전자 이상여부검사의 특허를 보유한 미리어드사(Myriad Genetics Inc.)가 보유한 유전자 관련 특허들에 대해서 2009년에 미국시민자유연대(American Civil Liberties)와 공공특허재단(Public Patent Foundation)에서 특허권 취하 소송을 제기했다.

정부기관인 미국특허상표청(USPTO)에서는 2001년 1월에 DNA에 대한 특허권을 충족할 기준으로 ① 과학자들이 신체 밖에서 만든 DNA는 신체 내의 것과 뚜렷하게 다르다는 것이다. 신체 밖으로 추출된 DNA는 그것이 유전자의 전체이건 부분이건 간에 염색체와 화학적으로 분리된 상태이므로 새로운 물질이라는 것이다. ② 이런 DNA는 상업적으로 진단하거나 환자의 치료에서 유용할 것이고, 이 기준은 1980년의 유전자 조작 세균에 대한 연방대법원의 판례에서도 적용된 기준이라고 했다.

나. 성공사례

(1) 인유두종바이러스 백신 개발[14]

본 기술은 퀸즐랜드 대학의 이안 프레이저(Ian Frazer) 박사에 의하여 개발되고, 1991년 특허등록이 된다(Invented at the University of Queensland by Ian Frazer. 1991 patented by UQ). 퀸즐랜드 대학은 CSL[15]사에 라이선스를 허여하고, CSL사는 Merck[16]사에 라이선스를 허여한다. 퀸즐랜드 대학은 로열티 수입을 얻는다(UQ earns royalties from CSL and Merck & Co).

Merck사는 한해에 14억불을 벌었고, CSL사는 Merck사로부터 로열티로 8천6백만 호주달러를 받았다(received a royalty of A$86mio in 2007 from Merck; that means that CSL has a royalty of 6% of Merck's earnings). 퀸즐랜드 대학은 얼마의 로열티를 CSL사로부터 받았는지 공개하지 않고 있다(University of Queensland has not disclosed the royalty from CSL).

(2) 인공 와우(Bionic Ear)[17] 사례

생체공학(Bioengineering or Bionics)은 생물에 공학을 융합하여 생체공학적 귀(Bionic Ear), 코(Bionic Nose), 눈(Bionic Eye) 등을 만들어 신체의 기능성을 잃은 각각의 생체부분(장기)을 대체하자는 학문이며 의학기술이다. 인공 와우 첫 실험은 멜버른 대학에서 시행되었다(First experiments at University of Melbourne in 1960's). 본 기술은 Clark 교수에 의하여 시작된 프로젝트로부터 기인된다(Based on a project driven by Prof. Graeme Clark). 그 후 1974년 텔레톤(telethon)[18]에 의하여 펀딩(funding)이 되고

---

14 Vaccine against human papilloma virus. 자궁경부암 예방 백신으로 전 세계에서 사용된다.

15 CSL is a global specialty biotherapeutics company with major facilities in Australia, Germany, Switzerland, United Kingdom and the U.S., CSL employs over 17,000 employees working in more than 30 countries.

16 머크앤컴퍼니(Merck & Co., Inc.)는 화이자와 함께 미국을 대표하는 글로벌 제약회사이다. 2014년 기준 세계 5위의 제약회사로 전 세계 140여 개 국가에서 의약품, 백신, 바이오치료제 등을 판매하고 있다(1위 노바티스 513억 달러, 2위 화이자 449억 달러, 3위 사노피 400억 달러, 4위 로시 376억 달러). [출처: 한경 경제용어사전, 한국경제신문/한경닷컴]

17 인공 와우에서, 음성은 귀 근처에 착용된 마이크에 의해 포착되어 신체에 착용된 음성 처리기로 전송된다. 그 후 음성은 전자 신호로 변환되어 귀 안에 이식된 수신기로 전송된다. 수신기는 전극을 통해 신호를 내이(inner ear)로 전송하며, 내이의 전기 자극이 뇌로 전달된다.

18 텔레비전과 마라톤의 합성어로, 텔레비전 생방송에서 동일인이 종합사회를 보면서 장시간 연속

(Raised funds with a telethon on channel 10 in 1974), 1978년 시제품(prototype)이 등장한다. 코클리어(Cochlear)[19]가 탄생되면서 멜버른 대학과 파트너십을 체결하고, 정부와 기업으로부터 펀딩을 받는다(Cochlear was subsequently formed from a partnership of University of Melbourne(technology), Federal Government(funding), Nucleus Pty Ltd (medical equipment exporter)). 코클리어는 1988년에 펀딩(funding)을 시도하고, 임플란트(implant)기술에 대해서 일본으로부터 1994년에 승인받는다(Implant first approved in Japan in 1994).

임플란트(implant)기술은 청각장애자를 위하여 전기적으로 뉴런에 신호를 전달하게 하는 기술로서 마이크로폰을 피부 내에 이식 수술하기 위하여 작은 링을 사용했다. 초기에 연구비가 없어서 외부로부터 펀딩을 시도했다. 임상실험 3단계까지 마치고 1985년에 FDA 승인을 받았다. 코클리어 사는 매출액의 12%를 R&D에 투자하고 있고, 2300명의 직원을 두고 있다.

13. 특허계약서 관련 질의응답

호주의 특허계약서 작성에 대한 일반적인 설명을 했으나, 대부분 우리나라와 크게 다를 것이 없었다. 면책조항(Indemnity)에 대해서 우리나라에서는 특허계약서 작성 시, 만약 특허가 무효가 된다거나 제3자의 특허에 침해가 되어도 그때까지 받은 로열티를 반납하지 않는다는 내용의 문구를 계약서 내용에 작성하게 되는데 호주에서는 어떠냐는 질문에 우리나라와 비슷하다고 답변했다.

사후개량(Grant Back)조항과 관련하여 특허를 기술이전한 후, '을'이 발명의 내용을 개량한 경우, 소유권은 누구에게 있느냐는 질문에 공동개발을 했으면 공동권리를 갖고, '을'이 단독으로 개발을 했으면 '을'의 권리가 된다고 했다.

출연하는 일을 말한다. 외국에서는 1965년경부터 시작되었으며, 자선사업 · 대통령선거전 중계 등 특정한 주제를 내걸고 실시된다. 한국에서도 1960년대부터 실시되어 온 대통령 · 국회의원 선거의 개표실황을 합동으로 철야 중계하는 사례가 이에 해당된다. KBS-TV가 1983년 6 · 25전쟁특집으로 방영한 '이산가족찾기운동'도 대표적인 예이다. [출처: 두산백과]

19 A cochlear implant (CI) is a surgically implanted electronic device that provides a sense of sound to a person who is profoundly deaf or severely hard of hearing in both ears.

14. Eskitis Institute for cell and Molecular Therapies

Eskitis는 그리피스 대학의 신약개발을 담당하고 있고, 총 171명으로 구성되며 그 중에는 주 연구원 9명과, 박사 후(post-doctoral) 연구원 34명이 연구에 참여한다. Eskitis에서는 연구결과에 대해서 신약개발을 위한 계획을 세운다. 임상실험을 3차에 걸쳐서 수행하고 그 결과를 공유한다. 또한 'Nature Bank'를 활용하여 자연물질을 연구개발한다.

NB에는 현재 45,500개가 넘는 생물 샘플과, 독자적 처리기법으로 파생된 17,000여개의 추출물, 200,000개의 반정제 화합물, 3,500개의 정제된 화합물 등의 샘플을 보유하고 있다. 모든 화합물이 식물 및 무척추 해양 동물 등 천연물에서 유래한 것이라 약용가치가 높다.

보유자원 특성으로는 ① Biota library: 해양 생물자원은 그레이트배리어리프와 태즈매니아에서 채취되고, 식물자원은 퀸즐랜드와 중국 동남부 및 파푸아뉴기니의 열대림에서 채취된다. 모든 샘플은 건조파우더 형태로 보관되고 있고, 수요자가 원하는 형태로 가공되어 제공 가능하다. ② Lead-like Enhanced Extracts: Biota의 비약효성 성분을 제거하여 스크리닝에 보다 용이하게 이용할 수 있으며 질 높은 선도물질 발견확률이 높다. ③ Lead-like Enhanced Fractions: Lead-like Enhanced Extracts를 스크리닝에 보다 적합한 상태의 분석대기 상태로 발전시킨 것으로 현재 200,000개 이상의 Fractions를 보유하고 있다. ④ Pure compounds & Fragments: 2,250개 이상의 순수화합물을 추출하여 보관중이며, 이중 420개는 FTMS 스크리닝에 적합한 형태를 갖추고 있다(2014년 경기과학기술진흥원-호주 그리피스 대학교 업무협약 내용 참고).

Eskitis에서는 중국, 파푸아뉴기니, 호주 등에 식물공장을 보유하고 있고, 현재 여러 대학 및 제약회사와 공동프로젝트를 수행 중에 있다. 연구결과에 대해서는 전용실시권보다는 통상실시권을 허여하는 방향으로 진행되고 있다. Eskitis에서는 줄기세포에 대해서 관심이 많은데, 배양줄기세포는 윤리적인 문제로 연방정부로부터 펀딩을 받지 못하고 있기 때문에 성인줄기세포 연구만 수행하고 있다.

지구상에는 13.6백만 종의 식물, 동물, 미생물이 존재하고 있고, 그중 7% 이상이 호주에 존재한다. 호주는 다양한 생물을 보존하고(conservation), 다양한 자원을 지속적으로 활용하며(sustainable use), 거기서 발생하는 이익을 공유하고(sharing of benefits), 연구개발로부터 창출된 노하우의 기술이전(technology transfer)을 시도하고 있다.

1988년에 신약개발 센터를 설립했고, 1993년에 퀸즐랜드 주정부에서 연구소를 세워주었다. 신약을 하나 개발하는 데 5년의 기간이 필요하다(big pharma). 주요투자로는 아스트라제네카(AstraZeneca)[20]라는 제약회사와 독점연구계약을 체결(1993-2007)했고, 1억불 이상의 투자가 이루어졌다.

통상실시 계약의 사례로는 화이자(Pfizer)와 스위스 생명공학 기업인 액텔리온(Actelion)과의 계약이다. 계약을 체결하면서 얻은 시사점은 ① 새로운 사업의 접근 시, 유연한 접근이 필요하고, ② 산업이 요구하는 것을 경청해야 한다는 것과 ③ 병을 치유하기 위하여 새로운 전략을 개발해야 한다(develop new strategies to prevent and treat disease)는 것, ④ 자연물 혹은 성인줄기세포로부터 신약을 개발(Drug discovery from natural products. Applications of adult stem cells)해야 하고, ⑤ 다국적 협력(Collaboration with national and international partners)을 통한 신약을 개발해야 한다는 것이다.

Eskitis가 신약개발을 통해서 얻는 혜택(benefit)은 무엇인가? ① 기술자산 획득(Biodiversity, Chemical diversity, Geographic diversity)과 ② 계약연구(Contract research)를 통한 연구자금 확보와 연구결과를 통한 로열티 수익을 얻을 수 있다. ③ 각종정보 및 샘플에 대한 평가를 수행하고, ④ 노하우와 지식재산권의 기술이전, ⑤ 물적 자산 획득(Samples, Equipment, Infrastructure), ⑥ 학생 교육에 활용(Student training), ⑦ 학교의 좋은 평판, ⑧ 경제적 이득(Productivity, Health, Efficiency) 등이 있다.

퀸즐랜드 주의 특징으로는 ① 생물연구를 위한 완벽한 환경(Perfect for biodiscovery), ② 안정적인 정부(Stable Government), ③ 과학적 연구를 위한 기반의 선진화(Advanced scientific infrastructure), ④ 넓고 깊은 연구자풀(Wide and deep talent pool), ⑤ 생물 연구에 쾌적한 날씨(Nice weather), ⑥ 선진화된 법률구조(Advanced legislative framework) 등이 있다.

바이오 연구로부터 얻는 혜택으로는 ① 퀸즐랜드 정부에서는 바이오 연구 결과의

20 1999년 스웨덴 기업인 아스트라 AB(1913년 설립)와 영국 기업인 제네카그룹(Zeneca Group, 1926년 설립) PLC가 통합하여 새롭게 설립되었다. 주요 사업은 의약에서 주요한 7개 부분인 심장혈관계 질환(고혈압, 심장병), 신경계 질환(편두통, 간질, 우울증), 종양, 통증 제어와 마취, 호흡 등에 관련한 제품의 생산과 판매이다. [출처: 두산백과]

라이선스를 허락한다. ② 라이선스 수입의 일정액은 정부에 반납해야 한다. ③ 연구결과 및 활동 내역을 정부에 연간보고 한다. ④ 제3자에 의한 재 실시권을 허용한다(Sub-license its use to a third party). ⑤ 실시권은 퀸즐랜드 주에 속해 있는 회사가 우선이고 그 다음은 호주의 다른 주에 속해 있는 회사, 그 다음으로 국외회사 순으로 한다.

질의응답으로는 ① 회사와 대학이 공동연구를 하면 권리는 누가 소유하는가? 일부 IP는 그 회사의 소유로 하나, 대부분 대학의 소유로 하도록 한다. 대학에서는 연구결과의 산물인 IP를 활용하여 다른 기업에게 라이선스를 주거나 혹은 또 다른 공동연구를 수행할 수 있다. ② 바이오 연구 관련 법규는 존재하는가? 퀸즐랜드 주에서 제일 먼저 시작했고, 이어서 다른 주에서 시행하고 있다. ③ 연방법과 주법이 존재하는데 충돌하면 어떤 것이 우선하는가? 샘플이 어느 주로부터 왔는지에 따라서 결정된다.

15. GOLD Coast Innovation Center(GCIC)

GCIC는 2007년에 연간 $16,000 펀딩을 받았고, 6개월마다 주주들에게 경영 상황을 보고하고 있다. 주요활동으로는 ① 외부에 대학 IP의 실시권을 허여하고, ② 창업업체를 인큐베이팅한 후, 졸업시킨다. ③ 학생들로 하여금 일자리(Job Creation)를 창출해 주고, 기업가 정신을 가르친다(Entrepreneurial Base). ④ 위험자본(Risk Capital)으로 투자하고, 엔젤투자(Angel Investment)를 하고, ⑤ 고객들에게 가치 있는 멘토(valuable mentoring)와 자문을 수행한다. 2011년 기준으로 새로운 고객은 8개사이고, 누계로 21개사이다. 졸업한 회사는 6개사이고, 누계로 9개사다. 고객 연매출은 $2,600,000(2010년 기준)이고, 고용은 59명이다(2010년 누계). 고객사로부터 회원료(membership fee)를 받고 있다.

외부펀딩 등에 성공하면 5% 정도의 성공사례금(success fee)을 받는다. 우리나라 대학의 창업보육센터와 비슷하나, 대학 내에 입주를 시키지는 않는다. 주로 수익을 내지 못하는 초기단계회사(early stage)를 지원한다. 가령, IT, Film, Music, smart water 등 많은 기술 분야의 기술경영을 지원한다. 수익모델은 성공사례금, 실시료, 지분확보, 자문 등이고, 국가사업 제안서를 대행하고 채택 시, 5~10%의 성공사례금을 받는다. 정부로부터 펀딩(funding)을 받고 있고, 그리피스 대학에서도 공간을 제공한다. 대학의 교수 및 졸업생 중에서 성공한 CEO가 멘토의 역할을 주로 한다.

우리나라의 대학창업보육센터는 중앙정부나 지자체로부터 펀드를 지원받아서 운영하고 있으나, 적극적인 운영보다는 보육업체를 행정적으로 지원하는 정도로 사업을 하고 있으나, GCIC는 대학 내에 위치해서 많은 전문가들이 적극적으로 수익을 창출하고 있는 점이 우리나라와 다른 점이다. 우리나라도 연구중심대학이면 이런 수익모델을 벤치마킹할 필요가 있다.

CHAPTER 07

산학협력과 미래혁신

CHAPTER 07

산학협력과 미래혁신

제1절 산학협력

1. 기업별로 경험한 산학협력

산학협력을 하다 보면 여러 유형의 사람들을 만나게 된다. 대기업, 중견기업, 중소기업으로 나누어서 그동안 경험한 것을 말하고자 한다. 대기업의 경우는 기업의 핵심기술에 대해서는 산학협력하기를 꺼린다. 그런 기술은 기업 자체적으로 해결하려고하는 경향이 강하다. 반면에, 중요성이 상대적으로 떨어지는 기초적인 연구 과제를 대학과 협력하기를 원하는 경우가 많다. 대학의 싼 연구원 인건비를 활용하는 것이다. 과거 중요한 자원으로 여겼던 대학의 지식이 많이 퇴색되고 있다고 보여 진다. 대학의 연구자원들이 각성하지 않으면 대학의 지식은 한물간 지식으로밖에 여기지 않을 것이다.

대기업에서는 대기업 간의 전략적 제휴를 통하여 전략적인 신기술 연구와 새로운 시장의 공동창출을 꾀하고 있다. 그러므로 대기업 간의 공동연구개발을 배제하고 산학협력으로 그 역할을 끌어오기 위해서는 대기업만큼 응용기술개발에 대학도 발 벗고 나서야 한다. 이것이 대학의 경쟁력이 될 것이다. 이것을 못하는 대학은 경쟁에서 뒤처질 수밖에 없을 것이다.

교수들과 대화해보면 교수는 학생을 잘 지도하고, 아카데믹한 논문을 잘 작성하는 것이 중요하지, 교수가 학생의 창업과 취업까지 신경써야 하는 것을 이상하게 생각하는 사람들을 만났다. 이것은 현재의 대학 현실을 모르고 하는 말이다. 과거에는 통했지만 지금은 대학을 졸업했다고 모두 취업이 가능한 시대도 아니다. 기업이 요구하는 경쟁력을 갖추지 못한 학생들은 그 경쟁에서 도태될 수밖에 없는 실정이다.

대기업은 대학원과정 학생들이라면 과거의 지식보다는 미래의 지식에 더 관심을 가지고 연구하기를 원한다. 그것이 결국 기업의 미래가 되기 때문이다. 이런 연구는 분명히 앞선 응용연구를 의미한다. 기업과 계속적인 네트워크를 통한 소통을 해야 그들이 원하는 연구를 할 수 있고, 대학도 기업과 함께 발전하는 것이다. 아카데믹 캐피털리즘은 모든 대학에 해당되는 것은 아니고 이러한 앞선 연구를 하는 대학이 수혜를 받을 것이다. 이런 연구실에서 공부한 학생들은 여러 기업에서 스카우트한다. 채용과 직결된다는 것이다.

실례로, 중소기업은 인력이 필요해서 학생들을 보내달라고 아우성인데 정작 학생들은 중소기업을 기피한다. 실제로 여러 곳을 추천했지만 학생들이 지원조차 하지 않았고, 설령 지원을 했어도 최종 순간에는 출근을 하지 않는 경우도 보았다. 중소기업에서는 그 이유를 알려달라고 해서 난처했던 기억이 있다.

중견기업은 그나마 중소기업보다는 사정이 좋다. 실제로 중견기업에서는 대학과 연구개발을 활성화하기를 바란다. 그 이유는 대기업과 공동연구를 수행하면 자칫 잘못될 수도 있기 때문에 대학이 핵심기술을 함께 개발해 주기를 기대한다. 하물며 중소기업의 경우는 그 필요성을 더 절감하고 있다. 그들은 아예 기술력이 없으니 초기 기술의 설계와 특허확보까지 요구한다. 그러므로 향후 대학에서 응용기술력을 가지고 있지 못하면 산학협력은 더 어려울 것이다. 대학은 응용연구력을 배가시키기 위하여 매진해야 한다.

2. 기술이전에는 왕도가 없다

기술이전에는 왕도가 없다. 서로 간에 필요성이 있어야 기술이전도 되는 것이지 공산품 팔듯이 특허를 사라고 외친들 산업체에서는 거들떠보지도 않을 것이다. 예컨대 기술이전이 되는 경우는 대학 기술이전전담부서(TLO)에서 나서는 경우보다는 산업체에서 먼저 어느 대학의 어떤 교수가 무슨 연구를 하고 있다는 것을 먼저 아는 경우가 많다. 그 교수에게 연구비를 미리 주는 경우도 있다. 그 교수의 연구실에서 연구 결과가 나올 때까지 기다리거나 함께 공동연구를 하고 그 결과로 파생된 특허를 자연스럽게 기술이전해간다. 이것이 자연스러운 기술이전이다.

TLO에서는 이것을 강 건너 불구경하듯이 보고만 있지 말고, 그 프로젝트에 합세해서 원천특허를 함께 만들고, 개량특허와 같은 주변발명도 출원해서 관련특허들을 패키지로 기술이전할 수 있도록 전략 특허화를 하는 데 도움을 주도록 적극적으로 나서야 한다. 가령, 특허를 먼저 쓰고 그것을 기술이전하기 위해 애쓰는 데 시간을 낭비하지 말고, 차라리 기업체를 찾아다니면서 수요기술이 무엇인지를 묻고, 그 수요기술에 많은 지식을 보유하고 있고 현재도 연구실에서 그 기술을 연구 중인 교수와 산업체 간에 공동 연구프로젝트를 수행하도록 매칭을 해주는 역할을 하는 것이다.

그러나 매칭으로 끝나서도 안 된다. 기술적으로 도움을 주기 위해 특허맵 작성 등의 작업을 지원해 주어야 한다. 이때 교수 연구실의 연구원과 함께 이 작업을 수행하면, 그 연구실은 특허를 검색할 수 있는 능력까지 배양되고, 특허조사를 통하여 중복연구를 배제하고, 새로운 아이디어를 창출하는 데 도움도 줄 수 있다.

이와 같은 일에서 무엇보다도 중요한 것은 귀찮더라도 산업체를 자주 방문해야 한다는 것이다. 호랑이를 잡으려면 호랑이 굴에 들어가야 하는 것을 다 알면서 왜 호랑이 굴에 들어가는 것은 꺼려하는지 이러한 태도부터 고치지 않으면 기술이전은 요원할 것이다. 최소한 일주일에 1~2번은 산업체를 방문하는 패턴의 업무가 이뤄져야 한다. 이것이 기술이전의 시작이다.

요즘 산업체에서는 한술 더 떠, 대학에서 오랜 기간 연구를 수행하고, 기술사업화 준비가 거의 끝나가는 기술을 찾는 신종 기술사냥꾼들이 나타나고 있다. 그들의 수법을 보면 대학 최대의 약점인 재정적 취약점을 노려 연구자금을 지원하는 대신 공동으로 프로젝트를 하자고 제안한다. 자신들은 닭털도 뽑지 않고, 삶은 닭만 먹겠다는 고약한 심보다. 투자금 몇 푼주고 IP의 권리를 대학과 공동으로 지분을 확보하고, 라이선스를 받는 제3기업의 매출액의 일정 비율을 자기들 몫으로 챙기려는 기업체가 늘고 있는 것이 현실이다.

세상은 이렇게 돌아가는데 이미 검증도 안 된 특허를 사라고 다니면 과연 누가 사겠는가? 이미 확보된 대학의 특허는 기술 자료집 등을 통한 홍보로 기술이전을 시도하도록 하고, 될 수 있으면 많은 시간을 할애해 산업체를 방문해서, 대학교수를 매칭해주는 마케팅으로 변화할 필요가 있다.

이를 위해 대학 TLO에 산업체의 임원급과 대화할 수 있는 기술 및 협상전문가가 많이 필요하다. 투자 없이 성과를 바랄 수는 없다. 스탠퍼드 대학이나 MIT가 기술이전 수입이 많은 것은 연구력도 좋지만, 그것을 산업체에 매칭하는 전문가가 많다는 사실을 간과해서는 안 될 것이다.

3. 창조융합경제

요즘 세상의 화두는 '융합'인 것 같다. 창조경제도 결국 융합 없이는 안 될 것이다. 융합이 되기 위해서는 나부터 뭐가 있는지 보여주어야 할 텐데, 내 것은 감추고 서로 융합하자고 하면 껍데기뿐인 융합이 될 것 같다. '융합'이란 말은 우리사회에서 '통섭'이란 말로 시작된 것 같다. '통섭'은 두 가지 뜻이 있다. 통섭(通涉)은 사물에 널리 통하다와 서로 사귀어 오가다. 즉, 서로 소통을 통하여 어떤 사물을 자세히 알게 되는 것을 의미한다.

한자의 다른 뜻인 통섭(統攝)은 전체를 도맡아 다스리다는 뜻이다. 큰 줄기(통)를 잡다(섭), 즉 '서로 다른 것을 한데 묶어 새로운 것을 잡는다'는 의미로, 인문 · 사회과학과 자연과학을 통합해 새로운 것을 만들어내는 범학문적 연구를 일컫는다. 「사회생물학: 새로운 종합(Sociobiology: The New Synthesis)」(1975)을 저술해 세계적 명성을 얻은 미국의 생물학자 에드워드 윌슨(Edward O. Wilson, 1929~)이 사용한 '컨슬리언스(consilience)'를 그의 제자인 이화여대 교수 최재천이 번역한 말이다(선샤인 논술사전).

'통섭'의 의미에 대해서 다르게 해석하는 지식인들도 있다. 그러나 '융합'이나 '통섭'이나 결국은 같은 뜻처럼 보인다. 우리사회에도 이제는 누가 얘기하지 않아도 인문학과 과학 · 기술 그리고 예술이 한 덩어리로 융합되는 컨버전스 시대가 되지 않으면 살아남을 수 없다는 것을 잘 알고 있다. 근접한 분야끼리의 융합보다는 이색적인 분야의 융합이 보다 창의성을 더 발휘한다고 한다.

가령, 연세대 글로벌융합공학부 IT융합전공은 폭넓은 지식과 전문성을 겸비한 혁신적인 '르네상스 공학자' 양성을 목표로 하는 특성화학과다. 2010년 미래창조과학부가 주관한 'IT명품인재양성사업'의 수행기관으로 선정돼 2011년 신설됐다. 유례없는 독특한 교육과 연구 프로그램으로 공학, 인문사회, 예술 등 여러 분야에 걸친 넓고 균형 잡힌 안목을 갖춘 다빈치형 인재를 육성하는 데 중점을 두고 있다.

레오나드로 다빈치는 전성기 르네상스의 대표적인 인물로서 예술과 과학을 아우르는 뛰어난 재능의 소유자였다. '최후의 만찬', '모나리자' 등 그의 작품들은 라파엘로, 루벤스 같은 유수의 화가들에게 영향을 미쳤다. 예술뿐 아니라 수석 측량가 겸 엔지니어, 지도 제작자로서도 역량을 발휘했다. 그리고 새의 비행 습관을 연구하고, 수력 관련 장치를 고안했으며 회화를 과학적으로 분석했다. 뿐만 아니라 해부학에 대한 깊은 지식을 얻기 위해 인간의 몸을 해부하기까지 했다(마로니에북스).

500년 전 인물인 레오나드로 다빈치는 분명 다방면에 뛰어난 재능을 소유한 천재였다. 그의 천재성이 타고난 것인지 혹은 '통섭'을 통하여 다른 사람들과의 소통을 통한 '융합'을 시도했던 인물인지는 확실히 모르겠으나 다빈치는 결과적으로 많은 결과물을 세상에 남겼다. 우리나라에도 200년 전 정약용이란 인물이 있었다.

4차 산업혁명은 다빈치와 정약용 같은 다양한 재능을 가진 천재를 요구한다기보다는 그들이 다양한 분야의 지식을 추구했듯이 일반인들도 서로 대화할 수 있을 정도로 다방면으로 공부해서, 나와 다른 분야의 전문가들이 하는 얘기를 듣고 소통할 수 있으면 그것이 '통섭'이 아닐까 보여 진다. 여러 사람들이 다방면의 지식에 관심을 가지고 접근하면 '융합'은 이미 길이 보인다고 할 수 있을 것이다. 최재천 교수는 통섭형 인재가 되기 위한 방법으로 '기획 독서'를 제시한다. 내가 잘 모르는 분야의 책을 붙들고 씨름하며 지식의 영역을 확대해나가는 독서가 필요하다는 것이다.

산업체에서 '융합'은 가능한가? 가령, 대기업과 중소기업 간의 협력도 융합의 종류가 될 것이다. 대기업은 유통시장을 장악하고 있고, 벤처 중소기업은 혁신역량을 가지고 있으니 서로가 승리할 수 있는 구조이다. 그러나 이론적으로는 이상적이지만 현실로 들어가면 쉽지 않다.

실례로 서오텔레콤 사장이 LG텔레콤 사람을 만나서 휴대폰의 '비상호출기술'에 대해서 자사에서 특허출원한 것이 있으니 함께 사업을 하자고 제안했으나 LG텔레콤은 후에 독자적인 '알라딘 폰'을 생산하여 판매했다. 서오텔레콤 사장은 자신의 아이디어를 도용했다고 소송을 제기했으나 대법원은 결국 기술이 상이하다는 이유로 LG텔레콤의 손을 들어주었다. 이처럼 대기업과 중소기업의 만남은 어려운 것이다.

그러나 '융합'이란 시대적 대세를 거역할 수 없다. 중간에 매개 역할을 제대로만 하면 융합은 성공할 수도 있다. 정부의 역할이 중요하다고 생각한다. 중매가 제대로 되기 위해서는 중매쟁이의 역할이 중요하듯이 융합을 위한 전문가를 활용하는 것이 좋을 것 같다. 가령, 산학협력을 수행함에 있어서도 이제껏 한 대학에 의존하여 연구개발을 했다면 이제는 패러다임이 바뀌어야 한다. 한 대학 위주가 아니라 여러 대학의 동일분야 혹은 이종분야 간의 교수 · 연구원(전문가)들이 뭉치도록 정부에서 도움을 주어야 한다. 쉽지 않은 일이지만 이렇게 해야 창조적인 융합경제가 실현될 것이다.

'융합'에 대한 실례로, 한국기술교육대학교(코리아텍) 교수 중에 3D용 안경 없이 볼 수 있는 3D기술을 10년 넘게 연구한 교수가 있었다. 대학에서는 변리사를 지정하여 특허명세서를 작성하도록 했다. 국제특허(PCT) 출원을 진행하기 위하여 대학 내 심의위원회에 상정했고, 교수와 변리사가 함께 참석을 했다. 국내특허출원서의 특허청구범위를 보니 청구항수가 4개밖에 되지 않았다. 그 이유를 변리사에게 물으니 출원명세서 작성 건당 가격을 학교에서 지정해서 거기에 맞추다 보니 특허청구항수를 줄일 수밖에 없었다는 것이었다. 이 얼마나 무책임한 얘기인가! 마치 집을 짓다가 재료가 모자라서 짓다가 만 것과 뭐가 다른가! 유연한 사고의 부재다. 소통의 부재다. 입은 장식인가?

그것보다 더 놀라운 것은 교수의 발명은 실험실 수준의 내용을 특허출원명세서에 담고 있었다. 이런 특허를 가지고는 기술이전을 체결하기가 어렵다는 것을 깨닫고, 다른 변리사와 기술이전전문기관대표 그리고 교수와 함께 여러 차례 회의를 거쳐서 실제 대량 생산을 할 수 있는 개량특허를 창출하였다. 변리사는 1군의 발명이 되지 않으니 여러 건으로 나누자고 했다. 그러나 될 수 있으면 1군의 발명으로 명세서를 작성하도록 부탁을 하면서 PCT특허출원으로 연결하자고 제안했다.

구조와 방법을 한 건으로 묶어서 특허심사청구를 하면 더욱 강한 특허가 될 것 같았다. 문제는 교수가 렌즈 구현방법에서 전문성이 결여되어 발명의 완성이 되지 못하고 있었다. 렌즈 분야의 전문가를 팔방으로 찾았다. 발명의 포트폴리오를 구축하는 일은 이처럼 어려운 일이 산적해 있다는 것을 깨달아야 한다. 이런 일련의 일들이 바로 '융합'이다.

결국 관련된 특허 3건을 활용하여 교수의 지인이 대표로 있는 기업에 1억의 기술이전을 체결했다. 본 사안은 상용가능성이 없던 기술을 융합을 통하여 상용가능하게 내용을 보완하여 기술이전 액수를 높인 좋은 사례이다.

4. 특허사냥꾼

얼마 전에 코닥의 파산소식으로 놀라웠는데 이번엔 코닥의 특허가 경매시장에 나왔다는 소식을 듣고 또 한 번 놀랐다. 코닥은 파산신고를 하면서 시티그룹으로부터 금융융자를 받았는데 대출금을 갚지 못하면 특허라도 팔라고 아우성인 모양이다. 특허가치가 26억 달러쯤 된다고 한다. 당시에 코닥의 시가 총액보다도 6배 많았다. 이런 코닥의 특허를 매입하고자 특허사냥꾼들이 군침을 흘렸다고 한다.

특허 분쟁의 시작을 1980년대 초로 보는 사람들이 많다. 미국이 무역적자에 허덕일 때, 자국 산업에 진출하는 타국 기업을 퇴출하고자 당시에 카터행정부에서 특허 분쟁을 독려했다. 그 전방에 선 회사가 TI[1]였다. 당시에 TI로부터 일본과 한국이 당한 것을 시작으로 특허 분쟁은 전방위적으로 확전되는 양상으로 돌변했다. 이러한 전투에서 승리하기 위하여 기업에서는 특허매입을 중요한 사업전략으로 설정하고 있다.

특허매입의 중요성은 필자가 1990년대 초에 일본 히타치 사를 방문했을 때, 일본 변리사가 알려주어서 잘 알게 되었다. 당시에 술자리에서 일본인 변리사는 술에 취해 있었고, 필자는 그에게 다가가서 어떻게 해야 강한 특허를 만들 수 있는지 질문하니, 그는 딱 잘라 말했다. 특허를 매입하라는 것이었다. 20년이 훨씬 지났지만, 코닥 특허를 매입하고자 달려드는 사냥꾼들을 보니 당시에 일본인 변리사가 투영된다. 세월은 흘러도 특허전략은 변화가 없는 것 같다.

얼마 전에 서울반도체가 청색LED로 유명한 니치아화학공업[2]과 한판 특허 싸움을 벌였는데 결국 무승부로 끝났다. 그 배경에는 수십만 불을 주고 매입한 특허 한 건이 있었다.

또 다른 사례로 필자가 LG반도체에서 근무할 때 일본의 NEC사와 특허협상 시, LG반도체는 줄곧 수세에 몰리다가 돌파구를 찾은 것이 파산한 왕(Wang)사로부터 매입한 특허들 때문이었다. 그 특허들은 후에 인텔과도 특허실시 계약을 맺는다.

25년 전에는 기업을 방어하기 위하여 특허매입을 했다면, 지금은 아이피니스(IP

---

1 Texas Instruments is an analog & digital semiconductor IC design/manufacturing co., including solutions for embedded/application processing.

2 1956년, 오가와 노부오가 도쿠시마 현 아난 시에 설립했다. 형광등용의 형광체, 브라운관 TV용의 형광체를 제조하는 기업으로서 성장했다. 고휘도 청색 발광 LED를 제품화한 이후 회사가 세계적으로 알려지게 됐다. 또한 현재의 주력 제품은 청색 LED와 형광체를 조합시켜 제품화한 백색 LED이며 주로 휴대 전화의 백라이트용으로서 생산되고 있다. [출처: 위키백과]

Business 합성어)로 흐르고 있다. 즉, 특허를 무기로 사업을 하는 것이다. 이름뿐인 자회사들을 활용하여 특허를 매입하고 있으며, 타 기업 공격 시에도 그 자회사들을 활용하고 있다고 한다.

이런 종류의 수많은 특허사냥꾼들이 대학들에도 마수를 뻗치고 특허를 입도선매하고 있다는 것은 너무도 잘 알려져 있는 사실이다. 그들은 대학교수들에게 접근하여 특허를 양도할 것을 요청하기도 하고, 혹은 특허가 문제가 될 수도 있기 때문에 요즘에는 아예 교수의 아이디어를 입도선매한 후, 특허사냥꾼 연구실에서 그 아이디어를 가공하여 핵심특허를 만드는 작업을 한다고 한다. 그 연구실에는 박사급 엔지니어가 즐비하다고 한다. 한 단계 진화한 방법을 쓰고 있기 때문에 대학에서는 속수무책으로 당할 수밖에 없다. 교수의 양심에 맡길 수밖에 없는 현실로 흐르고 있다. 아무리 연구비가 중요하더라도 그런 특허사냥꾼들에게 귀한 아이디어를 팔수는 없다. 교수들이 판 아이디어가 부메랑이 되어서 우리 기업들을 겨냥하고 있을 수도 있기 때문이다.

그러므로 대학의 특허관리전문부서에서는 교수의 아이디어를 상용화하기 위하여 기업 혹은 정부과제와 연계하여 기술상용화에 필요한 연구비를 지원받을 수 있도록 도와주는 일을 해야 한다. 또한 교수의 소중한 아이디어를 강한 특허로 만들고, 무엇보다도 기업의 니즈를 충족하는 맞춤형 연구를 할 수 있도록 기업방문을 통하여 입수된 정보를 제공해야 하며, 궁극적으로 대학의 완성된 기술을 기술이전이란 수단을 통하여 꽃피울 수 있도록 지원해야 한다.

5. 산학협력의 필요성

지역대학에서 근무하면서 산학협력에 대해서 느낀 점은 대학과 기업 간의 기술적 유대감이 깊고, 상호 신뢰의 기류가 흐른다는 점이다. 정말 다행스럽게 생각한다. 이제 대학은 교육과 연구라는 기존의 임무를 넘어서 국가의 경제에 직접적 기여를 제3의 임무로 정착시키고 있다. 대학은 기업 및 정부와 함께 기술혁신의 중심이 되었다. 삼중나선(triple helix) 이론(Etzkowitz & Leydesdorff, 2000)에 의하면 대학, 정부, 기업이라는 세 주체가 서로 시간 축을 따라서 꼬이면서 마치 DNA의 이중나선(double helix)의 형태와 같이 진화해 가는 모습을 보여준다는 것이다. 이러한 진화과정에서 나선과 나선 사이에 산학공동연구와 같은 접점이 발생하고, 이러한 접점에서 새로운 역할과 조직이 생겨나며 혁신적인 지식의 생산이 이루어진다는 것이다.

이제 대학과 기업 간의 산학협력은 선택이 아니라 필수이다. 기업은 대학으로부터 차세대 제품 아이디어를 얻고, 대학은 기업으로부터 연구비를 얻어야 한다. 한국연구재단이 2009년 발표한 자료에 따르면 대학에 연구비를 지원한 비율은 중앙정부(73.8%), 민간(13%), 교내(7%), 지자체(5.9%), 외국(0.4%)으로 민간 기업이 중앙정부에 비해서 상당히 낮다는 것을 알 수 있다. 기업에서는 대학이라는 우수 연구 집단의 연구결과를 적극적으로 활용할 필요성이 있다.

참고로 2010년 기준으로 우리나라에서 연간 특허출원 건수가 10건 이상이고, 기술이전 건수가 1건 이상인 4년제 대학을 대상으로 조사한 바에 따르면 연간 평균 연구비는 300억쯤 되고, 기술이전액수는 5억 정도이며, 특허출원수는 155건 정도로 조사되었다. 또한 산학협력의 활성화 정도를 알아볼 수 있는 연간 평균 기술자문건수는 71건이고, 산학협력공동연구건수는 144건으로 조사되었으며, 대학의 창업보육센터에 입주한 기업수는 27개로 조사되었다.

2000년에 기술이전촉진법이 생겨나고, 2003년부터 대학에 산학협력단이 생긴 것을 고려하면 짧은 시간에 대학과 기업 간의 산학협력이 많이 성장했다는 것을 알 수 있다. 산학협력이 더욱 활성화되기 위해서는 대학과 기업 간의 공동연구개발 프로젝트가 확대되어야 하며, 대학과 기업 간의 연구자 교류가 많아져야 한다. 미시적으로는 대학이 기업의 현재 당면한 애로기술을 해결해 주고, 거시적으로는 향후 기업이 원천기술을 획득할 수 있도록 대학과 장기 연구프로젝트를 수행하는 것이 바람직할 것이다.

연구비를 지원한 기업에서는 대학의 연구결과인 지식재산권에 대해서 대학에 단독권리를 주고, 그 기업은 무상의 통상실시권을 얻는 것이 좋을 것이다. 그러나 이것이 여의치 않으면 공동권리를 취득하되, 제반비용은 기업에서 지급하는 것이 바람직할 것이다. 공동연구개발을 수행해도 만약 발명을 대학이 했으면, 지식재산권의 귀속만큼은 그 발명을 한 대학에 속하는 것이 당연하다고 할 수 있다. 왜냐하면 단기간 공동연구개발을 수행했다고 해서 지식재산권이 창출되기 보다는 교수의 오랜 경험과 쌓인 지식으로 인해 지식재산권이 생기기 때문이다. 권리의 귀속 문제에 대해서 정부에서도 많은 고민을 하고 있다.

대학의 지식을 활용하여 창업한 예로서 퀄컴은 대학교수가 창업한 작은 회사였는데, 2009년 기준으로 연매출이 12조를 넘고, 순수익의 30% 이상이 특허실시료라는 것은 시사하는 바가 크다. 이 회사는 지역사회에도 많은 기여를 하고 있다. 우리나라도 미국처럼 대학에서 우수한 기술이 태동하고, 그 결과를 지역기업이 활용하여 사업화에 성공하면 좋은 산학협력의 모델이 될 것이다.

6. 일본 가나자와 공대

2010년에 한국기술교육대학교(코리아텍) 교직원들과 일본 가나자와(金澤) 공대를 방문했다. 가나자와 공대는 도쿄에서 서쪽으로 600㎞ 이상 떨어진 이시카와(石川)현에 있는 작은 대학이다. 전교생이 7,000명이 넘지 않는다. 이런 작은 지방대학이 아사히(朝日)신문이 발표한 '2010년 일본 대학 랭킹'에서 1위인 교토대에 이어 종합 2위에 올랐다. 도쿄대는 종합 4위였다. 더 놀라운 사실은 졸업생의 취업률이 99%라는 점이다.

가나자와 공대는 도쿄에서 멀리 떨어져 있기 때문에 우수 학생 유치에 어려움이 많았다고 한다. 우수 학생들은 도쿄 · 오사카 · 나고야 · 교토 등의 대도시 대학으로 가고, 나머지 보통학생들이 이곳으로 온다는 것이다. 학교 측도 많은 고민을 했다고 한다. 결국 1992년 이시카와 겐이치(石川憲一) 학장은 미국의 로즈헐먼 공과대학을 벤치마킹 대상으로 삼아 대대적인 개혁에 나섰다. 로즈헐먼 공과대학은 학생 수가 2,000명밖에 안 되는 인디애나 주의 작은 대학이지만, 공학교육 부문 1위를 매년 고수하고 있는 명문이다. 입학생들의 수준은 높지 않지만 졸업할 땐, 훌륭한 엔지니어로 양성해 졸업시킨다. 원석을 보석으로 가공해 산업계에 내보낸다는 얘기다.

가나자와 공대는 자신들과 상황이 비슷한 로즈헐먼으로부터 많은 영감을 받았다. 이에 따라 가나자와 공대는 1학년 때부터 현장 중심의 실습과 연구 활동을 시키고 있다. 이시카와 학장은 "주입식 교육이 아니라 전문지식을 스스로 학습하면서 필요한 능력을 몸에 배게 하고, 학생의 잠재력을 끄집어내는 것이 가나자와 공대의 특징"이라고 말한다.

두 대학의 공통점은 비록 지방에 있는 작은 대학이지만 실사구시를 중시해 경쟁력 있는 학생을 양성한다는 점이다. 필자가 근무하고 있는 코리아텍도 두 대학과 비슷하다. 코리아텍은 순대로 유명한 충남 병천에 위치한 학생 수 4,000명이 채 안 되는 작은 규모의 공대 중심 대학이다. 2009년 특허청 주최의 지식재산 공모전에서 전국 최우수 대학이 됐고, 한국공학한림원과 특허청이 주최한 캠퍼스 특허전략 유니버

시아드 대회에서 대회 일등상을 두 번이나 수상했다. 작지만 특허에 강한 대학이다.

이곳에선 실용적인 교육, 자발적인 학습에 중점을 둔다. 특허동우회를 결성해 매주 1회씩 특허법 및 특허전략을 지도하는 것도 그런 맥락이다. 학생들은 강의실에서 배우는 지식에 만족하지 않고 새로운 실용적 지식을 습득하기 위해 특허동우회와 같은 현장 중심의 배움터로 모여든다. 그들이 진정으로 원하는 것은 대학 졸업장이 아니라 대학이라는 큰 배움터에서 자신의 능력을 발휘하기 위해 새로운 도전을 하는 것이다.

실질적이고 현장 중심의 교육이 이뤄지고 있는 대학은 비단 이곳뿐만이 아닐 것이다. 한국의 대학생들의 잠재력은 대단하다. 대학이라는 울타리 내에 존재하는 여러 종류의 전문 과정을 활용해 능동적으로 자신의 능력을 계발하고, 다양한 경로를 통해 자신의 능력을 검증하려 한다. 대학의 교수들은 그 잠재력을 일깨울 수 있도록 살아있는 교육을 해야 한다.

살아있는 교육, 현장 중심의 교육을 받고, 이를 자신의 잠재력과 결부시킨 학생들은 취업을 걱정할 필요가 없다. 기업은 그런 학생들을 필요로 하기 때문이다. 대학은 단순히 기초학문을 교육시킨다고 교육기관으로서의 책무를 다했다고 볼 수는 없다. 창의적인 학생들이 창조적인 활동을 할 수 있도록 더 많은 기회를 제공해야 한다. 앞으론 살아 꿈틀거리고, 경쟁력 있는 교육과정을 개발해 제공하는 대학만이 살아남을 것이다. 가나자와 공대의 성공이 모범사례다.

7. 아카데믹 캐피털리즘과 대학의 TLO 조직

지역대학에서 근무하면서 기술이전을 여러 번 시도했지만 쉽지만은 않았다. 그 이유로는 산업체의 수요에 대응하는 맞춤형 기술이전이 아니라 보유하고 있는 특허를 기술이전하려고 보니 마치 신발에 발을 맞추는 형국이었다. 이러다 보니 산업체에서는 대학의 특허를 외면했던 것 같다.

대학에 소속된 특허관리전문부서인 TLO[3]에서는 특허출원 및 등록 유지를 관리하는 행정적인 일에만 치중하는 것 같았다. 그러나 TLO의 주 업무는 교수만을 쳐다보

3 TLO(technology licensing office): 대학이나 정부출연연구소들이 보유한 특허나 노하우를 기업에 양도하거나 실시권을 부여하여 수익을 올리는 팀으로, 기업은 이들이 보유한 특허기술을 상업화해 매출증대에 기여한다.

고 그들의 행정지원만 하는 것이 아니라 교수들이 연구를 할 수 있도록 도움을 주는 일을 해야 한다는 것이다.

대학본부는 교수 등 연구 자원에게 연구비를 지원할 수 있는 여력이 턱없이 부족하다. 그러므로 우리나라 대학의 경우, 대학 외부에서 대학에 연구비로 도움을 주지 않으면 연구 활동이 거의 불가능할 것으로 사료된다. 교비는 학생들의 복지와 후생 그리고 교직원의 봉급을 주고 나면 남는 것이 없다. 그러므로 대학의 교수들은 학교에 의존하기 보다는 자발적으로 연구재원을 찾아서 나설 수밖에 없는 현실이 되었다. 이러한 상황은 대학이 기업가처럼 수익을 스스로 창출하도록 유도하였는데 이것이 기업가적 대학(entrepreneurial university)을 출현시키는 모태가 되었다고 보인다.

이러한 기업가적 관점에서 대학이 다양한 방법으로 외부의 자금을 획득하도록 추구하는 것을 아카데믹 캐피털리즘(academic capitalism)이라고 한다. 아카데믹 캐피털리즘은 대학 자산을 적극적으로 상업화하려는 노력이다(Slaughter & Leslie, 1997). 이러한 노력의 일환으로 나타난 활동들이 산학협력 활동이다.

필자의 연구결과에 따르면 연구비는 많은 논문을 발생시키고, 그 논문들은 특허와 연결될 수 있으며, 그 결과 기술이전에 기여한다는 것을 발견했다. 그러므로 TLO에서는 교수가 연구를 할 수 있도록 연구재원 마련을 함께 고민하는 것이 지름길 같다. 가령, 국책연구과제 또는 수탁연구과제[4]를 수주할 수 있도록 함께 노력하는 것이다. 이렇게 해야 교수는 TLO와 동반협력을 할 수 있다. 연구과제가 있으면 특허는 발생될 수밖에 없다. 발생된 특허는 공동연구를 수행한 기업에게 기술이전하기가 수월할 것이다.

TLO 직원은 산업체를 수시로 방문하여 그들이 어떤 기술을 필요로 하는지를 귀담아들어서 교수에게 연결해야 한다. 이것이 힘들면 산학협의회를 수시로 개최하여 대학의 교수들과 기업을 연계하는 노력을 해야 한다. TLO에서는 사업계획을 세울 때 연간 특허출원 계획이 중요한 것이 아니라 우선 TLO의 수지타산 계획을 세우는 것이 중요할 것이다. 가령, TLO에서 특허관리에 사용되는 총 비용 대비 TLO가 할 수 있는 일을 액수로 비교해 보는 것이다. 만약, 기술이전을 2억 원하고, 국가에서 수행하는 2천만 원 상당의 지재권 컨설팅 사업을 수주하고, 산업체와의 공동연구로 2억 원을 수주했다면 TLO는 4억 2천만 원의 수익을 올린 것이다. 이 액수가 특허관리에

4 기업이 자체예산으로 대학과 공동연구를 하거나 위탁연구를 하도록 지원하는 것이다.

소요된 총 비용을 넘는다면 수지타산이 맞는 TLO가 될 것이다.

8. 지역대학에서 경험한 기술이전

일반적으로 대학 기술이전이란 교수가 발명하거나 혹은 노하우로 간직하고 있던 기술을 대기업 혹은 중소기업 등에게 특허권 실시료를 받고 전용실시권이나 통상실시권을 허여하거나 혹은 특허권을 양도해서 기업에서 사업화가 가능하도록 하거나 또는 기술 지도를 해주는 것이다. 다시 말해서 기업은 꼭 필요한 기술을 대학 교수의 전문지식을 통해서 얻는 것이다.

기술을 이전 받고자 하는 기업은 그 기술이 장래 사업성이 있고, 시장성이 있을 것을 요구한다. 아무리 아이디어가 훌륭해도 시장성이 없는 기술은 사장되어 버리고 말기 때문이다. 소위 돈이 되는 장래 사업아이템을 찾기 위해서 분주히 움직이고 있는 것이다. 그러므로 대학에서 연구된 기술을 지역 중소 · 벤처 기업에게 기술이전 한 건 체결하기가 쉽지 않다는 것이다.

교수들과 상담을 해보면 발명을 하고 그것을 좋은 조건에 기술이전시키는 것은 매우 어려운 일이라고 한다. 주로 중소기업의 경우에는 미래의 대박보다는 현재 상용화할 수 있는 아이템을 구하기 때문에 더욱 어렵다고 한다. 이미 시장이 포화된 상태에서 당장 사용할 수 있는 기술을 찾는 것은 결코 쉬운 일이 아니기 때문이다. 다시 말해서 미래보다 현재 당면해 있는 애로기술을 해결해 주기를 바라는 중소기업이 많다는 것이다. 그도 그럴 것이 자금의 여력도 없는 기업에서 미래를 걱정하는 것은 어려운 일이기 때문이다. 현실이 이렇다 보니 전략적인 장기 연구개발을 할 수 없다고 교수들은 하소연한다. 이런 점 때문에 대학의 기술을 지역기업에 이전하기가 어려운 것이다.

다른 이유로는 대학 기술은 논문연구 목적으로 연구된 것이 많기 때문에 상용화가 어려운 기술들이 많다. 이런 기술들을 중소 · 벤처 기업에서 가공하여 사업화가 가능하도록 개발을 해야 하나 그들은 연구개발 인력 및 매출 규모가 영세하여 여력이 없다. 안타까운 일이긴 하나 그나마 다행인 것은 2007년에 호서대학교 창업보육센터 입주 기업을 대상으로 설문조사를 한 적이 있었는데 그들은 신규 사업 아이템을 애타게 찾고 있었고, 그런 기술이 있다면 얼마든지 기술이전을 받을 용의가 있다고 했다. 중요한 것은 좋은 기술이 있는가이지 결코 기업 규모가 영세하다는 이유만으로 기술이전이 어렵다고 단정지을 수는 없을 것 같다. 필자가 경험한 대학의 기술이전 사례 몇 가지를 설명하고자 한다.

첫째, 기업이 국가 연구개발프로젝트를 획득하기 위해서는 기업의 연구개발 역량 기준 판단으로 일정수준의 기술력을 요구하게 되는데 이것의 일환으로 특허등록 건수를 요구하는 경우가 있다. 그러므로 기업은 기술거래 중개업자를 통해서 기업과 관련되는 대학의 특허를 양수하길 원한다. 물론 특허양도 대금이 많을 리 없다. 이런 종류의 기술이전은 바람직하지 않으나 기업 입장에서는 일정수의 특허 등록 건이 필요하니 특허를 양수하지 않을 수도 없다. 실무를 하다 보면 대학에서 이런 종류의 기술이전은 빈번히 발생한다.

둘째, 아이디어 기안 단계부터 선행기술 조사를 하여 주변기술에 대한 정보를 얻은 후, 특허출원을 우선하고 관련기업과의 협상을 통해서 출원 계류 단계에서 기술이전을 시도하는 경우가 있다. 아직 특허 등록이 되지 않았기 때문에 높은 기술이전 대가를 받을 수는 없으나 기술지도비를 추가로 받는다든지 혹은 등록이 되면 추가로 얼마를 더 받는다는 식으로 계약을 작성하면 적절한 기술이전이 될 수도 있을 것이다.

실제로 대기업은 특허출원 후, 아직 1년이 되지 않은 출원계류 중에 있는 기술을 매입하여 더 강한 특허청구범위를 작성하여 제3국가에 해외출원을 시도하고 있다. 얼마 전, 교수와 상담을 하는데 본인이 생각하고 있는 발명 아이디어가 있다고 해서 설명을 들어보니 정말로 기술성이 있어 보이는 아이디어였다. 로봇 암에 대한 기술인데 종래의 로봇 관절은 스텝모터 등을 사용하다 보니 속도가 느리고 부드럽지 못했는데 그 교수의 발명 아이디어는 로봇 관절 부위에 철심으로 사람의 근육 및 힘줄처럼 만든 상태에서 솔레노이드를 사용하면 자연스럽게 팔 다리를 움직일 수 있도록 한 기술이었다.

우선 선행자료 조사를 했고, 그것을 토대로 특허출원을 하였다. 얼마 후, 특허출원번호를 특허청으로부터 통지 받고서 곧바로 현대중공업을 상대로 기술이전을 시도하였다. 연구소 실장과 상담을 하였으나 그분은 시제품이 있는지를 물었고, 시제품은 없다고 하자 그분 말씀은 아이디어 상태로 기술이전을 받기가 어렵고, 자사의 연구 분야와 다르기 때문에 기술이전의 필요성을 느낄 수 없다고 하면서 대신 자신이 알고 있는 중소 · 벤처 기업을 소개해 주었다.

그 회사의 대표와 통화를 시도했으나 부재중이어서 대신 그 회사의 연구소장과 통화를 하였다. 그 연구소장은 구체적으로 어떤 기술인지를 물어서 자세한 내용은 만나서 설명해 주겠다고 하자, 그분은 시제품이 있는지를 물었다. 필자가 없다고 대답하자, 시큰둥한 반응을 보였다. 필자는 그 연구소장에게 비밀유지계약에 동의를 먼저 해주면 특허명세서를 송부해 주겠다고 메일을 보냈으나 응답이 없었다. 본 사례는 단순히 특허출원 상태에서 기술이전하기가 얼마나 어려운지 깨닫게 해준 사례였다.

셋째, 교수와 기업이 공동 연구를 하여 그 결과를 공동 특허출원한 경우인데, 발명 내용은 콩비지를 활용하여 쿠키를 만드는 방법에 대한 기술이었다. 대학원생이 직접 발명을 활용한 쿠키를 만들어주어서 먹어보기도 했다. 교수 얘기로는 콩비지는 맛도 좋고, 건강에도 좋기 때문에 시장성이 있을 것 같으니 기술이전을 하자고 제안했다.

그러나 맛을 보니 기존 콩 쿠키와의 차이를 발견하기 힘들었다. 그런 이유로 시중 제과점을 상대로 기술이전할 수도 없고, 그렇다고 대기업을 상대로 하자니 특징이 없어서 설득할 방법을 찾지 못하고 있었다. 그 과정 중에 공동출원을 했던 그 업체에게 호서대학교 특허권리 지분을 넘길 터이니 기술이전 형식으로 단독 권리를 취득하여 사업을 해볼 것을 권유하였으나 기술이전료로 500만 원 이상을 줄 수 없다고 해서 기술이전이 성사되지 못한 적이 있다.

넷째, 직무발명이 아닌 교수 개인의 특허에 대한 것으로서 교수로 임용되기 전에 개인적으로 보유하고 있던 특허였다. 교수는 필자에게 와서는 특허를 양도할 수 있도록 도와줄 것을 요청하였다. 그의 발명은 OLED 관련 특허였고, 한국, 대만, 미국에 등록이 되었으나 불행히 일본에서는 거절 결정되었다. 본 특허의 청구항 및 일본에서 거절된 선행 자료를 검토해 보니 너무도 유사하여 다른 나라에서 등록된 특허들도 위험해 보였다. 그러나 그 교수는 필자에게 넌지시 한마디 해 주었다. 삼성 및 LG에서 본 특허를 사용하고 있다는 것이었다. 난 여러 차례 교수와 미팅을 한 후에 본 특허는 가치가 있다는 것을 알 수 있었다. 필자가 잘 알고 지내던 삼성과 LG 사람들에게 본 특허들을 양수할 의사가 있는지를 물었다. 교수와 먼저 협상을 제기한 쪽은 LG였다. LG는 상무가 직접 아산까지 방문했다. 그 상무는 내가 LG에서 근무할 때 나의 상사였던 분이었다. 그분은 8000만 원까지 특허양도 대금으로 지불할 용의가 있다고 했다.

당시에 내심 3000~4000만 원 정도를 생각하고 있었는데 의외로 큰 액수였다. 필자는 그 교수에게 우리 측에서 1억 2천을 제시하면 최종 1억은 받을 것이라고 조언했다. 그 교수는 좋다고 하면서도 최종 결정을 내리기 전에 삼성의 의향을 떠보자고 했다. 난 내가 알고 지내던 과장에게 여러 차례 전화하여 희망하는 특허양도 대금을 제시할 것을 요청했으나 삼성은 한 달이 넘도록 응답이 없었다.

당시에 필자는 본 발명은 이미 일본에서 거절결정이 된 상태이기 때문에 시간을 끌면 끌수록 LG 혹은 삼성에서 새로운 선행 자료를 찾을 것을 우려했다. 만약, 새로운 선행 자료를 발견하면 그 교수의 특허가치는 한순간에 하락할 것이 뻔했기 때문이었다.

그 와중에 OLED 기술의 향후 세계 시장을 분석해 보니 엄청난 액수의 매출 규모였다. 이렇게 매출이 증대될 것을 알지 못했었다. 필자는 그 교수에게 귀띔을 해주었다. 특허가 가치를 가지기 위해서는 우선 상대 회사에서 그 특허를 사용하고 있어야 하고, 그 다음은 매출액이 커야 한다고 했다. 그 말을 들은 교수는 이미 풍선을 타고 하늘을 날고 있었다. 수개월 동안 함께 산책을 하면서 내가 경험했던 수많은 특허 분쟁 이야기를 그 교수에게 해준 상태였기 때문에 그 교수는 자기의 특허가 얼마나 가치가 있는지 알고 있었다.

필자는 단지 좋은 조건으로 특허를 양도해주고 싶은 마음에서 그 교수를 도와주었으나 그 교수는 더 큰 것을 생각하고 있는 것 같았다. 경우에 따라서는 특허소송을 제기하려고도 생각하는 것 같았다. 일이 너무 커지는 것 같아 난 더 이상 그 교수를 위해서 상담 역할을 해주는 것을 포기했다. 순간 필자가 알고 있던 삼성과 LG 사람들에게 미안한 감이 들었다. 그 교수를 도와주겠다고 나선 것을 늦게나마 후회했다. 결말이 어떻게 날지는 모르겠으나 양쪽 모두 만족하는 계약이 되기를 바랄 뿐이었다.

다섯째, 교수개인이 제출 준비를 하고 있는 논문이나 공개된 지 1년이 지나지 않은 논문 중에서 괜찮은 기술을 특허출원한 후에 기술이전을 시도하는 경우도 있다. 이때 1년의 시점을 잘 조사해야 한다. 어떤 경우는 논문 자료에 월만 기재되고 일자가 없는 경우가 있는데 이런 경우는 월초에 발표된 것으로 간주하니 주의를 요한다.

참고로 특허법 30조가 2006년 3월 3일부로 개정 시행되고 있는데 이전 법에는 시험, 간행물에 의한 공지, 대통령령이 정하는 전기통신회선을 통한 공지, 산자부령이 정하는 학술단체에서 서면발표로 한정되었으나 개정법에서는 모두 삭제가 되었으니 어떤 종류의 공지도 공지가 되지 않은 특례의 조건을 만족할 수 있어서 발명자의 보호 범위가 넓어졌다고 할 수 있겠다.

가령, 일본 마루나사와 나성준의 실용신안 침해 금지 소송에서 마루나사는 한국에 실용신안 등록 출원을 하기 전에 한국 내에 이미 팸플릿을 배포했다고 한다. 종래 특허법 30조는 상기한 바와 같이 4가지 경우에 해당할 때만 공지가 되지 아니한 특례를 인정하였기 때문에 당시에 팸플릿을 출원 전에 배포했으면 무조건 거절이유 및 무효사유가 되었다. 그 결과 위의 소송은 실용신안 건의 무효로 판결이 났었다.

실례로, 한국기술교육대학(코리아텍)에서 교수가 논문을 먼저 발표하고, 특허출원을 준비하고 있었다. 대리인인 특허법률사무소에서 잘 알아서 추진하는 것으로 믿고 있었으나 후에 거절결정이 되었다. 이유를 알아보니 특허출원 시에 공지된 사실을 알리고 출원했어야 했으나 행정직원의 착오로 아까운 특허가 휴지조각이 되었다. 필자는 발명자인 교수에게 미안하다고 했으나 말로 해결될 문제가 아니었다. 대표변리사가 급히 학교로 와서 사과를 했고, 새로운 발명을 무료로 특허출원해 주는 것으로 마무리했지만 특허가치를 알 수 없는 상황에서 일어나서는 안 될 사건이 발생한 것이다. 그러나 이런 일이 다음에도 또 발생되었다. 또 다른 교수의 발명이었다. 필자는 당시에 사건경위서까지 학교에 제출했다. 특허법률사무소를 사용하는 것은 출원명세서 작성은 물론이고, 계류 중의 관련 서류의 행정적인 관리서비스를 받고자 함인데, 이런 어처구니없는 일을 당하고 나니 할 말이 없었다. 관리 부실의 책임을 져야 했기 때문이다.

여섯째, 개인명의로 보유하고 있는 직무발명이 아닌 특허를 산학협력단 명의로 변경을 한 후, 기술이전을 시도하고 성사 시에 일정금액의 처분보상금 혹은 실시보상금을 발명자에게 지급하는 경우도 있을 것이다. 일례로 호서대학교 교수의 발명을 산학협력단 명의로 변경을 한 후, 기술이전을 시도한 사례가 있다. 발명의 내용은 초음파를 활용한 스푼을 사용하여 경화된 알갱이를 쉽게 부수고, 사용된 스푼을 초음파를 사용하여 세정을 할 수 있도록 고안된 발명이었다.

본 특허의 기술이전 시도를 하기에 좋았던 점은 본 기술을 활용한 시제품이 있었다. 필자는 시제품을 보고 순간적으로 배스킨라빈스 아이스크림을 생각하였다. 배스킨라빈스 매장에서 아이스크림을 뜰 때 여직원이 힘들어 하던 생각이 난 것이다. 본 기술은 아이스크림을 뜰 때 사용하면 힘이 들지도 않고, 위생적으로 세척까지 되니 기술이전이 가능할 것 같다는 생각이 들어서, 배스킨라빈스와 접촉하였으나 수차례에 걸친 배스킨라빈스 본사와의 기술이전 협상은 쉽게 결말이 나지 않았다. 그 이유는 초음파를 사용하기 위해서는 파워서플라이를 사용하여 큰 출력을 얻어야 하고 그렇게 하기 위해서는 스푼이 있는 부분의 진동자 발생기와 파워서플라이 부분을 연결시켜주는 전기줄이 필요했으나 현실적으로 매장에 전기줄이 매달리면 미관상도 좋지 않고, 사용하기도 불편하기 때문에 본 발명품을 사용하기 힘들다는 것이었다.

필자는 발명자에게 본 사업을 할 수 있는 업체를 소개해 줄 것을 요청했다. 다시말해서 배스킨라빈스는 아이스크림을 뜨는 스푼(스페이드 혹은 스쿱이라함)을 만드는 회사가 아니라, 그 스푼을 공급받는 회사이기 때문에 본 발명품을 활용하여 사업화를 할 업체가 필요했던 것이다.

발명자와 함께 모 업체 사장을 만나 본 발명제품이 상용화되는 데 문제점이 있음을 알려주자, 그 사장은 그 문제점을 해결할 수 있다고 했다. 단, 시제품 제작을 하는 데 필요한 500만원과 양산 체제를 갖추는 데 필요한 3억 정도의 사업비가 필요하다고 했다. 그리고 무엇보다도 배스킨라빈스가 주 고객이 되는 것이 필요하다고 했다.

네 차례에 걸친 배스킨라빈스와의 협상 결과를 토대로, 전기줄을 없애고 간편하게 사용할 수 있는 충전지 형태로만 바꿀 수 있다면 배스킨라빈스가 구매할 것으로 믿고 있었다. 당시에 필요한 것은 시제품 제작비 500만원을 충남테크노파크 혹은 충남상공회의소로부터 지원받을 수 있는 방법이 무엇인지 찾는 것이었고, 산업은행을 통하여 초기기술사업화 기업 투자를 신청하여 3억~4억 정도의 운용자금을 사업화 자금으로 얻을 수 있도록 노력하는 것이었다.

다행스럽게 기업에서는 자비를 들여서 시제품을 만들려고 노력했으나 여러 번 시도 끝에 결국 실패했다. 별거 아닌 기술로 보았으나 막상 시제품이 만들어지지 않았던 것이다. 시제품만 성공했다면 대박이 예상된 제품이었다. 이미 아이스크림 매장은 시제품만 나오면 사용할 준비가 되어 있었고 전 세계 수출도 가능했기 때문이었다. 단지 해외에 등록된 특허가 없는 것이 옥에 티였다.

본 사례는 시장은 있는데 제품이 없는 이상한 사례였다. 대부분의 경우는 시제품은 있는데 시장이 형성되지 않아서 사업화에 실패한다. 본 사례는 두고두고 아쉬움이 남는다. 기술이전의 성공사례를 만들 수 있는 좋은 기회였는데 기업의 역량이 따라주지 못했다. 당시에 필자는 대학에 근무를 시작한지 얼마 되지 않았기 때문에 산업체 인맥이 거의 없었고, 오픈이노베이션에 대한 개념도 없는 상태라 실패했다는 생각이 든다.

마지막 사례로 코리아텍 교수 중에 햅틱기술[5]의 권위자가 있었다. 햅틱기술 관련

5 햅틱 기술(haptic 技術)은 컴퓨터의 기능 가운데 사용자의 입력 장치인 키보드, 마우스, 조이스틱,

특허만도 20개 이상 가지고 있는 교수였다. 그 교수가 가지고 있는 특허들을 모 중소기업에 기술이전을 하면서 추가로 연구비까지 덤으로 얻었다. 그러나 TLO가 마케팅을 잘해서 기술이전을 한 것이 아니라 교수가 학회에서 만난 중소기업의 연구소장의 주선으로 기술이전 협상이 시작되었다는 점에서 아쉬운 생각이 든다. 앞서 언급했던 안경 없이 볼 수 있는 3D기술을 10년 넘게 연구한 교수의 기술이전도 그 교수의 지인에게 기술이전을 한 것이었다.

기술이전 실무를 하다보면, 마케팅을 통하여 고객을 찾고, 협상을 통하여 특허를 기술이전한다는 것이 어렵다는 것을 알 수 있다. 그 이유는 기업에서 교수를 잘 모르면 우선 색안경을 끼고 특허를 판단하기 때문에 더 어려운 것 같다는 생각이다. 그러나 교수를 개인적으로 알고 있으면 그만큼 접근을 쉽게 할 수 있고 그 교수를 믿고 기술이전이 성사되는 경우가 많다. 그러므로 기술이전 시에 교수 개인의 인적 네트워크가 얼마나 중요한지 알 수 있는 대목이다.

9. 지역대학의 특성화 방안

지역대학의 보유기술을 기술이전하기가 어렵다는 것은 이미 언급한 바 있다. 필자가 생각하는 효율적인 기술사업화 성공전략은 대학 내, 전략적 스타 학과 만들기 프로젝트이다. 국내에서 내로라하는 대학을 제외하고, 그 외 지역대학에서 정말 경쟁력 있는 기술을 연구 개발하여 기술이전을 하고 궁극적으로 사업화까지 할 수 있는 기술이 현실적으로 많은지 정말 걱정이 된다. 이러한 대학 현실을 냉정히 받아들일 필요가 있을 것 같다. 그러나 현실이 이러한데도 정부와 산하기관에서는 대학의 등록특허를 활용하여 기술이전하고, 그 결과로 지역사회를 윤택하게 하자는 움직임이 너무도 활발한 것 같아 모두의 기대에 부응할지 걱정이 앞선다. 다시 말해서 취지는 훌륭하나 이것은 마치 뿌리와 줄기를 키우지 않고 열매만을 기대하는 것 같아 안타깝게 생각하고 있다.

필자의 생각은 모든 나무에 열매가 주렁주렁 열리기를 바라는 것 보다는 내실 있는 나무를 선택해서 뿌리부터 살찌우게 해서 그 나무로부터 풍성한 과실을 생산하도록 하는 전략이 필요하다고 본다. 그것이 위에서 언급한 전략적 스타 학과 만들기 프

터치스크린에서 힘과 운동감을 촉각을 통해 느끼게 하는 기술이다. 그래서 햅틱 폰이 나왔다. [출처: 위키백과]

로젝트이다. 스타 기업을 만들자는 아우성은 있어도 스타 학과를 만들자는 아우성은 없는 것 같다. 무엇을 우선해야 할지 다시금 생각해볼 필요가 있지 않겠는가?

전략적 스타 학과 만들기 프로젝트의 개념은 간단하다. 학교 차원에서 스타 학과를 선발하고, 적극 지원하여 연구 성과를 내도록 독려하고 그 스타 학과로부터 생산되는 과실을 지역사회에 환원시켜주면서 다른 어느 대학의 학과보다도 경쟁력이 있는 특성화된 학과를 만들자는 것이다. 더 나아가 세계적인 특성화된 대학으로 발돋움 할 수 있도록 해주자는 것이다. 그것이 초석이 되어서 다른 제2, 제3의 스타 학과를 만들면 전국적으로 특성화된 우수한 대학이 많아질 것이다.

가령 캐나다 앨버타 대학은 농식품학과[6]를 특성화시켜서 연구개발을 독려하고 국내외 특허출원을 통하여 권리를 획득하고, 그 특허를 활용하여 지역사회의 기업으로 하여금 사업화에 성공하도록 함으로써 세계적인 특성학과로 성장시켰다. 이 사례는 선택과 집중을 통해서 전략적으로 특성화된 대학 내 학과를 선정하여 집중 지원을 하고, 그 결과로 지식재산권을 확보하고 그 권리를 통한 수익을 창출하여 연구개발의 선순환 구조를 확립하는 것이 특징이라고 할 수 있을 것이다.

국내의 각 대학도 상기 사례를 벤치마킹하여 스타 학과를 선정하고 경쟁력 있는 특성화된 학과를 산학협력단 차원에서 집중 육성함으로써 양질의 특허를 확보하고 또한 그 특허를 지역의 기업에게 기술이전함으로써 수익을 창출하고 그 수익을 대학의 연구 활동에 재투자하는 선순환 구조의 확립을 꾀할 필요성이 있을 것 같다. 이러한 프로젝트를 수행하기 위하여 아래와 같이 스타 학과 선정 방법 및 산학협력단과 기술이전센터(TLO) 차원에서 스타 학과를 밀착지원할 수 있는 내용에 대해서 살펴보고자 한다.

스타 학과를 선정하기 위해서는 여러 가지 측정 지표를 사용하여 정량화를 시도하고, 객관성을 확보하도록 노력해야 한다. 그래야 선발되지 못한 학과로부터의 원망을 다소 무마시킬 수 있다. ① 연간 SCI 논문 건수, ② 연간 국내논문 발표 건수, ③ 언론과의 인터뷰 건수, ④ 연구실의 대학원 학생수, ⑤ 연구실 기자재 시설 수준, ⑥ 추진 중인 국책과제수 및 연간 연구비 예산, ⑦ 국내외 특허출원 및 등록 건수, ⑧ 관련 기술 분야의 기술세미나 참여 및 주제 발표 건수, ⑨ 연간 기술이전 건수 및 액수,

---

6 Cattle researcher Roy Berg revolutionized the world's beef industry with his innovations in crossbreeding, which led to a 30 to 40 per cent increase in production and contributed to Alberta's world leadership in beef production. [출처: 위키 백과]

⑩ 교수의 산업체와의 공동연구 프로젝트 건수, ⑪ 중소기업의 애로기술 해결 건수 등이 있다.

이번에는 선정된 스타 학과를 어떤 방법으로 산학협력단 차원에서 지원해 줄 수 있는지 항목을 생각해 보면, ① 산학협력단 예산으로 특성화된 학과에 연구개발비를 우선 지원, ② 대학원 신입생수 확대(대학 본부와 협의), ③ 해외출원 시, 산학협력단 예산으로 지원, ④ 신규 국책과제 신청 시, 선정될 수 있도록 산학협력단 차원의 지원, ⑤ 교내 홍보를 통한 학과별 경쟁심 유발, ⑥ 스타 학과로부터 파생된 특성화된 기술을 지역사회에 홍보 시, 산학협력단 조직을 총동원하여 관련된 지역기업에 기술이전을 할 수 있도록 지원, ⑦ 기술이전 시, 사업화 자금을 산학협력단 예산에서 일부 보조(국고 사업과 병행) 등이 있다.

이번에는 선정된 스타 학과를 어떤 방법으로 기술이전전담부서(TLO) 차원에서 지원해 줄 수 있는지 항목을 생각해 보면, ① 맞춤형 특허동향 정보조사의 우선 혜택 부여, ② 수시로 연구실을 방문하여 필요한 요구사항 수용, ③ 관련 기술 분야의 특허지도(Patent Map) 작성 및 배포, ④ 강한 특허를 확보하기 위한 최적의 법률서비스(경험 있고 능력 있는 변리사의 특허청구범위 작성 및 명세서 작성 지원), ⑤ 관련기술 분야 논문 및 각종 정보 입수 및 배포, ⑥ 전략 특허세미나 실시(우수 특허 작성 사례 및 연구노트 작성 사례 교육) 등이 있다.

상기 내용 관련하여 각 대학의 기획처, 교무처, 재무처, 산학협력팀, 연구지원팀 그리고 기술이전센터 간의 합동 간담회를 실시해서 사전에 위 항목 중 보완해야 할 것을 논의 한 후, 최종적으로 대학 총장 혹은 산학협력단장의 재가를 얻어서 시행을 하면 좋을 것이다.

제2절 미래혁신

1. 문화기술의 진화

문화와 기술을 접목한 것을 문화기술(Culture Technology)이라고 한다. 이 말은 국내에서 한국과학기술원 문화기술대학원 원광연 교수가 처음 사용한 것으로 알려지고 있다. 그는 문화기술을 '문화산업기술'이라고 하며, 디지털미디어를 기반으로 문화예술, 인문사회, 과학기술을 융합하여 발전시키는 기술의 총칭이라고 설명한다. 그러나 이전에 MIT 공과대학교 'MIT 미디어랩'에서 1985년부터 비슷한 개념의 '다학제간' 연구를 했다. 이 학과에서 주어지는 학위명은 '미디어 문리학(Media Arts and Science)'이다. 미디어 예술과 과학을 접목한 학위라는 의미이다.

문화기술은 인간사회의 문화를 기술적으로 보완시킨 것으로서 가령, 장애인의 불편한 신체에 과학적 기술을 접목시킴으로써 보다 편리한 세상을 살도록 도울 수 있다. 그들은 '사이배슬론(Cybathlon)'이라는 대회에 참여하여 아이언맨처럼 파워슈트 또는 로봇 팔이나 로봇 발을 장착해서 승부를 겨룬다. 이 대회는 장애인 올림픽으로 보면 될 것 같다.

문화기술은 교육의 패러다임도 바꾸고 있다. 가령, 대학에서 강단교수를 통하여 배웠던 지식을 이제는 컴퓨터 온라인을 통하여 배우고, 토론도 하고, 과제도 제출해서 수료증을 받는다. MIT에서는 에덱스(Edx)라는 온라인 사이트를 통하여 물류관련 과정을 모두 수료하면 석사학위를 부여한다. 이제는 굳이 대학을 다닐 필요 없이 학위가 주어지는 시대가 된 것이다. 이것을 MOOC(Massive Open Online Course)라 한다.

문화기술은 한류스타의 공연을 일 년 내내 할 수 있도록 한다. 제주도 서귀포에 '플레이 K팝 박물관'이 설립되어 유명가수가 가상무대 위에서 홀로그램콘서트를 한다. 지구촌에서 많은 젊은이들이 모여들어서 성황을 이룬다. 또한 컴퓨터 그래픽 애니메이션으로 인기스타와 팬이 함께 있도록 조작할 수도 있다.

한국과학기술원의 문화기술대학원의 노준용 교수팀은 '스크린X'라는 3면의 입체 영화관을 만들어서 마치 3D영화를 보는 것처럼 몰입하도록 했다. 또한 우윤택 교수팀은 의학에 적용되는 가상현실 3D 시뮬레이터를 개발했다. 또한 여운승 교수팀은 스마트 폰의 방향 나침반을 활용하여 여러 사람이 서로 가리키면 소리가 나도록 함으로써 음악연주로서의 가능성을 탐구하고 있다.

한국문화기술연구소의 정진홍 소장은 이조시대 '서원'을 컴퓨터 기술과 접목하여 퇴계 이황 선생과 홀로그램으로 대화할 수 있는 '서원 르네상스 프로젝트'를 구상하고 있다.

문화기술은 이종사업 기업 간의 융합으로도 나타난다. 실례로 임대표는 미용업 분야에서 20년 이상의 경험을 바탕으로 여성 헤어스타일에 대한 콘텐츠를 550샘플이나 보유하고 있고, 이러한 암묵적 지식을 활용하여 고객의 얼굴에 맞는 얼굴인식 알고리즘을 통해 적절한 헤어스타일을 합성시키는 기술을 업종이 다른 회사인 김대표와 함께 연구개발 중이다. 이 분야는 일본에서도 소셜네트워크 서비스를 이용하여 여성고객들에게 온라인으로도 서비스되고 있다. 또한 프랜차이즈 사업을 병행하여 얼굴 매칭헤어스타일을 여러 미용업체에 제공하고 있다.

한국전자통신연구원에서는 '3D 페이셜 아바타 메이크업'이란 기구를 개발하여 고객의 얼굴과 두상을 DSLR 카메라 3대를 사용하여 3D로 복원한 후, 전문분장사들이 사용하는 화장품과 도구를 알고리즘으로 연결하여 3D로 구현된 고객의 얼굴에 립스틱, 볼터치, 하이라이트, 쉐이딩 그리고 라이닝 컬러까지 수행할 수 있도록 함으로써 미용실뿐만 아니라 웨딩전문업체에서도 활용할 수 있도록 구현하였다. 이러한 기구에 얼굴 매칭헤어스타일 기능을 추가하면 상품성 있는 시스템 제품이 될 것이다.

2. 마이클 포터와 마이클 샌들

하버드 대학의 두 거장인 마이클 포터 교수와 마이클 샌들 교수가 TED[7]에서 만났다. 포터는 경제적인 관점에서 기업과 사회는 분리되어서는 안 되고, 기업이 사회문제에 더욱 깊이 관여해야 한다고 주장했다. 반면에 샌들은 교육이나 건강, 정치 분야에 돈의 논리가 침투하면 사회는 암울해진다고 하면서 시장과 사회는 어느 정도 경계선을 가지고 있어야 한다고 주장했다.

포터가 먼저 포문을 열었다. 시장과 사회는 분리하고 싶다고 분리되는 것이 아니라 시장의 핵심인 기업이 나서서 사회적 약자의 문제를 풀어야 한다고 주장했다. 그 이유는 정부와 NGO[8]가 운영할 수 있는 자금의 규모가 기업이 움직일 수 있는 자금의 규모와 비교가 되지 않기 때문이라는 현실적인 면을 강조하면서 기업이 사회적 약자에게 투자를 하게 만드는 것이 결국 사회에 도움이 되고, 기업도 이윤을 창출하는 데 도움이 될 것이라는 것이었다.

---

7 TED(Technology, Entertainment, Design)는 미국의 비영리 재단에서 운영하는 강연회이다. 정기적으로 기술, 오락, 디자인 등과 관련된 강연회를 개최한다. 최근에는 과학에서 국제적인 이슈까지 다양한 분야와 관련된 강연회를 개최한다. 강연회에서의 강연은 18분 이내에 이루어진다. 이 강연 하나하나를 'TED TALKS'라 한다. "알릴 가치가 있는 아이디어"(Ideas worth spreading)가 모토이다. [출처: 위키 백과]

8 NGO(Non-Governmental Organization: 비정부기구)는 지역 · 국가 · 국제적으로 조직된 자발적인 비영리 시민단체로, '비정부성'이 강조된 정부기구 이외의 기구를 말한다. [출처: 시사상식사전]

이에 샌들은 시장 형성에 반대하는 것이 아니라 시장은 어떠한 목적을 이루는 도구이며, 이러한 목적을 이루는 시장이 존재하는 곳을 분명히 선 · 악으로 규명해 보자는 것이었다.

포터는 사회의 문제는 사회에 맡기자는 것이다. 다시 말해서 시장논리로 풀어야 한다는 것이다. 즉, 사회는 자본주의 시장이기 때문에 잘사는 사람이 있으면 못사는 사람도 존재하기 때문에 좀 더 잘사는 사람들이 자기보다 못한 사람들을 도와주어야 한다는 것이다. 그러나 샌들은 사회문제를 잘사는 자가 경제적인 논리로 풀면, 개인들의 삶이 비참해지기 때문에 정부에서 개입해서 해결해주는 일종의 사회주의적인 복지 관점에서 접근하는 것처럼 보인다.

두 거장의 토론을 경청하고, TED에 참석한 관중들은 샌들 쪽에 더 표를 주는 분위기였으나 필자는 개인적으로 누구의 의견이 옳고 그르다고 말하고 싶지 않다. 가령, 사회문제를 누가 풀어야 하는지를 살펴보자. 기업은 이윤을 남기기 위하여 환경과 개인 건강을 파괴하면서까지 제품을 생산 · 판매해야 한다면, 이것은 누구를 위한 것이 되는가? 이윤이 없으면 회사가 문을 닫고, 그러면 실업자가 양산되어 또 다른 사회문제를 야기한다. 반면에 환경오염은 지구를 파멸로 이끈다. 전자는 현실이고, 후자는 미래일 뿐이다.

결국 모두가 상생하는 방법은 기업과 정부, NGO가 같은 목소리를 내야할 것 같다. 모두가 답을 알고는 있으나 문제는 인간의 경쟁이 아닌가 싶다. 남보다 앞서야 하고, 더 좋은 대우를 받고자 하는 노력이 없어지지 않는 한 포터의 주장이나 샌들의 주장은 공허한 메아리가 될 것 같다. 인간은 자신의 이익을 우선으로 생각한다는 한비자나 마키아벨리의 주장이 결국은 '죄수의 딜레마'(서로가 서로를 믿지 못함)와 연결되는 것은 아닌지 생각해 본다.

3. 인터스텔라

"인터스텔라(Interstellar)[9]"라는 영화는 과장된 부분도 있었으나 시종 흥미를 끌게 한 영화다. 이 영화는 시작부터 관심을 끌었다. 지구의 환경이 혹독해지면서 더 이상

9 2014년에 개봉된 크리스토퍼 놀란 감독의 SF 영화이다. 매슈 매코너헤이, 앤 해서웨이, 제시카 채스테인, 마이클 케인은 웜홀을 통해서 새로운 생존 가능한 행성을 찾는 우주 탐사팀으로서 주연을 맡았다. [출처: 위키 백과]

사람이 살지 못하게 되자 제2의 지구를 찾아 탐험을 하는 이야기가 주된 것이지만, 이것은 먼 미래의 얘기가 아니라 조만간 닥칠 수도 있는 상상이었기 때문이다.

지구의 과거 천 년을 어떤 과학자가 조사했는데 제1차 산업혁명 이후에 이산화탄소 배출량이 그 이전 모든 해를 합한 양보다도 많았다고 한다. 현대화의 물결이 이산화탄소 배출을 증가시키면, 지구의 온도는 올라가고, 이상기후가 발생되어서 자연재해가 속출한다. 또한 빙하를 녹여서 지면이 낮은 국가를 수몰시킨다. 또한 가뭄을 야기하여 더 이상 물 부족으로 농사를 짓지 못하게 되면, 식량난 때문에 국가 간의 전쟁을 야기할 수도 있다.

실례로 캐나다에서는 한 지역에 다른 지역사람들이 물을 퍼가서 사회문제가 된 적이 있었다. 또한 지구상의 이상기후로 땅이 갈라지고, 농사를 짓지 못하자 일본에서는 높은 건물을 짓고 각 층에서 여러 농작물을 재배하는 상업도 등장했다고 한다.

"인터스텔라"를 단순히 영화 속의 상상으로만 생각해서는 안 된다. 우리 자식 세대까지는 재앙이 닥치지 않겠지만, 그 후의 먼 세대는 반드시 문제에 봉착할 것이다. 실례로 이상기후 징후는 지구 곳곳에서 많이 발생하고 있다. 멀리 볼 것도 없이 우리나라만 봐도 알 수 있다. 봄이 아직 온 것 같지도 않은데 개나리와 진달래가 만개했다고 한다. 또한 국내 최대의 금강소나무 군락지인 경북 울진에서 200년 넘은 소나무들이 말라죽어가고 있다고 한다. 가뭄과 이상기후 때문이다.

이산화탄소로 인해 무서운 자연파괴가 진행되면 지구는 병들어갈 것이다. 다음 후세들을 위해서라도 이산화탄소의 배출을 줄일 수 있는 방안과 실천이 중요하다. 환경운동은 운동가들만이 하는 것이 아니다. 내 자식들이 귀여우면 그 자식들의 미래를 위하여 우리 모두가 해야 하는 것이다.

4. 축구공의 진화

축구공에 대해서 생각해 본다. 아주 옛날에는 돼지 방광을 가지고 축구를 했고, 그 후로 동물의 방광이나 또는 염통에 바람을 주입하여 축구공을 만들었다. 세월이 흐르면서 가죽 축구공이 생산되기 시작했고, 지금은 합성소재와 첨단소재를 사용하여 더 동그란 구를 만들면서 동시에 비행거리를 늘려나가고 있다.

축구공이 첨단화될수록 애를 먹는 것은 골키퍼들이다. 분명 평범한 슈팅인데 골키퍼가 잡지 못한다. 실례로 2014년 브라질 월드컵 대한민국 대 러시아 전에서 러시아

골키퍼는 어처구니없는 실수를 한 것처럼 보였다. 그러나 자세히 들여다 보면 축구공이 진화하다 보니 골키퍼가 공을 쉽게 제어할 수 없게 되었다는 것을 알 수 있다. 앞으로는 이런 현상이 더 많이 벌어질 것이다.

축구공은 공기주머니, 내피, 외피로 이루어진다. 1960대에 축구공은 주로 소가죽으로 만들었고, 검은색의 오각형 12개와 흰색의 육각형 20개의 천을 외피로 사용했다. 그러나 소가죽은 비가 오면 물이 스며들어 공이 무거워졌다. 이것을 개선하고자 인공 가죽으로 공을 만들기 시작했다. 1970년 멕시코 월드컵 때부터 아디다스의 월드컵 공인구가 사용되었고, 매 대회 때마다 새로운 공인구가 나오고 있다.

축구는 골이 나야 재미있는 경기이기 때문에 과학자들은 될 수 있으면 멀리 나가고 탄성이 좋은 공을 개발했는데 2010년 남아공 월드컵의 공인구인 '자블라니'는 8개의 가죽 천조각(=패널: 공을 구성하는 조각)으로 만들면서 구형에 더욱 가깝게 만들었다고 한다. 또한 2014년 브라질 월드컵의 공인구인 '브라주카'는 패널이 6개로 역대 가장 적은 패널을 사용했다.

미래에는 그 옛날 방광을 차던 시절로 다시 돌아가서 가죽 천조각 하나로 축구공이 만들어질 것 같다. 이것은 거의 완벽한 구형의 축구공이다. 만약 이것이 탄생되면 축구는 기술보다는 요행을 바라는 경기가 될지도 모르겠다.

5. 디지털영화의 생태계

"생태계"란 여러모로 중요한 것 같다. 깨끗했던 시냇물에 오염이 쌓이면 새들이 날아오지 않는다. 먹을 것이 없기 때문이다. 가령, 물건을 생산하여 소비자에게 도달할 때까지는 많은 과정을 겪게 된다. 유통업계도 거쳐야 하고, 도매상, 소매상도 있다. 이런 과정이 많을수록 소비자의 불만은 쌓이게 된다. 쓸데없이 가격만 상승하는 요인이 되기 때문이다. 이런 과정에서 소비자가 외면하기 시작하면 생태계 구성 체인은 떨어져 나가고, 그 생태계는 파괴될 것이다.

실례로 우리가 재미있게 본 3D영화 "아바타"는 디지털 기술의 총아였다. 디지털 기술의 발전이 없었다면 아바타의 흥행은 보장할 수 없었을 것이다. 2D보다는 3D로 훨씬 많이 보았기 때문이다. 그러나 이러한 디지털 영화가 뿌리를 내리는 데는 10년 이상의 세월이 걸렸다. 영화사들은 기존의 아날로그 필름을 위한 인화 비용과 배송 비용을 줄일 수 있으니 좋았고, 고객들은 3D영화 및 각종 스포츠 경기를 극장을 통하여 큰 화면으로 생중계를 볼 수 있으니 싫어할 리가 없었다.

문제는 극장주였다. 성공여부를 확신할 수 없는 상황에서 50년 이상을 상영해온 아날로그 필름을 무시하기는 쉽지 않았고, 무엇보다도 디지털 영사기 값이 비싸서 선뜻 투자하는 극장주가 없었다. 이것은 생태계가 성립되지 못함을 의미했다.

이에 영화사 대표들이 모여서 대책을 세웠는데 묘안이 나왔다. 통합시스템을 관리하는 제3의 회사를 설립해서 그 회사가 은행에서 융자를 받아 디지털 영사기를 구입하여 각 극장에 리스비만을 받고, 대여를 해주었다. 극장주들은 80%의 비용을 감수하지 않아도 되었으니 싫어할 이유가 없었다.

영화사들은 그 제3회사에게 앞서 얘기한 인화와 배송비용을 줄인 것을 인센티브로 주었다. 훌륭한 생태계가 만들어졌다. 누구도 손해 보는 사람이 없으니 말이다. 정말 기막힌 묘안이었다. 이것이 계기가 되어 아바타가 탄생한 것이다.

이렇듯 생태계를 구성하는 데는 모든 구성원의 희생과 배려가 필요하다. 나의 이익만 생각해서는 절대로 생태계가 만들어질 수도 없다. 모든 인간관계는 이러한 생태계를 건전화시키는 것으로 시작해야 할 것 같다. 모두가 만족하는 사회 조직이 되도록 각 구성원들은 다른 구성원을 먼저 생각해야 한다. 이것이 배려를 통한 진정한 화합이다.

6. 무인비행체 드론

무인비행체 드론(Drone)[10]은 수벌이 윙윙거리는 소리를 의미하는 이름이다. 1935년, 미국해군은 영국해군의 함포사격 연습용 무인비행기인 '여왕벌(Queen Bee)'을 보게 되었는데, 영국 여왕을 존경하는 의미에서 미국해군은 유사한 무인비행기를 만들어 '수벌(Drone)'이라는 이름을 붙였다고 한다.

드론은 조종사 없이 무선전파의 유도에 의해서 비행 및 조종이 가능한 비행기나 헬리콥터 모양의 군사용 무인항공기를 의미하는 군사용어인데 현재는 민간산업 및 취미 용도로도 확대가 되어, 초소형 무인비행장치를 총칭하는 단어로 사용되고 있다.

드론은 군사적인 목적으로 많이 사용되고 있다. 얼마 전 미군이 드론을 활용하여

10 사람이 타지 않고 무선전파의 유도에 의해서 비행하는 비행기나 헬리콥터 모양의 비행체이다. [출처: 두산백과]

파키스탄 지역을 감시하다가 거센 반발을 받은 바 있다. 미국 CIA[11]에서는 워싱턴 D.C. 본부에서 드론을 조작하여 다른 나라의 독재자와 같은 요인 암살에도 이용할 수 있다고 한다.

이런 드론을 상업적인 목적으로 사용하려고 하고 있다. 아마존닷컴이 책을 배송할 목적으로 드론을 사용하려고 하고 있고, DHL에서도 관심을 표명하고 있다. 호주에서는 이미 책 배달에 사용되고 있다. 드론은 택배 외에 식당에서 음식을 손님이 있는 테이블로 날라준다. 이와 같이 다양한 용도로 사용가능한 드론의 한대 가격은 만불 정도이다.

현재 드론이 비행할 수 있는 거리는 1.6km 정도밖에 안 된다. 그러나 아마존닷컴은 16km까지 수송하려고 하고 있다. 이것이 가능해지려면 배터리의 개발이 필요하다. 일부 연구소에서는 배터리를 드론이 알아서 교체하도록 하는 기술을 개발 중이다. 구글이나 페이스북은 태양광을 동력원으로 사용하는 방법을 연구 중이다.

드론이 넘어야 할 과제는 여러 가지가 있다. 미국의 여러 주에서는 드론이 나타나면 격추시킬 수 있도록 허용하고 있다. 주민들이 사생활 침해를 문제 삼고 있는 것이다. 또 다른 과제는 과연 미국 연방항공국에서 허가를 어디까지 내줄지 아직은 불투명하다. 아무튼 재미있는 세상이다. 조만간 일인용 비행체가 상용화되어 출퇴근을 비행체를 타고 할 날도 머지않은 것 같다.

박영숙의 “미래여행”에서는 앞으로 세상을 다음과 같이 예측하고 있다. 모든 경찰 차량은 감시, 고속 추적, 고도로 폭력적인 상황을 감시하기 위해 신속하게 투입할 수 있는 드론을 장착하게 될 것이고, 소방서에서는 드론을 활용하여 첫 번째 구조요원이 도착하기 전에 상황을 신속하게 판단할 수 있다. 방송국은 드론을 활용하여 생생한 라이브 현장을 촬영할 수 있으며, 국립공원 서비스 팀은 방문객과 공원의 접점, 교통상황, 병목현상, 불법적 활동을 감시하는 데 활용할 수 있다.

드론은 대부분의 재난을 완화시키기 위한 감시 업무에 사용할 수 있다. 공항에서도 군중을 감시하는 목적을 가진 드론, 교통 상황을 점검하는 드론, 보안 드론, 주차장 감시 드론, 미아 찾기 드론, 상황 분석 드론 등이 등장하고, 농업용으로도 작물 감시 드론, 새 추적 드론, 씨뿌리기 테스트 드론, 등 광대한 토지와 값비싼 장비의 증가로 인해 농부들은 분 단위로 농장과 작물을 감시할 필요성이 높아지고 있다. 부

11 CIA(Central Intelligence Agency), 미국 대통령 직속의 국가정보기관으로 요원은 2만 명 정도 활약하고 있으며, 연간예산은 440억 달러 수준이라고 한다. 본부는 버지니아 주 랭글리(Langley)에 있다.

두에서도 수만 톤의 컨테이너들이 선적 하역되고 있기에 새로운 감시 방법의 중요성이 커지고 있다. 테마파크와 같은 사람들이 많이 모인 곳은 어디나 교통량 분석, 데이터 수집 등의 모니터활동을 할 필요가 있다.

군대는 어느 곳에서나 영향력을 높일 새로운 방법을 찾으며, 언제나 드론이 제공할 수 있는 감시를 원한다. 군부대 내 외부의 감시활동은 드론의 고유활동이 되었다. 교도소에서도 드론은 사람들의 출입을 감시하며, 그 이상의 것을 감시해야 한다. 산림감시원들이 조난된 등산객을 추적하거나 산사태 구조팀이 묻혀버린 스키 이용자를 탐색하거나 수상감시원이 해수욕객이나 서퍼들을 감시하거나 하는 등의 분야에서 사고 방지 드론이라는 아직 열리지 않은 풍부한 시장이 있다.

그러나 드론 분야의 극복해야 할 문제로는 소음, 오염, 공중 충돌, 훔쳐보기 문제, 테러리스트의 활동, 밀수업자 등이 있다. 예를 들어 발전소에는 발전기, 풍차, 태양광 패널, 송전선 등 수많은 기반들이 있어 보안문제와 전기 기계 시스템의 오류가 우려되고 있다.

7. 비트코인

'비트코인(bitcoin)'[12]이 미국 및 유럽뿐만 아니라 전 세계의 관심거리가 되고 있다. 비트코인이란 누군가가 수학문제를 내고, 그것을 채굴자가 컴퓨터를 활용하여 온라인상에서 문제를 풀어서 정답을 제시하면 비트가 올라가는 것인데 가령, 어떤 채굴자가 수학문제를 많이 풀면 상당한 비트를 가지게 된다. 그러나 인간의 머리로 풀 수는 없고, 슈퍼컴퓨터를 여러 대 동시에 돌려서 채굴해야 문제를 풀 수 있다. 그러면 온라인 참여자들이 비트를 돈 주고 거래한다.

비트는 통화량이 제한되어 있기 때문에 수요가 많으면 가치가 올라간다. 다시 말해서 비트가 화폐로 활용되고 있다는 것이다. 비트코인의 총 발행량은 2100만 개로 정해져 있다. 이는 중앙은행이 재량적으로 통화 공급량을 조절하면 안 된다는 미국의 경제학자 밀턴 프리드먼 주장과 연결돼 있다. 2017년 현재 절반 정도 채굴된 상태이다.

실제로 비트코인을 화폐로 통용하고 있는 상점들이 늘고 있다. 문제는 사고파는 가운데 가치가 오르면 누군가는 투자이익을 받게 되는데 아직 세금은 국가에 내지

12 비트코인은 지폐나 동전과 달리 물리적인 형태가 없는 온라인 가상화폐(디지털 통화)다.

않고 있다. 이것만 해결되면 세계의 통화로도 가능할 것이다. 비트코인은 이미 유럽과 북미, 중국 등에서 현금처럼 쓰이는 데다 한국에서도 비트코인 거래소를 통한 거래가 꾸준히 늘고 있다. 국내 상위 3개 비트코인 거래소인 빗썸, 코빗, 코인원 기준 월평균 거래금액은 2015년 470억 원에서 2016년 941억 원으로 두 배 가까이 늘었다. 2017년 기준으로 국내에서 1비트코인은 120만 원 안팎에 거래되고 있다(한경 경제용어사전, 한국경제신문/한경닷컴).

국제 금융위기가 터졌던 2008년 이후, 미국의 어떤 주에서는 빈부격차를 줄이기 위하여 특별히 그 주에서 발행한 화폐를 그 주 안에서만 통용하고 있다고 한다. 가령, 직업이 의사이든지, 변호사이든지, 청소원이든지, 우편배달부이든지 상관없이 자기가 시간당 일한 만큼 시간에 비례하여 화폐를 받는다. 직업의 귀천이 전혀 문제가 되지 않고, 자기가 일한 시간만큼 화폐를 받기 때문에 서로 신뢰한다고 한다. 실제로 그 주는 그 화폐로 물건을 사기도 한다. 창의적인 생각이 세상을 바꾸어 나가는 세상에 우리는 살고 있다.

8. 전기자동차

전기자동차(electric vehicle)는 자동차의 구동 에너지를 기존의 자동차와 같이 화석연료의 연소로부터가 아닌 전기에너지로부터 얻는 자동차이다. 자동차에서의 배기가스가 전혀 없으며, 소음이 아주 적은 장점이 있다. 전기자동차는 1873년 가솔린 자동차보다 먼저 제작되었으나, 배터리의 무거운 중량, 충전에 걸리는 시간 등의 문제 때문에 실용화되지 못하다가 공해문제가 최근 심각해지면서 다시 개발이 되고 있다(두산백과).

내연기관 자동차는 산업혁명이었다. 내연기관은 19세기 후반에 모습을 드러내기 시작했다. 1860년에 르누아르는 최초의 내연기관을, 1876년에 오토는 최초로 상업화된 내연기관을 개발했다. 이상은 모두 가스 엔진이었고, 그 다음에 등장한 것은 가솔린 엔진이었다. 1883년에 다임러는 실제 작동이 가능한 가솔린 엔진을 제작했으며, 1886년에 벤츠는 가솔린 엔진을 장착한 세 바퀴 자동차로 특허를 받았다(네이버 지식백과).

제1차 산업혁명으로 증기기관이 발명되고 기차와 배에서 사용되면서 획기적인 다량의 물동량 움직임이 있었고, 공장에서는 획기적인 생산량의 증가로 영국은 세계

제일의 부자나라가 되었다. 역설적으로 이것을 계기로 수많은 식민지 전쟁이 벌어졌다. 일본의 개항도 미국의 페리 제독이 증기선에 대포를 달고 오면서 시작되었다.

그러나 증기자동차는 실패했다. 전기자동차도 실패했다. 전자는 속도가 너무 느려서 경쟁력이 없었고, 후자는 엔진 대신 모터를 배터리의 동력으로 작동시켜야 했으나 배터리의 무게를 이겨내지 못하고 가솔린자동차가 대세가 되었다. 100년 동안 가솔린자동차가 세상을 누비는 동안 이번에는 환경문제로 다시금 전기자동차로 관심이 쏠리고 있다.

지난 1927년 설립 이후 90년간 자동차를 만들어 온 스웨덴 자동차 기업 볼보가 2019년부터 순수 전기차(EV) 및 내연엔진에 전기 모터를 결합한 하이브리드 차량만 출시하겠다고 밝혔다. 다국적 대형 자동차 업체 가운데 가솔린이나 디젤 같은 순수 내연기관 차량 단종을 발표한 것은 볼보가 처음이다.

국제에너지기구(IEA)가 펴낸 '2017년 세계 전기차 전망' 보고서에 따르면 현재 지구상의 승용차 및 5t 이하 자동차 가운데 전기차 비중은 0.2%에 불과하다고 한다. IEA는 오는 2020년이면 세계 전기차 누적 판매 대수는 900만~2000만대로 지금보다 약 4배 이상 성장할 것으로 추정한다.

전기차가 활성화되기 위해서는 미국의 역할이 중요한데 기름 값이 싼 미국 시장의 경우 2016년 기준으로 전기차 판매 비중이 전체 1%를 밑도는 데다 제조사들 역시 낮은 마진으로 전기차 생산을 꺼린다고 한다.

전기자동차의 혁신기업인 테슬라는 2016년에 약 7만대를 팔아 2위에 머물렀고 3위부터 9위는 환경규제를 앞세운 중국 정부의 지원을 받는 중국 업체들이 모조리 점령했으며 현대 · 기아차는 11위를 나타냈다.

국내에서는 2013년에 대전에서 전기택시를 시범 운행했다. 제주특별자치도는 2017년 기준으로 전국의 전기 차 중에서 52%가 운행되고 있다고 한다. 24시간 전기차 콜센터도 운영 중이다. 천안시에서도 전기차 보급에 적극적이다. 그러나 충전 인프라가 제일 문제다.

전기차는 미래의 자동차임에는 틀림없으나 현재 많은 문제점을 가지고 있다. 우선 배터리 충전시간이 너무 길다. 한번 충전하는 데 6시간은 걸린다. 주행거리도 135km 밖에 안 된다. 속도도 130km 이상은 내기 힘들다. 또한 찻값이 일반 가솔린차의 1.5~2배 정도이다. 클린 환경을 위해서는 전기차 사용을 권장해야 할 것 같으나 풀어야 할 문제가 너무도 많다.

우리나라에서는 한정적으로 전기차 구입자에게 보조금을 주고 장려하고 있고, 캐나다에서는 주정부 차원에서 장려하고 있다. 전기차가 대중화가 되기 위해서는 무엇보다도 배터리 성능이 좋아지고, 값이 저렴해야 하며, 급속충전을 할 수 있는 시설이 많아야 한다. 테슬라가 급속충전 기술을 보급하고 있으니 많이 향상되리라 보여진다.

혁신의 아이콘인 애플도 전기차를 만든다고 한다. 이미 작업에 들어갔고, 테슬라의 직원을 고액의 연봉을 미끼로 스카우트하고 있는 모양새다. 테슬라의 CEO 엘론 머스크(Elon Musk)는 공개적으로 불만을 토로했다. 애플은 잘 알고 있는 바와 같이 스마트폰 제작을 위하여 부품을 모두 외부에서 사오고, 조립도 팍스콘이라는 중국공장을 이용한다. 그러나 애플은 스마트 폰 가격의 65% 이상을 가져간다. 팍스콘은 고작 2%만을 가져간다. 팍스콘은 박봉에 긴 노동시간으로 이미 많은 사람들이 자살을 해서 사회문제가 된 적이 있다.

도대체 애플의 가치사슬(value chain)은 어떻게 구성되어 있기에 매출이익이 30%를 초과하는지 정말 연구대상이다. 애플이 이번에는 전기자동차에 도전한다고 하니 벌써부터 난리들이다. 제2의 팍스콘을 만들 것이라는 비아냥거림도 많다. 아무튼 애플의 혁신은 눈부시다.

그러나 전기자동차 테슬라의 CEO 엘론 머스크를 알고 나면 스티브 잡스도, 제프 베조스도, 래리 페이지도 엄지손가락을 들것이다. 엘론 머스크는 남아공에서 태어나서 캐나다에서 공부하고, 다시 미국 스탠퍼드 대학에 입학하나 학교는 다니지 않고 20대에 회사를 설립하여 많은 돈을 벌고, 그 돈으로 페이팔(Paypal)이라는 온라인 상거래를 가능하게 하는 시스템을 개발하여 이베이(e-bay)에 엄청난 돈을 받고 팔아버린다.

그 돈으로 그는 SpaceX라는 우주 사업에 투자한다. 우주선을 만들어서 이미 우주정거장에 화물운반을 성공시켰다. 그의 꿈은 우주여행을 활성화해서 화성에서도 인터넷을 사용하는 것이다. 그의 회사는 보잉사와 함께 NASA로부터 지원받는다.

그의 원대한 꿈은 이것으로 끝나지 않고, 전기자동차 업체인 테슬라를 설립한다. 미국 자동차 시장에 신규로 진입해서 성공한 회사는 테슬라가 유일하다. 테슬라는 최고의 배터리 기술을 가지고 있다고 자부하고 있다. 또한 그들이 보유 중에 있는 특허도 일반에게 공유했다. 전기자동차 시장을 키우기 위한 전략적인 결정이었다.

그의 야망은 이것으로 끝이 아니라 하이퍼루프라는 진공튜브 속에서 운반체가 사람을 실어 나르는 것을 구상했다. 이것이 현실화되면 LA에서 샌프란시스코까지 30분 만에 갈 수 있다고 한다. 비행기보다도 빠르고 표값은 20~30달러이다. 꿈의 운반체인 것이다.

그는 미래의 세상은 완전 자율주행이 된다고 믿는다. 자동차를 사람이 운전하면 불법이 되는 시대가 온다는 것이다. 엘론 머스크는 미래에서 온 사람 같다. 그와 함께 일해 본 사람은 냉혈한 같다고 한다. 절대 'No'는 인정이 안 되고, 완벽주의자에다가, 보통사람은 필요 없고 특별한 사람만이 필요하다고 차별한다고 한다. 만약 공개적으로 그에게 반대를 하면 그는 곧 회사를 떠난다고 한다. 마치 스티브 잡스를 보는 것 같다고 한다. 이런 성격 때문에 이미 두 번 이혼을 했다. 그러나 그의 이상만큼은 너무도 광대해서 구글의 래리 페이지는 "만약 내가 내일 사고로 죽는다면 내 모든 재산을 엘론 머스크에게 물려주고 싶다"고 높이 평가하고 있다고 한다.

9. 앨런 튜링과 독이 든 사과

앨런 튜링(Alan Turing)은 컴퓨터 과학의 아버지로 알려져 있고, 현재 컴퓨터계의 노벨상이라고 할 수 있는 튜링상의 장본인이다. 그는 영국 태생이고, 어려서부터 총명했다. 대학은 케임브리지 전산과를 다녔고, 컴퓨터 프로그램을 연구했다. 그의 천재성은 제2차 세계대전 시에 독일군의 암호인 에니그마(Enigma)를 해독하여 전쟁을 승리로 이끄는데 공헌을 했다. 그 공로로 훈장도 받는다.

그는 제2차 세계대전 직전에 미국 프린스턴 대학으로 가서 당대의 컴퓨터 천재였던 폰 노이만 교수 지도로 3년간 연구하기도 했다. 박사학위를 프린스턴에서 받았다. 그러나 그는 폰 노이만의 만류에도 불구하고 영국으로 돌아간다. 그가 프린스턴에서 연구할 때, 세기의 천재 아인슈타인이 교수로 재직하고 있었다. 천재 삼인방이 한 대학에서 있었다는 사실만으로도 토픽감이다.

그는 1950년에 유명한 논문을 발표한다. 철학저널 Mind에 발표한 "Computing Machinery and Intelligence"에서, 기계가 지능적이라고 간주할 수 있는 조건을 언급했다. "기계가 생각할 수 있는가?"라는 질문에 대해 그는 긍정적이라고 답변하면서, "컴퓨터가 생각할 수 있다면 그것을 어떻게 표현해야 하는가?"라는 핵심 질문에 대해 그는 "컴퓨터로부터의 반응을 인간의 반응과 구별할 수 없다면 컴퓨터는 생각(사고, thinking)할 수 있는 능력이 있는 것"이라고 주장하였다.

이 논문이 발표되고 64년 만에 영국의 레딩 대학에서 '튜링테스트'를 최초로 통과했다. 이 대학에 따르면 경쟁에 참가한 프로그램 중 '유진 구스트만'이라는 슈퍼컴퓨터에서 돌아가는 '유진'이라는 프로그램이 이 기준을 통과했다고 발표했다.

'튜링테스트(Turing Test)'란 실제로는 사람과 컴퓨터가 대화를 나누고 있는데, 심사위원들이 대화 내용을 보고, 대화 상대편이 컴퓨터인지 진짜 인간인지 구분할 수 없다면 그 컴퓨터는 진정한 의미에서 "생각하는 능력이 있다"고 간주하여 테스트를 통과한다. 이번 행사에서 유진은 5분 길이의 텍스트 대화(문자로 입력하는 대화)를 통해 심사위원 중 33% 이상에게 "유진은 진짜 인간"이라는 확신을 줬다고 한다.

이런 테스트를 할 수 있도록 1950년에 동기를 제공해준 천재 앨런 튜링은 불행히도 논문을 발표한 다음 해에 당시에는 불법으로 되어 있던 동성애자로 체포가 된다. 그는 징역을 살거나 아니면 화학적 거세 중에 택일을 해야만 했다. 그는 화학적 거세를 택하고, 강제로 호르몬을 주입받아야만 했다. 그러나 그는 인간적인 모멸을 참지 못하고 1954년에 청산가리가 든 사과를 먹고 41세의 젊은 나이에 자살한다.

항간에서는 애플의 로고인 먹다 남은 사과가 앨런의 독이 묻은 사과를 의미한다고 했다. 그러나 스티브 잡스는 아니라고 못을 박았다. 그가 죽고 59년 만에 영국 엘리자베스 2세는 그를 무죄로 복권시킨다.

10. 대리인 문제

대리인 문제(Agency Problem)란 1976년 젠센(Jensen)과 맥클링(Meckling)에 의해 제기된 이론으로서, 한 개인 또는 집단이 자신의 이해에 직결되는 일련의 의사 결정 과정을 타인에게 위임(예: 전문경영인과 주주관계)할 때 대리인 관계가 성립되는데, 주인과 대리인 간에는 정보의 불균형, 감시의 불완전성 등으로 역선택이나 도덕적인 위험이 존재하게 된다. 이러한 현상을 대리인 문제라고 하며, '전문경영인' 체제의 큰 문제점으로 지적된다(시사상식사전, 박문각).

대리인 문제는 대리인이 의뢰인의 입장에 서지 않을 때 발생한다. CEO가 주주의 이익을 대변하지 않고 자신을 위하여 일하는 경우가 있다. 가령, 회사의 주주들은 회사를 합병시켜야 주식의 가격이 올라서 이득을 보게 되나 CEO는 자신의 일자리를 염려하여 주주들의 판단을 흐리게 하는 전략을 만들어서 설득하는 경우가 있을 수 있다. 이 경우, CEO를 해고하면 되지만 만약 그가 경쟁사로 이직하여, 적으로 될 경우도 있기 때문에 주주들의 입장에서는 섣불리 판단할 수 없다.

회사는 개인에게 의존할 수도 있고 또는 팀과 같은 조직에 의존하는 경우가 종종 있다. 만약, 개인(individual)이 중요한 지식을 가지고 있다고 가정해보자. 그는 최고의 기능공이다. 이 경우, 회사는 그가 가지고 있는 기능 노하우를 다른 직원들에게도 전파하기를 바란다. 만약, 그가 그렇게 한다면 그의 지식은 남에게 알려진 형식지(explicit)가 된다. 그는 더 이상 최고의 기능공 자리를 유지할 수 없을지도 모른다. 그렇기 때문에 이런 경우, 대리인 문제(agency problem)가 생기는 것이다.

회사는 강요적으로 그에게 지시할 수 없다. 그는 언제든지 다른 회사로 갈 수 있기 때문이다. 이것이 회사와 개인의 딜레마이다. 대부분의 경우 회사는 그의 암묵적(implicit) 기능을 인정하여 연봉을 많이 주고, 그 대가로 그의 스킬을 활용한다. 그러나 회사입장에서는 늘 불안할 수밖에 없다. 협상력을 직원이 쥐고 있기 때문이다.

이번에는 회사 내의 팀과 같은 집단(social)을 생각해 보자. 만약 집단이 가지고 있는 지식이 특허로 등록되면 객관화(objectified)되었다고 말한다. 그러나 특허는 권리가 한정되는 단점이 있다. 권리기간이 지나면, 권리행사를 못하고, 또는 공개된 기술을 제3자가 더 좋은 기술로 개량하는데 동기를 제공할 수도 있기 때문에 회사 입장에서는 특허로 전체 공개되는 것보다는 회사 내 일부 집단만 알 수 있는 지식(collective)을 선호한다.

그러나 이 경우 핵심이 되는 사람이 다른 회사로 이직하면 회사의 노하우가 함께 이동하는 위험이 있을 수 있다. 그래서 회사에서는 집단 학습(learning)을 시켜서 집단이 고루 지식을 갖도록 할 수 있다. 이것을 Nelson and Winter는 초이성적인 학습과정은 다수를 이끌고 이것은 회사의 표준 프로세스(routines)가 된다고 주장한다. 이런 방식을 회사는 선호하는데 단, 이것이 성공을 거두기 위해서는 회사는 교육과 훈련에 더 많은 투자를 해야 한다.

11. 미래의 세상과 로봇

앞으로의 세상이 흥미롭다. 나노로봇을 개발하여 인간의 뇌로 침투시켜서 인간 뇌의 움직임과 기억을 그대로 재생하는 기술이 생길 것이다. 이것을 통하여 인간 DNA까지 더 세밀하게 분석할 수 있을 것이다. 공부 잘하는 사람과 못하는 사람의 차이를 분석하여 똑똑한 사람으로 개조할 수도 있을 것이고, 성공한 사람과 실패한 사람의

DNA를 분석하여 성공가능성이 높은 인간으로 개조할 수도 있을 것이다.

그리고 나노로봇 수만 개가 인간 몸속에 침투하여 단백질과 다른 영양소를 합성함으로써 먹지 않아도 수십 년간 사람이 살 수 있도록 할 것이다. 그리고 암세포를 잡아먹는 나노로봇을 개발하여 암을 정복하고, 인슐린이 부족하면 나노로봇이 인슐린을 생성하여 주입해 줄 것이다. 이러니 앞으로는 평균 130살까지 살 수 있다는 것이다.

다행인 것은 옷 한 벌로 평생을 살 수 있는 나노섬유공학도 발전한다. 세탁을 하지 않아도 옷이 알아서 위생관리를 하고, 더우면 발열 추우면 흡열을 하도록 할 것이다. 옷 한 벌로 평생을 산다. 우리가 사는 집도 하루면 조립식 또는 3D프린터로 만들 것이다. 생활 패턴이 지금과는 완전히 다른 세상이 된다. 그러므로 지금처럼 시장경제에 입각한 경제활동은 불가능할 것이다.

앞으로는 저출산으로 인해서 부족한 사람의 노동을 로봇이라든지 발전된 공학으로 대신할 것이다. 또한 독신자들이 많을 것이며, 직업은 평생 6~7개는 가질 것이다. 교육은 온라인으로 필요한 지식과 기술을 습득할 것이다. 자동차는 자율주행자동차가 대세가 되어서 사람은 차 안에서 부가가치 있는 다른 일들을 할 것이다. 뿐만 아니라 하늘을 나는 재킷이 상용화되어서 사람들은 날아다닐 것이다.

더 이상 국경은 의미가 없어진다. 세계의 모든 언어는 자동 통역기를 통하여 소통할 것이다. 더 이상 언어의 장벽도 없는 지구촌이 될 것 같다. 일자리를 찾아서 여러 나라를 찾아 날아다닐 것이다. 앞으로 노인들도 많아지나 그들은 1인용 비행체 또는 재킷보다는 자율주행자동차를 더 많이 사용할 것이다.

제조업은 앞서 언급한 3D프린터에 의존하여 모두 해결할 수 있다. 가령, 음식, 집, 옷, 신발 등을 모두 3D프린터에 의존할 것이다. 그러므로 3D프린터 제작업체 및 원재료 업체, 3D프린터연구소가 각광을 받을 것이다. 또한 서비스업도 발전하여 1인용 이동주택과 가족용 이동주택이 인기가 있을 것이다. 대학 졸업장은 장식에 가깝게 되고, 실제로 자신이 서비스할 수 있는 직종의 일을 온라인으로 습득하고 온라인상에서 자격증을 취득할 것이다. 군대는 로봇과 드론, 사물통신, 각종 센서들이 80% 이상 담당하고, 사람은 지시와 감시만 담당할 것이다.

미래에는 여러 종류의 로봇이 개발되어서 로봇세상이 될 것이다. 인간의 두뇌보다도 우수한 로봇이 개발되면 그때부터 인간은 로봇의 지배를 받을 수도 있다. 그런 세상이 온다면 로봇은 인간에게 산아제한(birth control)을 시켜서 점차로 인구가 더 줄 것이다. 궁극적으로 인간이 없는 기계만 존재하는 삭막한 세상이 올지도 모른다. 마치 영화 터미네이터처럼.

그런 세상에서는 로봇이 로봇을 개발할 것이다. 그리고 인간이 하지 못했던 더 먼 곳의 우주 개발도 가능하게 해서 아마도 외계 로봇 간의 네트워크가 활성화될 수도 있을 것이다. 생각만 해도 끔찍하나 언젠가는 이런 세상이 올 것 같다. 그야말로 영화에서나 보던 스타워즈가 시작될 것 같다. 그게 언제일지는 인간의 능력에 달려있다.

결국 인간의 능력이 인간을 더 빨리 소멸시키는 세상이 올 것이다. 실례로 영국의 옥스퍼드 대학에서 미래 사회를 예측하는 시뮬레이션을 해 보았는데 기계들의 세상이 되고, 기계들은 인간들이 정직하지 못하고 거짓말만 한다는 이유로 모두 죽인다는 결과가 이것을 대변하는지도 모른다.

12. 인공지능(AI)의 진화

이세돌 9단과 세기의 바둑 대국을 펼쳤던 컴퓨터 인공지능 프로그램인 알파고(Alpha Go)는 2010년 영국에서 설립된 딥마인드(Deep Mind)의 작품이다. 딥마인드는 데미스 하사비스와 셰인 레그, 무스타파 술레이만이 공동 창업했다. 그들은 인공지능을 활용해 게임뿐 아니라 의료 분야 등 인류에게 도움이 되는 방향으로 발전을 추구한다. 딥마인드는 2014년 구글이 인수했다.

'알파고의 아버지'라 불리는 하사비스는 영국 케임브리지 대학에서 공부했다. 앨런 튜링이 수학한 학교다. 인공지능과 관련된 인물들이 대부분 영국인이라는 것이 흥미롭다. '알파고'는 앨런 튜링이 주장한 의미의 인공지능은 아니다. 튜링은 종합적 사고를 통해 대화할 수 있는 능력의 인공지능을 내세웠다. '알파고'는 입력된 정보를 토대로 이길 수 있는 최선의 수를 찾도록 설계되었기에 종합적인 사고가 현재로써는 불가능하다.

실제로 세계 체스 챔피언을 대상으로 체스경기를 하는 도중에 뇌의 활동 영역을 실험한 적이 있다. 실험 결과, 뇌의 극히 일부분만 활성화되는 것으로 확인됐다. 즉, 반복된 기계적인 학습의 결과라는 것이다. 만약 대학수학능력시험을 치루는 학생을 대상으로 하면 어떤 결과가 나올까? 과연 그 짧은 시간에 수많은 문제를 풀어야 하는 학생의 뇌가 과연 종합적인 사고를 할 것인가, 아니면 기계적으로 학습한 대로 두뇌가 움직일 것인가? 필자의 생각에는 후자의 가능성이 높다고 본다. 그 이유는 시험이라는 것은 순간적인 창의성을 테스트하는 두뇌 활동의 테스트라기보다는 반복된 학습의 결과를 얼마나 빨리 끄집어 낼 수 있는지 순발력테스트로 보이기 때문이다.

1997년 IBM의 인공지능 컴퓨터 딥블루(Deep Blue)는 당시 세계 체스 챔피언이었던 가리 카스파로프와의 여섯 번의 대국에서 끝내 승리했다. 그 경기에서 카스파로프도 두 번 이겼다. 당시에 딥블루는 '알파고'처럼 신의 경지에 이르지는 못했다.

또한, IBM 인공지능 컴퓨터 시스템인 왓슨(Watson)[13]은 2011년 퀴즈 쇼 제퍼디(Jeopardy)[14]에 참가하였으며, 당시에 인간 두 명과 대결해서 더 많은 상금을 확보하였다. 왓슨은 의학에 접목되어서 의사를 보조하고 있다. 가령, 종양학, 방사선학, 내분비학 등에서 활용되고 있다. 다른 사례로, 뉴욕의 메모리얼 슬론 캐터링 암전문센터에서도 왓슨 프로그램을 활용하여 환자 진료 시에 활용하고 있다. 또한 법률부문에서도 활용되고 있다. 가령, 유사한 판례를 딥러닝하여 판사나 변호사를 돕고 있다. 실제로 해외법률사무소에서 변호사의 비서로 왓슨을 채용하고 있다.

법률분야의 인공지능 활용의 대표적 사례로 페이스북 메신저봇(Messengerbot) 기반의 '두낫페이(DoNotPay)'는 스탠퍼드 대학의 대학생이 만든 무료변호사로, 2015년 미국에서 주차위반 16만 건을 취소하는 데 기여해 유명해졌다.

우리나라에서도 2016년 다보스 포럼에서 '제4차 산업혁명'에 대한 논의가 시작된 이후, 로봇이나 인공지능(AI)을 통해 실재와 가상이 통합되어 사물을 자동적, 지능적으로 제어할 수 있는 가상 물리 시스템의 구축이 한창 진행 중이다. '스마트팩토리'도 그 일환이다.

정부는 지능정보산업 발전전략(2016. 3.), 인공지능 국가전략 프로젝트(2016. 8.), 플래그십 프로젝트(2016. 11.), 지능정보사회종합대책(2016. 12.) 등 발 빠르게 인공지능 분야에 대응 전략을 수립하고 있다.

세계적인 기업에서도 음성지능 등 분야가 활기를 띠고 있다. 가령, 아마존 에코, 구글 홈 등 음성지능 플랫폼 기반의 홈스피커 중심으로 스마트홈 주도권 경쟁이 더

---

13 왓슨(Watson)은 자연어 형식으로 된 질문들에 답할 수 있는 인공지능 컴퓨터 시스템이며, 왓슨은 IBM 최초의 회장 토머스 J. 왓슨에서 이름을 땄다. [출처: 위키 백과]

14 역사, 문학, 예술, 팝 문화, 과학, 스포츠, 지질학, 세계사 등의 주제를 다루는 미국의 텔레비전 퀴즈 쇼이다. [출처: 위키 백과]

욱 치열하게 전개되고 있다. 홈스피커는 음성인식을 통해 인터넷 검색, 음악재생, 전등과 TV 등 가전기기 제어 등을 할 수 있는 기능을 내장하고 있다. 우리나라에서도 서비스되고 있다.

스마트폰 음성비서 분야에서는 애플이 2010년 시리를 대중 앞에 처음 선보인 이래 글로벌 ICT 기업들인 구글 어시스턴트, 아마존 알렉사, MS 코타나 등 음성지능 플랫폼을 경쟁적으로 개발하고 스마트폰에 장착하고 있다.

이제 인공지능은 로봇 영역에도 진출했다. 일본에서 휴머노이드 로봇은 노인 요양시설에서 간병뿐 아니라 매장 상품 판매까지 그 범위를 넓히려 하고 있다. 소프트뱅크의 로봇 '페퍼(Pepper)'는 사용자에 맞춰 생각하고 행동할 수 있는 감정 인식 로봇이다. 환자의 말동무가 되어 우울증 치료나 치매 예방을 할 수 있도록 기술을 발전시키고 있다.

주식 투자도 인공지능을 활용하는 분석서비스가 나오고 있다. 로또와 같은 복권도 인공지능을 활용하면 당첨 확률을 높일 수 있을 것이다. 작업 지시를 인간이 아닌 인공지능을 갖춘 로봇이 수행하는 기업도 있다. 인공지능의 영역이 어디까지 발전할지 기대되지만 한편으로는 걱정도 된다. 점점 인간의 일자리를 인공지능이 뺏어가는 것은 아닌지 두려움도 앞선다.

13. 암묵적 지식의 위대성

1차 산업혁명은 증기기관, 2차 산업혁명은 전기라고도 하고, 내연기관이라고도 한다. 3차 산업혁명은 컴퓨터라고도 하고, 에너지 혁명 또는 3D프린터라고도 한다. 4차 산업혁명은 소프트파워라고 한다. 즉, 사물통신과 인공지능으로 연결되는 고객 맞춤형 산업구조라고 한다.

과거에는 물건을 생산함에 있어서 싼값의 대량생산으로 고객 취향을 묻지 않고 생산했다면 이제는 고객취향을 고려한 제품 생산을 해야 물건이 팔린다. 다품종 소량 생산으로 가는 것이다. 스마트팩토리도 결국은 다품종 소량생산으로 가기 위한 인공지능형 맞춤형 공장자동화라고 생각하면 된다. 또한 저출산으로 인한 노동력의 감소를 메울 대안으로 추진되고 있는 것이다. 즉, 기능 인력이 보유하고 있는 스킬과 경험과 같은 암묵적인 지식을 전산화해서 정보를 실시간으로 공유하자는 것이다. 즉, 인간이 하던 암묵적인 일들을 로봇도 할 수 있도록 하자는 것이다. 로봇이 과거에는 인간이 시키는 단조로운 반복적인 작업 · 생산만 했다면 지금의 로봇은 생각을 하는 지능형 로봇이 대세가 되었다.

이세돌에게 승리를 했던 '알파고'를 인공지능의 승리라고 언론에서는 떠들었지만 엄밀히 말하면 알파고는 인공지능의 극히 일부분을 실현한 것이다. 가령, 인공지능은 인간처럼 대화를 할 줄 알아야 하고, 시각과 음성을 지각할 수 있어야 하고, 사람처럼 걸어 다닐 수 있어야 하고, 학습할 수 있는 능력이 있어야 하고, 사람처럼 지식과 경험을 가지고 새로운 문제를 자율적으로 해결할 수 있어야 한다. 그러나 알파고는 이 중에서 학습할 수 있는 능력을 빼고는 나머지는 하질 못한다. 그만큼 인간을 능가하기에는 아직도 멀었다는 것이다.

또한 기계는 감정이 없고, 무의식적인 행동을 못한다. 가령, 인간은 소위 자신의 지식과 경험을 토대로 감이라는 것이 있다. 일종의 노하우다. 이런 것을 암묵적인 지식이라 하는데 기계는 이런 것이 없다.

다시 말해서 기계는 입력한 대로 사고하고 행동한다. 이것이 인공지능과 인간지능의 차이다. 이러한 갭을 기계가 넘는다면 정말 인간을 위협할 수 있고, 인간을 디스토피아 세상에서 살게 할 수도 있을 것이다. 그러나 아직은 요원하다. 그만큼 인간이 보유하고 있는 암묵적 지식은 위대한 것이다.

참고문헌

국내문헌

권향원 · 최도림(2011), “근거이론적 방법의 이론화 논리에 대한 이해: 한국행정학의 비맥락성과 방법론적 편향성 문제를 중심으로”, 「한국행정학보」 제45권 1호, pp. 275−302.

김상태 · 홍운선(2013), “한국과 미국의 기술이전 제도 비교 연구: KAIST와 캘리포니아 대학교를 중심으로”, 「기술혁신학회지」 제16권 2호, pp. 444−475.

박검진(2016), “대학의 암묵적 지식이전 메커니즘에 관한 연구”, 한국기술교육대학교 박사학위논문.

박검진 · 김병근 · 조현정(2011), “우리나라 대학의 특허창출과 기술이전 성과에 영향을 주는 요인 연구”, 「산업재산권」 제35호.

박우용(1996), “기업연구소의 효율적 사내 기술이전에 관한 사례 연구”, 한국과학기술원 석사학위 논문.

석금경(1994), “기술 확보 수단으로서의 전략적 제휴에 관한 연구”, 서강대학교 경제대학원 정보기술전공 석사학위 논문.

신경림 외(2004), 「질적 연구 방법론」, 이화여자대학교 출판부, p. 86.

옥주영 · 김병근(2009), “국내 공공 연구기관들의 기술이전 효율성 분석”, 「기술혁신연구」 제17권 2호, p. 140.

윤병운 · 이성주(2010), “중소기업의 오픈 이노베이션 모델”, 「기술혁신학회지」 제13권 1호, pp. 160−183.

이기종 · 박병무(2010), “광역경제권역별 선도산업 육성과 대학의 산학협력 특성화 분석”, 「국가정책연구」 제24권 1호.

이성근 · 안성조 · 이관률(2005), “기술이전 성과와 결정요인에 관한 연구−기술이전센터를 중심으로”, 「한국지역개발학회지」 제17권 3호, pp. 31−50.

이윤준(2008), “공공연구기관의 기술이전 활성화 전략”, 「기술혁신연구」 제16권 1호.
임채윤(2010), “중소기업의 기술이전 장애요인: 사전적 고찰과 연구방향”, 「ie 매거진」 제17권 4호, pp. 47–50.
조규갑 · 문병근(2000), “대학 산업계간 기술이전을 위한 기술이전 에이전트의 모델 및 역할”, 대한 산업 공학회, 추계학술대회 논문집, pp. 409–412.
조명옥 · 최영희(2000), 「문화간호연구: 이론과 실제」, 서울: 현문사.
주석정 · 홍순구 · 박순형(2010), “중소기업의 성공적인 기술이전 방안에 관한 연구”, 「한국산업정보학회논문지」 제15권 1호.
한동성(2009), “대학 기술이전의 효율성에 관한 연구”, 고려대학교 박사학위논문, p. 20.
현만석 · 유왕진(2008), “DEA 모형을 이용한 공공연구기관의 기술이전 효율성 분석에 관한 연구”, Journal of the Korea Industrial and Systems Engineering Vol. 31, No. 2, p. 97.

국외문헌

Abidi, S. S. R. et al.(2005), A Knowledge Creation Info–Structure to Acquire and Crystallize the Tacit Knowledge of Health–Care Experts, *IEEE Transactions on Information Technology in Biomedicine*, Vol. 9, No. 2, June.
Acs et al.(1999), High Technology Employment, wages and university R&D spillovers: Evidence from US cities, *Econ. Innov. Techn.*, Vol. 8, pp. 57–78.
Acs, Z. J., Audretsch, D. B, and Feldman, M. P.(1994), R&D spillovers and recipient firm size. *Rev. Econom. Statist.* 76, pp. 336–340.
Adams, J. D., Chiang, E. P. and Starkey, K.(2001), Industry–university cooperative research centers. *Journal of Technology Transfer*, 26(1–2), pp. 73–86.
Allen, T. J. et al.(1979), Technology transfer as a function of position in the spectrum from research through development to technical services, *Academy of Management Journal*, Vol. 22. No. 4, pp. 694–708.
Amesse F. and Cohendet P.(2001), Technology transfer revisited from the perspective of

the knowledge-based economy, *Research Policy*, 30, pp. 1459-1478.

Argote, L. and Ingram, P.(2000), Knowledge transfer: A Basis for Competitive Advantage in Firms, *Organizational Behavior and Human Decision Processes* 82 (1): pp. 150–169.

Arora, A.(1995), Licensing Tacit Knowledge: Intellectual Property Rights and The Market for Know-how, *Economics of Innovation and New Technology*, Vol. 4, Issue 1.

Arrow, K.(1969), Classificatory Notes on the Production and Transmission of Technological Knowledge, *American Economic Review; Papers and Proceedings*, Vol. 52, May, pp. 29-35.

Astley, W. G., and Zammuto, R. F.(1992), Organization Science, Managers, and Language Games. *Organization Science*, 3(4): pp. 443-460.

Attewell, P.(1992), Technology Diffusion and Organizational Learning-the Case of Business Computing, *Organization Science*, Vol. 3, No. 1, pp. 1-19.

Baldini, N. et al.(2006), Institutional changes and the commercialization of academic knowledge: A study of Italian universities' patenting activities between 1965 and 2002, *Research Policy* 35, pp. 518–532.

Bania et al.(1993), Universities and the startup of new companies: Can we generalize from route 128 and silicon valley?, *JSTOR*, pp. 761-766.

Becker, H. S.(1968), Social Observation and Social Case Studies, *In International Encyclopedia of the Social Sciences*. Vol. 11. New York: Crowell.

Bercovitz, J. and Feldmann, M.(2006), Entpreprenerial Universities and Technology Transfer: A Conceptual Framework for Understanding Knowledge-Based Economic Development, *Journal of Technology Transfer*, 31: pp. 175–188.

Bercovitz, J.(2006), Entrepreneurial Universities and Technology Transfer: A Conceptual Framework for Understanding Knowledge-Based Economic Development, *Journal of Technology Transfer*, 31: pp. 175–188.

Bozeman, B.(2000), Technology transfer and public policy: a review of research and theory, *Research Policy* 29, pp. 627-655.

Brooke, M.(1985), Selling management services contracts in international business. London: Holt, Rinehart and Winston.

Brooks, H.(1966), National Science Policy and Technology Transfer, Proceedings of a

Conference on Technology Transfer and Innovation, Washington, D.C.: NSF.

Bryant, A.(2002), Re-grounding Grounded Theory, *The Journal of Information Technology Theory and, Application*, 4(1): pp. 25-42.

Bucy, J. F.(1976), An Analysis of Export Control of U.S. Technology- a DOD Perspective. A report of the Defense Science Board Task Force on Export of U.S. Technology, Office of DDR&E, Washington, DC, Feb.

Buratti, N. and Penco, L.(2001), Assisted technology transfer to SMEs: Lessons from an exemplary case, *Technovation*, 21: pp. 31-43.

Bush, V.(1946), *Endless Horizons*, Washington, D.C.: Public Affairs Press, pp. 52-53.

Carayannis E. G. et al.(2000), Leveraging knowledge, learning, and innovation in forming strategic government-university-industry(GUI) R&D Partnerships in the US, Germany and France, *Technovation*, 20, pp. 477-488.

Carr, R.(1992), Doing technology transfer in federal laboratories (part 1), *Technology Transfer spring-summer*, pp. 8-23.

Chapple, W. et al.(2005), Assessing the relative performance of U.K. university technology transfer offices: parametric and non-parametric evidence, *Research Policy* 34, pp. 369-384.

Charmaz, K.(2006), *Constructing Grounded Theory*. Thousand Oaks, CA: Sage.

Chein, I.(1981), Appendix: An Introduction to Sampling, In L. H. Kidder (ed.), *Selltiz, Wrightsman & Cook's Research Methods in Social Relations*. (4th ed.) Austin, Tex.: Holt, Rinehart and Winston.

Cohen, M. D. and L. S. Sproull.(1996), *Organizational Learning*. Sage, Thousand Oaks, CA.

Cohen, W. M. and Klepper, S.(1996), A reprise of size and R&D. *Econom. J.* 106, July, pp. 925-951.

Cohen, W. M. and Levinthal, D. A.(1989), Innovation and learning: the two faces of R&D, *Economic Journal* 99: September: pp. 569-596.

Cohen, W. M. and Levinthal, D. A.(1990), Absorptive Capacity: A New Perspective on Learning and Innovation, *Administrative Science Quarterly*, Vol. 35, No. 1, Special Issue: Technology, Organizations, and Innovation, pp. 128-152.

Cohen, W. M. et al.(2002), Links and Impacts: The influence of public research on industrial R&D, *Management Science* Vol. 48, No. 1, January, pp. 1–23.

Cohen, W. M., Nelson, R .R. and Walsh, J. P.(2002), Links and impacts: the influence of public research on industrial R&D, *Management Science*, 48(1), pp. 1–23.

Collins, H. M.(1993), The Structure of Knowledge, *Social Research*, Vol. 60, No. 1, Spring.

Colyvas, J. et al.(2002), How Do University Inventions Get into Practice?, *Management Science*, Vol. 48, No. 1, Special Issue on University Entrepreneurship and Technology Transfer Jan. pp. 61–72.

Darr, E. D. and Kurtzberg, T. R.(2000), An Investigation of Partner Similarity Dimensions on Knowledge Transfer, *Organizational Behavior and Human Decision Processes*, Vol. 82, No. 1, pp. 28–44.

Daumas, M.(1969), *Histoire generale des techniques*, 3 vols. (Paris, 1962–68); English translation of first two volumes by Elileen B. Hennessy, A History of Technology and Invention, New York.

Debackere, K. and Veugelers, R.(2005) The role of academic technology transfer organizations in improving industry science links, *Research Policy* 34, pp. 321–342.

Derek J. de Solla Price(1965), Is Technology Historically Independent of Science? *Technology & Culture* (Summer) 6(3): pp. 553–578.

Dougherty, V.(1999), Industrial and Commercial Training, Volumne 31. Number 7. pp. 262–266.

Dove, R.(1996), Agile knowledge transfer: Reusable, reconfigurable, scalable, *Production*, 108, pp. 16–17.

Eisenhardt, K. M., and Graebner, M. E.(2007), Theory Building from Cases: Opportunities and Challenges, *Academy of Management Journal*, 50(1): pp. 25–32.

Faulkner, W. and Senker, J.(1994), Making sense of diversity: public–private sector research linkage in three technologies. *Research Policy*, 23, pp. 673–695.

Feibleman, J. K.(1972), Pure science, applied science and technology: An attempt at definitions. In C. Mitcham and R. Mackey. *Philosophy and technology*. New York: Free Press.

Friedman, J. and Silberman, J.(2003), University Technology: Do Incentives, Management, and Location Matters?, *Journal of Technology Transfer*, Vol. 28, pp. 17-30.

Galbraith, C. S.(1990), Transferring core manufacturing technologies in high technology firms, *California Management Review*, 32(4), pp. 56-70.

Glynn. M. A.(1996), Innovative genius: a framework for relating individual and organizational intelligence to innovation, *Academy of Management Review* 21/4: 1081-1111.

Goldfarb, B. and Henrekson, M.(2003), Bottom-up versus top-down policies towards the commercialization of university intellectual property, *Research Policy* 32, pp. 639-658.

Goldhor, R. S. and Lund, R. T.(1983), University-to-industry advanced technology transfer, *Research Policy* 12, pp. 121-152.

Grant, E. B. and Gregory, M. J.(1997), Tacit knowledge, the life cycle and international manufacturing transfer. *Technology Analysis and Strategic Management* 92, pp. 149-161.

Grant, R. M. and Baden-Fuller, C.(1995), A KNOWLEDGE-BASED THEORY OF INTER-FIRM COLLABORATION, *Best Paper Proceedings* 1995, Academy of Management, pp. 17-21.

Grant, R. M.(1996), Toward a Knowledge-based Theory of The Firm, *Strategy Management Journal*, Vol. 17 (Winter Special Issue), pp. 109-122.

Grimpe, C. and Hussinger K.(2013), Formal and informal knowledge and Technology Transfer from Academia to Industry: Complementarity Effects and Innovation Performance, *Industry and Innovation*, Vol. 20, Issue 8.

Grosse, R.(1996), International Technology Transfer in Services, *Journal of International Business Studies* 27: 782.

Grosse, R.(1996), International Technology Transfer in Services, *Journal of International Business Studies*, Fourth Quarter.

Hall, A. R.(1959), The Scholar and the Craftsman in the Scientific Revolution, in *Critical Problems in the History of Science*, p. 17.

Hall, R. A.(1978), On knowing, and knowing how to ..... In A.R. Hall and N.Smith(eds.), *History of technology*. Third annual volume. London: Mansell.

Hall, R.(1993), A Framework Linking Intangible Resources and Capabilities to Sustainable

Competitive Advantage, *Strategic Management Journal*, Vol. 14, pp. 607–618.

Hansen M. T, Nohria, N., and Tierney, T.(1999), Tierney, What's your strategy for managing knowledge?, Harvard Business Review, March–April.

Hansen, M.(1999), The search transfer problem: The role of weak ties in sharing knowledge across organization subunits, *Administrative Science Quarterly*, 44, pp. 82–111.

Hedlund, G. and Nonaka, I.(1993), Models of knowledge management in the West and Japan, Implementing Strategic Processes: Change, *Learning, and co-operation*, pp. 117–144.

Herliana, S.(2015), Regional innovation cluster for small and medium enterprises (SMEs): A Triple Helix Concept, *Procedia-Social and Behavioral Sciences* 169, pp. 151–160.

Herschbach, D. R.(1995), *Technology as Knowledge: Implications for Instruction*, Vol. 7.

Hicks, D. M., P. A. Isard and B. R. Martin(1995), A Morphology of Japanese and European Corporate Research Networks, *Research Policy*, 25, pp. 359–378.

Hindel, B.(1966), *Technology in early America*. Chapel Hill, N.C.: University of North Carolina Press.

Holton, J. A.(2007), The Coding Process and Its Challenge. In A. Bryant & K. Charmaz (Eds.), *The Sage Handbook of Grounded Theory*. Thousand Oaks, CA: Sage Publications, pp. 265–290.

Huston, L. and Sakkab, N.(2006), Connect and Develop: Inside Procter & Gamble's New for Innovation, *Harvard Business Review*, March.

Hutchins, E.(1991), Organizing work by adjustment, *Organization Science*, 2, pp. 14–39.

Itami, H. and Roehl, T. W.(1987), *Mobilizing Invisible Assets*, Harvard University Press. Cambridge, MA.

Jaeschke, R., Guyatt, G. H., and Sackett, D. L.(1994), Users' guides to the medical literature Ⅲ. How to use an article about a diagnostic test: B. What are the results and will they help me in caring for my patients? *JAMA*, 271: 703–7.

Johnson, H. T. and R. S. Kaplan(1987), *Relevance Lost*, Harvard University School Press, Boston, MA.

Jones, M. and Jain, R.(2002), Technology transfer for SMEsz: Challenges and barriers,

International Journal of Technology Transfer and Commercialisation, Vol. 1, Nos 1/2: pp. 146–162.

Jonsson, A.(2008), A transnational perspective on knowledge sharing: lessons learned from IKEA's entry into Russis, China and Japan, The International Review of Retail, *Distribution and Consumer Research*, Vol. 18, No. 1, pp. 17–44.

Katsoulakos, Y. and D. Ulph(1998), Endogenous spillovers and the performance of Research Joint Ventures, *Journal of Industrial Economics*, 3 , pp. 333–357.

Kline, B.(1981), "A Case Study of a Return–to–Industry Program: An Inservice Approach for Vocational Instructors at a Two–Year Post–Secondary Institution." Unpublished doctoral dissertation, Department of Vocational Education, Virginia Polytechnic Institute and State University.

Kogut, B. and Zander, U.(1992), Knowledge of the Firm, Combinative, and Capabilities, and the Replication of Technology, *Organization Science*, Vol. 3, No. 3, Focused Issue: Management of Technology Aug, pp. 383–397.

Kogut, B.(1988), Joint ventures: Theoretical and empirical perspectives, *Strategic Management Journal*, 9(4), pp. 319–332.

Koyre Alexandre(1948), Du monde de I' a peu pres a I' univers de la precision, Critique 4, No. 28.

Lam, A.(2000), Tacit Knowledge, Organizational Learning and Societal Institutions: An Integrated Framework, Organization Studies, pp. 487–513.

Landies, D.(1980), The creation of knowledge and technique: Today's task and yesterday's experience. *Deadalis*, 109 (1).

Langrish, J. et al.(1972), *Wealth From Knowledge: A Study of Innovation in Industry*. New York, NY: John Wiley.

Latour, B.(1987), Science in Action: *How to Follow Scientists and Engineers Through Society*. Cambridge, MA: Harvard University Press.

Laursen, K. and A. Salter(2006), Open for innovation: The role of openness in explaining innovation performance among U.K. manufacturing firms, *Strategic Management Journal*, Vol. 27, No. 2, pp. 131–150.

Law, J. and M. Callon(1988), Engineering and Sociology in a Military Aircraft Project: A

Network of Analysis of Technological Change, *Social Problems* 35: pp. 115–142.

Layton, E. T.(1974), Technology as Knowledge, *Technology and Culture*, Jan 1.

Learned, E. R. et al.(1965), *Business Policy: Text and Cases*. Irwin, Homewood, IL.

Lee, P.(2012), Transcending the tacit dimension: Patents, Relationships, and Organizational Integration in Technology Transfer, *UC Davis Legal Studies Research Paper Series*, Research Paper No. 287, March.

Li–Hua, R.(2003), From Technology Transfer to Knowledge Transfer–A Study of International Joint Venture Projects in China, Presented at the 2003 *Proceedings of the International Association for Management of Technology (IAMOT) Conference*, Nancy, France.

Link, A. L., J. Rees(1990), Firm size, university based research, and the returns to R&D. Small Bus. *Econom*. 2, pp. 25–31.

Link, A. N., Siegel, D. S., and Bozeman, B.(2007), An empirical analysis of the propensity of academics to engage in informal university technology transfer, *ICC* (2007) 16 (4):pp. 641–655. doi: 10.1093/icc/dtm020, First published online: June 24.

Liyanage, C., Elhag, T., Ballal, T. and Li, Q. P.(2009), Knowledge communication and translation–a knowledge transfer model, *Journal of Knowledge Management*, Vol 3, No.3, pp. 118–131.

Macpherson, A. and M. Ziolkowski(2005), The role of university–based industrial extension services in the business performance of small manufacturing firms: case–study evidence from Western New York, *Entrepreneurship & Regional Development: An International Journal*, Vol. 17, Issue 6.

Maitland, A.(1999), Management of Knowledge Management: Lessons can be learned Failed Attempts to Capture and Use Employees' Knowledge, Management and Technology, *The Financial Times*.

Markman et al.(2006), *Sidestepping the Ivory Tower: Rent Appropriations through Bypassing of U.S. Universities*. Mimeo.

McKeon, R.(1947), *Introduction to Aristotle*, The Modern Library, New York, p. 427.

Merriam, S. B.(1988), *Case Study Research in Education: A Qualitative Approach*. SanFrancisco: Jossey–Bass.

Meyer–Krahmer, F. and Schmoch, U.(1998), Science–based technologies: university–industry interactions in four fields. *Research Policy*, 27, pp. 835–851.

Miles, M. B, and Huberman, A. M.(1994), *Qualitative Data Analysis: An Expanded Sourcebook.* (2nd ed.) Thousand Oaks, Calif.: Sage.

Miller P.(1998), *Mobilising the Power of What You Know.* London: Random House.

Morrissey, M. T. and S. Almonacid(2005), Rethinking technology transfer, *Journal of Food Engineering*, 67: pp. 135–145.

Morse, J. M.(1994), *Critical issues in qualitative research methods*, Thousand Oaks: Sage.

Mowery, D. C. et al.(1996), Strategic Alliances and Interfirm Knowledge Transfer, *Strategic Management Journal*, Vol. 17(Winter Special Issue), pp. 77–91.

Mowery, D.(1988), *International Collaborative Ventures in U. S. Manufacturing*, 1900–1940, Ballinger, Cambridge, MA.

Narin, F. and Olivastro, D.(1992), Status report: Linkage between technology and science. *Research Policy*, 21(3), pp. 237–249.

Narula, R.(2001), R&D collaboration by SMEs: New opportunities and limitations in the face of globalisation. *Technovation*, 24(2), pp. 153–161.

Nelson, R. and S. Winter(1982), *An Evolutionary Theory of Economic Change.* Belknap, Cambridge, MA.

Nonaka, I. and H. Takeuchi(1995), *The Knowledge creating Company: How Japanese Companies Create the Dynamics of Innovation.* Oxford University Press, New York.

Nonaka, I.(1994), Dynamic Theory of Organizational Knowledge Creation, *Organization Science*, Vol. Noh, J. B. et al., A case–based reasoning approach to cognitive map–driven tacit knowledge management, *Expert Systems with Application* 19, pp. 249–259, 20005, No. 1, February.

Nooteboom, B.(1994), Innovation and Diffusion in Small Firms: Theory and Evidence, *Small Business Economics*, October, Vol. 6, Issue 5, pp. 327–347.

Numata, J., Hane, K., Lei, B., Iwashita, Y.(1997), Knowledge discovery and sharing in an information system. PICMET '97: Portland International Conference on Management and Technology, pp. 713–716.

Owen–Smith, J. and W. W. Powell(2004), Knowledge Networks as channels and conduits:

The effects of spillover in the boston biotechnology community, *organization science* Vol. 15, No. 1, January–February, pp. 5–21.

Parayil, G.(1991), Technological knowledge and technological change. *Technology and Society*, 13(2), pp. 289–304.

Patton, M. Q.(1990), *Qualitative Evaluation Methods*. (2nd ed.) Thousand Oaks, Calif.: Sage.

Paulin, D. and Suneson, K.(2012), Knowledge Transfer, Knowledge Sharing and Knowledge Barriers–Three Blurry Terms in KM, *Electronic Journal of Knowledge Management* Volume 10 Issue 1.

Pavitt, K.(1991), What makes basic research economically useful?, *Research Policy* 20, pp. 109–119.

Peirce, C. S.(1929), Guessing, and "The Founding of Pragmatism" *Hound and Horn: A Harvard Miscellany* (Vol. II).

Pennings, J. H.(1992), Harianto, F., Technology networking and innovation implementation, *Organization Science*, 3, pp. 356–382.

Pisano P. Gary(1991), The governance of innovation: Vertical integration and collaborative arrangements in the biotechnology industry, *Res. Policy* 20. pp. 237–249.

Polanyi M.(1966), *The Tacit Dimension*, NewYork: Double day Anchor.

Porter, M. E.(1979), How competitive forces shape strategy, *Harvard Business Review*, 57(2), pp. 137–145.

Porter, M. E.(1980), *Competitive Strategy: Techniques for Analyzing Industries and Competitors*. Free Press, New York.

Powers, J. B.(2003), Commercializing Academic Research, Resource Effects on Performance of University Technology Transfer, *The Journal of Higher Education*, Vol. 74, No. 1, Jan/Feb.

Price, D. deS.(1984), The science/technology relationship, the craft of experimental science, and policy for the improvement of high technology innovations, *Res. Policy* 13, pp. 3–20.

Richards, D. and Busch, P.(2003), Acquiring and Applying Contextualized Tacit Knowledge. *Journal of Information & Knowledge Management*, Vol. 2, No. 2, pp. 179–

190.

Rip, A.(1992), Science and Technology As Dancing Partners, In *Technological Development and Science in the Industrial Age*. P. Kroes and M. Bakker, eds, Dordrecht, The Netherlands: Kluwer Academic Publishers, pp. 231−270.

Roessner, J. D.(1993), What companies want from the federal labs. *Issues in Science and Technology* 101, pp. 37–42.

Roessner, J. D.(2000), *Technology transfer. In: Hill, C.* (Ed.), Science and Technology Policy in the US, A Time of Change. Longman, London.

Rogers, E. M. et al.(2000), Assessing the effectiveness of technology transfer offices at U.S. *Research Universities*, Everett M. Rogers, Jing Yin, and Joern Hoffman, pp. 47−80.

Rogers, E. M., Y. Yin and J. Hoffmann(2000), Assessing the effectiveness of technology transfer offices at U.S. research universities, *The Journal of the Association of University Technology Managers*, 12, pp. 47−80.

Samuelson, P. A.(1955), Diagrammatic exposition of a theory of public expenditure, *Review of Economics and Statistics*, 37, pp. 350−356.

Schartinger, D., Rammer, C., Fischer, M. M. and Fröhlich, J.(2002), Knowledge interactions between universities and industry in Austria: sectoral patterns and determinants. *Research Policy*, 31, pp. 303–328.

Schartinger, D., Schibany, A. & Gassler H.(2001), Interactive Relations Between Universities and Firms: Empirical Evidence for Austria, *Journal of Technology Transfer*, 26, pp. 255−268.

Schmoch, U.(1999), Interaction of Universities and Industrial Enterprises in Germany and the United States−a Comparison, *Industry and Innovation*, 6(1), pp. 51−68.

Schwartz, D. G.(2006), *Encyclopedia of Knowledge Management*, IGI Global.

Shapley, D. and R. Roy(1985), *Lost at the Frontier: U.S. Science and Technology Policy Adrift*. Philadelphia, PA: ISI Press.

Sharan B. Merriam(2005), 「정성연구방법론과 사례연구」, 강윤수 외 역, 교우사.

Siegel, D. S. Waldman, D., and Link, A.(2003), Assessing the impact of organizational practices on the relative productivity of university technology transfer offices: an exploratory study, *Research Policy* 32, pp. 27−48.

Singer, C., Holmyard, E. J., and Hall, A. R. Hall(1958), *A History of Technology*, 5 vols. London.

Skolimowski, H.(1972), The structure of thinking in technology. In C. Mitcham and R. Mackey (eds.). *Philosophy and technology*. New York: Free Press, pp. 42–49.

Spender, J. C.(1996), Making Knowledge the Basis of a Dynamic Theory of the Firm, *Strategic Management Journal*, Vol. 17, Special Issue: Knowledge and the Firm (Winter), pp. 45–62.

Stake, R. E.(1995), *The Art of Case Study Research*. Thousand Oaks, Calif.: Sage.

Szulanski, G.(2000), The Process of Knowledge Transfer: A Diachronic Analysis of Stickiness, *Organizational Behavior and Human Decision Processes*, Vol. 82, No. 1, pp. 9–27.

Teece, D, J.(1987), Profiting from technological innovation: Implications for integration collaboration, licensing and public policy, In D. J. Teece, *The Competitive Challenge*. Ballinger, Cambridge, MA, pp. 185–219.

Teece, D. J.(1998), Capturing Value from Knowledge Assets: The New Economy, Markets for Know–How, and Intangible Assets.

Teece, D. J.(1977), Technology by Multinational Firms: The Resource Cost of Transferring Technological Know–How, *The Economic Journal*, Vol. 87, No. 346, Jun., pp. 242–261.

Teece, D. J.(1981), The Market for Know–How and the Efficient International Transfer of Technology, *Annuals of the American Association of Political and Social Sciences*, November, pp. 81–86.

Thomas E. et al.(1997), *Knowledge diffusion in the U.S. Aerospace*, chapter 5, Ablex Publishing Corporation.

Thursby, J. G. and Kemp, S.(2002), Growth and productive efficiency of university intellectual property licensing, *Research Policy*, pp. 109–124.

Tiwari, R. and S. Buse(2007), Barriers to innovation in SMEs: Can the internationalization of R&D Mitigate their effects?, Proceedings of the first European conference on knowledge for growth: role amd dynamics of corporate R&D, Seville, Spain, October 8–9.

Tsang, E. W. K.(1995), The Implementation of Technology Transfer in Sino–foreign Joint

Ventures. *International Journal of Technology Management*, 10, 7/8, pp. 757–766.

Van de Ven, A.(1986), Central problems in the management of innovation, *Management Science* 32, pp. 590–607.

Vincenti, W. G.(1984), Technological Knowledge without Science: The Innovation of Flush Riveting in American Airplanes, ca. 1930–ca.1950, the Society for the History of Technology.

Von Hippel, E.(1988), *The Source of Innovation*, Cambridge: MIT Press.

Vossen, R. W.(1998), Research note—Relative strengths and weaknesses of small firms in innovation. *International Small Business Journal*, 16(3), pp. 88–94.

Vrande V. Van de et al.(2009), Open innovation in SMEs: Trends, motives and management challenges, *Technovation* 29, pp. 423–437.

Weber, M.(1968), *On Charisma and Institution Building*. University of Chicago Press, Chicago, IL.

Wheelwright, P. E.(1966), *The presocratics*. New York: The Odyssey Press.

White, L.(1966), Pumps and Pendula: Galileo and Technology, in Galileo Reappraised, Carlo L. Golino (Berkeley and Los Angeles), pp. 99–100.

Willoughby, K. W.(1990), *Technology choice a critique of the appropriate technology movement*. Boulder and San Francisco: Westview Press.

Winter, S. G.(1987), *Knowledge and Competence as Strategic Assets*, in The Competitive Challenge–Strategies for Industrial Innovation and Renewal, Cambridge, MA: Ballinger.

Winter, S. G.(1986), The research program of the behavioral theory of the firm: Orthodox critique and evolutionary perspective. In B. Gilad and S. Kaish, *Handbook of Behavioral Economics*, Vol. A. JAI Press. Greenwich, CT, pp. 151–188.

Wyatt, J. C.(2001), Management of explicit and tacit knowledge, *Journal of the Royal Society of Medicine*, volume 94, January.

Yin, R. K.(1994), *Case Study Research: Design and Methods (2nded.)*. Newbury Park, CA: Sage Publications.

Zilsel, E.(1942), The Sociological Roots of Science, *American Journal of Sociology*.

Zulkepli et al.(2015), Communication and service innovation in small and medium enterprises(SMEs), *Procedia-Social and Behavioral Sciences* 211, pp. 437–441.

찾아보기

ㄱ

[저 자 약 력]

● 박검진(朴儉鎭, ✉ b02270@hanmail.net)

단국대학교 전자공학과를 졸업하고, 동 대학교 대학원 전자공학과에서 공학석사 학위를 취득했다. 6개월 석사장교(9기)를 만기제대하고, 한국기술교육대학교에서 기술경영학(MOT) 박사학위를 취득했다. LG반도체 특허협상팀 팀장, 하이닉스반도체 특허분석팀 차장, 매그나칩반도체 특허팀 팀장과 특허청파견으로 호서대학교 특허관리어드바이저를 거쳐서 현재 한국기술교육대학교 산학협력단 교수로 재직 중이다.

주요 외부 활동으로 한국실천공학교육학회 지재권 분과 위원장(2015~), 전자신문 IP노믹스 객원기자(2016~), 충남 천안시 전략산업육성위원회 위원(2017~), 한국전자정보통신산업진흥회 특허분쟁 전문위원(2007~), 대덕특구본부 기술사업화 평가위원(2007~), 한국발명진흥회 특허강사(2007~), 충남북부상공회의소 특허맵평가위원(2007~), 충남 및 광주 테크노파크기술사업화 평가위원(2015~) 등이 있으며, 칼럼으로 중앙일보와 한국대학신문 그리고 전자신문 기고 외 다수, 외부 특허 강연으로 기업과 대학 방문교육 다수가 있다.

주요 저술활동으로 "국내 ICT산업에서 전략특허를 확보하기 위한 실무적 접근 방안(박검진 · 김병근, 한국산업재산권법학회, 2009)", "우리나라 대학의 특허창출과 기술이전 성과에 영향을 주는 요인 연구(박검진 외 2인, 한국산업재산권법학회, 2011)"가 있으며, 단행본 집필로는 「특허의 허와실–기업에서 체득한 특허 이야기(2006)」가 있다.

기술이전 특론 –암묵적 지식과 특허 · 혁신–

2018년 1월 1일 초판 인쇄
2018년 1월 5일 초판 1쇄발행

저 자 박 검 진
발행인 배 효 선
발행처 도서출판 法 文 社

주 소 10881 경기도 파주시 회동길 37-29
등 록 1957년 12월 12일 / 제2-76호(윤)
전 화 (031)955-6500~6 Fax (031)955-6525
e-mail(영업): bms@bobmunsa.co.kr
(편집): edit66@bobmunsa.co.kr
홈페이지 http : //www.bobmunsa.co.kr
조 판 (주) 성 지 이 디 피

정가 27,000원 ISBN 978-89-18-12361-5